先秦玺印图说

☆ 徐畅

文物出版社

责任编辑：崔　陟
封面设计：周小玮
责任印制：陆　联

图书在版编目(CIP)数据

先秦玺印图说/徐畅编著. —北京：文物出版社，2009.1
ISBN 978-7-5010-2591-6

Ⅰ. 先… 　Ⅱ. 徐… 　Ⅲ. 古印（考古）—中国—先秦时
代—图录　Ⅳ. K877.62

中国版本图书馆 CIP 数据核字(2008)第 142719 号

先 秦 玺 印 图 说

徐　畅　著

*

文 物 出 版 社 出 版 发 行

（北京东直门内北小街 2 号楼）

http://www.wenwu.com

E-mail：web@wenwu.com

北京君升印刷有限公司印刷

新 华 书 店 经 销

787×1092　1/16　印张：28.5

2009 年 1 月第 1 版　2009 年 1 月第 1 次印刷

ISBN 978-7-5010-2591-6　定价：110.00 元

目　录

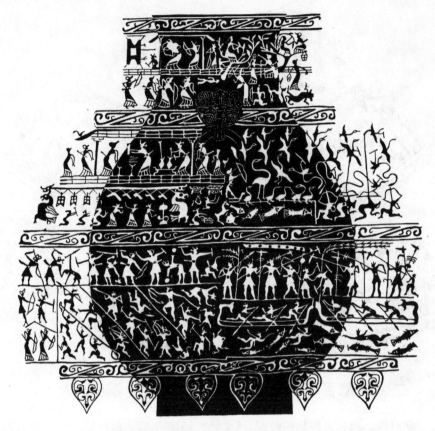

一、战国宴乐渔猎攻战纹铜壶（摹本）

故宫博物院收藏，《文物》1977 年第 4 期、《中国古代青铜器造型纹饰》著录。纹饰分三层。

第一层采桑射庐图。宫廷射庐（或称射宫），楼房分上下两层，上层射靶，有指挥者及释获者。下层四人持弓练习，准备竞射。右侧有射猎和养畜图。

第二层左侧奏乐图，分两层。右侧射弋图。

第三层水陆攻战图。左侧为攻城图，上列一排为守城，步卒用矛刺，射箭，挥剑，掷石球作抵抗。下列用云梯攻城，云梯上有步卒执矛或盾剑进攻；云梯下有步卒射箭掩护。右侧为水战图。两船对峙，船分两层。上层水兵执短剑、长矛、戟对攻，有旗帜指挥；船的下层有水手划桨使船前进。水下有鱼，还有水鬼参战（图、文可与百花潭铜壶参校）。

二、成都百花潭宴乐水陆攻战纹错金铜壶（摹本）

战国前期时作。四川省博物馆收藏，《文物》1976年第3期著录。圆壶前后两面图像是对称的。每一面有三层画面，各层又都可分为右、左两个图景，一共有六种图景。最下面的一行狩猎图像，只起花边的作用。

第一层左图：这是一幅竞射图。图的上方有射庐（射宫），其中有两人并射，即古书中所说的耦射。图左张设着侯（箭靶），两箭已经射中。竞射的两个人，一个引弓待发，另一个刚刚发弦，箭在侯道空中飞过，姿态均极生动。在侯的前侧，有一佩剑人双手举旌，是在箭射中时高声唱获（报靶）的"获者"。射庐左部阶上坐一人，是计算胜负的"释获者"，他手中拿的即记数用的算筹。射者右侧的持弓人，看来是指挥竞射的。图的下方另有五人，有的执弓挟矢，有的徒手，作准备竞射的样子。此外还有鼎俎，三人正从事烹炊。（故宫铜壶上，有释获者而没有获者。）

第一层右图，图上方有树木两株。左面一株，枝间有一女子采桑，另一女子正在攀登。右面一株，枝间一男一女，皆以手援枝。树下有男子六人，女子五人，姿态个个不同。画中所有男子，装束和右边的竞射图中都是一样的，几人还有佩剑。（在故宫壶上，树前地面还陈放着猎获的禽兽），画面中的男子，有的以手中的弓示于树上蚕女，有的用两臂表示弓形，有的用手和口扯弦，他们可能是在选取弓材。原来，桑科树木是古代制造弓干的重要原料。《礼记·射义》提到"桑弧"，而更良好的弓材是桑科的柘和檿桑（山桑）。《考工记》曾指出，造弓干的材料以柘为最好（传说著名的良弓"乌号"就是柘木制的），檿桑居第三位。柘叶古人也用来饲蚕，其树一般比桑树矮，叶多为全缘，不裂，与桑叶边缘有粗锯齿，有时呈不规则分裂不同。壶图中的树叶全缘无裂，有可能是柘。这幅图是以带有象征性的手法，表现了拣选弓材的场面。在故宫那件壶上，还绘有一个短装人半跪献弓，应为制弓的工匠，其图意更为显明。

第二层右图，图左有短装射者四名，用矰缴（系绳的箭）仰射飞鸟，四只鸟已贯矢下坠，另一只刚被射中。右首帐幕中五人，三人有裳，两人已更换短装。着裳的三人里面有一个手执弓箭，一个正在壶旁取饮。帐前排列着猎获的禽鸟，可见这种帐幕是供射猎者更衣休憩用的。帐幕以上的部分又是竞射图，一耦在竞射，另一耦在准备。侯的一旁，有一人看守着有盖的鼎。弋射飞禽的地方应该是泽。故宫壶上这一部分绘有池沼鱼鳖，池旁有伫立或者展翅腾空的水鸟，水上有驾舟持弓的猎人，其背景更为明了。《礼记·射义》说："天子将祭，必先习射于泽。泽者，所以择士也。已射于泽而后射于射宫。"

画中所射的水鸟，从形状看是鹄。如李时珍所描述，"鹄大于雁，羽毛白泽：其翔极高而善步"（《本草纲目》卷四十七），即今天所说的天鹅。鹄不易射中，所以古人把箭靶的靶心称为"鹄"。铜壶的这个画面，把射翱翔的鹄与射侯上的"鹄"结合在一起，借象征的手法，以射鸟的命中陪衬射侯的命中，可谓极见巧思。

第二层左图：这是一幅宴乐图。图左上部表现一宏阔的建筑物，一贵者凭几而坐，壁上悬挂着一张弓，身后有执长柄扇的侍者，面前两人持觯进献，另两人侍立。阶下右方的两件长方形器可能是簠，圆形器是鉴。器右，四人执矛作舞。图的下部有钟、磬、建鼓、笙、箫的演奏。

第三层左图：攻防战。

第三层右图：水陆交战。此图比故宫所藏除旗帜之外，还有金、鼓指挥系统。

百花潭铜壶上的三层画面，中心主题可以归结为演武和攻战，正是春秋末以至战国前期新兴的封建地主阶级意识形态的表现。（据《文物》1976年第3期杜恒《试论百花潭嵌错图像铜壶》节录）

三、琉璃阁 M59 战国狩猎纹铜壶（拓纹）

战国早期时作。《山彪镇与琉璃阁》著录。纹饰分七层，间以梭形纹：

第一层，两凤鸟相对衔蛇，鸟均为长冠、翘尾，足踏一蛇。尾下一小鸟，亦踏于蛇上。

第二层，中间立一操蛇神，蛇形角，双翼，鸟身，两手握蛇，足间一蛇。两旁二凤鸟鸟首向外，凤冠钩喙，各踏一蛇。操蛇神与两鸟间，各有一璧形图案。

第三层，为左右两组相同的图案，一人持剑与豹（豹身有金钱斑纹）相斗，一矛已刺入豹颈；地上一盾，母豹身后有一幼豹欲逃跑却跌仆地上。

第四层二人围攻一兕，皆举剑持盾，两盾皆已落地，可见斗争之激烈。兕低头扬尾，奋力抵抗。兕上有一鸟，惊起腾飞。

第五层，为云纹、几何纹图案。

第六层，左右两组图案相同。为一人身鸟首的神怪，手挽弓箭，射一展翅欲飞的大鸟，大鸟亦作人身。下有两足虬，上有飞鸟。卜辞"夋"字（吴其昌《卜辞所见殷先公先王三续考》）也是鸟首人身状，其鸟喙形尤为显著。此鸟首人身神怪，可能就是帝俊的形象

第七层，左右两组图案相同。为两大鸟（长颈鹤）相背，足踏蛇，作张口欲啄蛇头状。

0 1 2 3厘米

四、机织、酿酒、马厩、兰绮东汉画像石（拓本）

四川省成都市曾家包出土。拓片，长300厘米，宽275厘米，现藏于成都市博物馆。反映的社会生活极其广阔，俨然一幅东汉时期成都地区豪强地主的庄园图。

该图上部为狩猎图，图上右一狩猎者在山中张弓射鹿，山下有河流，鱼游水中，天空有飞鸟，系一幅渔猎景观。图中部立武器架，又称"兰绮"，架上横列着叉、戟、矛、环柄大刀，左侧挂弓、弩、箭及箭箙，右侧挂盾牌。武器架左右各有一部由织妇操作着的织机，两机结构不同，左繁右简，繁者机架斜置在织床上，显得很简单，似是当时民间使用的普通丝织机，表明当时既能生产高级的织锦，又能生产普通的丝织品。这是极少见的图像，它从一个侧面反映了东汉时期蜀地丝织业的发展和进步。酿酒是我国首先发明的一项古老的技术，图的下部酿酒图，自下而上表现有女郎提水，牛车送粮，坎者烹煮到列瓮盛酒，组织紧密，相互配合，生动地描绘了汉代酿制美酒的主要工艺过程，以及用酒糟及剩余物作为饲料，饲养着成群畜禽的情景。

更有趣的是该图上左侧有一篷盖车，中间有一匹膘肥壮实的马立于槽前，右侧槽旁有一立柱，上面悬系一只猴子，屈身面向着马，猴姿活泼，神态逼真。此图对研究汉代民风习俗具有重要价值。马厩内养猴，在公元六世纪北魏农学家贾思勰所著的《齐民要术》卷六中有记载："常系猕猴于马坊，令马不畏、辟恶、消百病也。"南朝梁时陶弘景《名医别录》、唐末韩鄂《四时纂要》、明代医药学家李时珍在《本草纲目》中皆有类似记载。连吴承恩在《西游记》里也说，孙悟空初次受玉帝招安后，让他在天庭御马监里当养马官，官号"弼马温（避马瘟）"。马厩中养猴是古人在无力防治马病时期所采取的一种安慰自己的方法而已。（摘自任翔《马厩养猴与弼马温》，《中国文物报》1993.5.23.4）

五、牛耕小车东汉画像石（拓本）

中国历史博物馆藏，江苏睢宁双沟出土。画面为线刻浅浮雕，高 79.5 厘米，长 105 厘米。下部中刻一农夫，一手握鞭，一手扶犁，二牛奋蹄向前。犁头呈等边三角形，犁上设犁箭以调节深浅。农夫身后一儿童提篮随墒撒种，其右停放一拉粪小车，车把上立一小鸟，车上还有两只小鸟，车旁卧一家犬。农夫身旁一人担水送饭，一人似在放牛。田间有嘉禾表示祥瑞。画像石生动地描绘了东汉时期以家庭为单位的小农经济农田耕耘的景象，是研究当时农业生产和生产工具的重要文物。（摘自王建中《汉代画像石通论》388）

六、弋射、收获东汉画像砖（拓本）

　　成都市郊出土，成都市博物馆藏。拓片，40×49厘米。此砖画像由上下两幅图组成，上图弋射，约占砖面三分之二左右。弋射是指古代以绳索系矢而射。《论语·述而篇》"弋不射宿"——猎射的主要目标是指天空的飞鸟。弋所发射的是一种"矰"，这种"矰"就是短矢。《淮南子·俶真训》："矰弋射，身短矢也。"这种矰是被系在缴上的，缴是一种很轻的丝缕，《说文》："缴，生丝缕也。"《淮南子·仿真训》："矰缴机而在下。"缴的一端系着矰，另一端系在可滑动的石机上，这种石制的器具就是"磻"。此砖上部弋射图的右边，是一个莲池，莲花垂露，莲叶浮于水面。水下有大鱼数尾，水面野鸭游泳。莲池上空，一群雁鹜正在往东西两边疾飞，左端树阴下，隐蔽着两个弋人，正张弓欲射。弋者所用的短矢就是矰。矰后系着缴。缴的另一端系着可以滑动的磻。磻就是被装在半圆形的机械里，这大概就是《淮南子·俶真训》说的缴机和《楚辞·惜诵》所说的弋机了。

　　下图收获，所示在一稻田里，右端二人，以镰刀割禾，后面三人俯身张臂，收拾割下的禾。最左一人好像送完了饭，正担着禾担，手提餐具欲回去的样儿。这样逼真美丽的图画，可以与《诗经·豳风》的《七月》篇的"八月剥枣，十月获稻"，"同我妇子，馌彼南亩"的佳句媲美。（摘自高文《四川汉代画像砖》4）

先秦玺印的文化内涵（代序）

　　中国玺印源远流长，有八千年的发展史。虽方寸之地，却包括史地、官制、姓氏、哲学、文学、文字等文化内涵和铸造、铭刻、雕塑等工艺，集实用、艺术于一身，确是我中华民族传统文化艺术精粹之一。

先秦玺印的文化内涵

　　"文化"是我们口头上的常用词，一般来说都指科学文艺知识。关于"文化"一词的解释，约有三说：

　　一、"文化"既是大一统的手段，又是大一统的目标。

　　杨志刚认为最迟从春秋晚期开始，中国士人着手构拟一套"文化"理论。古代汉语"文化"一词，来源于《易传》的"观乎人文，以化成天下"一语。最早将"人文化成"转化为"文化"的是西汉的刘向。刘向在《说苑·指武》中说："凡武之兴，谓不服也；文化不改，然后加诛。"以后《昭明文选》所收晋代束皙《补亡诗·由仪》又说："文化内辑，武功外悠。""文化"就是文治教化。《逸周书·谥法解》：道德博厚曰文，学勤好问曰文，慈惠爱民曰文，锡民爵位曰文，愍民惠礼曰文，经纬天地曰文。总之，"文"是德行、智慧的总称，同时也代表着经天纬地的才干与气势。在传统观念里，这一切可化约为"礼乐制度"。因此，"文化"也就是礼乐教化。"化"说的是导引社会向上的一种变化、转化，古代思想家大都注重这个"化"功。《老子》："我无为而民自化。"与老子思想不同的是，儒家以积极的姿态介入和推动此"化"，以"文"化民，化民向"文"[1]。

　　二、林剑鸣认为："文化可以分为几个层次：首先是物质层次，其次是制度层次，再次是风俗习惯层次，最后是思想与价值层次，而根植于文化深层的价值层次乃是文化的核心。"[2]

　　三、黄留珠认为："我们所说的'文化'，不是单纯考古学的概念，而是把文化看作人类在社会历史发展过程中所创造的物质财富与精神财富的总和。"[3]

　　杨说是从政治思想、意识形态方面解说的。以统治阶级的立场，"文化"是统治阶级的辅助手段，通过"礼乐制度"，实施文治教化，从而达到大一统的目标。

　　林说文化可以分为：物质、制度、风俗习惯、思想与价值几个层次。

黄说是从生产力（物质财富）和意识形态（精神财富）两方面来说明的。三说各有亮点，如合而化之则就比较全面了。

玺印自生发以来，在滥觞期作为一种生产工具、纹饰族徽参加物质财富的建设；玺印在成熟期以后作为权力象征、凭信和祈求物……流行于社会的方方面面，并且有一套"与之相适应的制度和组织机构"相配合，通过拜官授玺、辞官释玺、上下尊卑、封缄文书的泥封等制度，使玺印成为统治阶级的辅助手段，教化人民，达到其尊卑有序的大一统的目的。玺印以各种方式渗透到社会生活的各个方面，和政治、军事、经济、商贸、手工业、哲学、文化艺术等发生了密切的关系，自然也就产生了物质财富（经济、商贸、手工业等）和精神财富（哲学、文化艺术等）两个方面的成果，以及物质、制度、风俗习惯、思想与价值几个层面上的关系。

先秦玺印的用途

先秦玺印的文化内涵极其丰富，它与政治（官制、社会生活）、经济、哲学、军事、文化、体育、医药卫生、手工业、农业畜牧业、历史、文学、宗教、绘画、地理、建筑……都有着非常密切的关系，玺印文化的深层含义和社会意义大有探究的必要。粗粗罗列大约有如下课题：

1、玺印艺术与文化，2、先秦玺印的分期，3、先秦玺印的断代与分域，4、战国玺印的分类，5、图像玺与身份，6、物勒工名与商标，7、先秦玺印的用途，8、以职业为名为印，9、以商品名为印作封检之用，10、地名玺印非官印而是产地印等等。前六题在拙编《中国篆刻全集·卷一》、《中国书法全集（92）·先秦玺印》卷中都有阐述；第八、九、十题在本书中也有论证；关于"先秦玺印的用途"涉及面比较广泛，玺印文化的深层含义和社会意义也比较重大，其用途牵涉到"物质文化"、"精神文化"两个文化日常生活的方方面面，现论述如下：

先秦玺印的用途

一、官印：权力身份的表征，佩戴使用。

战国时期有关玺印的文字资料更为丰富，《战国策》、《吕氏春秋》、《韩非子》、《商君书》、《史记》等古籍都有玺印的记述。诸凡丞相、郡守、县令等职官都由国君任命时发给玺印，免职时收回，制度非常严格。《韩非子·外储说左下篇》记西门豹为邺令，期年上计后被国君收回官玺。豹自请曰："愿请玺，复以治邺……"《吕氏春秋·轨一篇》有"释玺辞官"的记载。《战国策卷五·秦三》《蔡泽见逐于赵》篇有应侯因谢病（因病请辞），请归相印（呈请归还相印），后"昭王新说蔡泽计画，遂拜为秦相，东收周室。蔡侯相秦王数月，人或恶之，惧诛，乃谢病，归相印。"明人董说《七国考·秦器服》云：秦国"有司之赐印，自秦孝公变法始耳"。《汉书·百官公卿表上》记"符节令汉少府属官，主符节事，遣使掌授节。秦称符玺令。"知"有司之赐印"当为符玺令所为，"有司"即符玺令，应当于秦孝公始设，任官赐印制度也应从此时始。从出土秦简看，战国时代秦国已经普遍实行了任官赐印的制度，并有种种立法规定。战国晚期已有"公玺"一说，而且此时官玺已规定有专人保管，丢失了"公玺"要治罪，即使后来自己找到了，也不能免罪[4]。官玺可分为四类：

(1) 中央政府职官名，如司马、司徒、司工、将军之玺等等。

(2) 中央直属官署名，如大府、内府、竽鉨、军市等等。

(3) 地方政府职官，如龠（仓）守玺、平匋宗正、东武城工师玺等等。

(4) 地方官署名，如句丘关、高陵竽鉨、汝阳市等等。

二、表明自己贵族的身份，但与官玺有别。如君子、公孙、王孙、王子、冢子、上士、余子、子栗子信鉨等等[5]，与官玺一样可以抑于封泥，表示信誉。

三、泥封：官印封缄文书的泥封。泥封是古代抑印于胶质黏土，用以封缄书写在简牍上的公文、书信，作为目验玺印施用，以防奸宄私揭窃拆。"玺书"一词见于典籍《左传》之中，玺印在此时已形成封缄文书的制度，并且玺印已广泛地应用于社会活动之中。《左传·襄公二十九年》记："季武子（鲁卿）取卞，使公冶（大夫）问，玺书追而与之。"公元前544年4月，鲁襄公给楚康王送葬后返归鲁国，到了方城，发生了季孙宿占据卞邑的事，季孙宿派属大夫公冶去问侯襄公，接着又用玺书追交给公冶，命公冶报告季孙宿所以取得卞邑的原因[6]。《国语·鲁语》也记有"季武子追而与之玺书"的话。

四、公玺用于封物。当时财物的封存，为官府收受货币，入仓谷物的封存，司法中的查封等等，都需要官府用印[7]。《周礼·秋官·职金》记职金掌管有关金、玉、锡、石、丹砂和空青的戒令，接收作为赋税，以上述物资，辨明品质的优劣和数量，然后"楬而玺之"，就是说，用标签木牌加盖玺印加以封存。封泥也可以封缄墓葬中盛有物品的器皿、竹笥、陶罐、囊橐等物。也有直接在封缄容器时填泥于器口并加抑印章的"郂吴"封泥。1989年包山岗二号（战国中期）墓出土了一块罐口部封泥，上面连钤三枚"獬豸"图像玺。封物以表明信守是古代封泥的用途之一。泥封可看作是近现代火漆印封之法的先河[8]。

五、公玺用于抑陶。在制造陶器（包括砖瓦）时往往在器坯上压抑制造部门或陶工的玺印——物勒工名——制陶官署名、职官名、生产者的姓名、里籍、身份（工师等等）、亭、市名、地名、器用名、年月、纪事等内容，以及合格证、使用者（器主）。目的是"归属标志和表示商品信用"。有时还打上吉语或箴言印[9]。

六、公玺用于亭市贸易，封缄货物，交纳税收。《周礼·地官·司市》说："凡通货

(贴)，以玺节出入之。"就是说货物的运输，以玺节作为出入关市的证明。《周礼·地官·掌节》说，货物通行用玺节。玺、玺节说明西周时玺印在社会活动和经济贸易、货物流通及税收方面，已经普遍使用。近年新蔡故城出土战国封泥有三晋、齐系、秦国及大量的楚系封泥，印文内容有姓名、成语、地名……还有大量的官名、官署名、市名、府名、手工业产品名……周晓陆推断新蔡故城当年是一处商贸集市重镇，有征税的官署，有秦邸专（传）送来的文书或货件，还有六枚图像鉨……又《在京新见秦封泥中的中央职官内容》中也见有与商业贸易有关的封泥[10]。据周氏称新蔡战国封泥，可能是市场用印之泥，属于公印性质[11]。

七、公用玺用于铜器制范。铸造用单字玺见于铜器印迹，如秦公簋、能原镈、吴王夫差剑、越王大子矛、越王卜者旨矛等铭文以及兵器长条印压抑印迹、铜泡玺印与压抑印迹。秦公簋、能原镈等用单字印压抑，已开活字印刷之先河[12]。

八、公玺可以封闭门户。《后汉书·隗嚣传》："今天水完富，士马最强……元请以一丸泥为大王东封函谷关。"元，王元，隗嚣部将。谓函谷关形势险要，只要少数兵力即可扼守。泥指封泥。一语双关，意即是用抑印之泥（所谓"丸泥"）也可以封其关门。丸泥起到了锁钥的作用。战国时的府、库、仓、廪之门，应即用封泥封缄，以免他人开启。云梦睡虎地出土《秦律十八种·仓律》云："入禾仓，万石一积而比黎之为户。县啬夫若丞及仓、乡相杂以印之，而遗仓啬夫及离邑仓佐主稟者各一户以气，自封印，皆辄出，余之索而更为发户。"这类说法在秦简中见到多条，显然应封在键闭锁钥之处，这应当是泥封的用法之一[13]。

九、烙木印，烙在木材和漆木器上。信阳战国墓黄肠木上有火烙印迹（《古玺汇编·序》）。战国楚墓椁木上曾发现过烙印文字，湖北江陵县裁缝乡望山二号战国中期楚墓出土棺板火烙印迹"𨟠（昭）筡（鱼）"和"於（于）王既正（征）"（《江陵望山沙冢楚墓》）。长沙省银行干校战国晚期木椁墓出土棺板火烙印迹"沅易（陽、阳）于口"（《文参》1956.12）。长沙出土"陈迁"漆器印迹（《长沙出土楚漆器图录》、拙编《中国书法全集（92）·先秦玺印》187号）。秦和西汉前期的漆器往往烙有"亭"、"市"的印迹。1964年冬，山东五莲县王世疃迟家庄盘古城出土战国齐玺"左桁正木"十三方，现存八方（《文物》1986.3，图9~图16)[14]。

十、烙马印，有的玺印是专用于打烙印在畜牲身上的，如燕国的"睤（唐）都萃车马"印是烙车马印[15]。汉代的"灵上骑马"、"常骑"等印则系纯烙马印（参见本书《烙印篇》）。

十一、钤朱抑锦帛。王国维在《简牍检署考》一文中，曾指出史籍关于使用朱色钤印的记载，最早见于《魏书·卢同传》和《北齐书·陆法和传》，根据新出土的考古资料，中国玺印使用印色的历史可以大为提前。1957 年，在长沙左家塘战国中期楚墓出土的一件褐地矩纹锦上，盖有朱印"囚口"。1982 年，江陵马山一号战国中晚期楚墓，在所出的一件对龙对凤纹绣浅黄绢面棉袍的灰白绢里，盖有朱印"府"字，在同出的塔形纹锦带上多处盖有相同的朱印"出"字[16]。这种用印方法跟后世在纸上盖印的方法已经很接近了。

十二、土木工程的进度。江苏徐州有"土山"，为一汉代壅土王陵，每逢天雨，常见封泥暴露。其泥上常为汉代楚王、彭城王所领各县之名。周晓陆踏勘。见此王陵夯土层清晰，中裹有腐朽的木桩绳索等，封泥块常以近等距离而出土。于是周氏恍然而悟，原来是当时征发楚国彭城国境内土功徭役，兴建王陵，这表现了对一定时间（如逐日）对土方工程进度、筑造质量的检查之后，在丈量的木桩、绳索间抑印封泥，以示负责。在《周礼》等先秦著作中即有对土方工程督责的记载，而以封泥以计进度，该是一种必需的方法[17]。

十三、量器用印及量器压抑。"肖（赵）轨（厩）器容一斗"玺印计量器名称、容量。陶量秦始皇诏版玺印及印迹。或陶器上记其产地名及量器名称，如"陽城冢（锺）"、"王豆"、"王区"、"公釜"、"公区"等陶器印迹。

十四、楚金币。玺印冷錾于楚金鈑上，俗称印子金。其品种有"郢爯"、"陈爯"、"卤（鹽、盐）金"、"専（郫）爯金"、"少贞"、"鄢"……以及冥币上的印迹、"郢爯"铜印、"匀蜀金"铜印[18]等等。

十五、带钩印。带钩是束腰革带上的钩扣，与现在的皮带扣较为相似。在带钩上附有印章，亦取一物两用之意。带钩通常是用青铜铸就，名贵的则是用黄（白）金打就或玉石雕刻而成的，铁质的较为少见。出土带钩众多，但附印者较少，印文多为私印、成语印、图像玺。

十六、图像玺。图像玺源于上古时代的图腾和族徽，表示某种信仰或崇拜，如生殖、先祖、龙凤等崇拜，除动物图像玺外，多反映神话传说与故事（参见《诸神篇》）。

十七、在形态各异的动物纹饰中，又可划分为两小类：一类是写实动物纹，如象纹、蝉纹、鱼纹、龟纹等等，均是自然界中真实存在的动物形象；另一类是幻想动物纹，即兽面纹、夔龙纹和神鸟纹等现实世界中并不存在的神话动物形象。神话动物形象也能表示身份。如包山二号楚墓所出的獬豸图像玺表明墓主的法官身份（详《獬豸篇》）。

十八、成语玺。反映先秦哲学思想、意识形态、处世道德标准、社会风俗习惯、思想感情的流露以及人们对致富平安等幸福生活的追求和向往。成语玺分属箴言玺、吉语玺、情语印三类。箴言玺系修身处世的规谏劝诫之语。吉语玺可以分为两类：一类是关于健康长寿和家族发展兴旺的祝愿语；一类是关于财富和仕途发达的表述语，此类成语多不见经典，可能是当时民间的俗语，或祝祷语。情语印系抒发男女之间情感的内容，数量不多，且多见于秦印[19]。

十九、私玺。主要是姓名玺印及私人封缄用的玺印，约可分为五类：

（1）单姓人名：如泠贤、肖（赵）浮等等。或姓名后加信玺二字，如王闲信玺等等。

（2）复姓人名，如令弧买、公孙马、西方疾等等。

（3）姓名与单名、别名、箴言、吉语、私玺、信玺的两面印。

（4）单字姓或名，如陈、章、曹、昆等。但此类印不排除有地名印的可能。

（5）私人用于封物，表示封缄的，如私鉨、封鉨、鉨、封等鉨印。私玺与地域氏族的关系非常密切[20]。

二十、殉葬印。因有任官授印，辞官缴印的规定，所以出土的殉葬印中很少有官印，大多为私玺、图像玺和成语玺。殉葬印与丧葬文化关系密切。王人聪《新出历代玺印集释》（香港中文大学文物馆出版）收有一些出土的殉葬印。

综合研究的新途径

先秦玺印因文字难识，相关的文献资料缺乏，所以研究起来困难重重。上世纪八十年代初罗福颐编辑出版了《古玺汇编》、《古玺文编》两书，收录了古玺印5708号，为古文字研究者和篆刻爱好者提供了研究和学习的范本。一批古文字学家考释了其中一部分未释与误释的字，把古玺印的研究推到了一个新的高度，也为我们研究古玺印提供了可资借鉴的经验。

将玺印、封泥与古文献相对勘是古玺印研究的重要途径。

故宫博物院收藏的玉质"羊纹印·汉"与包山岗二号战国中期墓出土的一块"三牛纹"封泥图像一样。报告称，兽纹凸起，头向下，一角前倾，前腿提起，后腿挺立，尾下垂，体呈抵触状，瘦如羊形。"三牛纹"与"羊纹印"几乎完全一样，只是玺印更为精致而已。究竟是羊纹，还是牛纹，或是其它什么神兽？时代是"战"，还是"汉"？包山岗二号墓墓主的身份为我们解决了长久未决的学术谜团。包山二号楚墓的墓主邵𩂁，官居左尹，是令尹（相当宰相）的重要助手，主管楚国的司法工作，相当现在的司法部长。由墓主的身份使我们想到"能别曲直"，"令触不直"的"獬豸神羊"，它是古代司法公正的象征。我们就会恍然大悟："三牛纹"封泥就是獬豸图像印迹。獬豸图像玺是左尹邵𩂁生前的佩印，以示自己廉明公正。獬豸封泥（即"三牛纹"）是邵𩂁死后家臣封物时所钤记。故宫收藏的"羊纹印"也应该是獬豸图像印，时代也应在战国时期（详见《獬豸篇》）。

上博收藏紁（絮）鉨，紁为絘的简体，亦即絮字，初不知其义，难以归属。近出一批新蔡楚封泥多有此字，也应是产品的标识。包山二号墓中棺第六层衾（丝绵被）上有紁字封泥，原报告无释。此字从系从奴，应隶定作敠，说文："敠，絜缊也。一曰敝絮。"敝絮，即粗丝棉，与丝绵被正合，敠封泥应是产品的标识（详见《染织篇》）。

对出土战国封泥进行综合研究也是古玺印研究的重要方法。

近年新蔡故城出土战国封泥有三晋、齐系、秦国及大量的楚系封泥，印文内容有姓名、成语、地名（襄、北邑、邻玺、新野、甘宫、箐）……还有大量的市名（成陵市鉨、鄟市鉨、夕市、攻市、市）、府名（府、少府、行府、右府、东府、东门府、西府、南府、北府、北门府）、手工业产品名（襄、纹缊、玉、金塆）……周晓陆推断新蔡故城当年是一处商贸集市重镇，有征税的官署，有秦邸专（传）送来的文书或货件，还有六枚图像鉨……又《在京新见秦封泥中的中央职官内容》中也见有与商业贸易有关的封泥，据周氏称新蔡战国封泥，可能是市场用印之泥，属于公印性质。对某些玺印的性质有了新的认识，如"信、仁、质"字印，一般认作吉语印，现知道应为商业质证告诚凭信之用；又如所谓"肖形印"，至少在这批封泥中，仿佛有商标的作用[21]。

周氏的判断正确无误，经综合研究以后，还可以补充几点：

一、征玺，系征税的官署，表明货物已征税，可以放行或入市。

二、这里的府应是县府，少府应是直属中央的地方少府，或中央的少府派驻地方的机构。分方位所设的门府应是征税的实施机构。县府、少府是征税储存机构。

三、新蔡城之外多处楚城邑的封泥，都是作标明产品的产地之用，"反映了楚国境内不同城市间的商贸活动"。地名封泥给予我们一个重要的信息：过去我们以地名为官名的认识是错误的；这些地名玺印多是打印在产品货物上表明产地的。地名封泥是产品产地的标识。传世地名玺印，如洵城、平阿、右州之鉨、周城之鉨等等，应是钤于产品封检封泥上表示产地的用印。陶器印迹格氏、咸阳、阳城、平匋等，表示陶器的产地。郢禹（稱、称）铜玺、"陈禹"等楚金钣印迹表示金钣的产地。

四、"尔（玺）"单字楚系封泥。玺，不著姓名，《玺汇》中有大量的"玺"字单字玺（5225～5258等），或单字，或从金，或从土；还有"封"、"封玺"等都是私人个体户或行商交易时用于封缄，以表信誉，防私拆。新蔡所出秦系封泥有尹咸、李崇等姓名印同此作用。

五、"两"单字楚系封泥，"四"单字楚系封泥，皆表明货物数量之标记。

六、"器"单字楚系封泥。秦印有市器，即市所造之器。"器"为市器之省。

七、"昌"单字楚系封泥。有美善、正当、美好貌、兴盛诸义，或言贸易正当守法，或言货物卖相好，或言买卖兴隆，财源滚滚，都与商贸有关。

八、图像封泥龙形（蛇）、立鸟形、虎形、猿猴、麋形。楚地多蛇、虎、猿猴、麋之类的兽类，多有经济价值。这些图像封泥应是狩猎产品的标志。

九、秦系"邸传"阳文封泥；图像封泥中有"骑马形"封泥，饰一人骑马纹。应表示货物派专人骑马送达，即今之特快专递（详《快递篇》）。秦用"邸传"，而别国用"图像"，实指都一样。

十、手工业产品名：

楚系封泥"襄"、"蔡市"为同枚封泥上打有两印。"襄"印面圆形，有边栏。"蔡市"印面近方形，有边框。笔者按：同枚封泥上打有"襄"、"蔡市"两印，一表产品名，一表地名；即蔡市生产的襄。襄即缲，佩带、马腹带。楚玺有襄（缲）官之鈢（详《染织篇》）。"纹缊"都是纺织产品名称，由此可以断定，凡是以纺织品为名称的玺印，都是用来作产品的标识或封检之用。

"玉"楚封泥，三横等分，应释为玉。报告误释为王。应是玉器产品封检用印。

"瓗"，郭沫若说瓗（瓗）即玉環（环）之初文，佩于当胸处。蔡瓗，周晓陆说蔡即新蔡。蔡瓗即新蔡所产之玉环，或新蔡市检验之玉环……

楚国新蔡市亭有齐、三晋、秦地的封泥，反映了当时各国之间贸易活动的往来（详《市亭篇》）。

对先秦玺印历史、文化大背景的阐述，是为了说明这一玺印产生的历史根源与时代环境，这是非常必要的。

本书各篇都有一段发展小史的叙述，如大汶口遗址第 26 号墓葬出土 16 齿象牙梳，良渚文化周家浜遗址出土玉背象牙梳，瓶窑也出有骨梳，皆五千年前之物。战国墓葬出土梳篦是很平常的事，尤其是女性墓葬更为习见。"比"即"篦"。齿疏的叫做梳，密的叫做篦，而比就是密齿可用来梳除虮虱的篦子。"比"单字玺应为产品封检用印（详《手工业篇》）。

秦始皇三十五年征集"隐宫刑徒七十万人，乃分作阿房宫，或作丽山"。刑徒如此之众，所需砖瓦必多。"属于中央官署制陶作坊的陶文计一百九十六种，六百九十六件。属于官营徭役性制陶作坊的陶文计三十三种，七十九件。都邑和郡县市、亭制陶作坊的陶文二十种，五十三件"。而其中左右司空、大匠、水、宫水、大水、左水、右水、北司、都船等，都是"秦主管烧造砖瓦的中央官署"名称[22]。此说可能不确，经我们综合研究，左右司空、北司，应是"秦主管烧造砖瓦的中央官署"，其他官署都各有职司，仅因奉命抽调人力参与其事而已，所造砖瓦当然也要打上该官署的印迹。

方相氏图像玺，饰一人正面像，执剑（戈）扬盾，作蹲踞状，正在逐疫驱疠。面部宽扁，仅饰两目，上有齿状，应是面具的边缘。方相是仿效可怕的相貌的意思。此玺与作侧面进攻状的武士玺形象不类。我们把他放在先秦祭祀的大环境中，结合文献资料及大量的出土面具作出合理的判断（详《祭祀篇》）。

玉器在新石器时期已被用为装饰品。商代玉器分为礼玉、武器和工具、装饰品（实用品和艺术品）三大类[23]。品种繁多，工艺精湛。玺印及封泥中有一些"玉"单字玺被误释为姓氏"王"（详《手工业篇》）字。

土和士也多易混淆。云子思土（4876、4877）秦成语印，意即云游之子思念故土。旧误为云子思士。土者地也；土亦指社神。《公羊传·僖卅一年》："诸侯祭土。"注"土谓社也"。祭地古则称"社"。"社"本是地神之称，后来人们把对大地的祭祀亦称社。所以，土字玺印与陶器"土"字印迹应与社祭有关（详《祭祀篇》）。

古文字难识难认，且多通假。如上举之比（篦）之外，还有"未印"（《考与》2005.5）封泥，半通。原报告称"不明所指"。半通为官署印。未为味之本字，《说文·未部》："未，味也。六月滋味也。"段玉裁注："《史记·律书》曰：'未者，言万物皆成，有滋味也。'许说与《史记》同。"味为后起形声字。未印为皇室供应调味品之机构用印。

玺印与文献资料、汉画像相印证，也是玺印断代的重要方法。

《山海经·北山经》中说："天马，其状如白犬而黑头，见人则飞，其名曰天马。"郝懿行笺疏："言肉翅飞行自在。"据此，黑头而人面，头饰如冠羽分呈左右，马身而鸟翼肉翅，肉翅在背上，这是战国玺印的断代标准；黑头人面换成了马头；肉翅从背上移到了胸前；双马改为单马，马头侧形，马蹄左右有团形云纹，这是战国晚期至秦的断代标准。马身处于云纹中，马头似龙角，有"肉角数寸"，则是西汉时期天马印的特征。头上有一弯曲之独角，肉翅置于胸前，计五支，此印为东汉时代最为典型形制。天马在汉代画像石、砖，以及雕塑品上习见，肉翅呈翅形（长条形），或在肩背上，或在胸前。故也称翼马（《天马篇》）。

结　语

春秋战国是中国文化思想的奠基时代，是中华文明开拓、创新的时代，在这个时代，礼崩乐坏，诸侯争霸，列国交兵，但在思想上却是空前解放，一时间学派蜂起，百家争鸣，特别是儒、道、墨、法、阴阳等学派都纷纷提出自己的哲学思想和社会政治主张，这些思想学派广泛深刻地影响着社会的各个领域，尤其表现在文学、艺术的空前繁荣上。战国玺印作为集实用与艺术于一身的艺术形式，在春秋战国文化思想和地域文化、文字差异的深刻影响下，形成了丰富多彩、博大精深、自由朴素、形制界格复杂各异，章法千变万化的艺术风格，成为篆刻艺术发展不竭的源泉[24]。

先秦玺印的文化内涵极其丰富，它与政治（官制、社会生活）、经济、军事、哲学、宗教、手工业、建筑、交通、农业畜牧业、商业市亭、文学、历史、绘画、地理、文化、体育、医药卫生……都有非常密切的关系，这是玺印学术研究和艺术创作都不可忽略的问题。

注：

[1] 杨志刚著《中国礼仪制度研究》，华东师范大学出版社 2001 年 5 月版第 553～554 页。

[2] 林剑鸣《从秦人价值观看秦文化的特点》，《秦文化论丛》第一集。

[3] 黄留珠《秦文化概说》，《秦文化论丛》第一集。

[4] [5] [9] [19] [20] 参见拙文《先秦玺印概论》，徐畅主编《中国篆刻全集·卷一》卷首论文，黑龙江美术出版社 2000 年 7 月版第 14 页。

[6] 据马承源释，见《古玺秦汉印及其余绪》，《中国美术全集·玺印篆刻卷序》。

[7] 参见高恒《秦简中与职务有关的几个问题》，《云梦秦简研究》中华书局 1981 年版。

[8] [13] 孙慰祖《古封泥述略》，《古封泥集成》卷首论文，上海书店 1994 年 11 月版。

[10] 周晓陆等《在京新见秦封泥中的中央职官内容——纪念相家巷秦封泥发现十周年》，《考古与文物》2005 年第 5 期。

[11] [21] 周晓陆、路东之《新蔡故城战国封泥的初步考察》，《文物》2005 年第 1 期。

[12] 参见拙文《罕见的活字印铸〈秦公簋〉文》，《书法报》1988 年 10 月 5 日第 40 期。

[14] 参见拙编《中国书法全集·92 先秦玺印》第 182、187 条，及本书《烙印篇》。

[15] 同 [14] 第 389 条，及本书《烙印篇》。

[16] 报告见熊傅薪：《长沙新发现的战国丝织物》，《文物》1975 年第 2 期；湖北省荆州地区博物馆：《江陵马山一号楚墓》，文物出版社，1985 年 2 月版。考释参见拙编《中国书法全集·92 先秦玺印》第183～186 条，及本书《染织篇》。

[17] 周晓陆、路东之《空前的收获，重大的课题——古陶文明博物馆藏秦封泥综述》，《西北大学学报（哲学社会科学版）》1997 年第 1 期。

[18] 勾蜀金铜印参见拙文《寓石斋玺印考》，刊《考古与文物》2005 年增刊《古文字论集（三）》145～147；《书法导报》2005 年 6 月 1 日第十二版（篆刻版）。

[22] 袁仲一《秦代陶文概说》，载《秦代陶文》卷首，三秦出版社 1987 年 5 月版。

[23] 中国社会科学院考古所编著《中国考古学·两周卷》中国社会科学院出版社 2004 年 12 月版第 186 页。

[24] 萧依《简论春秋战国文化思想对战国玺艺术风格的影响》，《河北印学研究文集》，河北省书法家协会 2002.9. 刊行。

玺印抑埴之制，昉自陶范

——玺印的滥觞期·新石器时期

玺印起源诸说

关于玺印的起源，唐兰、马衡、黄宾虹诸前辈曾提出"玺印抑埴之制，昉自陶范……"的见解[1]。老友傅嘉仪《印的起源》一文[2]，提出了"印章起源多元说"的观点，对叶伟夫在《中国印石·中国印章的起源和特点研究》中的徽识图腾、宗教、崇拜、信物、劳动工具（陶拍等）诸说作了评述，并支持叶氏"就印章的戳压和再现其内容的这一形式来说，陶拍是印章的雏形"的观点，傅氏认为"中国印章的发展史，就是不断创造的改革史，从制陶压捺手法，纹饰制作，泥封和使用，都与制陶的工艺息息相关。随着考古文物事业的发展，玺印文化的深入研究，关于中国印章起源的探讨将会日渐明确"。他的诸多卓识为我国玺印的起源廓清了道路，指明了方向，的确是一篇卓识不群的印学论文。

"虽说陶拍是一种制陶工具，但再现的却是'纹镂'，即我国装饰图案和印章艺术的渊源。印章的戳压钤捺，除再现印文（图案）的意义外，还有其特殊的目的。这一点都是陶拍等工具所不具备的，但就印章的戳压和再现其内容的这一形式来说，陶拍是印章的雏形"。[3] 具体准确地说，印章源于"陶印模"（而非陶拍）等劳动工具。

罗振玉《增订殷虚书契考释》："卜辞'印'字从爪，从人跽形，像以手抑人而使之跽。其谊如许书之抑，其字形则如许书之印。"《马王堆汉墓帛书·老子甲本·德经》："高者印之。"按：今本《老子》第七十七章作"高者抑之"。因此，《汉语大字典》132页说"印，同'抑'。按往下压。"

原始陶印的发现与模式

上世纪八十年代，在河南舞阳县贾湖新石器时代前期遗址（贾湖二、三期文化距今约8600～7800年）发现"二十余个契刻而成的原始文字"[4]。它们分别刻划在龟甲、骨器、石器、陶器上，其中还有一枚"十"字形阴文陶印模（图 1-1）[5]。笔者认为，研究文章[6]的"陶坠"说不确，此陶器钮部无穿孔，不能穿绳，如何能坠？故此陶器应为陶印模，专用于陶器泥胎的按压之用。无独有偶，1988年陈寿荣就有《夏代有印初步设想》一文，刊《西泠艺报》第40、41期。介绍在夏代古寒国遗址，即今山东潍坊市寒亭枣里村鲁家口"龙山文化遗址"出土的"草字双印红陶罍"，颈部刻画有一"草"字和压抑两个同文印迹（图1-2），印迹文字待考。虽为孤证，但说明夏代已有在陶器上使用玺印的先例。该文中附有陈簠斋所藏陶器印迹"十"字形拓本（图1-3），应系印模按压的印迹。陈氏指为"商代以上"。此陶器印迹"十"字形拓本与舞阳贾湖史前聚落遗址发现的"十"字形

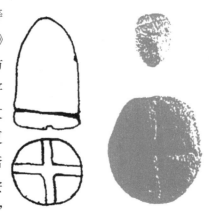

图 1-1

阴文陶印模极为相似，印迹为陶印模提供了有力的佐证。承河南大学王蕴智教授函示："贾湖T108（3B）：2像是戳形器，我同意您的看法。'十'在当时应是一个特殊的记事符号。"陶印模上的"十"字形是后世"甲"字的雏形，还是所谓的"图腾"，其含义尚待深入研究。这一陶印模是距今8600～7800年的先民遗物，如拙见成立，则我国玺印的起源当在8000年前新石器时期的前期[7]。

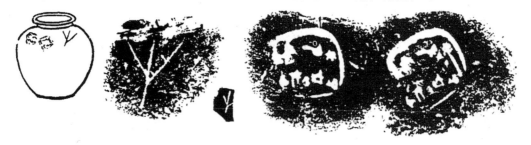

图 1-2

七十年代中期发现的河南渑池郑窑第三期文化遗存（相当于二里头文化三期）所出陶戳形器一件。该陶戳属泥质红褐陶，火候较高，方柱形，长5.5，宽2.3，高20厘米（图1-4），三面有阴文刻画符号（图1-5）。其正面的戳记刻画结构清晰，相当于甲骨文中的田字。在该戳的两端各有一个凹陷的圆窝，圆窝的周围亦有刻画的圆弧线或直线……应视为我国印章篆刻的上水之源[8]。承王蕴智见示："《从远古刻画符号谈汉字的起源》一文中的图八（即本文的图1-4），是据《华夏考古》1987年第2期图29拓片按原

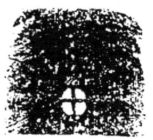

图 1-3

比例摹写，但原拓比例不符合发掘报告中长、宽、高的数字比，其原因可能是方柱形棱角不分明，在拓及正面时或向两边外延所致……"我未能觅得该期刊物，故存疑于此。如果我们

确认它为陶印（或曰陶戳、戳形器），据笔者推测从形制看，陶戳形器为长扁方柱体，棱角不分明，高20厘米，粗5.5×2.3厘米，正好一手把握；两端的凹陷圆窝理应是用以压抑的纹饰。压印于陶胚后，印迹则成凸起之乳钉，作为陶器装饰之用。"用印模戳打的阴纹或阳纹的圆点，圆圈、圆点圆圈，重圆圈等纹饰在印纹陶中常见"（图1-6）[9]。三面阴刻之"田"（?）字等文字符号应是陶工的姓氏，或是氏族的徽号，相当于后世的边款。圆窝印文红褐陶印其时代约在公元前16世纪，距今约3600年左右。

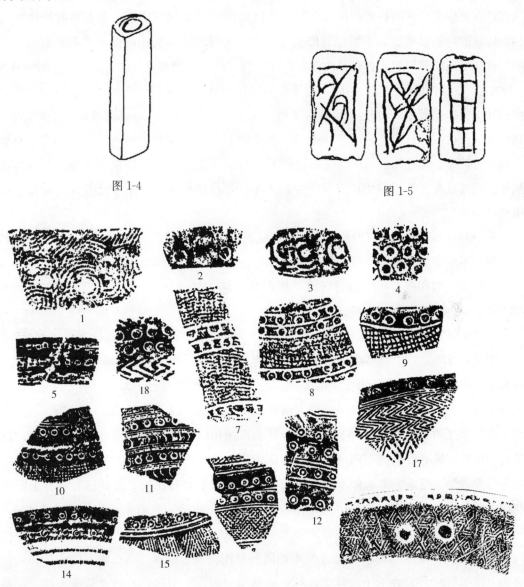

图1-4

图1-5

图1-6

在陶器上拍印花纹，考古学界称之为"几何印纹陶"，系指一种外表印有几何纹饰的泥质或夹砂质的陶器，其萌芽和发生期在新石器时代，发展和兴盛期在商周时期。"几何形印纹"，种类很多，用印模戳打或拍印阴纹或阳纹的圆点、圆圈、圆窝纹、圆点圆圈、重圆圈、并行线、平行曲折线、云雷纹、各种变形雷纹、绳纹、方格纹、复线方格纹、回字纹、各种交错重叠的方格纹（包括流行最广的所谓"米"字纹）、篮纹、菱形纹、波浪纹、曲线纹、席纹、编织纹、叶脉纹等数十种。都是以同一图案单位的印模（或误称印拍）连续按印在泥模上。从商代到春秋时期是"几何形印纹陶"的兴盛期。新石器时期饰有几何形印纹的陶器显然是为了增加装饰美感，并有加固防滑的实用价值。新石器至殷商时期遗址中发现的陶印模，有些是两件配套使用的。在拍印陶器花纹时，右手执印模（或称有纹陶拍）在器外压印纹饰的同时，左手也必须持一件圆弧形光面陶垫（报告或称陶拍）在内壁相应的托住器壁，以使器形不致变形。南方各地从新石器到战国遗址出土的印模，据已发表的材料统计，有一百三十余件。陶垫除石质垫、原始瓷垫外大多为陶质，有蘑菇状、方柱体、圆柱体、葫芦状、圆饼状[10]。可能有相当一部分印模是木质的，因为木质印模刻纹较易，又较耐用，只是历经数千年后都已腐朽无存。至今已发现的印模，从质料区分，有二类：

第一类，石印模。如江西修水山背张家嘴遗址出土的一件，体呈长方形，两面平整，一面刻有不规整的云雷纹。长 13.5、宽 2.5～3、厚 1～1.5 厘米（图 1-7）[11]。

第二类，陶印模，出土数量较多，形制也多样。又可分为无钮（按压或滚动）和有钮（按压）两式。

一、无钮按压或滚动式：

Ⅰ式，方砖形，正方体或长方体，以福建和粤东地区出土较多。多数是双面刻纹，有的是三面或四面刻纹。广东海丰狮地岭遗存中发现的一件，一面刻叶脉纹，另一面刻方格纹，两侧刻斜条纹，残长 5.5～6，宽 6～6.5，厚 2.7 厘米（图 1-8）[12]。早年林惠祥在福建长汀河田区采集到陶印模二十件。他说"这是河田陶器中最有价值的东西……而且河田发现的是方形的，也和别处不同。都是陶制的，即先将泥土捏成方形块似小砖，三边不等。在印上刻划花纹，或就已有陶器上印成花纹，然后放在火内烧成硬块。每个印模有一面有花纹的，也有二面以上都有花纹的。陶器制成后，将陶印模压印在陶器外表，便有了花纹，然后入火烧成硬质，便成为印纹陶器了"。他在《附表3》：《各遗址发现遗陶数量比较表》中称"乌石嵊'陶印'18；黄屋山'陶印'2"[13]。在五十多年前，林氏已使用"陶印"的称谓，的确是很大胆，也是很了不起的卓见。陶印一面有纹饰的，如第 3 号，二边皆 6.3，厚 3.6 厘米，一面有斜方格纹（图 1-9）。双面有纹饰，如第 2 号，长 9.7，宽 6.6，厚 2.6 厘米。一面为雷纹，一

图 1-7

面为斜线夹圆点纹（图1-10）；第4号，长6.3，宽6.2，厚3.6厘米。两面皆有直线纹
（图1-11）；第7号，长6.6，宽5.6，厚2.2厘米。一面有斜线加稀疏的横线纹，一面有
斜线纹（图1-12）。有的两面两边都有纹饰，如第1号，长9.6，宽6.6，厚2.5厘米。一
面为席纹（原报告称横直排相间纹），另一面为不规则的斜线纹，两边纹饰不清（图1-13）。
第9号，缺约一半，残长6.2、厚3.8厘米。一面有双线斜方格纹，一面有直线纹，二边
有曲尺纹（图1-14）。第10号，缺约一半，残长7.4，宽6.5，厚2.8厘米。二面二边都
有蕉叶纹（图1-15）。

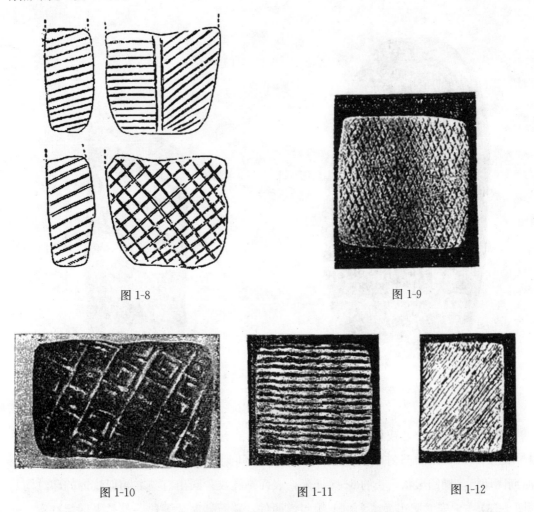

图1-8

图1-9

图1-10

图1-11

图1-12

Ⅱ式，圆柱体。江苏淮安青莲岗出土陶印模4件，新石器时代（上限应在龙山文化兴起
之后）遗物。其中舌式二件，一件已残，一件完整。完整的长9.5，厚2.5厘米。2件表
面上都刻满了编织纹（图1-16）。圆柱体式1件，已残缺不全。长约10，宽5，厚3.5厘
米。表面刻编织纹（图1-17）[14]。

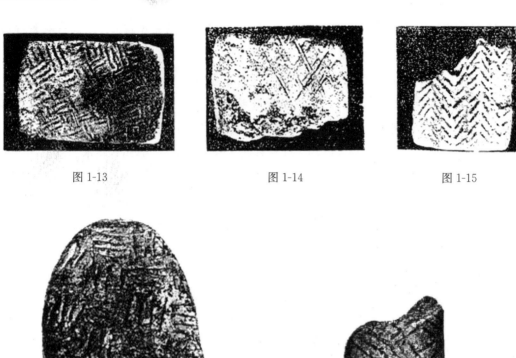

图 1-13   图 1-14   图 1-15

图 1-16   图 1-17

Ⅲ式，扁椭圆形，或称圆角长方形。有的一面有纹饰，有的两面有纹饰。南京锁金村出土的一件，两面都刻有一道道弦纹，弦纹之间刻凹点纹[15]。长沙烟墩冲出土新石器时期陶印模，椭圆形状，长约 6～7 厘米，表面饰绳纹；同出有与之相似纹饰的印纹陶片（图 1-18）[16]。安徽肥东大城头出土陶印模两件，新石器时代遗物。都是夹砂粗红陶。一件作椭圆饼状，表面划有不规则的方格纹。长 10.5，宽 5.2 厘米（图 1-19）。另一件作钝角的三角形，表面划有叶脉状纹。长 7.6，宽 4.5 厘米（图 1-20）。原报告中未说明用途[17]。南京锁金村下层出土的一件，正面为叶脉纹（原报告称羽状纹），背面有两个小圆窝，是拍印时两指留下的指痕。

图 1-18   图 1-19   图 1-20

Ⅳ式，半圆形。广东英德太平圩遗址发现的一件[18]，半月形，一面有篮纹，一面光滑，圆径 8.5、厚 0.7 厘米。

Ⅴ式，小乒乓球拍状。江苏连云港市二涧村出土的一件，上刻划有并行线曲折纹和方格纹，可以在相关的"几何形印纹陶"纹饰中找到相似的纹饰[19]。

Ⅵ式，束腰圆饼形。福建闽侯溪头上层出土的一件（T203④：9），灰泥陶，上下两面有条纹，腰上饰锥点纹。面径 7.4、厚 4 厘米（图 1-21）[20]。

二、有钮按压式：

Ⅰ式，蘑菇形，带把，形制和蘑菇状陶垫完全一样，只是圆面饰有纹饰。浙江钱山漾遗址上层出土的一件，拍面上戳刺有一个个圜凹点纹（图 1-22）。江苏越城遗址出土三件，泥质红陶，拍面上刻有叶脉纹，高 7.9、面径 7.8 厘米（图 1-23）。一件球面上有不规则方格划纹，高 5.3，球面径 6

图 1-21

厘米。又出土陶垫三件，呈蘑菇形圆锥状长柄。江西吴城出土的陶印模一件，圆柱状把手，长 7.2，面径 6.5 厘米，拍面上有细方格纹[21]。南京北阴阳营新石器晚期遗址出土陶拍两件，均为圆形，带握手。其中一件面上有圆点（笔者按：此应为陶印模，图 1-24）。陶杵 5 件，均作圆柱形。陶垫 3 件，都是圆形[22]。

Ⅱ式，圆饼状环形钮。河南安阳大司空村出土殷代遗物陶印模一件。"平面上面有凸起的方格形纹。背面原有两个钮，今已折断，只留有痕纹，两钮可能连结一处成半圆形（环形钮），可以将手指套入。直径 8.8，厚 1.2，两钮相距 5 厘米。"（图 1-25）拍出的花纹是凹入的细方格纹，在殷代釉陶上有过这种花纹。还出土陶拍一件，蘑菇形，背面有圆柄，可以把持，直径 7，带柄厚 7 厘米（图 1-26）。同时还出土陶杵 4 件，都不完整[23]。

图 1-22　　　　　　　　　　图 1-23　　　　　　　　　　图 1-24

Ⅲ式，柱状蹄形，拍面圆而平。福建昙石山发现四件[24]，中层两件，其中一件标本T122：7，圆柱把，高2.2，直径2.8厘米（图1-27），中层遗址距今约三千年左右。上层发现两件，柱把手残断。标本 T129：7，拍面为粗绳纹。拍面径7.3、残高4厘米；标本丁118c19，拍面为长方窝纹，拍面径4，残高3.4厘米（图1-28）。闽侯庄边山也发现四件[25]，柱状把手也已残断，拍面圆形，径为7.7厘米，刻有较深的条纹（图1-29）。昙石山、庄边山遗址都属于新石器时代晚期。

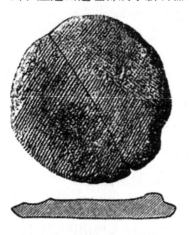

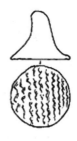

图 1-25　　　　　　　　　　图 1-26　　　　　　　　　　图 1-27

Ⅳ式，圆球状及正方体。杭州老和山新石器时代末期遗址出土陶印两件，圆形带柄，拍面上有凹入的麻点纹（图1-30）。另一陶印"为方形带柄，拍面略鼓起，两面都有三条短线横直相间的帘纹"（图1-31）。和同出印有帘纹的陶片纹饰极为相似[26]。

Ⅴ式，扁椭圆形，江苏淮安青莲岗新石器时代晚期遗址出土陶印模4件，其中有鞋底式1件，已残。正面刻有斜格纹。反面有柄，便于握持，现已断缺。宽4，厚2厘米（图1-32）[27]。

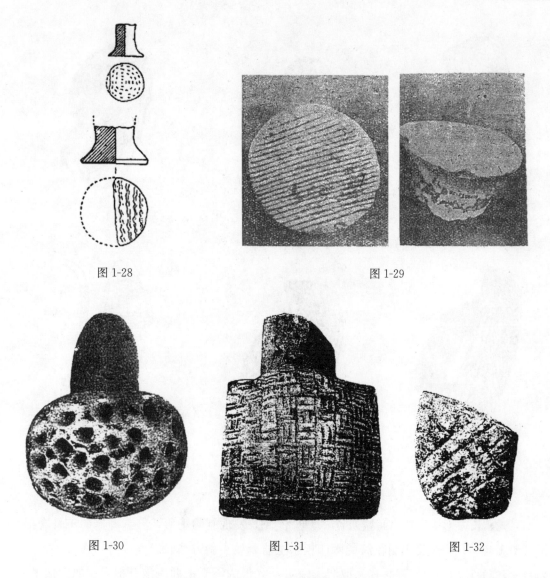

图 1-28   图 1-29

图 1-30   图 1-31   图 1-32

　　Ⅵ式，带弧度的抹泥板状。河南永城造律台出土陶印模一件，龙山文化遗物。据原报告称："泥刀形器，1 件。平面三角形，尖端渐向内弯成弧线，长 7.7 厘米，宽 4 厘米，厚 1.4 厘米，正面满布叶状纹，背面有直鼻可捏，很像是印纹模子。"（图 1-33）[28] 徐州高皇庙遗址殷商文化层出土陶拍多件，有作长方形，或长三角形，拍面成半弧状，上面刻划着蕨纹或人字纹饰，背面有绹纹环形把，这类陶拍共得 8 件（图 1-34～1-37）。所出各印都有印把，便于把握。拍皆有印面[29]。徐州花家寺上层及丘湾也各出土一件（图 1-38、1-39）。

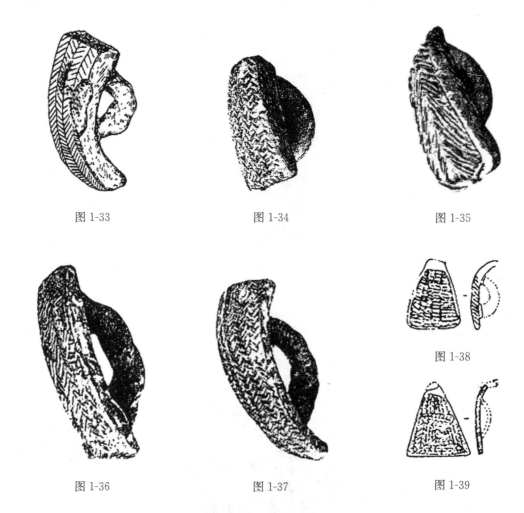

图 1-33　　　　　　　图 1-34　　　　　　　图 1-35

图 1-38

图 1-36　　　　　　　图 1-37　　　　　　　图 1-39

Ⅶ式，长方形体。郑州商城遗址（二里岗时期）发现制陶场所，有制陶器的工具陶拍子（图 1-40、1-41）及印制花纹的陶印模，上有画纹、斜方格纹、夔纹等（图 1-42、1-43）。印模为正面图像，背面有无把柄未说明[30]，但为便于把握应该有把手；如无把手，或为陶范。

图 1-40　　　　　　　图 1-41　　　　　　　图 1-42

图 1-43

　　玺印与陶印模有什么承继关系呢？首先，抑埴的本义没有变，这也是把陶印模称为陶印的根据。其次，这些陶印模除无把滚压式的以外，皆有拍压面（实为印面）、印体、把柄（印钮），便于把握，已具备玺印的三要素。再者，柱状把、环形把、绞索把对商、周玺印的钮式都有很大的影响，而且都能找到它们的身影。由此可见陶印模与玺印之间有着密切的渊源关系。

　　新石器时期的陶印模中有一些圆柱形状如玉米棒，周身布满花纹，滚动使用的；或呈扁薄形体两面或多面饰以花纹的，或作翻滚压印，或作压印之用。在"美索不达米亚"的原始印章中就有石制圆柱形体印章出现，作为使用者签押之用。"它的载体是潮湿的泥版，用时在泥版表面滚印出凸凹分明，似浮雕一般的画面来"[31]。其抑埴的本义与效果都有异曲同工之妙。

　　贾湖新石器时代前期遗址出土的"十"字形阴文陶印模印面呈圆形，印体呈馒头状（图 1-1）；东周时代三晋陶玺"阳城冢"（图 1-44）是它的后继者。河南渑池郑窑第三期文化遗存所出的"田"（?）字边款圆窝纹陶印模、印体呈扁圆柱体（图 1-4）；湖北长阳渔峡口镇香炉石遗址出土的商末至西周时期的陶玺两枚（图 1-45）是其流亚。陶印模中多有接触面是长方形弧状，或鞋底状，或钝三角状，背有环形把，呈绞索状者；则出土于陕西扶风黄堆乡云塘村西周中晚期灰坑的铜质双联图像印，两个印面由一绞索状桥形钮连接（《龙凤篇》图 4-3），不难看出后者是前者的变异。杭州老和山遗址出土的陶印模正方体或球状体，圆柱直柄，用于按压；接触面为圆饼形，蘑菇状，柄多为柱状，如江苏越城遗址采集的一件蘑菇形陶印模，圆柱体把手；楚"大府"铜玺则是其流变。安阳大司空村出土的殷代圆饼状环形钮陶印模；西周中期的铜质凤鸟纹图像玺（《龙凤篇》图 4-5）、故宫博物院收藏的西周凤鸟纹玺（《龙凤篇》图 4-6）、团龙纹玺，上海博物馆收藏的兽面纹玺（《饕餮篇》图 3-10）皆为环形钮，都是陶印模环形钮的流风精进。

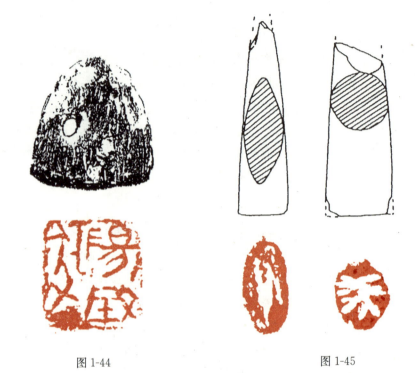

图 1-44   图 1-45

结　语

　　综上所述，汉字这一文字体系的形成过程开始于 8000 年前。河南舞阳贾湖史前聚落遗址所出的"十"字形陶印模、河南渑池郑窑第三期文化遗存所出的"田"（？）字边款圆窝纹陶印模都是商周玺印的"前辈"——我国玺印的"雏形"，也是我国玺印滥觞期的代表作。在四十多年前，林惠祥已使用"陶印"的称谓，的确是很大胆，也是很了不起的卓见，笔者非常赞同。河南舞阳贾湖史前聚落遗址所出的"十"字形陶印，为我国玺印的起源提供了珍贵的数据，把它们的起始年代推到了八千年前。

　　叶伟夫说："中国古玺印和西方印章的相同之处，皆起源于同种'劳动工具'——印模。"[32] 笔者亦以为然。但是，他"从发掘的实物来看，西方的印章早于中国古玺印有 3000 多年"的论断[33]，笔者不敢苟同。叶氏自述"据考古发掘，最早的石制圆柱形印章出现在欧贝德文化期（约在公元前 3500 年）"[34]，距今约 5500 年左右。如以贾湖史前聚落遗址所出的"十"字形陶印为我国陶印的最早标本，那么，我国的古玺印要比西方印章早 3000 年左右。我国滚压式陶印多未测定其具体年代，但大多属于新石器时代晚期物，与"美索不达米亚"的原始印章（石制圆柱形印章）应属同期。所以，"西方的印章早于中国古玺印有 3000 多年"的结论应该颠倒过来，我国玺印早于西方印章 3500 年左右的新论断应重新确立。

（原载《"百年名社·千秋印学"西泠印社国际印学峰会论文集》。略作删削修改）

注：

[1] 参阅温廷宽《漫谈玺印》一文，刊《文艺研究》1980 年第 1 期。

[2] 该文见《全国首届篆刻学暨篆刻发展战略研讨会论文集》1997 年 7 月版第 1 至 35 页。

[3] [31] [32] [33] [34] 叶伟夫《中国印石》，辽宁人民出版社 1993 年 3 月版第 19、20、26、33、32 页。石制圆柱形体印章及其滚压的泥版图案均见该书第 762 页。

[4] [6] 详见张居中《八千年前的书法艺术——河南贾湖原始文字的发现与研究》，刊《中国书法》月刊 2001 年第 1 期第 32 页～34 页。图版亦见该刊。

[5] [7] 详见拙文《安阳殷墟出土铜印——兼谈玺印的起源》，刊《篆刻》2002 年第二期（卷二）第 29～30 页。

[8] 王蕴智《从远古刻画符号谈汉字的起源》，刊《中国书法》2001 年第 2 期第 57 页～59 页。

[9] 参见苏秉琦《关于"几何形印纹陶"——"江南地区印纹陶问题学术讨论会"论文学习笔记》，《苏秉琦考古学论述选集》1984 年 6 月版 199 页图一。本文图见《文物集刊》(3) 第 238、127 页。

[10] [11] 彭适凡《中国南方古代印纹陶》文物出版社 1987 年 9 月版第 396、398、400 页。

[12] 杨式挺等《略谈佛山河宕遗址的重要发现兼谈广东地区的印纹陶》，《文物集刊》第 3 辑，文物出版社 1981 年版，图十二，13。

[13] 林惠祥《福建长汀县河田区新石器时代遗址》，《厦门大学学报》(社科) 1957 年第 1 期。图见 71～75 图。

[14] [27] 赵青芳《淮安县青莲岗新石器时代遗址调查报告》，《考古学报》第 9 册页 17，图版三，3、4、8。

[15] 尹焕章等《南京锁金村遗址第一、二次发掘报告》，《考古学报》1957 年第 3 期。

[16] 图见周世荣《湖南古代文化初探》，《中国考古学会第一次年会论文集》第 198 页，无文字说明。本文所描述的文字系承周函示。

[17] 胡悦谦《安徽新石器时代遗址调查报告》，《考古学报》1957 年第 1 期，图版壹，10；图版三，5、7，页 27。

[18] 广东省博物馆《广东北部山地区新石器时代遗存》，《考古》1961 年第 1 期图版肆，7。

[19] 同 [9] 第 197 页，南京博物院藏，未附图版及文字说明。

[20] 福建省博物馆《闽侯溪头新石器时代遗址的第二次发掘》，《福建文博》(内部) 1983 年第 1 期。

[21] 浙江省文管会《吴兴钱山漾遗址第一、二次发掘报告》，《考古学报》1960 年第 2 期图版伍，9，页 82；南京博物馆《江苏越城遗址的发掘》，《考古》1982 年第 5 期图十，10；江西省博物馆等《江西清江吴城商代遗址发掘简报》，《文物》1975 年第 7 期。

[22] 赵青芳《南京市北阴阳营第一、二次的发掘》，《考古学报》1958 年第 1 期图版陆，7，页 13。

[23] 马得志等《1953 年安阳大司空村发掘报告》，《考古学报》第 9 册页 46，图版陆，7、8。

[24] 福建省博物馆《闽侯县石山遗址第六次发掘报告》，《考古学报》1976 年第 1 期第 98 页图一

七，5；第 108 页图二四，15、16。

［25］陈仲光、林登翔《闽侯庄边山新石器时代遗址试掘简报》，《考古》1961 年第 1 期第 43 页图四，2、4。

［26］蒋缵初《杭州老和山遗址 1953 年第一次的发掘》，《考古学报》1958 年第 2 期第 13 页，图版肆，5、6，图版贰 15。

［28］李景聃《豫东商丘永城调查及造律台黑孤堆曹桥三处小发掘》，《中国考古学报》1947 年第 2 期，页 104，图七，11。

［29］谢春祝《徐州高皇庙遗址清理报告》，《考古学报》1958 年第 4 期图版陆，4～7，页 12。

［30］河南省文化局文物工作队第一队《郑州商代遗址的发掘》，《考古学报》1957 年第 1 期图版柒，3、4、5，页 57。

汤取玺置天子之坐
——玺印的起始期·夏商时期

玺印起始的文献资料

玺印创制源于三代之说，在先秦典籍中记载较多，例如《尚书·大传》记载：商"汤以玺与伊尹。"《逸周书·殷祝篇》曰："汤放桀而归于亳，三千诸侯大会。汤取天子之玺，置之于天子之坐（座）左，复而再拜。从诸侯之位。汤曰：'此天子之位，有道者可以处之矣。夫天下非一家之有也，有道者之有也。故天下者，唯有道者理之，唯有道者宜处之。'汤以此三让，三千诸侯莫敢即位。然后汤即天子之位。"[1]

唐虞世南撰《北堂书钞》[2]、《世本》引《唐六典注》[3]和晚明甘旸《印章集说》也有这段文字："《周书》曰：'汤放桀，大会诸侯，取玺置天子之坐。'"虽然《艺文类聚》、《北堂书钞》、《唐六典注》三书的文字略有出入，但是这段珍贵的文献资料直到明末还保存在原文之中。中华书局所印的《四部备要·逸周书》及商务印书馆印行的《丛书集成·初集》都采用了清代学者整理过的版本，这一段最重要的文字被删削了。但是，朱右曾《逸周书校释》在"从诸侯之坐"句后夹注："旧脱'取天子之玺'以下十二字，据《唐六典》、《北堂书钞》、《艺文类聚》、《太平御览》增补。"[4]可见此点已为晚清学者所注意。

宋代《太平御览》保存了一段《尚书大传》原文，不妨录出，以资与《逸周书》相校：

"汤放桀而归于亳，三千诸侯大会。汤取天子之玺置之于天子之坐左，复（复当为退）而再拜，从诸侯之位。汤曰：'此天子之位，有道者可以处之矣。夫天下非一家之有也，唯有道者之有也，唯有道者宜处之。'汤以此三让，三千诸侯莫敢即位，然后汤即天子之位。"[5]

两文比对，竟如此相似乃尔。可证《逸周书》在"汤退而再拜……"句前，脱"汤取天子之玺，置之于天子之坐"一句。《世本》所引各书所录佚句，皆确凿无误。同时，也确知汉人在解说《尚书》时曾经引用了先秦古籍《周书》的原文，经过二千多年以后，两段文字除个别字句传抄后略有出入外，文意仍然基本相同[6]，证明了这段文字的可靠性。按此说，夏代（公元前21世纪到前16世纪）已有表明权力的玺印。

"至于三王（夏禹、商汤、周文王）[7]……始有印玺"，此说与前引《逸周书》、《尚书大传》所记，即夏商间已有玺印基本相符。山东潍坊市寒亭枣里村鲁家口"龙山文化遗址"出土的"草字双印红陶罍"颈部压抑的两个同文印迹，证明夏代已有文字玺印使用。虽为孤证，但结合先秦文献资料是可以证明夏代已有在陶器上使用玺印的先例。玺印作为权力的凭信之物，与三方商玺为诸侯权力象征的结论正相吻合。今据商代遗存实物考证，在武丁时代诸侯已有玺印之制，则夏商之间帝王已先行使用玺印，是有可能的。

玺印起始的实物资料

出于安阳殷墟的三方铜玺，上世纪三十年代中期，首先著录于古董商黄濬（浚）编辑的《邺中片羽》初集和二集中。1940 年著录于于省吾的《双剑誃古器物图录》，标为"商代"，无释。五十年代初胡厚宣《殷墟发掘》图版 80 收录，其视为殷墟出土自不待言。丁山《甲骨文所见氏族及其制度》84 页引录了其中"亚禽氏"一方，饶宗颐《殷代贞卜人物通考》中引录了"亚禽氏"及"子亘□□"两方。饶氏著录的两方现藏于台北故宫博物院[8]。

三方商玺的著录，引起了考古学界的一次震动。首先，徐中舒在《殷代铜器足征说兼论〈邺中片羽〉》中感叹这是"惊人之发现"。他说："由字体论之，皆当为殷物。关于印玺，前此仅知其为春秋战国时新起之事物。古籍方面，亦于此时始有记载可征。然今竟发现于其前一千余年（徐畅案：指春秋战国之前）之殷代，使此物而非伪作，则诚惊人之发现矣！（二十四、四、二十）"[9]不久，他再次提到"商代印玺"[10]。1941 年容庚教授在《商代彝器通考》（上 30～31 页）一书中认为：《邺中片羽》书中各器除《蟠螭钟》形制较晚乃周器外，其它皆可信据为商器也。"[11]自殷墟三方玺印出土至六十年代，虽诸家对印文释读不一，或未识读，也未考定其具体时代，但已被甲骨商史学界公认为"商代玺印"则是事实，未见有提出疑义者。

八十年代以后，争议四起，学术气氛空前活跃。笔者在前辈们研究的基础上，花费了三年时间搜集并研究了南京大学图书馆、历史系资料室、南京图书馆古籍部可供参考的甲骨卜辞、钟鼎铭文和文史资料，进行排比、梳理，1986 年写出了《商玺考证》一文，参加了在烟台举办的全国第二届书学研讨会[12]。

笔者考出第一方玺印为"亚禽氏"（图 2-1）。郭沫若曾指出："毕象捕猎工具。孙诒让《契文举例》（下四一）最早释为禽字。孙海波《甲骨文编》（一四·八）据唐兰说："毕象罕形，其引申之意为禽，即禽之本字。"唐兰《天壤阁甲骨文存考释》（58）说："其用为动词者，则禽（擒）获"，"卜辞毕字读为禽则无不顺适"。李孝定《甲骨文字集释》（2555）谓："其说确不可易。"陈梦家《殷墟卜辞综述》（554）说："毕象捕鸟之网，所以字亦作罼。鸟是生擒的，所以'禽'字引申为鸟类。"胡厚宣说："罼为毕之繁文，毕即禽，读为擒获之擒。"[13]殷商时代的毕（毕）的形象已无法知晓，但一千年后的"毕"我们在东汉画像石中却可觅得它的踪影。江继甚《汉画像石选·田猎图》：中两猎手正持近一人长的毕在捕兔（图 2-2），后面跟进的狩猎队伍中有四人手持或肩扛"毕"，准备进入狩猎区。综上所述，畢是捕鸟器名，释为畢（毕），引申之义为禽获之禽（即擒之初文）；隻是后起字，像鸟入毕中，或使用畢（毕）捕鸟，会意。攲即毕字增又（手），古文繁简随意。因鸟是生擒的，所以又引申为鸟类总名。汉以后，禽加手旁专作动词。禽、擒遂分化为二。攲，手持毕捕鸟，应与畢（禽）同字。胡厚宣《甲骨学商史论丛》（初·二·一六）说："隻为畢之繁文。"甲骨卜辞中有畢、隻、傘、畢、羍皆释为禽，前三者常见作为人名（部族名），应为一人[14]。笔者按：从毕从佳与从毕从人，当为一字；用毕捕鸟与捕人同义，皆为禽（擒）。在卜辞中，常见他代表商王主持各种祭祀，对多方征伐，拓展了商代的疆域。禽在王事空闲时还兼任卜人（史官），并从事甲骨档案的管理工作。他还参与立吏，立吏的对象而且是侯伯。他还代表商王外出视察粮仓和田亩，训练军队，教练射士，随商王参加田猎活动，从事建筑工程。……畢、隻、畢常与贞、人、口、宄、争、出

图 2-1

图 2-2

等人同辞。前三人为武丁时贞人，出是武丁晚期至祖庚时贞人。说明皋是武丁至祖庚时代奴隶主统治阶级中的重要成员。甲骨学界称："皋为武丁时期著名的贵族巨僚"（于省吾）；"皋为武丁时之征伐大将"（胡厚宣《殷代舌方考》）；"王族军队的主帅之一"（陈梦家《殷墟卜辞综述》497）；"豪族的代表"（白川静《甲金文字论丛六集·殷代雄族考之三》）……总之，位尊地要是十分明显的，"其地位等于后世的大臣。"（于省吾《甲骨文字释林》308）。上世纪八十年代，于省吾就考定这方玺印说："从鸟（与隹同字），从毕，应隶定作皋，乃禽字之古文，甲骨也有此字，作人名用。"其说正确无误。

　　商代铜器铭文中有不少禽氏的族徽铭文可以和甲骨卜辞中的亚禽氏相印证。如禽爵（图2-3）、禽鼎（图2-4）、辛亞（亚）禽氏斝（图2-5）、禽铙（图2-6）、亞（亚）禽父乙尊（图2-7）、亞禽罍（图2-8）、亞禽父丁簋（图2-9）、亞禽氏瓿（图2-10）、禽爵（图2-11）。以禽爵的"禽"字字形与玺文最为相似。玺印与族徽铭文的亚字边框，唐兰说："定亚为爵称"[15]，陈梦家认为是"武官名"[16]，丁山认为：亚不如释为"内服"的诸侯更为彻底[17]，曹定云谓："亚是一种武职官名，担任这种职官的通常是诸侯；凡担任这一职官的诸侯往往在其国名或其私名前加'亞（亚）'字或框以亚形；此种诸侯之地位在一般诸侯之上。"[18]，曹说之论极为正确。玺印禽字左右各有一"丁"字，前人未释，于省吾说："此印作亚字边，左右从丁，用意不明。"[19]亚禽氏斝及亚禽氏瓿在亚形框下有一"丁"形，徐中舒说为"示"，极是，甲骨文"示"字作此形。丁山说："示、是、氏三个字在古代是音同字通的。""我认为'丁'虽是示字的简笔，也正是氏字的初形。""即从字形看，也可证明示（丁）、氏（㲋）本来即是一个字……"[20]。

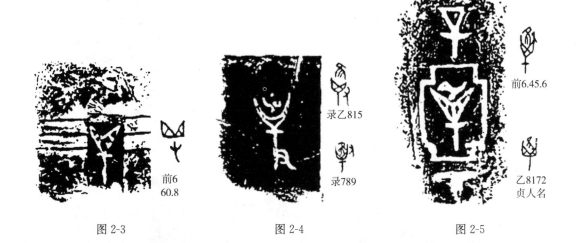

前6
60.8

图2-3

录乙815

录789

图2-4

前6.45.6

乙8172
贞人名

图2-5

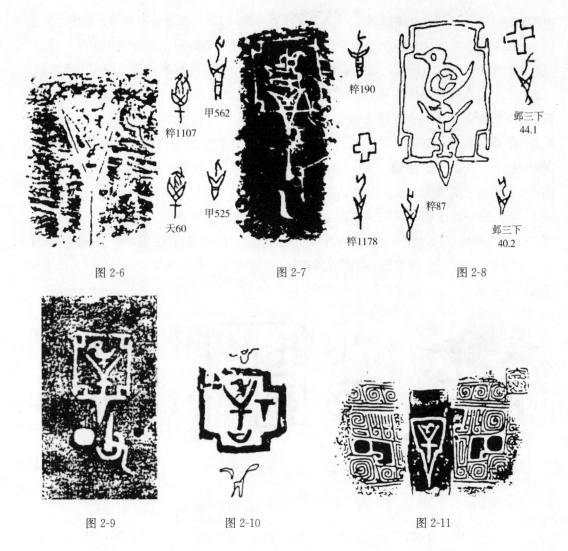

图 2-6   图 2-7   图 2-8

图 2-9   图 2-10   图 2-11

　　第二方田字格玺印"子亘□□"（图 2-12）。《邺中片羽·初集》无释，印文倒置。《双剑誃古器物图录》称为"奇字玺"，侧置，日本平凡社《书道全集》亦侧置，自后引录者多作侧置。徐中舒在五十多年前称此印"界格四阑，有'子亘梦'三字可辨。"[21]今细察印、文，"子亘"两字较为明显。左上一字为"子"字。金文可作十二地支的"巳"字，亦可作子孙之"子"，皆据文意可判。商周族徽文字头部多为实笔（肥笔）圆点，《古文字类编·徽号文字》（598～604 页）列子雨己鼎、子父乙盉、子龙觚等 47 例，与印文"子"字相同无别。"子"字左下及右上有几点锈蚀，但不影响释读，或有学者据此释为他字，强作解事，亦于史无征，不足为据。田字格左下一字为"亘"字，《甲骨文编》（一三·六）著录。"自字形审之，当是回字初形，许书所谓'象回转'也。此形施于铜器花纹，今犹谓之回纹，孳乳为亘。"印文的亘回之形与《说文》"亘"字字形及甲骨文（《龟甲兽骨文字》二·九·二）相同无别，当为亘字不误（图2-13）。此字略有锈蚀，使中心处笔画有一点黏粘。此印文为拓片，故"子亘"二字在左侧，如钤记则在右侧，作右行排字。亘在卜辞中为人名或方国名，是武丁时期强宗大族的代表。陈梦家考订，亘即山西之垣，汉之垣县，地在今垣曲县西20里，并据春秋时期的文献记载，认为这一地区是赤狄皋落氏之都，可能是本为鬼方盘踞之地[22]。亘在卜辞中称亘方。武丁时亘人常侵扰雀、鼓、我等地；商王曾派重要将领雀、犬、戈等屡次征亘。卜辞中屡言"舌亘方"、"雀伐垣"、"幸（执、执）亘"、"雀隻（获、获）亘"、"雀幸（执）垣"。与亘方有关的卜辞表明，亘方的武力没有商王朝强大，在多次的争战中亘方屡次失利。亘最后臣服于商，其首领（所谓族尹）亘人质于商王朝任贞人。胡厚宣说："武丁时又有史官亘，屡掌贞卜及书记之事。"[23]据岛邦男统计，亘贞卜署名者凡384见[24]。亘对商王时有供纳。武丁晚期，亘受到商王的宠信和关注。商王还亲往亘方国视察。饶宗颐谓："亘为武丁时人。河南出土铜玺有'子亘梦'三字，子亘殆即亘也。"[25]

图2-12 　　　　　　　　　　　　　　　　　　图2-13

　　第三印为"眮（瞿）甲"玺印（图2-14）。此印文有误释为"闭（闭）"字者，或误为"閉甲"者[26]。误两目为門（门）。下一字"十（甲）"字误为"在（才）"。"門"字甲骨文有两形，一为无门楣者，一为有门楣者，两扇门轴皆突出明显，与今中式房门的木轴无别（图2-15）。只要翻检《甲骨文编》（一二·三）与印文比较便可明白。我们对《邺中片羽》的印面照片作一仔细分析可以发现两目字下部有腐蚀后残存笔道的痕迹（图2-16）。此字当隶定为眮。下一字为"甲"字，《甲句兵》之甲字可以为证[27]（图2-17）。《金文编》960页列"甲"字15例，皆作"十"形。此"眮甲"玺印无边框，因是拓本，故见其所拓印边。眮是商代氏族徽号，在吉金铭文中多见。如眮乙罍（图2-18）、眮舭（图2-19）、眮鼎（图2-20）、眮戈（图2-21）、眮觯（图2-22）、眮父癸舭（图2-23）、眮父癸鼎（图2-24）、眮父己鼎（图2-25）、眮乍父癸鼎（图2-26）、眮子弓箙壶（图2-27）、眮亚且（祖）癸鼎（图2-28）等。古文字的演变规律是由繁趋简，由双目饰眉形，到双目饰鼻梁，再加手形、或无手形，古文繁简随意，其次要偏旁每从省略也。描绘两目仍是主要目的，最后仅存两目，重点突出。阮元说："䀠，古瞿之省。"[28]方浚益同其说[29]。《说文》（四上七）："䀠左右视也。从二目，读若拘。"《玉篇》："䀠与瞿同。"于省吾引饶炯《说文部首订》："'䀠即瞿，思之古文，说文当云惊恐也'，这是对的，说文惧之古文作思，《方言》十三：'惧，惊也。'䀠与䀠典籍通作瞿……总之，䀠像纵目形，纵目使人惊动，故䀠和从䀠之字多含有惊恐之义。"[30]䀠（瞿）就是氏族首领的私名或氏族名。"强宗大族的族长在奴隶制国家中占有较高的政治地位"。"氏族的武装在战争中战斗力较强。以族出现的武装，都是强宗大族。它们不是商军的师，也不是师的一部分，而是一种特殊形式的武装，即以族长的政治地位为背景的宗族或家族的武装。"[31]缀有"䀠"字族徽的戈就是䀠氏族武装使用的武器，䀠子弓箙壶就是这个氏族武装首领使用的弩矢壶。由此可知，䀠是拥有氏族武装的部落（方国）首领或高级武官，后期因战功被升为亚。因玺印早期时物，故没有亚形边框。䀠甲玺印是武丁时期，或稍后时部落首领（诸侯）的用物。

图 2-14　　　　　　图 2-15　　　　　　图 2-16

图 2-17　　　　　　图 2-18　　　　　　图 2-19

图 2-20

图 2-24

图 2-21

图 2-22

图 2-23

图 2-25

图 2-26

图 2-27　　　　　　　　　　　　　　　　图 2-28

　　"亚禽氏"、"子亘□□"两玺印据甲骨卜辞的贞卜人名同版关系推断，应当属于武丁时期（公元前1254～前1195年）的商王朝诸侯，最迟不会晚于武丁至祖庚朝（公元前1195～1187年），前已论证。在距今三千二百年前我国已使用玺印。玺印的使用者禽是王朝位尊地要的"畿服内诸侯"；禽、亘、眣（瞿）为氏族（或曰方国）首领，亦为一方诸侯。由此可知，商王朝的氏族首领（或曰方国诸侯）已使用玺印，这已是无可辩驳的事实。且三玺钮式形同无别，有统一铸造、颁发的可能。商代"对铜器的重视点，在纹不在铭。"[32]武丁时期或此之前的彝器就具备造型奇特、纹饰繁缛、光彩夺目的艺术特点，如果把那些艺术珍品和这三方小小的玺印相比较，我们就决不会再怀疑商代玺印的存在和使用了。商代三玺的考证鉴定，把我国玺印的起源向前推进了五六百年，无疑是印学界的一件大喜事。

　　综上所述，我们可以得出如下的结论：

　　（一）、三方商玺与卜辞、金文相对照，皆有资料可证，应系安阳出土的商代武丁时期或稍后时商王朝大臣（或曰氏族、方国首领）的用印。

　　（二）、三颗商玺已具备了后世玺印的基本特征：印文（印面）、印体、印钮。亚形边框的"亚禽氏"印与"以日为名"的眣（瞿）甲印都具有商代社会和文化的特点。这种印文格式和内容在周秦古玺中还没有类似的作品可征。

(三)、"印钮自定时代",商代的平板印体和粗陋鼻钮实开东周鼻纽权舆,为战国时期佩印之雏形。其印钮与陶拍的形制相差甚远、由此可断,此三方商玺绝非"印模"。

1998年秋,中国社会科学院考古研究所安阳工作队在安阳市西郊安阳市水利局院内出土了一方铜玺(图2-29),定为"安阳殷墟一号铜印",由中国社科院考古所安阳工作站收藏。[33]唐际根队长说出土地属殷墟遗址范围,时代定为晚商。唐氏描述此鉨非文字印,所铸为拆散的兽面图案。笔者释为饕餮纹铜玺,与故宫博物院所藏商末周初的双钩饕餮纹铜玺(图2-30)形象简省而相似。一为单线勾勒,一为双钩,钮式也极为相似,证明这两印的时代应该相近。此鉨经科学发掘,并有明确的地层资料,证明殷商时期已铸造并使用玺印;"殷墟一号铜印"的出土是玺印史上具有重大意义的事。

图 2-29　　　　　　　　图 2-30　　　　　　　　图 2-31

迄今为止,我们已发现五枚商代陶器印迹。其中一枚阳文印迹(图2-31),字口清晰,显然是用阴文玺印压抑而成。殷商金文中有与之写法相似者,如容庚《金文编》附录上581号各字的形体基本结构与印迹相同。尤其是册父癸鼎、父乙卣、父乙瓿等最为相似(图2-32),微小的差别只是金文作三角形实体分叉,而印迹作细线分歧;金文作钉头状或细线状,印迹则作圆点状。印迹具有图案化倾向。虽表现手法不同,但字形应是一字。四枚吴城商代遗址陶器印迹,其中一枚由四个"∩"符号重叠而成(图2-33),应是氏族徽号。三枚箭矢形阳文印迹(图2-34A-C);应释为箭或矢;古"以竹

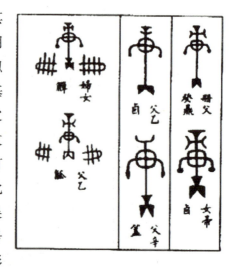

图 2-32

曰箭，以木曰矢。"即后来的"镞"字。此印迹线条劲挺，造型美观，表现了晚商箭矢的形态。此为早期的象形字，还是氏族徽号，尚待有关史料的佐证。

图 2-33

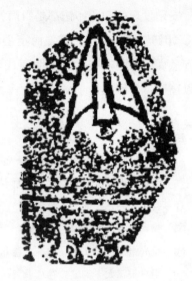

图 2-34A

图 2-34B

图 2-34C

结　语

安阳发现的四印印钮都是粗简的鼻钮，铜铸，而且都具备印文（印面文字）、印体（印台）、印钮三要素，已是成熟而定型的玺印。还有三枚压印"矢（或释为镞）"字和二枚压印族徽文字的陶器残片，说明商代陶器的用印情况。无论是文献资料，还是玺印实物都可以证明：玺印起始于夏、商时代。夏、商、西周是我国玺印的起始期。

注：

[1] 引自唐欧阳询撰《艺文类聚》卷第十二，帝王部二，殷成汤。中华书局 1965 年版第 220 页。

[2] 引自孙忠愍侯祠堂旧校影宋原本，南海孔氏三十有三万卷堂校注光绪戊子年重刊本，《北堂书钞》卷一百三十一，仪饰部下第 2 页。

[3] 见《世本八种》，商务印书馆 1957 年版，张澍粹集补注本第 29 页。

[4] 见光绪三年崇文书局刊本，卷九第六页。

[5] 引自宋《太平御览》卷八十三，皇王部八，中华书局 1960 年影印本第一册第 389 页上。《尚书大传》嘉庆庚申刊本《殷传·汤誓》，陈寿祺校注本，《四部丛刊》本，皮锡瑞《疏证》本与之文同。

[6] 皮锡瑞《尚书大传疏证》师伏堂丛书本卷三第 14 页引《太平御览》辑《逸周书》佚文说："《逸周书》与《大传》说同而较详。"

[7] 三王，指夏禹、商汤、周文王，或指夏、商、周，与三代同义。今引录此条文献者，多注重玺印始于权力凭信，而忽视印玺起源于"三王"的记载和史实。明代甘旸《印章集说》曰"《通典》以为三代之制，人臣皆以金玉为印，龙虎为钮。"并引《周书》"汤放桀"一段为证。朱简《印章要论》云"印始于商、周。"是前人已有发现。

[8] 见台湾故宫博物院编辑出版《故宫历代铜印特展图录》1987 年版；《故宫文物月刊》第四卷第 12 期；《故宫青铜器图录》。

[9] [21] 引自《考古社刊》第 2 期，1935 年 6 月考古学社出版。

[10] 见《关于铜器之艺术》，刊滕固编《中国艺术论丛》，1938 年商务印书馆出版，卷上第 34～35 页。

[11] 容庚、张维持合著之《殷周青铜器通论》十四页仍持此论："此书（笔者按：指《邺中片羽》）虽非科学发掘的报告，也没有记载出土的情况，仍不失为研究殷代铜器的一种重要资料。前人根据安阳出土定为殷墟的都正确可据。"

[12] 原论文蜡纸油墨印本近三万字，征引了不少甲骨卜辞。河南美术出版社拟出该研讨会论文选集，拙校对三次，出版社有相片稿赐下。终因征订数不足而未果。此稿的摘要稿《商玺研究》发表于台湾《印林》双月刊 1992 年第 1 至第 3 期（总 73 至 75 期）连载。笔者主编的《中国历代印风系列·先秦印风》、《中国篆刻全集·卷一》、《中国书法全集（92）·先秦玺印》卷卷首论文《先秦玺印概论》中也有或详或略的考释、介绍。拙文《中国篆刻全集·卷一·先秦玺印概论》，刊《篆刻》丛刊 2000 年第

一期、第三期。

[13] 引自《甲骨学商史论丛》初集第二册。

[14] 从甲骨文论著中也可以找到佐证。饶宗颐《殷代贞卜人物通考》573 页认为："羍与畢为一字"，"畢与羍即疑为一人。"郭沫若《卜辞通纂》、《殷契粹编》羍与羍为一字。罗振玉《增订殷墟书契考释》下并收羍、羍二形。

[15] 详《武英殿彝器考释》第 2 页引。

[16] 见《殷墟卜辞综述》，中华书局 1988 年 1 月版第 508 页。

[17] 引自并参见《甲骨文所见氏族及其制度》，中华书局 1988 年 4 月版第 45～48 页。

[18] 见《亚其考》，《文物集刊》1980 年第 2 期。

[19] 于省吾释："从鸟（与隹字同），从羍，应隶定作羍，乃禽字之古文，甲骨亦有此字，作人名用；此印作亚字边，左右从丁，用意不明。"释第三方印："从门，从才，当为'闭'字。"见庄新兴《玺印的起源》，《书法研究》1982 年第 2 期。

[20] 引自《甲骨文所见氏族及其制度》，中华书局 1988 年 4 月版第 4 页。

[22] 见《殷墟卜辞综述》，中华书局 1988 年 1 月版第 276 页。

[23] 见《殷代封建制度考》，刊《甲骨商史论丛》初集第一册。

[24] 见《殷墟卜辞综类》第 562 页。

[25] 引自《殷墟贞卜人物通考》第 445 页。"亘为武丁时人。"：亦参见该书卷二十附卷一《贞卜人物同版关系表》，武丁时期贞人㱿、宾、争与亘同版者各四片。卜辞中，亘与禽同版者亦不少。亘生活的时代与禽大体相同。

[26] 同 [19]，于省吾释第三方印"从门，从才，当为'闭'字。"见庄新兴《玺印的起源》，《书法研究》1982 年第 2 期。日本平凡社《书道全集》卷一 39 页图版水野清一释作"口甲"，别卷一第 15 页、45 页图版林已奈夫也释作"口甲"。

[27] 释见《读金器刻辞》第 16 页。

[28] 引自《积古斋钟鼎彝器款识》五卷第 3 页。

[29] 见《缀遗斋彝器款识考释》八卷第 28 页。

[30] 引自《甲骨文字释林·释臣》。

[31] 引自《甲骨探史录·略论商代的军队》第 385、386、399 页。

[32] 引自郭宝钧《商周铜器群综合研究》第 40 页。

[33] 殷墟第一号铜印图版发表于拙编《中国篆刻全集·卷一·先秦玺印概论》、《中国书法全集（92）·先秦玺印卷》彩版第二页及图版第 5 号。又见拙文《安阳殷墟出土铜印——兼谈玺印的起源》，刊《篆刻》2002 年第二期（卷二）第 29～30 页。

周鼎著饕餮，有首无身

——兽面纹与饕餮纹印

饕餮纹的文化内涵

饕餮是青铜器上出现得最多，也最具代表性的纹饰。饕餮纹的基本形状是一具正面的狰狞可怖的怪兽。所以又称兽面纹。

饕餮纹起源很早，有学者认为郑州二里岗的青铜器两只眼睛的饰纹就是原始饕餮纹，它不是纯粹装饰性的，而是一种动物，一种有生命的东西；可是没有写实性的描绘和再现。这个饰纹的特点是它的两只眼睛，常常有脸形，耳朵、鼻子和角。边上的条纹也可能是身子……眼睛

图 3-1

本身是一种有威力的形象，不需推敲就可以感到一种无以名状的威力；它能看穿一切，又不可以琢磨（《盘龙商城》湖北盘龙城商代遗址出土的铜罍纹饰，图 3-1）。尔里斯特·格曼布雷奇指出原始艺术里，眼睛是一种普遍性形象。它具有让人恐惧，尊神压邪的功能。

"饕餮"之名最早见于《左传·文公十八年》："缙云氏有不才子，贪于饮食，冒于货贿，侵欲崇侈，不可盈厌，聚敛积实，不知纪极，不分孤寡，不恤穷匮，天下之民以比三凶，谓之饕餮。"《吕氏春秋·先识览》曰："周鼎著饕餮，有首无身，食人未咽，害及其身；以言报也。"意谓刻绘饕餮是旨在戒贪，告诉人们：贪得无厌招致毁灭自己的报应。《淮南子》亦有记载，注家说法不一，或指一种贪食人的怪兽，或指与华夏敌对的强悍"凶族"（或曰野蛮部落）。或说牛身人面（《左传·文公十八年》正义引《神异经》），或说羊身人面（《山海经·北次三经》），实则并未见其身。总之，文献所提及的饕餮，不管是人还是兽，都十分凶狠、残暴、贪婪，但是给人的印象是：他（它）们全是有生命的生物。把这种图案化了的兽面纹最早称为"饕餮纹"的是宋代吕大临的《考古图》和《宣和博古图》，并且进一步明确提出"示戒"的说法。饕餮纹多著于王室重器上，似有恐惧、尊神，以示王权至高无上的威严气氛，以及趋吉避凶（辟邪）的意义。

钺的功能是用来斩首的。有一些人面饰纹的钺。例如山东益都苏埠屯发现的两把钺（《金沙遗址——古蜀文化考古发现》72，图 3-2）；德国柏林、英国大英博物馆各收藏一把；它们都是饕餮纹借鉴人面形的作品；如山东益都出土的商代透雕人面纹铜钺，有鼻子、两眉、两眼、两耳和有犬齿的口跟下颚。狰狞恐怖之状，意在镇凶扬威，表现皇权和法律

的威严。殷代兽面模（《殷周铜器群综合研究》图版31，铸造范模，图 3-3）也是人面形。

图 3-2   图 3-3

　　据张光直统计："殷商的器物中有纹饰的十之九是动物形的"。在形态各异的动物纹饰中，又可划分为两小类：一类是写实动物纹，如象纹、蝉纹、鱼纹、龟纹等等，均是自然界中真实存在的动物形象；另一类是幻想动物纹，即兽面纹、夔龙纹和神鸟纹等现实世界中并不存在的神话动物形象。写实动物纹虽然种类多，但出现在青铜器上的数量相对较少，各自流行时代较短，装饰器类和部位较为次要而不显著；而幻想动物纹虽然仅有几种，但大量出现在青铜器上，含义神秘，型式丰富并且长期占据着大多数重要青铜器的显著位置，始终是中外专家学者研究中国古代青铜器纹饰的主要对象。

　　兽面纹是图案化的生物身、首纹饰。主要是由牛、羊、虎、鹿、山魈等动物的一些特征综合而成的。它们都是用于祭祀（献祭）的动物，它是原始祭祀礼仪的符号标记。

　　兽面纹可以说是商周时代一种格式化的艺术表现风格。一般是以动物头部的正面形象（颜面）为主体（主纹），左右对称。辅以躯干、羽翼、足爪等部位为副纹，雷文为地纹的一种纹饰。其中，正视的头部在兽面纹中占据着十分突出的中心地位，不仅头部的比例远大于躯干、羽翼和足爪，而且有的兽面纹或难以分辨辅助部位，或干脆"有首无身"。一个完整的兽面纹，应包括冠饰、鼻、额、眼、眉、角、耳、口、牙、身、尾、羽、翼、足、爪等部位。但是，构成兽面纹的核心要素是其眼、角（或代替角的耳）、口。三者之中，眼和口的形式比较固定（眼可分为回字目和臣字目，口可分为嘴角内勾和外撇），唯有角（或代替角的耳）变化十分丰富，因此角（或代替角的耳）就成为区分兽面纹最重要的标志。而且由于兽面纹是正面向人，难以根据其整体形状的变化来划分类型，因此角（或代替角的耳）也就成为划分兽面纹类型的主要依据。根据兽面纹的角（或代替角的耳）的形状，我们可以把兽面纹大致分为三类：牛角类、羊角类和豕耳类，另有少量属混合变形类（段勇著《商周青铜器幻想动物纹研究》）。

　　容庚、张维持《殷周青铜器通论》将饕餮纹按其结构、形状不同，分成十二类。扶风商尊纹饰（图3-4）、小屯 M238 出土的晚商中期方彝（图3-5）、扶风西周昭王折觥纹饰（图3-6）都是具有代表性的精彩作品。

图 3-4

图 3-5

图 3-6

　　从晚商到周初，饕餮纹都很盛行。有学者把早期铜器时代订名为饕餮纹时代，鼎、尊、彝、鬲、卣、簋、罍、瓿、爵、觚、钺、胄、玉刻人头形、石刻饕餮面形、车轴饰、辖踏饰等等，甚至鼍鼓纹饰都用它，可见该纹饰在这个时期所占有的重要地位。商周之后，饕餮就成为贪虐的象征了。在民间，饕餮纹常用来做门神，其作用类似于神话中执鬼驱魔的门神神荼、郁垒。总的看来，饕餮纹虽然也可能有图腾崇拜和神灵崇拜的意义，但更多的是神物的象征，是中国古代英雄崇拜和祖先崇拜的产物。

饕餮纹的玺印资料

既然饕餮纹在商周青铜器中应用如此普遍，而且在人们心目中如此重视，那么它在玺印中也必然有所反映。

殷墟第一号铜印（图 3-7），1998 年秋，安阳市西郊安阳市水利局院内出土，鼻钮，1.6 厘米×1.5 厘米，通高 0.8 厘米，印体厚 0.3 厘米，钮高 0.5厘米。由中国社会科学院考古研究所安阳工作站收藏。此玺印出土地属殷墟遗址范围内，是经过考古队科学发掘出土的首枚殷墟铜玺，故被命名为"安阳殷墟第一号铜印"。这是我国目前所见最早的经科学发掘的有地层资料的具

图 3-7

备印面、印体、印钮三要素的玺印实物。它的出土为"玺印起源于商前"的论断提供了有力的证据。唐际根队长提供彩色照片及印面拓本。时代定为晚商。唐氏描述："此玺非文字印，所铸为拆散的兽面图案。"笔者释为饕餮纹铜玺。此玺为单线描绘兽的双眉、双眼、嘴（裂口），印面图像简明朴素，印体也很单薄，与故宫博物院收藏的双钩饕餮纹玺印有异曲同工之妙。而且钮式也非常相似。两方饕餮纹玺印与三方安阳商玺的鼻钮，且印体单薄，都是商玺的典型形制。此玺经科学发掘，并有明确的地层资料，证明殷商时期已铸造并使用玺印。殷墟一号铜印的出土是玺印史上具有重大意义的盛事。

饕餮纹玺（图 3-8），作于商代晚期。《故肖》著录，铜质，方形，边长 2.5 厘米。铸铭阳文。此玺为双钩线描，双眉、双目、鼻、嘴（裂口）均清晰明了，与小屯 238 号墓出土的晚商中期方彝的双钩饕餮纹（图 3-5）相似。从钮式及纹样可定为商代。

饕餮纹玺（《宾虹藏古玺印》，图 3-9），作于殷商晚期有可能晚至西周前期。铜质，扁方形，边长 3.27 厘米×2.9 厘米。铸铭阳文。钤本。此玺重点描绘饕餮纹的双眉，双眼、鼻形及嘴。它与殷中期益都苏埠屯鼎纹、湖北盘龙城商代遗址出土的铜斝纹、陕西扶风庄白一号西周早期青铜器窖藏出土的折觥、商尊等纹饰都有相似之处，作人鼻形，应是同一时期的作品。

兽面纹玺（《篆刻》1999.1. 封底图版，图 3-10），作于西周时期。铜质，圆柱环钮。长方形，印面纵 3.9 厘米，横 3.5 厘米，文雅堂藏。孙慰祖君称"此玺印面铭铸两组不尽对称的兽面纹，中有栏线相隔。兽面纹形态具有自由疏散风格，与铜器上所见不同，但风格特征属于西周时期。……目前所见商周图形玺多单个纹样，此种每组形式的组合为前所未见。"我们不难看出这是饕餮纹玺。印体扁薄，印钮环形，但呈圆柱形，便于手指穿握，与西周时扁薄略呈弧度之环形钮略异，但其西周的断代不容置疑。

图 3-8　　　　　　　　　　　　　图 3-9　　　　　　　　　　　　　图 3-10

结　语

　　饕餮纹在商及西周青铜器纹饰中最为常见，在玺印中也有反映。据饕餮纹商周不同时代的差异及钮式的不同，饕餮纹玺印的断代并不困难。

参考：

　　郭宝钧《殷周青铜器群研究》；《陕西扶风庄白一号西周青铜器窖藏发掘简报》，《文物》1978.3；张光直《商周青铜器与铭文的综合研究》，台北中央研究院史语所丛刊第 62 号；张光直《艺术神话和祭祀》；（美）艾兰著汪涛译《早期中国历史、思想与文化·饕餮纹的含义》；李光安《试论青铜器饕餮纹的狞厉美》；陈望衡《中国古代青铜器艺术鉴赏》；芮传明等《中西纹饰比较》。

天命玄鸟，降而生商

——西周时期的凤、龙图像玺

凤龙纹的文化内涵

相传，我国东方的夷人，在少昊时期就"以鸟命官"，即以鸟为图腾（东夷族大约活动于大汶口文化和龙山文化分布区域内）。《诗经·商颂·玄鸟》曰："天命玄鸟，降而生商。"《史记·殷本记》说夏是龙的后裔，帮助大禹治水的契是凤的后裔。契母简狄在户外洗澡时吞食了玄鸟的蛋而怀孕，并生下商族的始祖契，可见商人是以鸟为图腾的。作为图腾的鸟决不是普通的鸟，而是具有神性的鸟。有人认为玄鸟是燕子，有人认为玄鸟是凤（《中国史前遗宝》269）。商周时期，凤鸟被看作神鸟，在不少场合是图腾的标记。飞来的凤鸟是遵上天的命令而来，如武王伐纣时，就曾有"凤鸣岐山"的说法，所以，周能灭商。这也是商周时期凤鸟纹、团鸟纹流行的主要原因。

龙和凤是古代治玉者最喜欢表现的对象之一，留下了为数众多、精致优良的作品。1955年，湖北省石龙过江水库出土的黄白色玉凤（《出土玉器鉴定与研究》412，图4-1），这件凤鸟正给人一种非凡的感觉。玉质精良，直径为4.6厘米。造型呈圆饼状，凤作回顾状，通体呈卷曲状，尖而长的喙、高高的冠、大而圆的眼，脑后部似为鬣状物向上突起；肩披双翼，短翅微张，翅分三道，羽翎突出；翅膀上端有一凸状物；长尾舒展，尾后端一分为二，一道宽长，弯曲至尖喙之上，一道窄短，向内弯曲至尖喙之下，与头部的弧度正好构成一个很规整的圆形；腹部有数个透雕之孔，背部有一个圆孔，可供穿绳系佩。制作年代大约为石家河文化晚期，即新石器时代晚期。在著名的安阳殷墟"妇好墓"中，出土了一件玉凤（李力《中国文物》20，图4-2）。这件为中国历史博物馆珍藏的精美的玉凤高13.6厘米，厚0.7厘米，黄褐色的和田玉料。造型呈"C"字形，作回首欲飞之状，充满了生动的曲线美和神态美。十分有趣的是，石龙过江水库玉凤的造型和琢磨风格与安阳殷墟妇好墓出土的玉凤相当接近，尤其是翎和尾部的形象几乎毫无二致。有人认为妇好墓的玉凤就是山东龙山文化的遗物，后流传至商代并被商代最强大的国王武丁的配偶妇好所享有，在她死后随她埋入地下。此说的理由是妇好墓出土的玉凤琢磨风格与传世的山东龙山文化玉器很接近（《中国史前遗宝》321）。

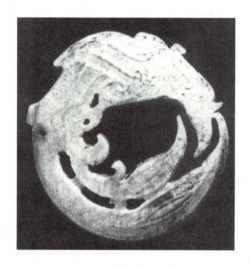

图 4-1   图 4-2

自商代以后，凤作祈神福佑的期盼，成为中华民族文化艺术传统的装饰题材之一，并被拟人化，分别以凤凰比附男女。在描绘凤鸟的技法上也有了专门的理论，提出"画凤讲三长"，即头长，眼长，尾长。以展示凤的体态修长秀丽，眼弯如月。晋人皇甫端对凤更有独到的见解，指出凤的外形是"鸡头，燕喙，龟颈，龙形，鳞翼，鱼尾，其状如鹤，体备五毛"。此后的凤鸟基本上是按照这个标准刻画的（《中国史前遗宝》271）。

西周凤龙纹玺印

西周时期的玺印及印迹资料要比商代丰富。西周的玺印承继殷商时期的玺印制度，沿着文字玺与图像玺的模式发展。近些年来，出土的有地层可考的西周玺印逐渐增多。1980年，陕西扶风出土两枚西周中、晚期图像玺。不仅制作精致，而且图像美观，与同时期的青铜器纹饰有相通之处，表现了西周时代的高度文明。

西周绞索钮图像玺（《文物》1996.12.76，图4-3），1980年，出土于陕西扶风县黄堆乡云塘村的西周中晚期灰坑中，当地农民向周原博物馆交献。铜质，双联印，两个印面由一绞索状桥形钮连接。其上部为等腰三角形印，含外层三角形线框，内层三角形阳线镞形图案。下部是一抹角长方形印内饰S形云纹（或曰变体条纹）图案。此印形制特殊，实为罕见。绞索钮又名绳钮，流行于商晚至西周早、中期。商晚滕县

图 4-3

卣（郭宝钧《商周铜器群综合研究》版 26，图 4-4）扁椭式，绳纹提梁，满面大饕餮浮雕纹。

八十年代初，出土于扶风法门乡庄白村的西周中期灰坑的凤鸟图像玺（《文物》1996.12.76，图 4-5），扶风博物馆收藏。铜质，环形钮。印面为凤鸟纹，勾喙大眼，长冠掠向后，翅、尾下卷，凤头置于印面中心，线条简捷流动。凤鸟自上古起即为含有图腾意味的神鸟，同时作为祥瑞的象征。此玺印与青铜礼器上的凤鸟纹，以及大量出土的鸟形玉器等都有祈福赐祥的愿望。此印的环形钮及扁薄印体可以作为判断西周时期玺印的重要标尺。

图 4-4   图 4-5

凤鸟纹玺（《故肖》2，图 4-6），作于西周中晚期，曾著录于《尊古斋印存》，后由故宫博物院收藏。铜质，环形钮。玺印铭大凤鸟纹，作顾首状，喙弯曲，头上绶带或冠羽后垂，尾向下卷曲，两脚强状有力。容庚《商周彝器通考》认为：鸟纹通行于商及西周，商代鸟身短，垂尾；西周鸟身长，尾多上卷。1976 年扶风庄白发现的穆王时器丰尊、丰卣，都饰有大鸟纹（《周原寻宝记》413，图 4-7），头上有四条冠羽，三条较长者垂于头前，其翅上扬而收卷，尾羽自翅端向后甩，呈大回环状。此大鸟纹与凤鸟玺印构图形态颇为相似，不过前者纹饰繁缛华丽，玺印纹饰构图更加线条化、图案化，更为简洁明快，应是同时期物。环形钮与扶风所出西周中期凤鸟纹图像玺相同，应是西周时期的钮式。

图 4-6   图 4-7

　　团鸟纹玺（《故肖》2，图 4-8），故宫博物院收藏。铜质，直径 4.5 厘米。团鸟纹玺（《吉大》，图 4-9），吉林大学收藏。鸟作顾首状，喙弯曲，头上绶带或冠羽后垂，尾向下卷曲，两脚粗壮有力。容庚《商周彝器通考》认为鸟纹通行于商及西周时期。流行于西周中期的团鸟纹，将一个鸟形绘制在一个正圆之中，首尾盘旋成螺状。西周初期团鸟纹（《河南古代图案》，图 4-10）白文阴刻，尾盘曲与冠羽相接。1976 底陕西省扶风县庄白一号西周窖藏出土的西周中期三年痊壶（《文物》1978.3，图 4-11）、十三年痊壶盖（同前，图 4-12）顶饰垂冠顾首长尾团凤纹，尾与鸟身呈 C 字形，或称蟠凤纹，皆阳文浮雕，与玺印形象全同。1994 年，山西天马——曲村遗址北赵晋侯墓地 92 号晋侯夫人墓出土的西周晚期玉璧正反两面饰有蟠龙蟠凤纹（《文物》1995.7，图 4-13），与痊壶的团鸟纹已大相径庭。团鸟纹玺印的形态与痊壶的纹饰更为相似，不过稍微简练一些罢了。故宫博物院所藏比吉林大学的略大一点，鸟头方向相反，纹饰图案完全一样。故宫博物院所藏团鸟纹玺印作环形钮、薄印体，也可证明其为西周时物。

图 4-8   图 4-9   图 4-10

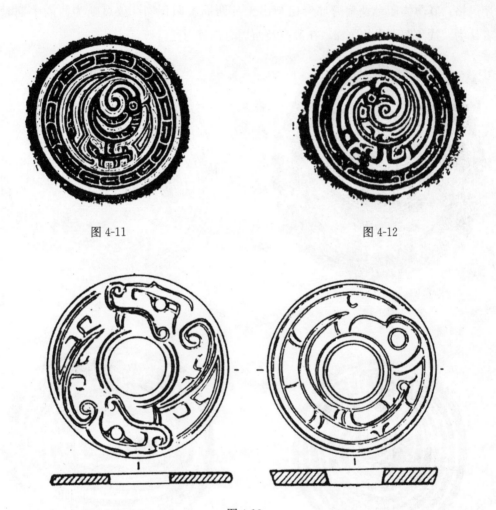

图 4-11   图 4-12

图 4-13

　　龙纹中最为壮观的是卷体龙纹，又称蟠龙纹，俗称团龙纹；这种龙纹作圆圈状，龙首居中，正面，双目圆睁，生动威武，龙身作圜形盘亘，只见鳞片闪闪，令人眼花缭乱。整个图案的构图呈旋涡状，周圈饰鱼纹和兽纹，精雕细刻，美轮美奂（《殷墟妇好墓》，图4-14）。美国弗利尔美术馆藏一铜盘内底纹饰，与前两器微别。又一件（《造型纹饰》40，图4-15）龙头居中，作侧形，龙身盘绕一周，鱼、兽纹饰于头的周旁，构图又别具一格。上海博物馆鱼龙纹盘底部纹饰，风格与妇好墓所出正面蟠龙纹相近饰纹略异，且为阳刻。前举晋侯夫人墓西周晚期玉璧正反两面饰有蟠龙蟠凤纹（图4-13），与玺印团龙风格又异；西周晚期的颂簋的蟠龙纹（《商周青铜器幻想动物纹研究》105页，图4-16）及淅川下寺春秋楚墓所出轭饰蟠龙纹（《淅川下寺春秋楚墓》，图4-17）图案简洁粗犷，风格皆异，多作侧身布置。蟠龙纹玺印风格显然比这两件为早，而与团鸟纹玺印的装饰风格相似，即西周中期风格；其薄体印台及扁薄环形钮与出土的西周玺印相同。故可断为西周中期时物。学者认为"抽象图案式的纹饰，在殷商及西周时期较为流行"。

图 4-14

图 4-15

图 4-16

图 4-17

　　蟠龙纹玺（《大全》007，图 4-18），龙首居中偏上，目光炯炯，耳大如象，龙身如节，盘垣印周，纹饰繁缛而古朴，稍晚于妇好墓团龙纹，应是西周初期之物。

　　蟠龙纹玺（图 4-19），作于西周中期。故宫博物院收藏，《故肖》3 断为"西周或春秋"。铜质，扁薄印体，环形钮。直径 4.5 厘米，通高 1.55 厘米。图像十分精美。目前尚未见到与之相似的青铜器纹饰，但是因其图像繁简的程度，繁于晋侯夫人墓蟠龙蟠凤纹、淅川下寺蟠龙纹，又简于妇好墓团龙纹、蟠龙纹玺，而与西周中期团鸟纹风格相同，故以西周中期为是。

图 4-18   图 4-19

结　语

　　儒家学派把龙凤之类的动物作为象征社会祸福的符瑞。龙纹、凤纹在先秦时期非常流行，从新石器时期到秦汉直至现代，可以说触手可及，但每个时代都有自己的艺术风格，尤其是商、周、战国时期的龙、凤纹饰都各具特色，玺印也同样受到时代文化氛围的影响。

参考：

罗红侠、周晓陆《试论周原遗址出土的西周玺印》，《文物》1995. 12；《陕西扶风庄白一号西周青铜器窖藏发掘简报》，《文物》1978. 3. 1；陈公柔等《殷周青铜容器上鸟纹的断代研究》；石志廉《谈谈我国的肖形印》；《石鼓》1990. 2。

庖牺灼土为埙

——西周陶埙上的印迹

埙的起源与形制

中国古代有不少关于乐器的传说。如《路史》记载："庖牺灼土为埙，伏羲削桐为琴，伶伦造磬……"《世本》说："埙，暴辛公所造。"反映了有些乐器起源于原始社会的事实。

那么，埙究竟是一种什么样的乐器呢？《说文》的解释："埙，乐器也，以土为之，六孔。"《尔雅·释乐》的解释："埙，烧土为之，大如鹅子（蛋），锐上平底，形似秤锤，六孔。小者如鸡子。"《风俗通义》的解释："埙，烧土也，圆五寸半，长三寸半，有四孔，其二通，凡六孔。"我们知道，这几部著作分别是东汉和晋代的书，所记述的埙是作者所处时代的样子，那么早期的埙

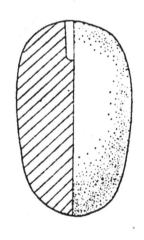

图 5-1

又是什么样的呢？河姆渡等远古文化遗址出土的实物给我们提供了线索。考古资料表明，埙和哨是我国最古老的两种乐器。距今七千年前的河姆渡遗址出土有最早古陶埙，呈橄榄形或球形、卵形（《中国上古出土乐器综论》388，图 5-1），中空，顶端有一吹孔，或有吹孔和音孔，是较原始的吹奏乐器。半坡遗址出土的陶埙形如橄榄，有一个吹孔和一个音孔。至龙山文化时陶埙改进为二音孔，在郑州大河村、万荣荆村、太原义井都有发现，测音结果恰好为五音阶。商代安阳殷墟、辉县琉璃阁等地出土的陶埙又有很大发展，都有五个按音孔，埙型也固定为圆锥形，测音表明它们的基音都是相同的。

继河姆渡文化之后，我国先民继续制作使用陶埙，于是在考古发掘中也就不断有陶埙出土。据报道，远古埙的考古发现，在北方有甘肃、陕西西安半坡遗址（仰韶文化半坡类

型制品)、山西垣曲丰村遗址(庙底沟二期文化)、山西襄汾陶寺遗址(中原龙山文化)、河南郑州大河村遗址(河南龙山文化早期)、山东潍坊姚官庄遗址(山东龙山文化晚期)、河北和辽宁等省,在南方有浙江余姚河姆渡遗址(河姆渡文化早期)、浙江杭州老和山遗址(良渚文化早期)、江苏邳县大墩子遗址(青莲岗文化)和安徽等省二十余处新石器时期遗址都有出土,证明埙已有七千年以上的历史。

埙,又作壎(埙与壎是同音异体字),是一种十分古老用陶土烧制的吹奏乐器。其发展过程经历了从只有吹孔、无音孔到有音孔,并逐渐增加音孔,可以吹奏曲调的历程。山西万荣县荆村新石器时代遗址出土的二音孔陶埙可发出四个音:C♯6、E5、B5、D6。音乐工作者把万荣荆村和太原郊区义井新石器时代遗址出土的二音孔两个陶埙发的音合并在一起,正好构成了五声音阶,和我们今天应用的五声音阶完全相同。甘肃玉门火烧沟新石器时代晚期遗址出土的三音孔陶埙可以发出四个音,该遗址是1976年发掘的,共出土陶埙20多个,大部分的埙体上有彩绘,9个保存完好,均为三个音孔,外形呈扁平的圆形鱼状,顶端有吹孔,两肩各有一个音孔,另一个音孔在鱼腹部下侧。腹部与尾的交接处封闭不通,鱼尾部有小孔,可用于穿绳系戴。这种造型独见于此(《中国上古出土乐器综论》394,图5-2)。

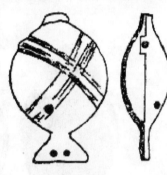

图 5-2

《尔雅·释乐》、《周礼·春官·小师》"作埙"已有记载。《诗·小雅·何人斯》:"伯氏吹埙,仲氏吹篪。"可见商周时埙已经非常流行。我们迄今所见,上古埙大约有五种类型,即球体(《乐器综论》405,图5-3)、卵体(《乐器综论》405,图5-4、5-5)、榄核体(《乐器综论》405,图5-6~5-8)、扁卵体、筒体;外部造型奇特,内部腔体、孔数亦不同,指孔数为一、三、五几种,以五孔为多见(一面二孔纵列,一面三孔如品字);顶端之孔为吹孔。陶制的埙称陶埙,多为红陶、泥质灰陶;也有用石、骨或象牙制成的特例。商代陶埙制作更加考究,如河南辉县琉璃阁殷墟文化二期墓葬出土的泥质黑陶埙,表面磨光,前后面腹中下部各有三和两个大小不等的圆形指孔,顶端有一圆形吹孔(图5-5)。殷墟侯家庄西北冈墓1001出土的兽骨埙(图5-6)和白陶埙(图5-7)前后两面均刻有大兽面纹,造型与雕刻都精致美观,不同凡响。经测定,能发小十度内十二个音,能吹出整个七声音阶,而且还可以吹出其中部分半音,已是一件旋律乐器了。埙是我国特有的一种古老的"边棱音罐体气鸣乐器",声音浑圆厚重,古朴沉雄。古代称金、石、丝、竹、匏、土、革、木为八音。金为钟,石为磬,琴瑟为丝,箫管为竹,笙竽为匏,埙为土,鼓为革,柷敔为木。埙被古代封建统治者列为八音之一。几千年来,陶埙虽在民间有所流传,但主要为历代宫廷雅乐伴奏的重要乐器。音色古朴、低沉、凄恻、哀婉,在乐队中能起到填充中音、和谐高低音的作用。

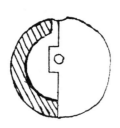

图 5-3 周代陶埙

（江苏南京安怀村出土）

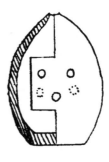

图 5-4 （河南洛阳

庞家沟出土）

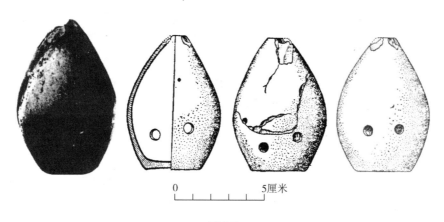

图 5-5

图 5-6

图 5-7

陶埙上的文字印迹

陶埙有文字者多以玺印在陶坯上压抑，再行烧制。泥质陶埙印迹（《陶汇》29页，图5-8、5-15、5-19），三埙均传清末青州（今山东益都）出土。故宫博物院收藏。

"令䣼（司）樂（乐）乍（作）太室埙"（《陶汇》2.4，图5-8），司乐乃乐官。天子的祖庙即太庙中的中室称太室，亦称世室，明堂等。"飨功养老，教学选士，皆在其中"，此即君王令乐官作专用于太室的陶埙。青州古为齐地，然则此埙或即齐国遗物。见于著录，同铭之埙尚有六件，同文印迹见于《金泥石屑》四阴二阳，字体行款全同，知为同印印迹，应是分别用同一阳文印和同一阴文印所钤记（图5-9～图5-14）。印迹无边框。印文的穿插浑然一体，茂密雄深，浑劲伟丽。

图 5-8   图 5-9

图 5-10   图 5-11   图 5-12

图 5-13 图 5-14

令乍（作）𥱼（韶）塤（《陶汇》2.3，图 5-15），古文召、绍、韶、招、佋、昭为一字。
盂鼎"召"字最古，而文最繁。《周礼·小师》："掌教鼓、鼗、柷、敔、塤、箫管、弦、
歌。"郑注："塤烧土为之，大如雁卵。"此塤应是齐国专用于演奏韶乐的乐器。《论语·
述而》："［孔］子在齐闻韶［乐］，三月不知肉味。"可想知，韶乐是多么优美动听的音
乐。今山东淄博市临淄区韶院村是孔子观摩齐国乐舞——韶乐的地方——齐国的音乐宫。
印迹无边框，文字与西周金文相似，浑厚粗犷，颇有泥土气息。同文印迹还有三枚，据
字画的形态和位置看，非同印所为（《金泥石屑》，图 5-16～图 5-18），应是四枚塤上的
印迹。

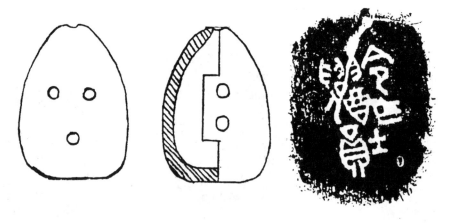

图 5-15

𡇞（满）乍韶塤（《陶汇》2.5，图 5-19），黄锡全引《汗简》"满"作𡇞，满为古姓氏，或
为乐官名。此印迹有边框，塤字布于两行之间，稍作穿插，浑然天成，风格浑厚沉雄，有宫
廷富丽雍容之象。同文印迹见于著录者还有一例，应是同印所抑（《金泥石屑》，图 5-20）。

图 5-16

图 5-17

图 5-18

图 5-19

图 5-20

三枚印迹系“物勒工名”，即记埙的制作者（乐官或名）、或记埙的使用处（太室、韶乐）。三埙印迹，高明均断为西周时物，或有学者以为春秋时物。西周早期金文的“貝”字和作偏旁的“貝”字皆为象形的两贝相对，如保卣的“宾”、盂鼎的“费”、沈子簋的“贾”等字以及西周中期父乙尊、召卣、竞卣三器的“賣”、贤簋的“賢”等字所从的“贝”与“令司乐作太室埙”和“满作韶埙”的“埙”字所从的“贝”字形近似或相似。西周早、中期的有些“贝”字下面加了两条“短”脚，如睘卣、师遽簋的贝字，舀鼎的“赏”、“賣（卖）”字所从的“贝”字与“令作韶埙”的埙字所从“贝”字全同。西周晚期的“贝”字大多象形意味全无，且下面伸出两条“长”脚，召伯簋的“贝”和毛公鼎的“赋”、史颂簋的“宾”、买簋的“买”等字所从的“贝”字已向小篆过渡（图 5-21）。三印迹中“埙”字所从的贝，是西周早、中期金文的特点，所以可以断定这批埙应是西周中、晚期时物，决不会晚于西周晚期。“召”（韶）字的写法，也与西周金文“召”字相近，可证明陶埙三印迹当为西周时物。所以，高明《古陶文汇编》（2.3～2.5）定为西周陶器印迹是正确的。三枚印迹的文字都大小不拘，错落有致，富有雍容华贵的气质，具备西周早、中期青铜器铭文的构字和布白章法特点。三枚印迹完全可以作为西周时期已经在陶器制作上使用玺印的见证。不过因为生产力尚低，玺印的使用仅限于诸侯王室陶器的制作中，远不如春秋晚期至战国时期官营及私营作坊那样广泛地使用。

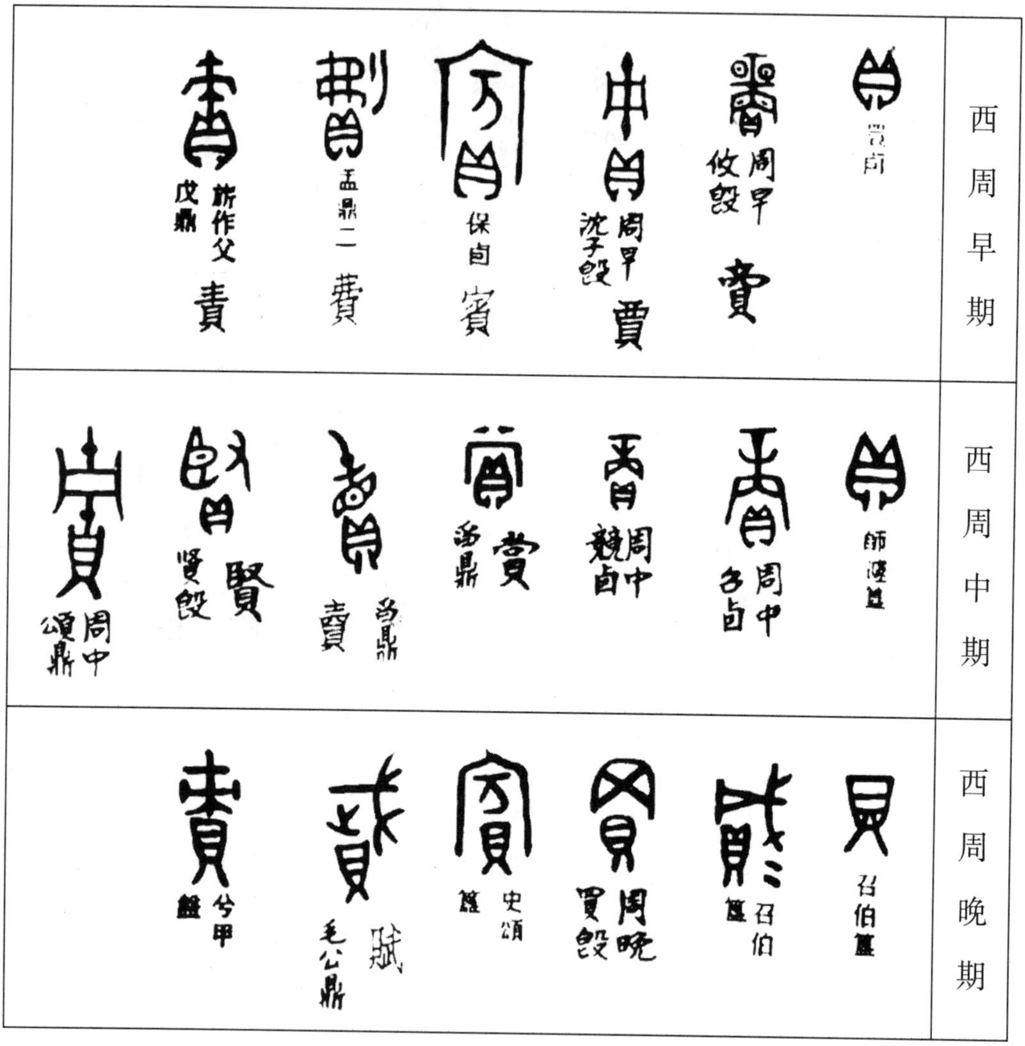

图 5-21

河南辉县曾出土一件西周灰陶埙，泥质黑陶，平底长卵形，仅存前半边，其上有四个圆形指孔，按菱形排列，右侧斜刻"君乍（作）弌喤（叫）"（《乐器综论》405，图 5-22）阴文四字。虽为刻铭，但实属罕见，故附录于此，以供欣赏。君即君王、国君。《说文·皿部》："喤，高声也。一曰大呼也。"《正字通·口部》："喤，古文叫字。"《尔雅·释乐》："大埙谓之喤。"邢昺疏："孙炎曰：'音大如叫呼声'。"《广韵·啸韵》："喤，大埙。"惜文献未见记此大埙的尺寸。

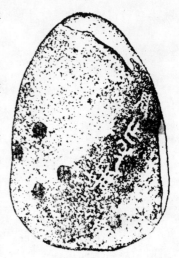

图 5-22

汉代的埙如《风俗通义·声音篇》所记，共有六孔。其中除五个音孔外，大约还包括一个吹孔，故与殷埙基本相同。但汉埙的实物迄未发现（今后考古发掘中应有出土），只是根据画像石中某些奏乐人的姿势判断，他们是在吹埙（《汉代图案选》，图 5-23）。

图 5-23

结　语

埙，这种具有悠久历史的吹奏乐器，如今得到了改良，又获新生。在一些民族音乐的伴奏和独奏中，我们都可以看到它的身影并听到它那浑圆厚重、古朴沉雄的声音，的确是一种非常高雅的艺术享受。

（原载《篆刻》丛刊 2003 年第 4 期）

参考：

李纯一著《中国上古出土乐器综论》，埙的线图均转录自此书，本文或简称《乐器综论》；中国科学院考古研究所：《辉县发掘报告》；杜金鹏等编著《中国史前遗宝》；《金泥石屑》；《缀遗斋彝器考释》；吕骥《从原始氏族社会到殷代的几种陶埙探索我国五音音阶的形成年代》，《文物》1978.10.54～61；徐中舒《汉语古文字字形表》第 240～246 页；高明《古文字类编》第 217～224 页。

女娲化生万物、孕育人类

——裸体男女同体像和生殖崇拜

生殖崇拜始于原始社会

中国最早的生殖崇拜，可上溯到原始社会母系氏族公社时期。考古发现，仰韶文化中就有祭祀女性生殖器的习俗。在母系氏族社会中，祈求生育，壮大族群，是原始人类生活中的一项重要活动，因此原始社会时期的裸女雕塑像都有意识地强调表现女性的性器官。1982年，辽宁喀左县东山嘴五千五百年前的红山文化遗址中出土的红陶裸体孕妇塑像两件，头部、右臂及下肢都已残缺。一件残高5厘米，腹部隆起，一手抚于其上，臀部肥大，下身特意用三角形压印纹表示女阴以示膜拜（《改写美术史》198，图6-1A）。另一件残高5.8厘米，体型稍长，手抚乳部，亦隆腹凸臀，有表现阴部的记号（同前书，图6-1B）。她们与在奥地利维伦多夫洞穴发现的一尊裸女石雕像一样体积都很小，可以握在手中。学者由此推测原始人是握着她们进行祈求，以企盼能够生育更多的子女，也许还包含了平安分娩的愿望。陆思贤《神话考古》则有"红山文化裸体孕妇像为女娲神考"一节。陶塑孕妇像的发现，不但向世界证明了中国文明历史的悠久，也填补了中国原始艺术中没有裸体艺术的空白。

父系氏族时期，开始转为崇拜男性生殖器——陶祖（《良渚文化与良渚古国》92）、石祖、玉祖和木祖，在仰韶文化晚期临潼姜寨遗址、大汶口文化潍坊遗址、齐家文化张家嘴遗址等地都有发现（《中原文物》1995.2.39页，图6-2）。在母系向父系氏族社会过渡中，还出现了"两性同体崇拜"现象，这是母权同父权斗争的产物。1988年，在新疆呼图壁县康家石门子沟的天山腹地境内，发现了一幅表现生殖崇拜的巨型岩雕画（周菁葆主编《丝绸之路岩画艺术》178，图6-3），面积达120多平方米。画面平整，布满了大小不等、身姿各异的数百名人物形象，为人们提供了一幅没有后人润色，有如摄影和录像一般的生动形象。其中有同体双头人象（《生育神与性巫术研究》，图6-4），是男女同体的形象。

图 6-1A

图 6-1B

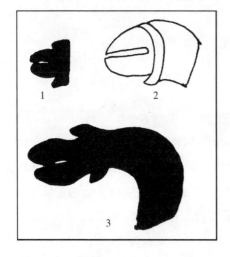

图 6-2 1. 姜寨 2. 大地 3. 洪山庙

图 6-3

公元前 2350—前 2050 年马家窑文化马厂期（青海乐都柳湾）墓中出土一件男女同体瓶（或名阴阳人彩陶壶）：小口短颈，斜肩鼓腹，平底，有对称的半环形双耳，高约 33 厘米许，陶壶上彩塑有我国最早的一个裸体"双性人"像，中国历史博物馆珍藏。作者以浅浮雕写实的手法勾勒出一个双性裸体的形象，他五官毕具，眼睛小得仅为一条缝，鼻子长而直，下鼻翼较宽，大耳朵，方形嘴；四肢齐全，乳房突出，性器官明显。作者突出了人的性器官，把它们摆在腹部正中十分醒目的位置，而且既有男性特征，也有女性特征，是两性人形象，或是男女复合体，或是"两性同体崇拜"（《青海柳湾》117，图 6-5）。作者如此突出人体的性征，意在表明社会转型，表现社会由母系氏族向父系氏族的过渡。该作品的两性人就是这种社会转型的产物。或许是祖先崇拜的遗物，具体而言，是社会转型和过渡时期双亲崇拜的遗物。如此写实的人体不仅在马家窑文化中是独一无二的，就是在既知的我国所有史前艺术品中也是罕见的（杜金鹏等编著《中国史前遗宝》186）。

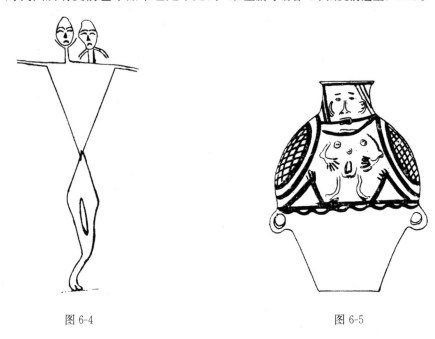

图 6-4   图 6-5

河南安阳殷墟妇好墓出土过一件男女裸体玉雕像（《殷墟妇好墓》，图 6-6），高 12.5、肩宽 4.4、厚 1 厘米。"淡灰色，裸体作站状，一面为男性，另一面为女性……"两性同体人像，又称男女同体塑像，指男、女两性结合在一起的艺术形象。异性同体雕塑并不是单纯的美学形式，而是一种繁殖巫术。这是古代，特别是远古宗教生活的重要原则。

以裸体人形为器足的造型手法在西周后期很流行。还有一些是直接表现性内容的，如早年山东莒县所出的双裸人对坐方鼎形器，其下以六名裸人为足。盖上铸男女二人裸形相对踞坐，男子阳具勃起，表现得很夸张。还有一件同类作品是男女两人对面站立的，这类作品应是生殖崇拜的表现（李松《青铜器艺术》106 页）。

西周时期盛行专塑铜人或把人头雕塑于器件之上。如宝鸡竹园沟 MB，茹家庄一、三号车马坑，茹家庄一、二号墓都出土了多件这样的铜器（见《宝鸡强国墓地》）。但两性同体人像仅夏家店所出铜戈一例。内蒙古昭乌达盟宁城南山根夏家店上层 101 号墓出土一件两侧曲刃青铜短剑，在剑柄上铸有裸体立像，一面为男性，双手抚腹；一面为女性，双手上抬交叉胸前，两性器突出（《生育神与性巫术研究》，图 6-7）。其年代定为西周晚期至春秋早期。

图 6-6 （玉人之两面，一面为男像，一面为女像）

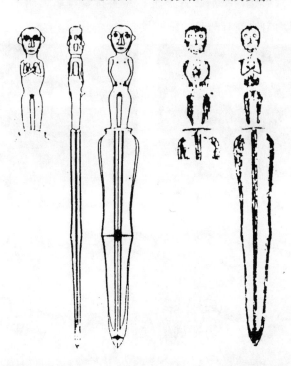

图 6-7

图像玺印中的生殖崇拜

裸体立像玺（《上》24，图 6-8）。上海博物馆收藏。长方形，边长 2.3 厘米×1.55 厘米。阴文二人裸体立像。钤本及泥封墨拓本。男女同体玺印采用阴刻加阳线的表现手法，是十分精彩而有价值的印作。其泥封墨拓本可见人像两眼炯炯有神，左为男性，略高；右为女性，稍矮；双手皆抚腹。但两者性特征不太明显，女性耳大，男性耳小。玺印的泥封墨拓本与夏家店所出短剑柄上的两性裸体立像在造型、艺术风格、表现手法以及形态意趣都十分相似，可以说"何其相似乃尔"，其间必有某种必然的联系，应是同期之作，即作于西周晚期至春秋早期。

图 6-8

1983 年 5 月，河北滦平县金沟屯镇西村发现一处新石器遗址，称其为后台子遗址，其上层（遗存的年代，上限至商代，下限可到春秋早期）出土滑石质雕像一件（《文物》1994.3，图 6-9），蹲坐姿，上身前倾，头部圆浑，眉粗隆，目外凸，两耳外突，细腰，背有一桥形钮，平肩、臂下垂，左手抚膝，右臂与右腿残，臂与腹特别发达。头后部、臂与腹均匀地刻有凸起的阳线纹。

图 6-9

裸体坐像玺（《上》24，图 6-10）。上海博物馆收藏。长方形无边，2.1 厘米×1.5 厘米。阴文一人坐像。钤本与泥封墨拓本。玺印坐像深目大口，垂手抚膝，造型与表现手法与后台子石雕相似，应是同期作品。也应作于西周晚期至春秋早期。

但是如何确定后台子裸体坐像石雕的相对年代呢？我们先从战国人物雕塑来比对。春秋战国之际，我国社会是由奴隶制向封建制度转变的大变革时期。在丧葬习俗上，出现了以俑葬逐步代人殉的社会进步潮流。木俑、陶俑、石俑及铜俑等像人明器的制作与日俱增。彩塑泥侍卫俑（铜川枣庙秦墓，图 6-11）、陶乐舞俑（临淄郎家庄齐墓，图 6-12）、陶侍婢俑（长治分水岭战国墓，图 6-13）、陶舞俑（同前，图 6-14）、秦踞坐俑（《考与》1982.1，图 6-15）、讴歌俑、敲仲俑、抚琴俑、观赏俑、武士俑、车马俑……皆具特定的动作与神态；而且都有冠、髻。女性均梳发成两缕后挽一小髻，或挽左高髻，或挽右小髻；男性头戴翘高冠。显然玺印的坐像及后台子石雕坐像与战国塑像不类。1984 年，陕西铜川枣庙村春秋晚期秦墓 5 座所出泥质塑侍卫俑、侍仆俑 8 件，用红胶泥捏塑而成，脸面扁平，鼻梁突起，拱手肃立，神态谦恭；与裸体坐像印及后台子石雕坐像无论是制作手法，还是艺术风格都相去甚远。裸体坐像印与裸体立像印的制作时代应该相当。

图 6-10

图 6-11

图 6-12

图 6-13

图 6-14

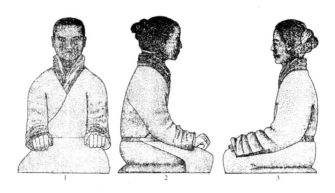

图 6-15

肥遗是一头类似饕餮的怪兽图案（李济著《中国文明的开始》25页，图 6-16），二身交结。这一图案是从侯家庄帝王陵墓 HPKMl001 大墓残存的椁顶模写下来的，无疑这是中国艺术史上此类图形的最早例子之一。这种图案在中国经过了若干变迁，从来都以不同的式样出现。演译为汉画像石、砖上的伏羲、女娲故事。伏羲女娲是中国古代神话中两位非常著名的神，也是传说时代的古帝王。在传说中他们都具有多种功能，伏羲发明渔猎工具，发明八卦，女娲更是神通广大，既补天，又造人。伏羲与女娲相提并论时，他们的功绩便是创造生命，繁衍人类。女娲"抟黄土为人"，以及伏羲与女娲兄妹结为夫妻的传说，都显示了他们"孕育万物"的特殊功能。因此被称为生育神、丰育神；或者说是生民的始祖神、生殖神。"女娲化生万物"是独立产生于南方楚地的一个神话故事。《楚辞·天问》因此而设问，概括地叙录了

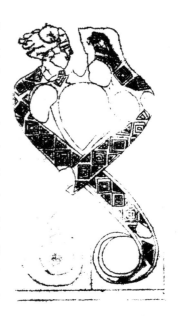

图 6-16

远古流传的女娲化生万物、孕育人类的神话故事。《山海经·大荒西经》又补叙了神话中女娲的形象和神力。在先秦时期，女娲的神话仅见于楚文学的记叙，其后则盛传不衰。

汉画像石、砖上的伏羲、女娲是数量最多的画像内容之一。它在武梁祠以两个分开的人形出现，人首龙身（蛇身），尾相纠缭交合（《破译天书：远古彩陶花纹揭秘》282，图 6-17），龙蛇等交尾暗示着交媾。蛇头对其下身，暗示"生育、繁殖"。除了交尾者外，还有单独成像的，有的伏羲双手举日或腹部戴日，女娲则腹部戴月，以示阴阳有别；有的手举灵芝，以示造福人类。南阳出土《伏羲女娲图》（《呼风唤雨八千年》449，图 6-18）和山东沂南北寨出土的《伏羲女娲图》（《破译天书：远古彩陶花纹揭秘》282，图 6-19），伏羲居左，头戴斜顶冠，手中持一矩尺；女娲居右，头挽花髻，手中持规。他俩之间还有孕育

的产物——天真活泼的孩童作嬉戏状。规者圆，矩者方，天圆地方，男左女右，表示他
们共同治理天下。或一只手各举日、月，一只手各持规矩（或者持一长巾，也有两手托
日月的）。托日月象征是在天上，也暗示着一阴一阳；天为父，地为母，暗示伏羲、女娲
是开天辟地之后的人文初祖。

图 6-17

图 6-18

图 6-19

伏羲图像印（图 6-20），玉印。赵撝叔旧藏，赵氏在印上刻款曰"伏羲氏"，黄宾虹
《滨虹草堂藏古玺印》释曰："列子云，'伏羲龙身，女娲蛇躯，此伏羲也。为秦汉古玉
印。"人面蛇身之神，双手上举，未持物，蛇尾上扬，与头齐平，尾部与汉画像不同，为
适合方形印面而回环作一圆，知此为伏羲图像印。此印旧说为汉印，不妥有三：其一，
战国中期《子弹库帛书》记有雹戏，即包戏、庖（炮）犠（牺），亦即伏牺（详见拙编《中国

书法全集·春秋战国刻石简牍帛书卷·子弹库帛书》条），先秦典籍《周易·系辞传》、《楚辞·天问》等也都有记载，非汉代始有其称。其二，因其无冠而裸身，必为战国时物。王伯敏《古肖形印臆释·伏羲印》说："伏羲画像，有身上穿衣的，有身上似生两翼的，也有半裸上身的。这纽印中所刻的伏羲，似全裸其身，显得比较原始。"是为的论。从所附的四幅参考图例

图 6-20

来看，汉代时的伏羲，皆着衣冠，未见全裸者。"全裸其身"且无头冠，故应为战国。其三，构图与汉画像不同，且布白空灵不满布。举其三要，当应为先秦战国时物。

　　1960 年湖北荆门车桥大坝战国墓出土一件巴蜀式铜戈，戈内饰鸟纹，有"兵辟（避）太岁"铭文。戈援有大字形的戎装神像，头戴插左右双羽的武冠（即鹖冠），双耳珥蛇，身着甲衣，腰间系带，双手和胯下各有一龙。左手和胯下之龙形似蜥蜴，右手所持为双龙头，左足踏月，右足踏日（《考古》1963.3.153，图 6-21）。俞伟超、李家浩把戈援图像理解为太岁神（俞伟超、李家浩《论"兵辟太岁"戈》）。太岁为值岁神名，他"率领诸神，统正方位，斡运时序，总岁成功"（《协纪辨方》卷三引《神枢经》）。太岁"左足踏月，右足踏日"，与"夋（俊）生日月"，"帝夋（俊）乃为日月之行"相合，乃知帝俊又名太岁，为值岁神。所谓"兵避"是说举此可以避免兵器杀伤，具有巫术性质（杨宽《战国史》542）。联系到湖北随州曾侯乙墓漆棺画中大量的"秃鹙啖蛇"图案和江陵马山楚墓出土彩绘漆木雕座屏上也存在的大量鸟啄

图 6-21

蛇雕像，推断这种诡谲怪异的"踏蛇舞"可能是楚巫舞的一个重要品种。有学者指出，这种"踏蛇舞"隐喻楚先祖"筚路蓝缕，以处草莽"的开创时代险恶的自然环境，南方气候湿热，多蛇，楚先民的生存斗争中，降蛇当是重要的内容。也有学者认为，这种图案表明，当时的葬仪中有注重护尸防蛇的习俗。另有学者则持"踏蛇舞"与生殖和生命

崇拜有关的观点。认为这种舞蹈的一个基本造型动作，舞时大腿外分，档部下沉，伴以大臂齐肩平伸，小臂上举，如"兵避太岁"铜戈上的神人造型，是对女性受媾、生育时的动作模仿，源于远古时期祭颂生命母神，讴歌生育的舞蹈[1]。

两性同体人像，又称男女同体塑像，指男、女两性结合在一起的艺术形象。在许多文献、民俗学和民族学资料中，尽管描述的对象不同，有人物、鸟、蛇、狗、鱼等等，但是却有一个共性，即都是一对一的组合，而且是异性相对，甚至异性同体，个别人物图案还有孕育的产物——男婴。

图 6-22

哺婴图像印（《大全》0321，图 6-22；《篆集·卷一》665，图 6-23；《伏庐藏印》118，图 6-24）。母亲在中，左手抱婴儿，正作哺乳状。育婴图像印两方（《篆集·卷一》665，图 6-25；《臆释》114，图 6-26）前者孩子在父母之中，父母作呵护或喂食状；后者似母亲左手作抱孩状。

图 6-23　　　　　　　图 6-24　　　　　　　图 6-25　　　　　　　图 6-26

生殖崇拜和生殖信仰是原始人类一项重要的意识活动。人们通过这种活动摆脱了专注个体的生物本能，并把生命延续的理解升华为从单纯的食物摄取和性交快乐，转向自身种族的缔造。生儿育女是与性器官、性行为密切相关的。为了扩张部族人口，适应生存和发展的需要，人们对生殖现象竭尽崇拜。生殖崇拜是指对有关性器官、性行为，以及生殖的信仰和礼仪行为，是人类的早期信仰之一。两性同体偶像，包括两性同体图像、男女交媾图和两性同体石像。对两性同体偶像的崇拜，不但是人类生殖崇拜的反映，同时也有促进农业丰收的意思。

先秦时期，统治阶级非常注重王室贵族的人口繁衍事务。《古玺汇编》著录一方形阳文玺印（3338，图 6-27），原释为"取女"，确不可易。但应是官玺，却误入姓名私玺类。"取女"，典籍又作"娶女"。男方曰娶，女方曰嫁。嫁娶之事在先秦典籍中屡见。殷商卜辞中就屡见"取女"一词。商王"取女"

图 6-27

的地域范围很广，卜辞贞问"取女于林"（《甲骨文合集》9741 正），意即取女于淮河流域的林方。殷代取女情况不一，有的当是通婚，有的只是索贡。如果取女于林属于通婚习，则为商王与畿外方国通婚之例。殷代的妇即妇官，人名称谓如妇好、妇姘、妇媒之类甚多，"妇"后一字通常用女字加方国名或地名构成（偶或无女旁）。诗经又载殷与周族曾经通婚（刘恒《甲骨征史·试说多生百生与婚媾》）。《春秋经籍引得》记与"娶女"有关的条目计 52 见。春秋战国时期，诸侯国之间往往以联姻的方式，以巩固其政治联盟。秦晋历来有姻亲之好，直至今日人们还将缔结姻缘名之曰"秦晋之好"。但这是一种政治婚姻。秦晋冲突，并未匿迹。《周礼·地官·媒氏》记载当时有专司婚姻媒介的职官叫"媒氏"："媒氏掌万民之判……令男三十而娶，女二十而嫁。"除了主张晚婚，还提倡优生。由于"男女同姓，其生不蕃"。所以"娶妻避其同姓"，"同姓不婚"。春秋仍有官媒。《管子》："凡国、都皆有掌媒。"掌媒，即《周礼》所谓"媒氏"也，是春秋时仍有专官以理婚事。战国中期《子弹库楚帛书·丙篇》中对于嫁娶的季节也有较为合理的规定："欿月（五月），……丌（其）□取（娶）女，为邦芺（莽，或释茂）。"意即五月婚嫁可以为国家生育繁衍。越国曾制定了鼓励生育的政策，以增加人口，对抗敌国的侵犯。在东周时期，娶女通婚，繁衍人口，是诸侯之间的一件大事。既然有玺印传世，则说明这是一个办事机构，或曰官署名称，专门负责王室贵族子弟及诸侯的聘娶事宜[2]。

单字玺"妾"（5491，图 6-28）楚国玺，刻文。东周时期，有罪女子为王室官府服徭役者谓之妾。这类女奴持有这枚玺印的可能甚小。又古籍曰"不聘曰妾"，男子在正妻之外所娶的女子，因非明媒正娶，故不送聘礼，名字不入祖庙，地位比正妻低。"妾"多为陪嫁女子，或为御侍女子，她们担负着为王室

图 6-28

繁衍子孙后代的任务。珍秦斋藏秦"郝氏"印，四侧错银铭"毋思忿，深冥欲"边款（见《边款篇》）应该是秦代国君或某诸侯王正妻的用印。

有学者明确地指出：中国文化的发展史在某种程度上是鱼文化的创造和变化史。早在史前时期，鱼纹饰就已经大量出现在彩陶器皿上，其中以仰韶文化半坡类型的彩陶最为多见。其表现形式多种多样，不仅有单体、双体及三体相连的鱼纹饰，还有与人面纹相连的人面鱼纹饰。

良渚文化（距今 5300～4200 年间）出土了玉器 60 件（组），出土于反山第 22 号墓葬中的玉鱼（《中国史前遗宝》425，图 6-29）是到目前为止独一无二的作品，玉鱼现藏于浙江省文物考古研究所。玉鱼系由白玉琢成，长 4.9 厘米。造型呈扁平状，头部微凸，以圆弧线表示脸颊，平唇，单圈为眼，眼大而圆，拱背，腹部微弧，鱼尾与腹部有一条明显的分界线，尾鳍分叉，刻划细线，整个形象栩栩如生。鱼腹部有两个较大的由双面对钻的小孔，一个在头的下部，另一个在腹中下部，可用以穿绳佩挂。玉鱼以圆雕手法制成。玉工准确地把握了鱼的生理特点，通体圆浑，形态质朴，线条流畅，以寥寥数刀把一只稚拙可爱的鱼的形象呈现在我们面前。据推测此墓为女性墓葬，那么，随葬玉鱼是否意味着人们对多子多孙的祈求？或者意味着该墓墓主是一位生育能力很强的女性？雌鱼产卵，动

辄万千。在新石器时代，人类对于鱼的繁殖能力之强大，感到无法理解，进而产生景仰崇拜之情。所以，李泽厚认为，半坡彩陶屡见的多种鱼纹和含鱼人面，具有巫术礼仪含义，是对氏族子孙瓜瓞绵绵、长久不绝的祝福。人面鱼纹盆盆内，把三条无头鱼和两条有头鱼画在人的头顶之上、两耳之旁、嘴角之中，也许正代表人类祈求鱼类把它们大量繁殖后代的能力传授给人类。人面双眼紧闭，好像进入了某种境界，可能代表他正处于祈求之中或正在接受鱼的神谕，处于一种既神秘又虔诚的境地

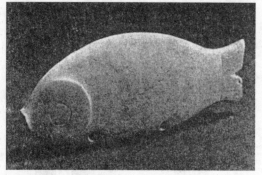

图 6-29

中。闻一多在《说鱼》一文中说：鱼可象征升天。此外，鱼还具有生殖和子孙繁盛的寓意。鱼在中国语言中具有生殖繁盛的祝福含义（《闻一多全集》甲集，117 页）。

商周青铜器上的鱼纹饰，贵族墓葬中出土的殉葬鱼形器、鱼形玉璜等器屡见不鲜，甚至还有鱼形尊。浚县辛村西周卫国贵族墓葬地出土铜鱼 93 条（图 6-30）、玉鱼 10 条、蚌鱼 70 条。铜鱼有头有尾，有鳍，以眼为穿，可以绳串之。当阳金家山九号春秋楚墓出土铜鱼 19 件。《诗经·陈风·衡门》中记载："岂其食

图 6-30

鱼，必河之鲂；岂其娶妻，必齐之妻；岂其食鱼，必河之鲤；岂其娶妻，必宋之子。"以黄河的鲂、鲤喻宋齐两地的女子，将食鱼与娶妻联系起来：这是因为鱼繁殖力强，生长迅速，象征着家族兴旺，人丁众多[3]。由此可见，器铭鱼纹及墓葬鱼器是他们对繁衍后代的追求与企望。在中国，双鱼图是具有合欢、生殖象征意义的。双鱼图是指鱼儿成对出现的图形。成双成对是生育繁殖的象征。由此我们很容易理解：为什么先秦图像玺中有那么多的对兽、对鸟纹玺印。这也是人们对繁衍后代的追求与企望。

鱼纹玺（《雪山伯衡藏印》、《臆释》，图 6-31），1944 年山西省风陵渡附近古墓出土。陈伯衡收藏。铜质，钮全损。据收藏者说，当年与此印一块出土的还有数件铜器，其中一件残片有铭文，和陕西蓝田出土的西周弭伯簋铭文相近似。同出的还有春秋时代的遗物，其中如匜、簠、敦等，与寿县春秋晚期蔡侯墓所出相同。因此此印的上限当在西周，下限可能在春秋晚期。但鱼纹玺与西周时期的周簋盖内铭文"鱼"字（图 6-32）相似，鱼纹玺可能会早到西周时期。

双鱼肖形印，铜质，权座宽鼻钮。两鱼纹同向骈列式（《珍秦·精》52 页，图 6-33）。

成双成对的禽兽类图像玺大约有如下几种构图形式：

首尾相逐式：双兽纹玺（《书集·先秦》1556，图 6-34），两兽一前一后，同向追逐，象征两性相欢、鱼水欢洽、子孙繁衍。

| 图 6-31 | 图 6-32 | 图 6-33 | 图 6-34 |

骈列式：麒麟纹玺（《书集·先秦》1557，图 6-35），双马纹玺（《书集·先秦》1646，图 6-36；《篆集·卷一》690 页，图 6-37）两兽头尾一致，并列走向前方，表现两者之间的琴瑟和谐的亲密。

| 图 6-35 | 图 6-36 | 图 6-37 |

背卧式：此类图像甚多，如双兽纹玺（《书集·先秦》1607、1608、1609，图 6-38～6-40），对鸟纹玺（《上》25、《书集·先秦》1634，图 6-41），鸳鸯纹玺（《书集·先秦》1637，图 6-42）。

| 图 6-38 | 图 6-39 | 图 6-40 | 图 6-41 | 图 6-42 |

　　对卧式：双兽纹玺 5 方（《篆集·卷一》688 页，图 6-43～6-47），双驼纹玺（《大全》0401、《篆集·卷一》688 页，图 6-48）。

图 6-43　　　　　图 6-44　　　　　图 6-45　　　　　图 6-46　　　　　图 6-47

　　对吻式：双鹰纹玺（《书集·先秦》1641、1642，图 6-49、图 6-50）；《篆集·卷一》694，图 6-51），双鸟纹玺（《书集·先秦》1643，图 6-52），两鹰（鸟）两首相对交嘴，表现亲密，一般呈对称图形，象征着阴阳转合化生之意。双鹰交嘴状，在印面照片中可见在双鹰之下有一幼鹰待哺，双鸟纹玺下亦有一幼鸟，表示生殖繁衍。双天马纹玺 13 方（《篆集·卷一》689～690，图 6-53、图 6-54），一高一矮，一公一母，母马吻公马的颈子，表示亲密。

图 6-48　　　　　　　　　　　图 6-49　　　　　　　　　　　图 6-50

图 6-51

图 6-52　　　　　　　　　图 6-53　　　　　　　　　图 6-54

哺食式：双兽纹玺（《篆集·卷一》684，图 6-55）。立兽下有一幼兽顾首待哺。三羊纹汉印（《湘》540，图 6-56），两羊相对有一羊羔正在受乳。双兽纹玺（《篆集·卷一》686，6-57），一兽怀抱一幼兽，作护持状。

背负式：鹈鹕 10 方，（《篆集·卷一》699，图 6-58、6-59）。鹈鹕背上有幼鸟一只。

图 6-55　　　　图 6-56　　　　图 6-57　　　　图 6-58　　　　图 6-59

《古玺汇编·单字玺》收录"生"字玺凡 29 方（5153～5181，图 6-60～6-69），先秦时期的"生"字，一般有生长、生育、出生、产生、制造、养育、活、生存、生命等义，与生殖、繁衍相关。虽可假借为姓，在此无意义。"生"作为姓最早见于汉代（见《汉语大字典》1076）。因此，笔者认为，这些"生"字单字玺是战国时期女子佩戴用以求子的吉物，或是产婆表示自己接生的职业，与生殖生育有密切关系。

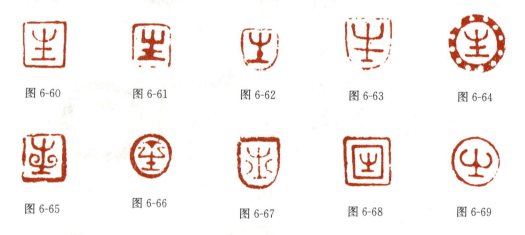

图 6-60　　　　图 6-61　　　　图 6-62　　　　图 6-63　　　　图 6-64

图 6-65　　　　图 6-66　　　　图 6-67　　　　图 6-68　　　　图 6-69

结　语

生殖崇拜是中国传统生育文化的一个重要组成部分。考古学者从众多的文化现象中得出一致的结论：中国传统生育文化起源于生殖崇拜现象。或者说，中国传统生育文化就是生殖崇拜文化。我国的玺印文化与中国传统生育文化关系密切。

注:

[1] 分别参见祝建华、汤池:《曾侯墓漆画初探》;张君:《楚舞初探》,《楚艺术研究》,湖北美术出版社 1990 年版。

[2] 徐畅《古玺考释五题·取女》,《考古与文物》专刊第四号《古文字论集》第二辑。

[3] 朱晓红《南阳汉画像砖鱼纹探析》,《中原文物》2006 年第 4 期。

参考:

宋兆麟:《生育神与性巫术研究》,文物出版社 1990 年 11 月版;袁广阔《试析姜寨出土的一幅彩陶图案》,《中原文物》1995. 2;宁城县文化馆:《宁城县新发现夏家店上层文化墓葬及其相关遗物的研究》,《文物资料丛刊》第九辑 1985 年;《宝鸡强国墓地》;《河北滦平县后台子遗址发掘简报》,《文物》1994.3.73;《陕西铜川枣庙村五座秦墓》,《考与》1986.2;《改写美术史》;杨爱国著《不为观赏的画作——汉画像石和画像砖》;张郁明《肖形印》;潘贵玉主编《中华生育文化导论》;赵国华《生殖崇拜文化论》;杜金鹏等《中国史前遗宝》。

金鼓以声气，声盛致志
——战国时期的军队和将士

军队的兴起始于商

军队见于文献记载的可能最早在商代。商代军队以师为其名称，也以师为编制单位。卜辞有"王作三师右中左。"（《卜辞粹编》597）据研究，殷商王朝的官吏，按其职司的不同，可以分为臣正（即事务官）、武官、史官等三大类。武官主要有：马、多马；亚、多亚、亚某，多朕，射、多射，三百射、射口，卫；犬、多犬、犬某；戍、五族戍、戍某等（王宇信《建国以来甲骨文研究》）。西周《禹鼎》："王迺命西六师、殷八师……"《左传》有晋"作五军"，"作六军"，鲁"作三军"。《左传·僖二十八》："晋侯作三行（音杭）以御狄。荀林父将中行，屠击将右行，先蔑将左行。"注：晋置上中下三军，今复增置三行，以辟天子六军之名。

战国时军队的指挥系统

中军（军）丞（5547，图7-1），作于东周时期。燕国官玺，上博收藏。春秋时，大国多设三军。如晋称中军、上军、下军。楚称中军、左军、右军。齐、鲁、吴也设上、中、下三军。燕国设左、中、右三军。燕"右军"、"左军"之名见于传世及出土的兵器铭文。

左军（军）丞鍴（0126，图7-2），燕国官玺。日本《书道全集》著录，大谷大学收藏。铜质，圆柱状钮。鍴为吴振武所释。先秦军旅建制为左、中、右三军。丞，职官名，辅佐正职者，《后汉书·百官志》："县令、长、丞各一人。丞署文书，典知仓狱。"军中丞当为将帅佐官。鍴字各家识见不同，可能义同玺字。汤余惠说："燕国玺印中长条形印面而有柱状钮者称'鍴'。"[1]

左军（《陶汇》4.133，图7-3），上世纪五十年代易县燕下都出土，《燕下都遗址调查报告》著录。印迹尤如今天机关单位财产登记所贴的标签，系左军使用的陶器。

秦始皇兵马俑坑为我们展现了古代战阵的面貌。陶俑、陶马的排列是按照当时军阵的编组。一号俑坑是以战车与步兵组合排列的长方阵；二号俑坑是战车、骑兵．步兵混合编组的曲形阵；三号坑的陶俑作仪卫式的夹道排列，是统帅一、二号坑军队的指挥部（古称军幕）。秦俑军阵是秦代军队精兵强将和军阵的真实写照。军幕中有一辆指挥车。指挥车上有圆形华盖,并悬有钟、鼓。车上有陶俑三:一为将军、一为御手、一为车右(又称戎右)。将军居于车左,御手居中,车右居右[2]。

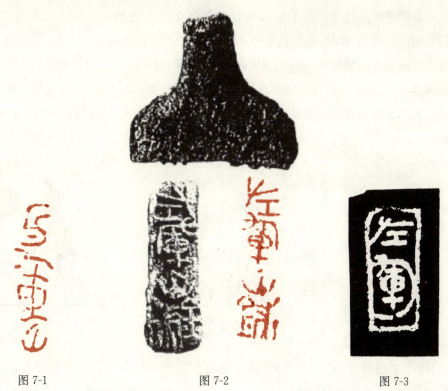

图 7-1   图 7-2   图 7-3

燕国玺中有中軍壴(鼓)車(车)(《历代》9,图 7-4),柱状桥形钮断残。据《金文分域编》出于齐都临淄,可能是燕人伐齐时遗留的物品。铜质,印体扁薄。《玺汇》0368 再著录。裘锡圭首先释出第一字为"中"。李学勤、黄盛璋等各家均释为广车,不取。何琳仪说壴,鼓之初文[3],古文字壴、鼓相通,可从。古代战争是通过旗、金、鼓进行调度与指挥的,古人称之为"三官"。而"擂鼓"与"鸣金"即古代的军事指挥号令。旗鼓号令作为管理和指挥军队的手段与工具,在春秋战国时期各国的军队中都已普遍施行,并配合使用。《左传·成公二年》云:"师之耳目,在吾旗鼓,进退从之。"鼓人的地位较高,《周礼·夏官·大司马》郑玄注:"鼓人者,中军之将。"主帅也可亲自操鼓,《左

图 7-4

传》："庄公十年，长勺之战，公将鼓之。"

中军鼓車（《臆释》26、《图续》23，图7-5），传山东文登县出土，如是，则齐玺的可能性较大。扁椭圆形图像玺。车上建鼓高耸，前座立一人为御手，后座立一人应为鼓人。建鼓形制与绍兴坡塘 M306 伎乐铜屋中大鼓模型（《中国上古出土乐器综论》，图7-6）及成都百花潭战国铜壶上的建鼓（《中国古兵器论丛》87，图7-7）相同，为先秦形制。与山东梁山汉墓壁画摹本（《臆释》26，图7-8）汉鼓不同。中军鼓车车高人立。《续汉书·舆服志》刘注引徐广说"立乘为高车，坐乘为安车。"纹饰朴实简捷，或据鼓形、马形看，可判为战国时物。

图7-5　　　　　　　　图7-6　　　　　　　　图7-7

藿（霍）君鼓鈢（3734，图7-9）楚白文玺。霍君，楚国封君，霍为地名，楚境内有三：1. 河南临汝县西南六十里，《左传·哀公四年》："［楚］袭梁及霍。"即此。2. 即今安徽省霍山，在六安西南九十里。3. 湖南省霍山，即衡山，一山二名。霍君似与袭霍有关。

壴（鼓）（5274，图7-10），战国燕玺。北京文管会收藏。"壴"即"鼓"字初文，与甲骨文（《鉴真》248，图7-11）、郾侯库簋"壴"字形同，故此当为燕玺[4]。此"鼓"单字玺是宫廷的乐官，还是军队中的鼓人，抑或是造鼓的机构，笔者以为后者的可能性最大。

图7-8　　　　　　　　图7-9　　　　　　　　图7-10

鼓是一种击奏膜鸣乐器，在我国出现较早，据说帝喾臣"倕作尚鼗鼓"。鼓不仅是音乐歌舞中一种重要的打击乐器，也作为祭祀、军事、力役等等的专用鼓。鼓因用途的不同，名目繁多，大约不下四五十种。在《周礼》、《夏官·司马·大司马》里作为指挥系统的军事用鼓，有路、鼗（贲）、晋、提、鼙等五种[5]。鼓在先秦时不仅用作计时，而且还表示一种职官。更为重要的是在军队作战时有震慑敌人，指挥甲士奋勇向前的"振旅"作用。"金鼓以声气（以声音鼓舞士气）"，"声盛（鼓声盛大）致志（鼓舞斗志）"。可见擂鼓是鼓励士气的重要手段。《周礼·地官·鼓人》指出鼓人"掌教六鼓，四金之音声。""以节声乐，以私军旅，以正田（畋）役。"古代战争，以鼓乐来鼓舞士气和提高战斗力，起着一股凝聚力的作用。《尉缭子》说："金鼓铃旗四者各有法，鼓之则进，重鼓则击，金之则止，重金则退；铃传令也，旗麾（挥）之左则左，麾之右则右……鼓失次者有诛，谨讹者有诛，不听金鼓铃旗而动者有诛"。由此可见，"中军鼓车"是指挥军队进退的指挥中枢[6]。大旗是标明主将指挥位置的，鼓是指挥进攻的。所以在战斗开始以后，主将不论遇到什么情况，即使受了重伤，都要保持鼓声不停，自己的军队才不致失去指挥。《左传·成公二年》在齐晋鞌（鞍）之战中记"郤克伤于矢，流血及屦，未绝鼓声。"《左传·庄公十年》曹刿论战时曾说："一鼓作气，再而衰，三而竭。"每次战斗，要击鼓三通，即曹刿所说的"一鼓"、"再鼓"、"三鼓"，每通鼓为三百三十三槌，总计千槌。当时鼓的形制，从甲骨文（《鉴真》248，图7-12）和金文（《类编》333，图7-13）中可窥见一斑。随县曾侯乙墓曾获得有较完整的髹漆木鼓，鼓身横置，下面的柄部还很完好，清楚地看出它是立执横击的（《曾侯乙墓》153，图7-14）。《秦始皇陵研究》记：秦俑一号坑出土的指挥车上的铜铎和革鼓（《秦始皇陵研究》231，图7-15）是配套的。前者悬挂，后者平架构成两个不可分离的指挥物，即平常人们说的"金鼓"。古代鸣金收兵的金，就是钲，是一种铜质的乐器。敲击铜钲则表示军队停止进攻，原地待命，或者收兵、免战、坚守。《管子·三官》："金，所以坐也，所以退也，所以免也。"

图 7-11

图 7-12

旌壐（玺）（《珍秦·秦》24页，图7-16）秦半通白文战国玺，萧春源收藏，误为私玺。

旗（5408，图7-17），传世战国玺，国别待考。旌和旗都是旗的总称，但最初在装饰和纹饰上是有区别的。

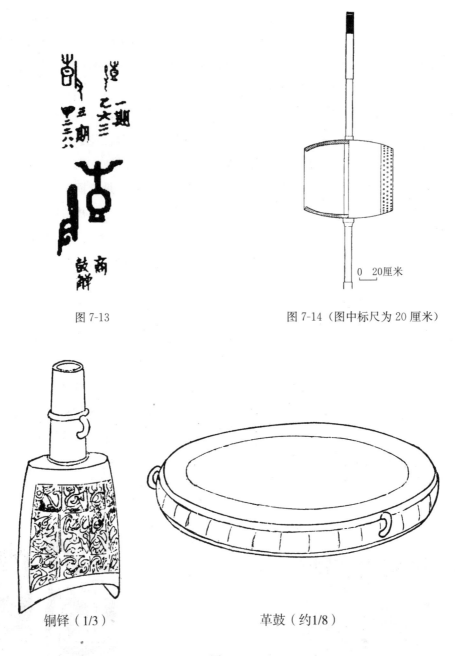

图 7-13

图 7-14（图中标尺为 20 厘米）

铜铎（1/3）

革鼓（约1/8）

图 7-15

古代战争，双方都要竖旌旗以壮军威。旌旗也是指挥系统的重要工具，旗所指的方向决定部队运动的方向。甲骨文、金文中已有不少附着于戈、矛上的象形"旗"字。据先秦典籍记载，旌旗主要由干、缘、斿、斾四部分组成。竖直张缘的直竿叫竿，今称旗竿；竖直附于旗杆的旗面叫缘；附缀于缘的飘带叫斿（游的本字）；继接于缘上部而飘扬的长帛叫旆（《轻车锐骑带甲兵》157，图 7-18）。先秦的旗帜主要有九种，因为旌旗是将帅指挥的标志，所以按照地位的尊卑和职别等级的高低，旗色、图案纹饰、斿数、特定的标志等等，各有不同。从江苏淮阴高庄战国墓出土铜器和传世战国车马猎纹鉴的旌旗图像看，车战时，旌旗是斜插在车厢后部的（《中国古兵器论丛》88，图 7-19）。这样既可减少阻力，同时也免得妨碍乘员进行战斗。战船上的旌旗，以河南辉县山彪镇出土的战国水陆攻战纹鉴（《中国古兵器论丛》107，图 7-20）、故宫收藏的传世战国青铜壶，以及四川成都百花潭中学 10 号战国墓青铜壶上的水陆攻战图所见为典型。交战双方的战船船头上都竖有上飘旌旗的长戟，可见旌旗是悬挂在长戟顶端的[7]。《金文编》467、468 页旅字条下收有车

图 7-16　　　图 7-17

上旗手举旗指向车行前方者（如作（肇）彝卣、作旅卣、禾鼎等）、置于车中者（如孚尊、戈簋、竞作父乙卣等）、或插或举于车后者（作父丁盘僰卣、伯鼎、旅卣、伯作大公卣等），以后者字形最多。

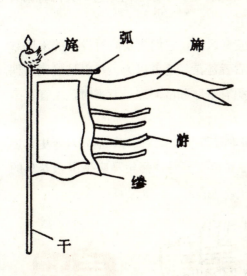

图 7-18

图 7-20　战力的战船和武器装备分解示意图

1. 金鼓　2.3. 格斗的戈和矛　4. 剑
5.6. 远射的弓矢　7. 防护的盾　8. 旗

图 7-19　青铜器上关于旗的图像和铭文

1. 传世战国铜器上战车图像，请注意斜插在车后的旗　　2. 西周《大盂鼎》铭文

战国时的军事官府和武将

秦封泥大尉之印（《考与》2005.5，图 7-21），太尉府襄（《论丛》第 9 辑，图 7-22）。襄，有助理、佐治等义，可能是太尉府总管助理的印迹。邦尉之玺（《考与》2005. 5，图 7-23），战国封泥。大通太，"大尉"，即为"太尉"。统一六国前称国尉。《史记·白起王翦列传》："（昭王十四年）起迁为国尉。"《史记·秦始皇本纪》"（始皇十年，尉缭）乃亡去。秦王觉，固止，以为秦国尉。"秦统一后，改"国尉"为"太尉"，掌管全国军事，但不常设。《汉书·百官公卿表》："太尉，秦官，掌武事，金印紫绶。"与掌政务、监察的丞相、御史大夫合称"三公"，其尊与丞相等。显然，秦时带兵打仗，多系临时差遣，其命将调兵大权都集中在秦王手中。

周晓陆说"从邦尉、大尉封泥同出看，二者应有区别，它们或是同时设立的不同掌属的职官，或是同一职官早晚不同时的称呼"。[8] 后者甚是。笔者以为：邦尉是战国时期职官，太尉是秦统一六国后的职官。秦时军队组织有平时和战时之分。平时，主管军事的，中央有邦尉（太尉），郡县有郡尉。

邦司马印（《篆刻》2001. 1 封底，图 7-24）鼻钮，秦印。秦简《效律》有司马令史，还有《公车司马猎律》。从秦简简文看，秦代司马主要负责养马，邦司马应是国家养马的官署。

图 7-21　　　　　图 7-22　　　　　图 7-23　　　　　图 7-24

军假司马（《集成》43，图 7-25），秦封泥。《史记·曹相国世家》记曹参虏秦司马及御史各一人。军假司马就是军中饲养马匹的职官。另有县司马，应为地方负责饲马者，为军队输送军马。假者，摄事也。《史记·秦始皇本纪》："十六年九月，发卒受地韩南阳，假守腾。"所谓假，就是借，也即代理。

图 7-25

秦封泥御兵，《说文》："御，使马也。"《汉书·卫青霍去病传附荀彘》："荀彘，太原广武人，以御见。"颜师古注："以善御得见……御谓御车也。"御即驾御车马，兵应是兵车或车兵。御兵是管理驾御兵车马的将官。周晓陆见告，此封泥为北京某收藏家的藏品，故报告未附图。

痖（将、將）军（軍）之鉨（0095，图 7-26），铜质。由鉨字等字形可断为齐玺。痖即酱（醬），酱军即将军。楚系封泥"右□痖（将、將）鉨"（《文物》2005.1，图 7-27）。印面方形，有边栏，阳文。为比较正规的楚式玺。为什么在集市封泥中有武将之封泥？待研究。

图 7-26

燕国有将军之职，《史记·燕世家》记有将军市被，《新序·杂事》"骑劫既为将军。"楚国也有将军之职，《史记·楚世家》记楚成王时将军屈完。《史记》、《说苑·尊贤篇》记有大将军、上将军、将军、裨将军等级别。楚玺中有亞（亚）痖（将）军鉨（玺）（《近百年来对古玺印研究之发展》8，图 7-28），铜质。据鉨字的金旁可定为楚玺。"亚"字，印文有变，与《古文四声韵》引《古老子》略同。《尔雅·释诂》："亚，次也。"亚将军，即低于将军一级的武职，如同亚卿、亚尹之例[9]。"将军"一名始见于春秋晚期，系"将中军、将上军、将下军"的称号演化而来。列国变法以后，普遍设立了"将军"一职。"军中之事，不闻君命，皆由将出"，将帅的地位与作用极其重要，关系到国家安危。

武關（关）将鉨（玺）（0176，图 7-29），齐玺。武关应为齐国边关，地望待考。此为武关守将之印。另有武關（关）叙（0174），叙读为阻，有险阻义，因设关守，负责征税；守将负责边防。

图 7-27

图 7-28

图 7-29

陲成匀（军）（《珍秦·战》1，图 7-30）：楚成边军队所用玺。"军"本从"匀"得声，故战国铭刻中屡见借"匀"为"军"之例，如"土匀（军）"布等。"陲"字楚文字首见，其与"陵"字之差别，可一目了然。又"成"字所从之"戈"反书，亦奇特。然合体字中某一偏旁反书，在玺印文字中亦屡见。此当与玺印制作时玺面文字要求反书有关（引自《珍秦·战》1 吴振武考说）。

图 7-30

千畞（亩）左军（0349，图 7-31）此从李家浩所释。千亩战国魏地，在今山西界休县南[10]。可能是驻扎在千亩地方的左军。朱迹为拓本，故作反文。"右"字从口从左手，周早《班殷》有此字。（见《类编》61 页"左"字条）。

乘（5386，图 7-32）燕玺，吴振武释为乘，一车四马的总称。《左传·隐公元年》："缮甲兵，具卒乘。"杜预注："步曰卒，车曰乘。"《庄子·列御寇》："王悦之，益车百乘。"成玄英疏，"乘，驷马也。"乘，特指配有一定数量兵士的兵车。《左传·隐公元年》："命子封帅车二百乘以伐京。"杜预注："古者兵车一乘，甲士三人，步卒七十二人。"《孙子·作战》："驰车千驷，革车千乘。"杜牧注引《司马法》曰："一车，甲士三人，步卒七十二人。炊家子十人，固守衣装五人，厩养五人，樵汲五人。轻车七十五人，重车二十五人。"（《汉语大字典》缩印本 17 页）可知一乘即车长，可辖四马及近百人。

西口巨四（0316，图 7-33），楚玺。"西"下一字不识。"西口"当为地名。李家浩说"渠"读"遽"。古字渠、遽通。"渠"从"巨"声，故"渠""巨"二字古通。疑印文"巨"读为"渠帅"之"渠"。"西口巨"即"西口"这个地方的将帅。

连（连）嚻（敖）之三（四）（0318，图 7-34），楚玺。"嚻"，《说文》谓："声也。气出头上。从吅从页。页，首也。嚻，或省。"此玺是合于说文的正体，从四口。连嚻，官名，典籍中或写作连敖。嚻，敖古通。在随县曾侯乙墓楚简和包山楚简中，"大莫嚻"、"莫嚻"及"连嚻"屡见。可证系楚国特有的军事职官名。

图 7-31

图 7-32

图 7-33

图 7-34

　　"连嚣之四"、"公卒之四"、"西囗巨四"的"四"并非数字，应读"驷"。随县曾侯乙墓竹简中有驾两之"丽"，驾三之"骖"及驾六马之"駥"，然而数量最多的还是四马一乘的"驷"。

　　公羍（卒）之三（四）（5560，图7-35）楚国官玺。上海博物馆收藏。李家浩说：公卒即指县公所属的卒。三玺隶定皆从李家浩说[11]。刘绍刚进一步指出："连嚣、连尹（见《铸造篇》）均为连一级的军印。"卒也是一级军事组织的名称。《周礼·地官·小司徒》："五人为伍，五伍为两，四两为卒。"[12]《左传·昭公三年》"公乘无人，卒列无长"，杜预注："百人为卒。"在春秋战国时期，卒与连是同一级别的行政和军事组织，一卒的人数可能已扩大到二百人至三百人。笔者按：卒与乘的建制略同，约一二百人，卒为步兵，乘为车步兵。

　　《左传·僖公二十八年》在记述历史上著名的晋楚城濮之战时，就提到子玉所率"唯西广、东宫与若敖之六卒"（《十三经注疏》，中华书局1980年，页1824）。楚玺中还有"司马卒玺"（0042，图7-36），所见楚国的"卒"，分别隶属若敖、司马及公之下，是基本的作战单位。洛阳唐宫路小学战国中期之前墓出土一件"毕公左徒"玉戈。《春秋左传注》文公七年"徒"，步卒曰徒：玉戈铭应释为"毕公左军步卒"。因而报告推测墓主人为毕公左军的步卒统领（《文物》2004.7）。

　　步卒图像玺，或称武士图像玺（《故肖》100，图7-37），铜质，鼻钮，故宫收藏。《故肖》释为持盾扬戈纹印。定为汉印，实误。相同的步卒图像玺（《陈》66B，图7-38）等，《篆集·卷一》702～703页约收录近二十方。战国时期，随着车战的衰落和步兵的兴起，步兵左手执盾，右手举剑的步战，在战争中的作用日益重要。从汲县山彪镇出土的水陆攻战纹铜鉴上，可以清楚地看到挥剑执盾战斗的步兵形象，头束发髻，曲步躬身，举盾防御敌箭，挥剑进攻迎敌（《中国古兵器论丛》120，图7-39），与玺印形象相同。在成都百花潭出土的铜壶上也有着画面大致相同的步卒战斗图像。战国墓中出土盾牌已屡见不鲜，如曾侯乙墓出土盾牌49件，包山二号墓出土盾牌11件，出土一两件者更为普遍，有木质、皮质等几种。玺印应是战国时物，可能是表示步卒头领身份的佩印。

图7-35　　　　　　图7-36　　　　　　图7-37　　　　图7-38

步卒格斗图像玺（《图汇》19，图7-40），两步卒步战，以长剑格斗，据发髻及体势看应是战晚至秦时物。

图 7-39   图 7-40

战国时的骑兵将领

骑兵大约开始于春秋战国之交。在古代典籍里记录的，中原地区最早组建骑兵的实例，应该是赵武灵王"变服骑射"，那是公元前307年开始实行的，目的是对付"三胡"，即东胡、林胡、楼烦。"三胡"都是我国北部地区靠游牧为生的部族，善于驰马射箭。赵国原来的主力部队多是四匹马驾驶的双轮战车，笨重的战车无法追及轻捷的骑士，处处被动挨打，为了争取主动，赵武灵王不得不抛弃了传统的车战，学习对手的长处，变服骑射，组建了骑兵部队。

右骑（骑）将（《燕陶馆藏印》、《津》2，图7-41），韩国官玺，天津市艺术博物馆收藏。《玺汇》释为"右将司马"。刘钊、曹锦炎指出：右边一字为"骑"字省体、异构。（刘钊《释战国"右骑将"玺》，《史学集刊》1994年第4期）释为"右骑将"。骑字从马从奇省。"典籍中从可得声的字与从奇得声的字可以相

图 7-41

通。后世从'奇'得声的一些字，在古文字中就是从'可'为声。"《史记》中记"骑将"多例。如《史记·樊郦滕灌列传》："楚骑来众，汉王乃择军中可为骑将者，皆推故秦骑士重泉人李必、骆甲习骑兵，今为校尉，可为骑将。……追齐相田横至嬴、博，破其骑，所将卒斩骑将一人，生得骑将四人。……""骑将"就是统率骑兵的将领。《史记·傅靳蒯成列传》："陵阳侯傅宽以魏五大夫骑将从，朝廷不数贰师功。""沛公立为汉王，汉王赐宽封号共德君。从入汉中，迁为右骑将。"这个"右骑将"与玺文的"右骑将"应该是同一官名，而且右骑将职位高于骑将[13]。笔者按：《古陶文汇编》两枚无边陶器印迹均作"冐（尹）駒（骑）"（6.70、6.71，图7-42），字迹大小、形态完全一样，系同印压抑。"骑"字字形与玺文骑字相同。陶器印迹系郑韩故城出土，因此可断此印为韩国玺印，三晋玺是毫无疑问的。旧以为陈紫蓬《燕陶馆藏印》所收皆为燕物的戒律，当受到

诘难，似应仔细甄别，不可一概而论。

邦骑尉印（《考报》2001.4，图7-43；《考与》2005.5，图7-44），骑尉，秦封泥。《汉书.百官公卿表》："郎中有车、户、骑三将。"骑将即郎中骑将、骑郎将之简称，骑将主骑郎。车、户、骑三将"秩皆比千石"。"骑尉"或为"骑将"之属官。笔者认为"邦骑尉"与"邦尉"应是骑兵和步兵两种不同兵种的军官，分别归骑将和将军统辖。

图 7-42　　　　　　　　　　　图 7-43　　　　　　图 7-44

骑兵俑都出土于秦始皇陵二号兵马俑坑，四匹马一组，十二匹一列，九列组成一个长方形的骑兵阵。马的大小犹如真马。秦时鞍鞯已经俱全，只是缺少马镫。秦骑兵俑的发现给我们提供了衣着形象的实物资料。由秦简《秦律杂抄》可知秦国挑选骑兵所用战马的标准，是马高（至鬐甲）1.33米以上，要奔驰羁系听从指挥；骑士自从军人员中挑选。到军后进行考核，如马被评为下等，县令、丞罚二（铠）甲；司马罚二甲，革职永不叙用。古今测量马的高度都以至鬐甲的高度为准，秦俑坑骑兵马，至鬐甲的高度正好为1.33米，与秦简的记载完全相符；骑士俑的身高都在1.8米以上，体型匀称修长，神态机敏。《六韬·武骑士》说："选骑士之法，取年四十已下，七尺五寸（1.73米）已上，壮健捷疾，超绝伦等。能驰骑彀射前后左右，周旋进退，越沟堑，登丘陵，冒险阻，绝大泽，驰强敌，乱大众者，名曰武骑之士。"秦俑坑出土的各类兵俑大都是依据真人塑造的，几乎多已达到相当逼真的程度。秦简和骑兵俑坑，给我们提供了秦国骑兵珍贵的形象资料[14]。

骑兵图像玺（《故肖》98，图7-45）故宫收藏，三层台鼻钮。《故肖》称持戈骑马印。谱录所见多例，（《印举》30.37，图7-46；《伏庐藏印》118，图7-47）皆同式。战士骑马持戟，状极威武，造型生动。戟是戈矛相合而成的武器，刺、勾两用，是战国时期的进步武器。骑兵头上梳发髻，与汉代戴冠不同。坐骑四腿粗短，也是判断战国时印的标准。骑兵在战国中晚期已是主要兵种之一。咸阳塔尔坡28057号战国中期秦墓中出土了陶质骑兵俑两件（陈平《关陇文化与嬴秦文明》574，图7-48），可见马身长而腿粗短，骑兵两手握空拳相对，左前右后，分明是持戈戟的形象，与玺印的骑兵形象正合。"以兵马俑殉葬在秦惠文、武王时期已形成了风气，这是始皇陵兵马俑的祖型与前源。"

图 7-45   图 7-46   图 7-47

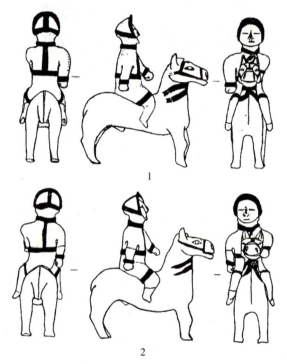

图 7-48

骑射图像玺（《故肖》99，图7-49）故宫收藏，马钮。（《印举选》260，图7-50）。弓箭弩机在战国也是主要的作战武器之一（参见《弓弩篇》），骑射也是常规的作战方式。此图作正面前射姿势，据马匹的形象可断为战国。汉代画像砖上的骑射图多作回身射，且马匹作奔跑状，四蹄矫健有力（《河南汉代画像砖》61，图7-51；《郑州汉画像砖》32西汉，图7-52；103，图7-53）。

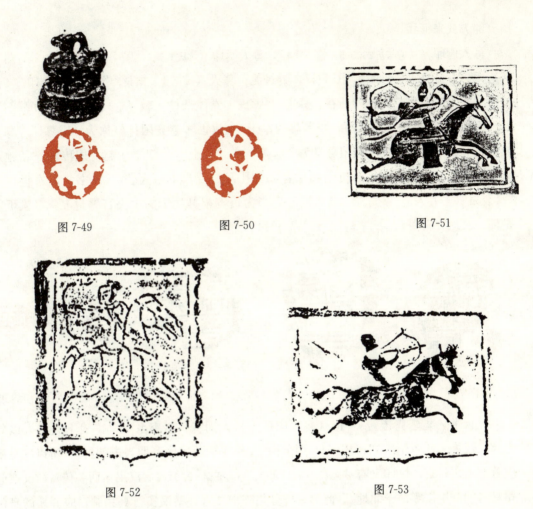

图 7-49　　　　　　　　图 7-50　　　　　　　　　图 7-51

图 7-52　　　　　　　　　　图 7-53

在《吕氏春秋·占乐篇》中，有"商人服象，为虐于东夷"的记述，据学者们考证，认为这句话的意思是说商人曾驾驭大象用于作战。此说为文献所证实；春秋时，大象已被楚国驯养，并用于战争。《左传·定公四年》："王使执燧象以奔吴师。"就是说楚王指使鍼（针）尹固把火炬系在象尾上，使象冲击吴军，自己才得脱险。说明此时楚王已驯养大象，而且大象上阵救了楚王一命。大象用于战争在东周时期也是罕见的特例。

秦国的招募、调兵、功爵制度

熊铁基认为，秦时实行的是全民皆兵的义务兵制。而从战国到西汉，实行的是"普遍的征兵制。"（《试论秦代军事制度》，《秦汉史论丛》第一辑）。当时力役、兵役不分，一般来说，小役为一般的力役，大役就是战伐。一个人一生中法定要服更卒一月，正卒一年，戍卒一年，更卒，正卒、戍卒轮流服之，没有兵役力役时，则返归田里劳作，等待君主征调（《文献通考·兵二》）。秦时有战事时才征调郡县兵力。秦汉时代在兵力不足时，还用招募的方式来征兵。

募人府印（《考与》2005.5，图7-54），募人丞印（《风》141，图7-55；《新出》84，图7-56）。募人（《考与》2005.5，图7-57）秦封泥；募人（《泥集》附录，图7-58）秦印。《说文》："募，广求也。"。亦即征召、募集。《睡虎·秦律杂抄·敦（屯）表律》："冗募归"，整理组注："冗募，意即众募，指募集的军士，《汉书·赵充国传》称为'应募'"。募人或即是募集军士的机构。被招募者为"应募"或"募士"。《汉书·赵充国传》："留弛刑应募，及淮阳、汝南步兵与史士私从者，合凡万二百八十一人。"《汉书·冯奉世传》："汉复发募士万人。"秦封泥"募人府印"当为负责招募兵士的中央官署封泥，募人可能是郡、县地方官署。

图7-54　　　　　　图7-55　　　　　　图7-56　　　　　图7-57　　　图7-58

《魏书·裴延隽传》："诏（裴）庆孙为募人别将，招率乡豪，得战士数千人以封之。"《汉书·武帝纪》："遣楼船将军杨仆、左将军荀彘将应募罪人击朝鲜。"所以这是率应募罪人之将官。汉印又有"陷陈（阵）募人"（《征存》139）《后汉书·西羌传》："又遣假司马募陷阵士击零昌于北地。"此为率应募陷阵士之官。秦汉实行募兵制，应募人的身份可以是庶民，特殊情况也可以招募罪人，招募的人即属自己统辖，往往招募的人越多所封的官也越大。所谓"陷陈（阵）募人"犹如今之敢死队，所谓重赏之下必有勇夫。

遇战时打仗，则多系临时差遣，命将和调兵的大权都牢牢掌握在秦王的手里。虎符是古代帝王调动军队的信物，符呈卧虎形，背上刻有文字，分为左右两半。目前已见三件。

新郪虎符（《铭文选》925，图7-59）王国维考为秦王政五年所作。铭文四行40字，曰：

甲兵之符，右才（在）王，左才（在）

新郪，凡興（兴）士被（披）甲用兵五十

人以上，必會（会）王符，乃敢行

之。燔燧事，雖（虽）母（毋）會符，行殹（也）。

秦王朝的军队虽多，没有秦王的命令，即凭秦王的半符与秦将的半符合符，五十人以上的军队是无法调动的，军权完全掌握在秦王手中。

杜虎符（《珍秦·秦》12，图 7-60）西安市郊北沉村发现。40 字，内容与新郪虎符大体相同。

陽（阳）陵虎符（《珍秦·秦》12，图 7-61）相传出土于山东临城，秦统一六国后铸，现藏中国历史博物馆。铭文曰：

甲兵之符，右在皇帝，左在陽（阳）陵。

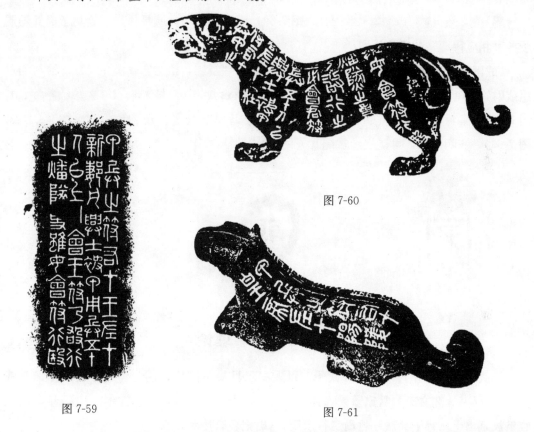

图 7-60

图 7-59   图 7-61

关于军队的编制，因为秦军的组成是从各郡县征调而来，所以军队中除高级官吏，如大将军及其主要僚属，如裨将，别将由君主直接任命外，其郡守（尉）就是当然的带兵之官吏[15]。所以，新郪、杜、阳陵地方军事长官可以执掌兵符的一半，合符即可派兵。但遇有紧急情况，可以举火，不必会符。所谓烽火，即虎符中的燔燧。

秦王朝为鼓励士气、提高战斗力而设立军功爵制度，也就是评军功，赐爵位。对秦人来说，这是争取更高的社会地位和政治特权的主要途径。这是商鞅变法的主要内容。由于秦有功必赏，所以秦军的战斗力很强。秦在军事上取得了重大的胜利，完成了统一的事业，这是同它在军事方面所推行的政策，法令和制度分不开的。

张金光《秦制研究》一书中有"具体论赐方法与步骤"：

第一步："暴首"、"验首"。战后立即将所斩首公布陈列并加以校验。

第二步：论。斩首经校验无误，便将其数据提供给战士籍贯所在县，由县根据规定论予功爵。

第三步：赐。论功予爵并随赐予各种相应待遇。论以功当，赐予爵应[16]。

《秦律十八种·军爵律》就是军爵赏赐以及官吏职务方面的法律（《睡虎地秦墓竹简》92）。

赐（赐）壐（玺）（《珍秦·秦》282，图7-62）阳文秦官印，就是执行"论功予爵并随赐予各种相应待遇"的机构用印。

《战国策》中"赐"字出现27次。分别作（1）"赏赐，给与"（7次）；（2）"给与的恩惠或财物"（3次）；（3）"对帝王下达旨意的敬称"（16次）[17]。赐（赐）（《篆集·卷一》531，图7-63），秦封泥，似与赏赐有关，或为帝王下达旨意的官署。赐（赐）（《陶汇》3.1128，图7-64），齐陶印迹，可能表示赏赐官署用器。

图 7-62

图 7-63

图 7-64

战国时的军事理论

孙武，春秋时齐人，也称孙武子。以兵法求见吴王阖庐，用为将，西破强楚，北威齐晋。《汉书·艺文志》兵家著录《孙子兵法》八十二篇，今存十家注本。1972年，山东临沂汉墓出土《孙子兵法》竹简二百余简。《史记》有传。

尉缭，大梁（战国魏都，今河南开封）人，秦始皇时期人，他曾为秦始皇献策，在秦的发展史上是有一定贡献的。他官至国尉（即统一后的三公太尉），掌管全国的军事，其所著的《尉缭子》一书，是一部中国古代军事史上极为重要的军事理论著作，被宋代人列入《武经七书》之一（《孙子》、《吴子》、《六韬》、《司马法》、《尉缭子》等七种，前五种为战国或秦时作）。对于我们现在研究秦的政治、军事思想提供了难得的文献资料。《尉缭子》书中的《经卒令》和《勒卒令》，对军队的用旗，士兵的服装、标记、颜色，旗章金鼓的使用和目的均有详细的规定，可以用来了解秦国有关旗章号令的法规[18]。

结 语

由文献及玺印、封泥等资料可知战国已采用步卒、骑兵、车兵等多兵种联合作战的方式，中军作为指挥中心，金鼓铃旗作为通讯工具，进退自如。各国均有率兵的将军；卒为步兵，乘及驷为车步兵。秦国的招募、调兵、功爵封赐制度较为完善，所以士兵争功而用命，故能完成统一六国的大业。因为列强争战，所以造就了军事家并成就了军事理论的确立。

注：

[1] [9] 汤余惠《战国铭文选》，吉林大学出版社 1993 年 9 月版第 82、79 页。

[2] 袁仲一《秦始皇陵兵马俑》，袁仲一等编《秦俑博物馆论文选》第 100～131 页。

[3] 何琳仪：《古玺杂识》，《辽海文物学刊》1986 年第 2 期。

[4] 何琳仪：《战国文字通论》，中华书局 1989 年 4 月版第 102 页。

[5] 详见胡光福《张集战国墓出土乐器浅淡》，《中原文物》1995 年第 4 期。

[6] 沈建华《甲骨卜辞中所见的鼓》，《于省吾教授百年诞辰纪念文集》第 21～25 页。

[7] 黄展岳著《考古纪原——万物的来历》，四川教育 1998. 7 月版；《轻车锐骑带甲兵》第 154 页。

[8] 周晓陆等《在京新见秦封泥中的中央职官内容——纪念相家巷秦封泥发现十周年》，《考古与文物》2005 年第 5 期。

[10] 李家浩《战国官印考释两篇》，《于省吾教授百年诞辰纪念文集》第 166 页。

[11] 李家浩：《楚国官印考释（四篇）》，载《江汉考古》1984 年第 2 期。

[12] 刘绍刚《古玺补释三则》，中国文物研究所编《出土文献研究》（第七辑）上海古籍出版社，2005. 11。

[13] 刘钊《释战国"右骑将"玺》，《史学集刊》1994 年第 3 期第 74～76 页。

[14] 袁仲一《秦始皇陵兵马俑》，袁仲一等编《秦俑博物馆论文选》第 100～131 页。

[15] 郭淑珍《"将军俑"与秦代军队组织》，袁仲一等编《秦俑博物馆论文选》第 222～229 页。

[16] 见张金光《秦制研究》第十一章《爵制》。

[17] 见张清常、王延栋《战国策笺注》，南开大学出版社 1993 年版第 107、24、111 页。

[18] 徐卫民著《秦汉历史地理研究·尉缭与〈尉缭子〉述评》。

参考：

杨泓著《中国古兵器论丛（增订本）》，文物出版社 1985 年 10 月第二版 1986 年 10 月第二次印刷；李纯一著《中国上古出土乐器综论》；马振亚等《中国古代文化概说》、王学理《秦始皇陵研究》上海人民出版社 1994 年版；于豪亮、李均明《秦简所反映的军事制度》，中华书局编辑部编《云梦秦简研究》；周晓陆、陈晓捷《新见秦封泥中的中央职官印》，《秦文化论丛》（第 9 辑）. 西北大学出版社，2002 年 7 月版。

发于肩膺之间，杀人百步之外

——古代的弓箭和弩机

弓箭发展小史

中国最早的兵器多是木质或石质的简单而原始的格斗型工具，其间也不乏就地取材以骨、蚌为原料的。《易·系辞》说，黄帝时"弦木为弧，剡木为矢"。山西省北部的朔县峙峪旧石器时代遗址曾出土一枚石镞，虽然木弓早已腐朽无存，但这足以表明：在三万年以前，我国已经使用了木弓，比起传说中黄帝将之用做兵器的时代早出了两万七千余年（李松等《青铜器艺术》39 页）。

山西东南部沁水县下川遗址中发现了 13 件石镞，制作它们的原材料主要是黑燧石，体长 3 厘米～4 厘米，制作方法比较一致，说明了工艺技术的成熟和稳定。骨镞始见于贵州桐梓马鞍山旧石器时代晚期遗址中，完整无损，距今约 1 万 6 千年左右。至新石器时代，骨镞已普遍出现，河北武安磁山文化遗址和浙江余姚河姆渡遗址中已屡有发现。箭是狩猎的主要工具，以获得赖以维持生命的食物。

原始社会末期，弓箭终于被普遍地应用到战争之中。"羿射十日"是中国古代传说中最著名的神话之一，它是古人对弓箭所产生的神奇力量的由衷赞许，也充分表现了中华民族征服自然、支配自然的宏伟气魄和顽强斗志。

由于构成弓箭的三要素——弓、弦、箭是由极易腐朽的木、竹及动物筋或纤维制成的，所以在我国各地的新石器时代遗址中，至今还没有发现一件完整的弓箭标本。而由于箭镞是由骨、石、蚌制成的，它们不易朽坏，因之各遗址中保存有若干数量的箭镞。《易·系辞下》中所谓的"弦木为弧，剡木为矢"，应是弓箭的原始形态，而箭镞则是骨制、石制或木制的。

夏商之际，中国步入青铜时代。复合弓（多层竹、木材叠合）已取代了原始社会盛行的单体弓。并且装有玉质或铜质的弓弭，体呈弧曲状，两端有铃的弓形器——弓柲。在河南偃师二里头遗址中出土的青铜镞，其中多数仿石镞，还有双翼带铤镞，镞端更为锐利，两翼的末端还做成倒刺，这种镞旨在增大创伤面，更不易将射入身体中的箭拔出来（刘秋霖等著《中国古代兵器图说》056 西周铜镞，图 8-1）。在青铜镞流行时，骨角一类的镞仍然在使用，并且还占相当的比例。商周时石镞仍在使用。商代骨镞中还用大量的人体骨骼来制造骨镞。铁质镞出现于战国中晚期，湖南常德德山6号楚墓发现三棱形铁镞。

《诗经》这部西周流传下来的诗歌总集中，有二三十处提到弓矢。弓的种类有彤弓（红色之弓）、角弓（以角饰弓）、敦弓（画之弓）。西周赏赐铭文中记有彤弓、旅（黑色）弓。《诗经》中还提及射箭时，用骨、玉制作的扳指（韘，殷墟妇好墓曾出土玉韘），它被戴在大拇指上，用于钩弦开弓；还有用皮制作的护袖，用于放弦时护臂。箭是武器，在战争中有很重要的作用。《六韬》说，箭能够"陷坚阵，败强敌。"春秋战国时期，列国为适应战争需要，加紧备战，弓箭制作技术走向成熟。近些年来，在楚墓中发掘出土的古弓有木制的和竹制的两种，竹弓的数量大于木弓。弓

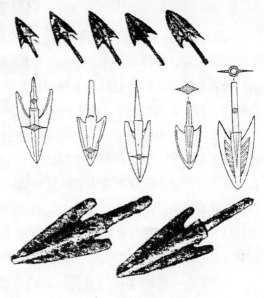

图 8-1

的长度最短的70厘米，最长的169厘米。这些楚弓制造工艺基本一致，反映了楚弓的制造已经形成规范化的操作程序。

楚弓的精良，为楚国出现优秀射手创造了物质条件。春秋时楚国的养由基就是一位神射手，"去柳叶者百步而射之，百发百中"。（《战国策·西周策》）成为"百步穿杨"的出典。在著名的晋楚鄢陵之战中，楚共王给他两支箭，命他射杀晋国大将吕锜，可他只用了一支就射中吕锜的咽喉，使之坠马倒地而亡。他与潘党还都能射穿七重甲叶（《左传·成公十六年》）。

齐国官书《考工记》因后来补入《周礼》而得到广泛的流传，于是它从一种地方性的技术工艺标准演化成国家颁发的标准。在"弓人为弓"和"矢人为矢"两节中详细记述了从选材到工艺流程过程中的种种要求，还记录了依据使用者身份等级的不同而使用不同弓箭的规定。"弓人为弓"中提出弓用干、角、筋、胶、丝和漆六种材料制成，具备了上述六种材料，才有可能做出精良的弓体。弓的制作需要具有丰富经验的能工巧匠，一张弓从备材到能够使用，大约需要三年时间才能完成。正是由于制弓规程的规范化，推广了先进的制弓工艺技术，提高了兵器的质量，增强了部队的战斗力。春秋战国之际，列国纷争，车战已经发展为各国军事力量的最重要形式，防护装备也进一步完善，皮甲胄的性能不断提高。三棱锥体镞的穿透力和杀伤力远超过夏商以来的那种双翼镞，并很快地普及到各国。秦兵马俑坑反映了战国时期三棱状镞一统天下的局面（段清波著《刀枪剑

载十八般——中国古代兵器》）。

射礼与习射

《易·系辞》黄帝以下九事章云：古者弦木为弧，剡木为矢，弧矢之利，以威天下。又《世本》云：挥作弓，夷牟作矢。注云：挥、夷牟，黄帝臣。是弓矢起于黄帝矣。《虞书》云：侯以明之。是射侯见于尧舜。夏殷无文，周则具矣。虽然射礼可能起于尧舜禹汤时代，但并无确凿史征，难以具体陈述。

陈梦家认为殷墟甲骨卜辞中的射、多射是武官。王宇信则认为甲骨文"射"后加私名者应即是射官。多射是护"卫"商王的官。商王狩猎多有射、多射和射队参与围猎。新公布的《殷墟花园庄东地甲骨》其中有一批以往甲骨文所不见的关涉商代贵族子弟习射礼的珍贵史料。早在商代尚武习射就已经纳为贵族子弟受教学的内容。射礼是按照一定的规程所举行的弓矢竞技行事，据近出甲骨文金文材料也得到证实，周代不过是继承而有所革替而已。晚商射礼，是商王暨各方贵族阶层成员参与的弓矢竞射礼，通常习射于水泽原野处，泽畔建有与习射相关的建筑设施，又连天累日举行，以"丙弓"，"迟弓"、"疾弓"三射作为竞技规则，注重用弓暨弓法，视射获猎物无废矢（无废矢，形容射技精湛，箭无空射，皆中目标）进行颁功贶赐，射后有享祭先祖之礼（宋镇豪《从新出甲骨金文考述晚商射礼》）。

周代射礼，继承殷礼。据文献记载，周代每年定期举行的大射礼与乡射礼大都在春秋两季，周王巡狩四方或出于其它目的而随时随地举行，规模都不很大，如《周礼·地官·州长》云："春秋，以礼会民而射于州序（序，古代学校的别称）。"又《诗经·大雅·灵台》正义引《五经异议》中《韩诗说》云："辟雍者，天子之学……所以教天下春射秋飨。"辟雍是周王朝为贵族子弟所设的大学。在乡饮酒礼之后必将举行乡射礼（杨宽《古史新探·"射礼"新探》）。金文中的射礼也都是先宴飨而后会射。《夏官·诸子》云："春合诸学，秋合诸射。"其中"学"、"射"均指辟雍。卜辞及金文中都有"射宫"、"射庐"，应即大学中的习射馆。

西周乃至东周时期，对贵族子弟实施义务教育。男孩年满 8 岁（或 10 岁）入小学、15 岁入大学。《礼记·内则》云："十年出就外傅，居宿于外，学书记……成童舞《象》，学射御；二十而冠，始学礼。""成童"即 15 岁（杨宽《我国古代大学的特点及其起源》）。《周礼·地官·保氏》将礼、乐、射、御、书、数称为六艺，规定为国子的必修课程。射礼中的恭谨谦让，"合乐而射"，登车而射（王龙正等《令鼎新释》）等特点，体现了礼、乐、射、御等内容的结合与统一。

射礼的形式大致可分为射牲（实射猎物）与射侯（"侯"为箭靶，有布制及以虎熊豹麋之皮

饰者，鹄指靶心），其射中者可称为"获"。射牲又称射牢，文献称"习射"；射侯文献称
"礼射"。除天子巡狩四方而临时举行的某些射礼外，由天子（或诸侯）举行的大射礼一般
都在贵族大学（辟雍）的射宫（或称射庐）内举行。西周的射礼，分水陆两种。《仪礼》的
《乡射礼》和《大射仪》两篇集中地描述了射礼的过程，乡射和大射各有五十个左右仪
节，但是主要由三部分构成，即射前饮宴、三番射（三次竞射）、射后饮宴。

　　大射的礼节与乡射基本相同，所不同者有：乡射的主人为卿大夫，大射的主人是国
君。由于主人身份不同，因而掌大射之礼的人及执事者的官位都比乡射要高，人数也更
多。乡射只用一侯，大射却有三侯：国君射大侯，大夫射参侯，士射干侯。另外，两者
所用乐器和所演奏的曲子也有所不同（杨志刚《中国礼仪制度研究》450～451）。

　　我们从战国中期三件铜器铭刻的射礼图像中可
以想见当年射礼的盛况：

　　一、上海博物馆藏铜椭杯（局部，《上海博物馆藏
青铜器》90，图 8-2），图案为细划的刻纹，有一组阁
楼的图案，阁下右方有二人，一人执弓向前作审视
状。另一人似在整理弓弦。各有二矢系于腰间。其
上有射侯一，一矢中的，一矢稍偏，射侯长方形，
有曲线纹，侯左有人作相摄状，为锈所掩。

图 8-2

　　二、成都百花潭中学十号墓铜壶（《文物》1976.3；
本书卷首图版贰），图分两层：第一层左面为射礼图
像，上有射庐一，共五人：立檐外者手执长旌，应
为"获者（犹今之报靶者）"，正在扬旌唱获（报靶）。
跽于檐下者手执筹，应为"释获（发筹）者"。庐中二人正在耦射。后檐下者，左手持弓，
似为司射（指挥者）。下又五人即将入庐竞射。

　　第二层右面一组为射礼图像。上七人，右前方置"侯"（与椭杯侯同），侯侧一人，跽
于地，其余与第一层同。图像中长裳站立者为贵族参射者，短腹跽地者为服务人员。

　　三、故宫博物院藏燕射画像壶（《文物》1976.3，卷首图版壹）

　　此壶有两组对称图案，与上两器雷同，画面中心为一射庐，左面置"侯"，侯面双
层，由框架联结，上中三矢，两矢穿透前层，一矢正中"侯的"，庐内二人耦射，檐前一
人跽地，乃释获者。檐后一人持弓，乃司射。下有四人作接射状（三铜器图释引自刘雨《西
周金文中的射礼》）。

　　汉画像砖的习射图又是一番景象（《四川汉代画像砖》51，图 8-3）左边一人身着冠服，
腰间束带佩箭，三箭斜插于箙（箭囊）内，右手执弓，左手搭箭于弦，作讲习状；右边一

人右手执弓弦，左手搭箭作习射状。这是汉代盛行的讲武习射画面。

图 8-3

弋射、弓射和弩射

弋射是用丝绳系在箭上射，使射中的飞鸟随着丝绳而很快被猎取。弋射的对象主要是候鸟，因此弋射的季节性较强。据《周礼·士昏礼》的记载，古代婚礼，纳彩（男方向女方致送聘礼）用雁。所以从商周到战国，弋射活跃。战国文物上多见弋射图。如故宫博物院所藏桑猎宴乐壶上的弋射图，见于图像第二层右方。天上有鸿雁翱翔，水中有鱼、龟、鸟游动，一人执弓乘舟，四人跽地隐蔽，仰头弋射，五只雁已被射中，拖着长缴挣扎[1]。四川成都百花潭出土的战国嵌错宴乐水陆攻战纹铜壶[2]，湖北随州战国曾侯乙墓出土的一个衣箱上有两组图案，描绘扶桑、飞鸟及弋射者[3]，此外，河南辉县琉璃阁出土的战国狩猎纹铜壶[4]，以及上海博物馆收藏的战国宴乐纹铜杯，都有或繁或简的弋射纹样。这些纹样，都生动地反映了当时弋射高空飞禽的情景。四川东汉弋射、收获画像砖（本书卷首图版陆）二人正张弓欲射弋者用短矢（矰），矰后系着缴，缴则联系着可以转动的磻。矰射出后可以像放风筝似的把猎物收回。战国时有不少人以弋射高空的飞鸟而闻名。如唐易子、蒲且子等。有人总结这一时期的弓射、弩射实践，并将之上升为理论（《中国古兵器论丛》）。

我国是世界上最先发明弩的国家，比西方早十三个世纪（《中国古兵器论丛》）。古文献中有关原始木弩的线索可以追溯到上古时期。我国在春秋时期已经有弩机，曲阜鲁城 3 号、52 号墓所出战国早期铜弩机，是已知之最早的实例。考古发现的战国时期铜弩机总数已不下 30 件，这时已大量用来装备部队。战国中期的铜弩机已经比较进步了。早期的弩多为射程较短的臂张弩（《文物》1985.5，图 8-4），如《孙膑兵法·势备篇》所说："发于肩膺之间，杀人百步之外。"有效射程仅 80 米左右。据《荀子·议兵篇》及《战国策·

韩策》记载，当时魏国的强弩已力达十二石，韩国的劲弩远射六百步以外。这时已有用足蹋（脚蹬）之力张弦的蹶劲弩（蹶张弩）。又《史记，苏秦列传》说："韩卒超足而射。"正义："超足，齐足也。夫欲放弩皆坐，举足踏弩，两手引揍机，然始发之。"根据这里描写的情况，其所用之弩应为腰引弩。《墨子·备高临》记载的"连弩之车"，箭长十尺，用绳结箭尾，发射后还可用轮盘卷收回来，以备再用。《史记·秦始皇本纪》说，始皇至琅琊，听信了方士徐市的说法，用连弩去射海中的大鱼（鲸?），应该就是这种箭后有连索的大弩。1986年在湖北江陵秦家嘴47号楚墓中发现1件手握式双矢并射连发弩。前端底部装有弯曲木柄，便于手握发射，造型轻巧灵便，是罕见的楚弩新型式（黄展岳著《考古纪原——万物的来历》）。《史记. 秦始皇本纪》载："始皇初即位，穿治骊

图 8-4

山，及并天下，天下徒送诣七十余万人，穿三泉，下铜而致椁，宫观百官奇器珍怪徙藏满之。令匠作机弩矢，有所穿近者辄射之。""令匠作机弩矢"，研究者称之为"一种触发性的武器——始皇陵中的'暗弩'。"[5]主要是对付"有所穿近者"（盗墓者）而设置的。

　　春秋战国时期，弩机已使用于战争之中，战国时齐魏马陵伏击战是用弩作为主要兵器在战场上发挥了决定性作用的著名战例。《史记·孙子吴起列传》记录了公元前343年的马陵之战。齐军按照军师孙膑的计策，利用减灶的办法引诱魏军轻敌冒进，而"令齐军善射者万弩，夹道而伏。……齐军万弩俱发，魏军大乱相失。庞涓自知智穷兵败，乃自刭，曰：'遂成竖子之名！'齐因乘胜尽破其军，虏魏太子申以归。孙膑以此名显天下，世传其兵法"。齐军主要依靠了大量的可以预先张机、持满待敌的新型远射兵器——弩，突然展开猛烈地射击，掌握了战争的主动权，取得了辉煌的战果。

　　考古中发现较多的还是臂张弩。秦始皇兵马俑坑中出土了158件铜弩机，在二号坑的第一单元里，有332件射俑，中心的160尊着甲俑作蹲姿的控弩弓状态（《轻车锐骑带甲兵》233，图8-5），形成方方正正的布局。围绕四周的是172尊立姿俑，作转体钩弦抬弩的姿势（同前，图8-6）。

　　战国弩机由铜弩机、木弩臂、弩弓、弩箭四部分构成，铜弩机由五种零部件组成（复原图《中国古兵器论丛》137，图8-7）。它们是望山（瞄准器）、悬刀（扳机）、牛（钩心）、牙（与望山合铸一体，左右各一片，中间容箭括）、键（装配机件用的栓塞）。其发射过程为：在装箭张弦前，用手扳起望山，使牙上升垂直，钩心被带起，其下齿卡入悬刀卡口内，目的是使弩机处于待工作状态；接着将弓弦张开，扣入牙口内，再将箭放入弩臂上方槽内，箭括通过牙间豁口顶在弦上；然后通过望山、箭镞与目标三点成线瞄准射击物，瞄准后扳

动悬刀，望山与牙向前仆倒，钩心在弦的拉力作用下以键为轴转动，弦失去阻力，将在其上的箭弹射出去（《刀枪剑戟十八般——中国古代兵器》）。

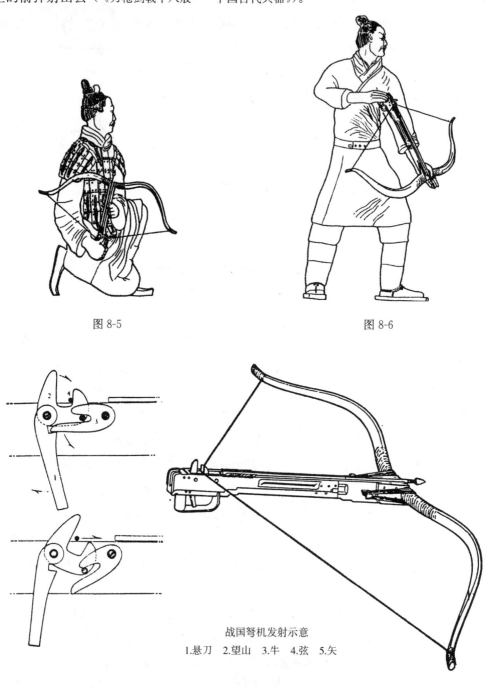

图 8-5　　　　　　　　　　　　　　　　　图 8-6

战国弩机发射示意
1.悬刀　2.望山　3.牛　4.弦　5.矢

图 8-7

燕、齐射箭职官

䠶（射）者帀（師、师）鈢（0153 图 8-8），齐系玺。射者为吴振武释（《燕马节补考》）。射者师，《通论》（80）说当为主管射击兵器（如弓、弩、箭等）制造之工官，准确无误。

信埕（城）医（0323，图 8-9）玉质，罗福颐原释并置于官玺类正确无误。《说文·匸部》："医，盛弓弩矢器也。从匸、从矢。《国语》曰兵不解医。"今本《国语·齐语》作"兵不解翳"。玺文中"医"从"矢"作"大"字形，系省变所致[6]。"信城"战国属赵，何琳仪说即今河北清河，而玺属燕系。此清河必在赵燕交境处，或曾为燕国所占，待考。此为官玺，为设在信城制造"盛弓弩矢器"的官署印。

长勺医鈢（顾荣木《鹤庐印存》，图 8-10），见施谢捷《古玺复姓杂考（六则）》释。长勺，《左传·庄十年》："公败齐师于长勺。"即此。故地在山东曲阜县境。此为长勺制造"盛弓弩矢器"的机构印。

"信成"或为古复姓。臧励龢《姓氏考略》："信成，汉有信成县，以地为氏。"固然"信城"之地当早已有此名，但战国时已有"信城"氏存在无据可证，《古玺汇编》众多的复姓中无一例信城、长勺私玺。

图 8-8

图 8-9

图 8-10

图 8-11

三晋射箭职官

左癹（發、发）弩（《陈》、《玺汇》0114 号，图 8-11），铜质。左癹（發、发）弩（《珍秦·精》40、《珍秦·战》15，图 8-12），铜质。发弩，职官名，主教放弩。三晋发弩官分设左、右两职。此为中央政府的职官用印。

左邑癹弩（0113，图 8-13）。铜质。魏玺。左邑，地名，地在今山西闻喜县。战国时属魏国。"左邑"两字为合文，横排由左向右，下有"＝"合文符为证（李家浩《先秦文字中的"县"》）。

榆平發弩（《故》、《玺汇》0116，图 8-14），故宫博物院收藏，铜质。"榆平"，地名。典籍失载，据风格看应属三晋官玺。赵国有地名"榆中"、山西"榆次"（赵国小方足布币铭文作"榆即"）。榆次本为春秋时晋魏

图 8-12

榆邑（战国时为赵地），榆平与榆邑可能有关（《通论》162）。

増（鄄）城發弩（0115，图 8-15），魏玺。罗福颐隶定作増，吴振武释作鄄，即今山东鄄城，战国时魏地，何琳仪同其说。李家浩隶定为墟（卤）城，在今山西繁峙县东，战国时属赵。刘钊、曹锦炎同其说[7]。

㠯（代）勥（强）弩後（后）㢉（《故》、0096，图 8-16），故宫收藏。赵玺，李家浩《战国（㠯）布考》根据战国文字中从弋之字每从"戈"，指出玺文"戈"旁的下面一横为饰笔，本即"弋"字，读为"代"。"代"本国名，战国初年被赵襄子所灭，遂归赵国所有，旧地在今河北省蔚县。勥，裘锡圭认为是"强"字。《战国策·韩策》说，韩有强弓劲弩，"皆射六百步之外，韩卒超足而发，百发不暇止。"可见强弓劲弩，即强弩；举足踏弩，亦即蹶张。

图 8-13　　　　　　图 8-14　　　　　　图 8-15　　　　　　图 8-16

"发弩"是官署名。云梦秦简有"发弩啬夫"是职官名。整理组注："发弩专司射弩的兵种，见战国及西汉玺印、封泥。"

秦国射箭职官

左弋，秦封泥。左即佐，佐弋，官署名，掌弋和教练弋射（详见《狩猎篇》）。

佐弋丞印（《泥风》141，图 8-17），秦封泥，丞为佐弋官署之副职。据《汉书·百官公卿表》，秦时少府属官有佐弋。《史记·秦始皇本纪》载有"佐弋竭"。佐弋掌弋射，而弋射多在苑囿举行。《居延汉简释文》有"左弋弩力六百廿"的记载，可知左弋除掌助射弋之外，还兼造一部分弓弩，且运输至边郡。秦咸阳宫遗址出土的秦瓦之上有"左弋"（《秦陶》1131，图 8-18）、"弋"（《陶汇》5.454，图 8-19）等陶文，"弋"为"左弋"省文（《文物》1976.11）。汉有"佐弋"瓦当（傅嘉仪《秦汉瓦当》3 例，图 8-20），应为佐弋官署所用之瓦。

白水弋丞（《印举选》2.1，图 8-21）。十字界格，秦印，故宫收藏。乃白水县特设造弋专官，并佐助弋射，一职两任。还有北宫弋丞（《新出》64、《泥风》130，图 8-22），秦封泥。

射弋（《珍秦·秦》263，图 8-23），秦官印，教练射弋之官。

图 8-17

图 8-19

射官（《印举选》44，图8-24），秦官印，应是教练射箭之官。

图8-18 图8-20

图8-21 图8-22 图8-23 图8-24

弓舍（《上》32，图8-25），秦官印，制造弓箭的官署。屈原在《国殇》中有"带长剑兮挟秦弓"之句，可见秦弓的质量性能在列国中占据首位。

弓室（《珍秦·秦》17，图8-26），左读，弓字起画处有两笔羡画，原误释为室印。弓室与弓舍应都是制造弓箭的官署。

弩工室印（《风》141，图8-27）秦封泥，弩工室，官署名。可能为少府"左弋"之属下。秦在战国时已设立各级工室，主管手工业。由于秦多年征战，其军事工业必然极为发达。弩工室当为直属中央的主管弓箭弩机制作的机构（傅嘉仪《新出》27）。

图8-25 图8-26 图8-27

淮陽（阳）弩丞（《泥风》148，图8-28）秦封泥，在淮阳所设立的弓箭弩机制作机构的副职。

琅琊發弩（《集成》2045，图 8-29）秦封泥，此为琅琊郡特设发弩官署。

衡山發弩（《泥集》254，图 8-30），秦封泥。衡山，郡名，《史记·秦始皇本纪》记秦始皇二十八年，"之衡山、南郡，浮江，至湘山祠"。是郡之建置不晚于始皇二十八年。该郡郡治在今湖北黄岗北。畅按：秦王朝在各郡县都置有发弩官署，主教发弩。發弩（《征存》0078，图 8-31），铜质，鼻纽，故宫藏。战国晚期至秦王朝时印。

发弩（《泥集》15，图 8-32）秦封泥，上博亦有收藏（《中国古代封泥》43），未冠地名，应是中央颁发之地方发弩官署印。《张家·二年·秩律》："中发弩、枸（勾）指发弩，中司空、轻车；郡发弩、司空、轻车，秩各八百石。"秦汉时郡县设有教练射弩兵种的发弩啬夫，秦简《秦律杂抄》规定："如果发弩射不中，县尉赀（罚）二甲（甲胄）。发弩啬夫射不中，赀二甲，免（职），［由县］啬夫任之"。可见法律规定非常严格。

图 8-28 　　　　　　　　　 图 8-29 　　　　　　　　　 图 8-30

材官（《考与》2005.5，图 8-33）半通秦封泥。《史记·孝文本纪》有中尉材官，《史记·韩长孺列传》："汉伏兵车骑材官三十余万，……太中大夫李息为材官将军。""卫尉安国为材官将军，屯于渔阳。"《汉书·高帝纪》："上乃发上郡、北地、陇西车骑，巴蜀材官及中尉卒三万人为皇太子卫，军霸上。"应劭曰："材官，有材力者。"《史记·秦始皇本纪》记："（二世）如始皇计，尽征其材士五万人，为屯卫咸阳，令教射"。《汉书·刑法志》曰："汉兴，天下既定，踵秦而置材官于郡国，……"说明秦时郡国置有材官。文献言材官动辄数万，甚至数十万，材官半通秦封泥应是训练材官、材士的官署，并表明战国晚期已有材官的设置。材官是发射蹶张的勇力之士。

图 8-31 　　　　　　　　　 图 8-32 　　　　　　　　　 图 8-33

材官蹶张图（《河南新郑汉代画像砖》30，图 8-34）中人物头戴武冠，双目圆睁，口衔一矢。其上身着甲衣，下穿短裤，双足踏强弩，奋力引弦。《汉书·申屠嘉传》："申屠嘉，梁人也。以材官蹶张从高祖击项籍。"如淳曰："材官之多力，能脚踏强弩张之，故曰蹶张"[8]。

战国时期臂张弩已广泛应用，汉代更为习见。擘张弩画像在河南陕县刘家渠出土（《文物》1985.5，图 8-4）。蹶张弩则见于山东沂南画像石墓（同前，图 8-35）、唐河汉郁平大尹冯君孺人墓（《文物》2005.12，图 8-36）、河南南阳市安居新村汉画像石墓（《考古》2005.8）、滕县西户口、孝堂山等地均有出土。《江苏徐州汉画像石》、《汉画像石选》等专集也都有著录。《绥德汉代画像石》13 辽东太守墓墓门上刻画狩猎者以坐姿足蹬蹶张弩射猎野牛的图像（图 8-37）。

腰引弩出于武氏祠（《文物》1985。5，图 8-38）均已常见。腰引弩强劲有力，据估算，其射程可达 400 米左右。此外，如《后汉书·陈球传》所记"远射千余步"之弩（床弩），即《论衡·儒增篇》中提到的"车张"之弩。《六韬·军用篇》也提到"绞车连弩"，射程可能更远。

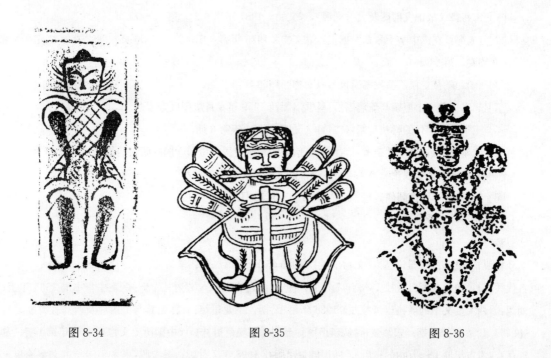

图 8-34   图 8-35   图 8-36

图 8-37

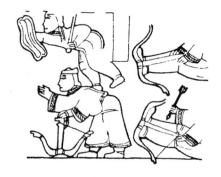

图 8-38

结　语

弓箭弩机是古代狩猎、战斗的重要武器之一，各种形制的弩机在战国晚期已大体具备，并设置有相应的职官和官署。《周礼·地官·保氏》习射作为六艺之一，规定为国子的必修课程，可见其重要性非同一般。

注：

[1] 宋兆麟《战国弋射图及弋射溯源》，《文物》1981 年第 6 期，第 75～77 页。

[2]《成都百花潭中学十号墓发掘记》，《文物》1976 年第 3 期，第 47～50 页；陈绍棣《中国风俗通史》（两周卷）第 612～614 页。

[3]《湖北随县曾侯乙墓发掘简报》，《文物》1979 年第 7 期。

[4] 郭宝钧著《山彪镇与琉璃阁》，科学出版社 1959 年 9 月版图版壹零叁。

[5] 王学理《秦代的科技珍闻（二）》，《文博》1986 年第 3 期。

[6] 施谢捷：《古玺复姓杂考（六则）·信城医》，《中国古玺印学国际研讨会论文集》第 37 页。

[7] 参考何琳仪《战论》第 124 页；李家浩《先秦文字中的"县"》第 536 页。

[8]《河南新郑汉代画像砖》，上海书画 1993 年 10 月版第 30 页。

参考：

杨泓：《中国古兵器论丛》，文物出版社 1985 年 10 月第二版；段清波：《刀枪剑戟十八般——中国古代兵器》，四川教育出版社 1998 年 7 月版；杨宽：《古史新探·"射礼"新探》，中华书局 1965 年版；刘雨：《西周金文中的射礼》，《考古》1986 年第 12 期；王龙正等：《柞伯簋与大射礼及西周教育制度》，《文物》1998 年第 9 期；宋镇豪：《从新出甲骨金文考述晚商射礼》，《中国历史文物》2006 年第 1 期；黄展岳：《考古纪原——万物的来历》，四川教育出版社 1998 年 7 月版；王人聪：《古玺印与古文字论集·秦官印考述》；周晓陆等：《在京新见秦封泥中的中央职官内容——纪念相家巷秦封泥发现十周年》，《考古与文物》2005 年第 5 期；王发林：《汉画考释和研究》，中国文联出版公司 2000 年 7 月版。

教民农桑，以振万民

——战国时期的田官、林官和畜牧官

我国农业生产的历史悠久

我国农业生产有悠久的历史。湖南省道县玉蟾岩、江西省万年县仙人洞及广东省英德市牛栏洞等三处洞穴遗址发现表明早在 1 万年以前，原始居民就已经开始驯化栽培水稻，这是目前已发现的世界上最早的稻谷遗存，再次雄辩地证明中国是世界水稻起源地之一。在六千多年前河姆渡遗址中发现有储存量极大的稻谷遗存，有人依其体积和密度换算成新鲜稻谷，估计有 120 吨左右，可见当时的产量已很大。根据不完全的统计，从 1954 年首先发现湖北京山屈家岭遗址的稻谷稻壳遗存以来，直到 1993 年底，中国史前栽培稻遗存的出土地点已达 146 处。长江中下游有 105 处，约占 79.2%；由此可知长江中下游的史前栽培稻遗存是最丰富和最密集的。其中属于新石器时代中期（约为公元前 7000 年至前 5000 年）的遗址有 11 处；属于新石器时代晚期（约公元前 5000 年至前 3000 年）的遗址有 54 处。大多集中在长江中、下游地区（严文明《周秦文化研究·中国史前的稻作农业》）。

我国自进入农业社会后，人们的饮食就以粮食作物为主。商代农作物品种，"五谷"都已齐备，而且有的作物还出现不同的品种，有粘与不粘之分。从甲骨文中考辨出的农作物有禾（粟）与秫（粘谷子）、黍和穄（糜）、麦、菽（豆）、秜（稻）、高粱六种（《甲骨学一百年》522）。

山东嘉祥武氏祠汉画像石有戴笠子手持耒的夏禹（《中国服饰名物考》326，图 9-1）和教民农桑，以振万民的三皇之一神农执耒图（《黄河下游的汉画像石艺术》270，图 9-2）。关于耒的形象资料，四川乐山沱沟嘴东汉墓出土石俑手持耒（《汉代物质资料图说》图版 1，图 9-3），说明耒是使用最早也是最普及的农具。据《中国 5000 年文明第一证——良渚文化与良渚古国》记载我国石器时代已使用了耕、整地工具犁（图 9-4）和耜、耙、耱、耢、耖。此外，还有耒、锄、镢、铲等。最早的播种工具点种木棒。收割工具石镰、蚌镰、就质料而言，早期都为石、木、蚌、骨。商周时期产生了中国最早的金属中耕工具，即青铜铲（钱）、青铜锄（镈）。春秋战国时期，铁质镐、锄、锨出现，并传延至今。

图 9-1

图 9-2

图 9-3

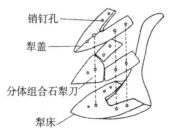

销钉孔
犁盖
分体组合石犁刀
犁床

图 9-4 良渚文化石犁及安装方法

狗作为狩猎时的助手，亦兼为肉食对象，要算人类最早驯养的家畜。徐水县南庄头的狗骨的年代距今近万年。目前所知中国最早的家猪、家鸡遗骨出自广西桂林甑皮岩遗址和河北武安磁山遗址，距今 8000 年左右。浙江河姆渡遗址和陕西临潼白家遗址发现的水牛遗骨，被认为是最早的家养水牛遗骨，距今 7000 年左右。中国最早的作为家畜的羊遗骨出自内蒙古赤峰红石山后的红山文化遗址，距今约 5000 年左右。而家马遗骨则出现于河南安阳殷墟遗址，距今 3300 年左右。以上这些动物就是中国所谓的"六畜兴旺"之"六畜"。山东泰安大汶口遗址第 9 号墓（《中国史前遗宝》彩版，图 9-5）及山东胶县三里河遗址出土的狗形陶鬶，构思奇巧，造型生动精美，狗的神态生动可爱，都是实用性很强的器物，也是不可多得的艺术品。商周时期的大型墓葬中，殉狗与殉人往往相伴，甚至殉狗具棺，既表现出墓主人生前奢侈的生活，也足见狗在人们生活中的重要位置。

猪是人类最早驯养的家畜之一，几乎在所有新石器时代的遗址中都可以见到其踪影。广西桂林甑皮岩的洞穴中就曾发现距今 9000 年前的人工饲养的家猪骨骼；6000～7000 年前的河姆渡文化有圆雕陶猪及刻有猪的线刻图案的陶钵（《中国国宝精华》18、《河姆渡文化初探》222，图 9-6），外腹壁两侧刻画有猪的图像，猪作竖耳长嘴、大眼、腹稍下垂，背上鬃毛后倾，四肢强健有力，把猪的形象表现得惟妙惟肖；仰韶文化陶器的器盖上有陶塑猪头。往后发现有猪骨或陶猪模型的新石器时代遗址达 120 多处，地点遍布各地。玉猪龙（《中国文物》412，图 9-7）亦称兽形玉或兽形玉饰。在红山文化的分布范围内已发现的约有十余件。系由淡绿色玉或白玉制成。刀法极为简练，风格古朴厚重，颇具神韵。甲骨文中的"畜"，郭沫若指出："乃从幺从囿，明是养畜义，盖谓系牛马于囿也。字变为畜。"幺为绳索纠结的象形，有拘系之义，用它代表牲畜，说明牲畜是经过拘系驯化的野兽。即是《淮南子·本经训》所说的"拘兽以为畜"。

图 9-5

图 9-6

商代是畜牧最蕃盛的时代。执驹（圈栏饲养技术）、牲畜的阉割去势（西周时称为"攻特"）、相马（看牙口）等改良和培育优良马种的技术已具水平。春秋战国时期专为防治家畜疾病的兽医学正式确立，尤以养马业最受国家重视。汉代已经推广阉牛技术，河南省方城县东关出土的一块阉牛画像石，就是目前出土的唯一有关汉代阉割技术的实物例证（《汉代画像石通论》392，图9-8）。

图 9-7　红山文化玉龙，距今
约 5000 年，辽宁建平出土

图 9-8

牛以耐劳而著称，我国的牛主要有黄牛和水牛两种。黄牛既可用于肉食且用于祭祀，动辄数十数百，甚至上千。陕西扶风云塘西周遗址第 21 号灰坑出土的八千多斤骨块，就包含有 1036 头牛的骨片。考古发现中也常可见到当时牛的造型艺术形象，如湖南衡阳包家台子出土的商代铜牛尊，铸造精致，造型生动，是一件完整的铜铸水牛艺术品。陕西羊县商代铜牛觥、河南郑州商代牛首尊、商代晚期青铜三牛纹饰（《文物学概论》310，图9-9）陕西岐山西周铜牛尊（《周原文化与西周文明》彩图 12，图9-10）等出土物的工艺水平都十分高超。牛纹饰和牛造型屡屡见诸于青铜器上，可见牛在商代晚期已得到统治者的重视。河南安阳妇好墓也出土有石牛、玉牛和牛角兽面纹（《商周青铜器幻想动物纹研究》53，图9-11），其中玉牛的鼻隔还有小孔相通，应是穿牛鼻的真实写照，将我国穿牛鼻这一技术提前到了商代晚期。但是，"农事始于耕田"，良渚文化大量使用石制犁具，定当推动耕牛的驯化。据甲骨文之"犁（勿或物是犁字的初文）"字和商代出现了青铜犁，可以确定中国之牛耕在商代之前已经出现，距今约 4000 年。此前，即是古籍所记载的"象耕鸟田"。《山海经》曰："后稷之孙叔均，作牛耕。"是为文献佐证。汉画像石中所见之犁，多数是二牛抬杠式的长辕犁，如绥德出土的牛耕点播图、米脂出土的牛耕画像石（《汉代画像石通论》389，图9-12）等。在山东滕县宏道院，陕西绥德（《绥德汉代画像石》89，图9-13）等地的画像石上，出现了一牛牵挽的犁，甘肃武威汉墓中也出过一牛之犁的模型。

说明犁具分量有所减轻，操作起来较二牛抬杠更为灵活方便。汉代不仅用牛耕，还用马耕。居延简中有"延寿乃大初三年中父以负马田敦煌"的记事（513.23，303.39）。"以负马田"，就是"以马耕田"。《盐铁论·未通篇》说："农夫以马耕载。"仅用马曳的犁在图像中未见，但山东滕县黄家岭画像石、枣庄农耕画像石（《中国文物报》1998.4.8，图9-14）中却有驾一牛，一马的犁。东汉牛耕画像石和壁画生动地刻画了那时牛耕的形象。

图 9-9

图 9-10

图 9-11

图 9-12

图 9-13

图 9-14

　　浙江省吴兴、余姚河姆渡、桐乡县罗家角遗址、江苏省吴江龙南等遗址出土过葫芦籽。说明葫芦的种植历史应该在 7000 年前已成为原始居民的主要蔬菜之一。我国商周时期已出现专门从事水果蔬菜种植的园圃业。甲骨文有三种不同写法的"圃"字（《鉴真》112，图 9-15），象田中长出草木之形。甲骨文中还有"囿"字（《鉴真》167，图 9-16），囿内也种蔬菜。西周时，已经出现官府经营的园圃业，设"场人"专司栽培管理。《诗经·豳风·七月》："九月筑场圃。"《诗经》中提到的瓜果蔬菜有韭、葵等二十余种。考古发现的瓜果蔬菜遗存已远远超出《诗经》记载。《考古纪原——万物的来历》、《图说考古——追溯文明的星河》记录的古代瓜果、蔬菜达数十种。《论语·子路》里提到了"老农"和"老圃"。"老圃"就是专门经营园艺的老农。

图 9-15

图 9-16

　　春秋战国时期，人工栽培或人工保护的蔬菜已有瓜、瓠、菽、韭、葱、蒜、葵、芹、笋、姜等十五六种。人工栽培的果树有桃、李、梅、杏、枣、梨、桔、柚、榛、栗等十多种。关于园艺栽培技术，古文献中也有零星的记载。一是有了明确的地宜观点，《管子

·地员》对于各类土壤适宜的果木作了记述，如"五息之土"宜生长枣，"五沃之土""宜长梅、杏、桃、李、棘、棠"；"五位之土"，宜长桃、枣等。《周礼·考工记》还指出桔不宜种于淮北，"桔逾淮而为枳"。《吕氏春秋·师京》则有"治唐园，疾浸灌"的记载，意思是说，种植蔬菜的园子须及时灌溉。

商代不但知道施用粪肥肥田，而且知道以圂厕储粪，并已掌握了"近代肥料学上的所谓'翻肥法'"（胡厚宣说）。《老子》曰："天下有道，却走马以粪"。战国时期的《韩非子》最早指出了施肥的作用。东汉拾粪画像在山东滕县和陕北（《文物》1985.8，图 9-17）都有出土，而且都是"走马以粪"。粪（粪）（5290，图 9-18）秦长方形印。是田

图 9-17

官下属机构或属吏，还是粪肥产品封检用印？《正字通·米部》："粪者，屎之别名。"《说文》："粪，弃除也。"段玉裁注："古谓除秽曰粪，今人直谓秽曰粪。合'米田共'三字（共在篆书中作双手，即弃除）会意。"《广雅·释诂四》："粪，饶也。"总之，经过消化的食物的排泄物——粪，可以肥田，应是农官的下属积肥机构。

中国自古以来就是以农立国，重农贵粟。从春秋时代开始，随着铁器的使用，牛耕的推广、水利的兴修，秦国的农业有了突飞猛进的发展，粮食堆积如

图 9-18

山。睡虎地秦墓竹简中的《仓律》记载栎阳粮食"二万石一积"，咸阳"十万石一积"。这些粮食，如粟分为黄、白、青；稻分精米（粲）、糯米（稬）等不同种类进行收藏。可见秦人粮食十分丰富，食粮颇为讲究。

汉代的农作物品种繁多，不胜繁举。值得一提的是粮食去秕、脱壳、磨粉等加工业。脱壳多用石臼（杵臼），还有用足踏杠杆以举碓的践碓（《中国古代史参考资料（秦汉时期）》，图 9-19），脱壳用的砻，磨粉磨浆用的石磨，以及用马拉的大磨，去糠秕的风扬扇，陶扇车等农具。谷物加工机械还出现了先进的水碓和风车。

图 9-19

土地，是封建社会最主要的生产资料。土地的私人占有，是封建生产关系的基础。秦始皇于公元前 216 年颁布了"使黔首自实田"的法令，让占有土地的百姓（主要是地主，也包括有少量土地的农民），向政府呈报占田数目，缴纳租税，国家承认他们对土地的占有权。这是在战国以来土地私有发展的基础上，在统一国家范围内肯定了封建土地所有制的合法化。土地的私人占有，在封建社会前期是一种进步的生产关系，它刺激着农业生产的发展。汉武帝时农官赵过在关中推广"代田法"，垄、沟轮作，能耐风寒。成帝时农学家氾胜之写出《氾胜之书》，是一部丰富系统的农学专著，反映当时农业生产技术已经相当进步。汉"五谷满仓"、"六畜藩息"瓦当从侧面反映了这时农牧业繁盛的情景。

战国时期的农林牧官

一、农业：

随着农业的发展，农田和狩猎的职能逐渐分离，农官由是产生，时间大致在战国时期。

《睡虎地秦墓竹简·秦律十八种》、《田律》是关于农田水利、山林保护的法律。它规定：要及时报告降雨后农田受益面积和农作物遭受风、虫、水、旱等自然灾害的情况，不许任意砍伐山林，"居田舍毋敢酤酒"，按受田之数缴纳刍稾。

秦封宗邑瓦书有"大田佐敖童曰未"，大田即太田是管理田地的官员。睡虎地秦简《田律》：有"大田"一职。"大田佐"（名未）是大田的副手。

左田之印（孙慰祖《文稿》60，图 9-20），秦印，上博藏，"铜质鼻钮，文字出于凿刻，传宜兴近郊发现。"左田之印（《集成》2057，图 9-21）秦封泥，"左田"前未置地名，故应是中央一级掌农业及田猎之官吏。可补史志之缺。孙慰祖说秦印左田之印、公主田印等六钮，较存世汉代农官印反多，是秦时土地制度急剧变革以及实行重农政策的实证。云梦秦简《田律》、《厩苑律》、《郊律》所载田官仅为"田啬夫"、"部佐"，《汉书·百官公卿表》记秦中央政府置"治粟内史"，下有二丞，余官失详。印文所存，足可补史书之未备矣。秦田官印多为署印而非职吏印，它如府、库、津、乡印等亦复如此。秦简中"厩啬夫"、"库啬夫"、"乡啬夫"等吏名在印章中概不一见。由是知秦时主要实行"公玺"（见云梦秦简《法律答问》）制度，地方下层行政机构如同现代官署公章。职吏印只见于郡县官吏。两种官印的分化，在西汉时期才真正完备起来（《文稿》60）。四川成都市郊出土的东汉渔猎收获画像砖（卷首图版陆）表现了东汉时农业和渔猎的密切关系。

左宫田左（《陶汇》4.39，图 9-22）战国燕国陶文印迹，河北易县出土。左通佐，田正之辅官官署。

左田（《通论》185，图 9-23）秦半通印，或因其漏刻一短竖而谓其伪，但《古玺通论》、《秦封泥集》定为真品。如是，则此半通印应是官署印。

图 9-20　　　　　　　　图 9-21　　　　　　　　图 9-22　　　　　　　图 9-23

公主田印（《通论》187，图 9-24），战国晚期至秦王朝时印。"公主"，诸侯、帝王之女，始称于战国。此印为管理秦王之女（公主）封田的田官官署。

右公田印（《征存》13，图 9-25），故宫收藏。铜质，瓦钮。右公田当是掌管公田的机构。

官田臣印（《征存》14，图 9-26），故宫收藏，铜质，瓦钮。裘锡圭引郑众说官田是指"公家之所耕田"所以要设置职官来管理。"官田臣"，指在官田上劳动的隶臣，即官奴隶。官田应即公田，也即官府之田，此印当系秦代管理耕种官田的隶臣的官署（王人聪《秦官印考述》）。

泰（太）上寖（寝）左田（《官印征存》15，图 9-27）鼻钮，陈介祺旧藏。左田合文，寝指帝王陵园中的正殿。《史记·始皇本纪》："二十六年（前 221），'追尊庄襄王为太上皇'。"赵超以为此为泰上皇庄襄王寝园佐田官之印，赵说是。

图 9-24　　　　　　　　图 9-25　　　　　　　　图 9-26　　　　　　　图 9-27

新出秦封泥郎中左田（《泥集》、《风》131，图 9-28），传世秦封泥赵（赵）郡左田（《集成》2059，图 9-29）。盖郎中令属下的郡置公田官。秦时有"公田"、"私田"之分。此封泥指郎中令下属管理田地的官署。

秦封泥郎中西田（《考与》2005.5，图 9-30），《史记·秦始皇本纪》："赵高为郎中令。"《张家·二年·秩律》："汉郎中……秩各二千石。"《史记·淮阴侯列传》："项梁败，〔韩信〕又属项羽，羽以为郎中。"《汉表》："郎中令，秦官，掌宫殿掖门户，有丞。武帝太初元年更名光禄勋。属官有大夫、郎、谒者，皆秦官。"

图 9-28 图 9-29 图 9-30

小厩南田（《征存》30，图 9-31）鼻纽，故宫藏。小厩南田是小厩附近的公田，以供放牧官有马牛。秦简记载，秦时公马牛常到各地放牧（《厩苑律》）。

由左田、西田、南田及右公田又表明，其时土地在一定行政区划内按方位设置田官。这一体制，至汉代仍然。汉半通印有西田、东田、北田，当承秦而来。凡此皆古官印有裨史学研究者（《孙慰祖论印文稿》60）。

铚将（将）粟印（《征存》17，图 9-32）秦印，鼻纽，故宫藏。赵超说铚即《汉书·地理志》沛郡之铚县，在宿县西南，秦属泗水郡；将粟之将意为管理，"铚将粟"应即铚地管理米粟之官。

图 9-31

图 9-32

田（《陶汇》5.415、5.416，图 9-33、图 9-34），秦陶文，前为刻画，后为压抑，表明是田官署的用器。

田（《秦陶》421、422）秦俑刻文，秦始皇陵出土。齐陶"田"字印迹（《陶汇》3.951，图 9-35），山东邹县出土。田，即田官。都应是郡县级田官的印迹。山西省博物馆藏汉"甫反田官钾"（《山西省博物馆馆藏文物精华》51，图 9-36），环耳左侧铸阳文款识"甫反田官"四字；秦封泥有"蒲反丞印"（《新出》111，图 9-37）二品，秦陶印迹"蒲反"，知此钾为蒲反县田官的用器。

图 9-33

图 9-34

图 9-35

图 9-36

图 9-37

　　秦的田官分为中央、地方及不同体系三类。如文献、官印、封泥中所见的大田、左田、官田、公田等皆中央官署；赵郡左田、铚将粟印等皆地方田官印；公主田、厩田及太常寝令之属的太上寝左田和郎中令下的郎中左田，即不同体系的田官。"它们与工官、厩官、羞官一样，明显反映出秦中央诸卿之下自成小系统的倾向，表现了秦百官制度在初创时期一定程度上存在设置交叉、分工细密的特点。也因为如此，汉代承其体制的同时又必然需要进行'随时宜，明简易'的调整。"（孙慰祖《封泥所见秦汉官制与郡国县邑沿革》）

　　禾（《陶汇》4.147，图9-38），易县出土，燕国陶器印迹。禾（《陶汇》5.263，图9-39），咸阳出土，秦国陶器印迹。右禾（《陶汇》5.262，图9-40）秦始皇陵陶板印迹，《秦陶》658～661著录四件；禾（《秦陶》430），刻划陶文，咸阳出土。禾（《陶汇》6.185，图9-41），韩国陶器印迹，郑韩故城出土。禾官（《陶汇》9.16，图9-42），陶器印迹，国别待考。燕、秦、韩三国都有禾或右禾的职官，而且都有压印在陶器上的印迹。禾（《印举》3·11B，图9-43），秦印，多枚。禾（《玺汇》5112～5119，图9-44）六国单字玺，多枚。禾，古代指粟，即今之小米，或指禾苗、粮食作物的总称，应该是管理稻禾或小米官署的印迹，有印迹的陶器是该官署的用器或官署监造的量器。该官署也参与始皇陵制作砖瓦。

图 9-38   图 9-39   图 9-40

图 9-41   图 9-42

图 9-43   图 9-44

　　耤（《陶汇》1.48，图 9-45），河南安阳出土，晚商陶文，刻画一人正手执农具在整地，河南安阳出土。耤通籍，籍田，古天子亲耕之田。卜辞有殷王命令大批奴隶到井田上去"作籍"（整地）的内容。耤（《印举》3·11A、《篆集·卷一》507，图 9-46）长方形秦印，应是秦代管理农作的机构用印。郢粟客鉨（《上》7、《玺汇》5549，图 9-47），楚官玺。传为安徽寿县出土。曾经合肥龚心钊藏。现归上海博物馆收藏。兽钮。郢是楚人对国都的称呼，此印在寿县出土，郢当是指寿县。栗客是专司种植小米的农业技术指导。此玺即楚国从外地请来为其种植小米的官吏用印，或曰管理粮食的官员用印。凡称客的印大都是楚国的官印（石志廉《战国古玺考释十种》、郑超《楚国官玺考述》）。

图 9-45

图 9-46

图 9-47

二、林业：

林业也是传统农业的重要组成部分。史称四千多年的虞舜时代就已经设立了执掌山林的官员"虞人"。周代设立这种官吏相当早，在西周的许多铜器铭文中保留着这方面的材料。如《免簋》："命免作司土（徒），口奠还林及吴（虞）及牧。"《同簋》："王命同左右吴大父，口阳林、吴、牧。"《散氏盘》："虞丂、录贞。"吴即虞，录即麓，即虞人，麓人也。《周礼》大司徒之下有专管山林川泽的山虞、林衡、川衡、泽虞等官。西周时以"封人"负责国都植树，"掌国"负责各地城郭沟地的植树。东周"野庐氏"掌管驰道两旁树木的种植与栽培（《万事万物史典·植树小史》）。近年在陕西眉县杨家村出土 27 件西周青铜器，存铭文四千多字，器主是叫逨的林业官员。到春秋晚期，山林川泽却成了国君一项重要的财富，职官似承其制。《左传》昭公二十年："山林之木，衡鹿守之。……"那时森林的保护和合理利用受到人们的重视。为了保护森林，孟子主张只容许在一定的时间内砍伐林木，反对滥伐。在砍伐树木的时间上也有明确规定，禁忌在树木生长的旺季伐木。《礼记·月令》、《逸周书·大聚》、《睡虎地秦墓竹简·田律》都有具体的规定。为了保护森林等自然资源，还制定了防火法令——"火宪"。《管子·立政》、《荀子·王制》、《礼记·王制》、《月令》、《睡虎地秦墓竹简·田律》都有"火宪"的内容。

左吴（虞）（1650，图 9-48），燕国官玺。长椭圆形，2.9 厘米×1.1 厘米。吴振武《战国玺印中的"虞"和"衡鹿"》隶定为吴，读为"虞"，典籍中"吴"、"虞"常通假。虞是古代掌管山泽的官，称虞人，《周礼·地官》中有详细的记载。虞是司徒的属官，燕国司徒分左右，虞也分左右。此两字圆润秀美，与常见的燕系文字略异。

虞（《篆集·卷一》502 中，图 9-49）单字秦印。

行（桁、衡）豪（鹿）之鉥（0214，图9-50），楚官玺。北京文管处收藏。吴振武隶定第二字由"録"字得声，可能是"录"字的异体。"行豪"读作"衡鹿"，是古代掌管林麓之官，相当于《周礼·地官》中的"林衡"，亦即《左传·昭公二十年》："山林之木，衡鹿（麓）守之"的"衡鹿"。司徒之属有林衡之官，掌巡林麓之禁。

齐玺有左桁正木等烙木印，是左桁征税放行的记号，将另文介绍。

三、畜牧业：

右牧（《陈》29，图9-51），鼻钮，日字格秦印，故宫收藏。商代已设立牧、亚牧、牧正、刍正等职官，从事畜牧业的管理工作，并且经常到各地视察，以便商王掌握情况。《左传·昭公七年》曰："……马有圉，牛有牧，以待百事。"可知春秋时已有牧的职官，以饲养牛为职司，但地位很低，所以印也很小。汉印有"司牧官印"。《后汉书·百官志》太仆卿下"有牧师苑，皆令官主养马，分在河西六郡界中。"秦汉时期，牧官或主养马。传世汉封泥有掌畜丞印二事，说明这时家畜饲养已放在了一个重要位置。

羊（5302，图9-52），畜牧业官印。

图9-48　　　图9-49　　　　图9-50　　　　图9-51　　　图9-52

结　语

战国至秦各国已有田官（农耕与田猎）、林官、牧官、鱼官之设。虽实物资料不多，但与文献参稽，大体轮廓已现，尚待后续资料的补充、完善。

汉代传世官印中农事官印特多，有大司农丞（《征存》188）、代郡农长（190）、楗为农丞（19）、陇前农丞（192）、梁菑农长（193）、上久农长（194）、上昌农长（195）、朔力农丞（196）、西河农令（197）、农司马印等等，还有上林农官官廨用的"上林农官"瓦当，传世汉封泥有河西农都尉、挏马农丞等等，可见数量可观。战国至秦皆曰"田"官；汉官印皆为"农"官，这是因为秦官治粟内史汉景帝更名为大农令，武帝又更名大司农，且水衡、少府、太仆、大农各置农官（《汉书·食货志》），显然，汉代把农业放在了一个重要的位置上。同时，也说明战国至秦时农事与田狩仍有密切的关系；随着铁农具、牛耕的普遍推广，农业生产得到了发达，农官也专事于农业生产，所以汉景帝才有改田官为农官的举措。牛耕小车图（卷首图版肆）、牛马耕耱图、庄园农作图、地主收租图、放牧图、饲马图、弋射收获画像砖（卷首图版陆）等汉画像以形象的画面再现了两汉时期农业工具的进步，农耕技术的提高，春耕秋收时的繁忙以及农业畜牧业生产繁盛的景象。

（原载《西泠印社》2005 年第 4 期，有增改）

参考：

中国农业博物馆主编《中国农业博物馆馆藏中国传统农具》；孙机《中国古代史参考图录（秦汉时期）》；曹锦炎著《古玺通论》；吴振武《战国玺印中的"虞"和"衡鹿"》，《江汉考古》1991 年第 3 期；林华东著《河姆渡文化初探》；陈之华著《农业考古》；于海广主编《图说考古——追溯文明的星河》；黄展岳著《考古纪原——万物的来历》；中国农业博物馆编：《汉代农业画像砖石》；王建中《汉代画像石通论》；刘玉堂《楚国经济史·第六章楚国的农业》；杜金鹏等编著《中国史前遗宝》；赵超《试谈几方秦代的田字格印及有关问题》，《考古与文物》1982 年第 6 期；杨钊著《先秦诸子与古史散论·先秦时期的园艺、林业、蚕桑业生产技术》、《先秦时期的渔捞业》、《〈孟子〉一书所见林业》；陈绍棣《中国民俗通史》（两周卷）等。

疏河决江，十年不窥其家
——战国时期的水利工程与水官

水利是农业的命脉

我国早期农业经济的发达与先进的水利业是息息相关的。大禹治水的传说妇孺皆知。夏禹治水，是炎黄民族的骄傲，其事迹早在两三千年前就广为流传。集中见于古老的《尚书·禹贡》和《大禹谟》、还有《诗经》、《楚辞·天问》、《山海经·海内经》、《竹书纪年》、《世本》、《墨子》、《庄子》、《韩非子》等先秦典籍均有记载。司马迁在《史记·夏本纪》和《河渠书》中详尽载述夏禹治水的功绩，说他"疏河决江，十年不窥其家……（《尸子·广泽》）"禹治洪水，足迹遍于九州。夏禹因领导人民治水有功，得舜禅位，立国为夏。2002 年考古专家从流散的文物中抢救了一件铜器——遂公盨，上面的铭文记载了大禹治水的传说故事（据《东方早报》2004 年 6 月 16 日报道）为大禹治水提供了可靠的佐证。

我国水井的开凿，史称始于传说中的"黄帝"，又说是夏时的"伯益"。我国的水井其实是距今 5600 多年前的河姆渡先民所首创。以设置有井架、井框（圈）的水井为例，目前要数河姆渡最早，其次便是上海发现的属于崧泽文化的水井，至如良渚文化的带有木质井圈和以竹或芦苇编成井圈的水井，已发现有几十口之多，足见当时长江下游水井的开凿已相当普遍。在黄河流域，目前只有"河南龙山文化"遗址中偶有发

图 10-1

现，数量很少，距今也有 4000 多年。创造发明水井者显然正是长江下游原始先民（《河姆渡文化初探》）。新石器时代的水井与西周金文中的"井"字相近，《说文》称："井，象构口形，'·'瓮象也。"即以瓮取水，俯视时井中的点即瓮（《类编》374，图 10-1）。河姆渡人既已有了发达的耜耕农业，过着"耕田而食"的定居生活，因之"凿井而饮"也就不足为奇了。

中原地区已知最早的古井，是在河南汤阴白营龙山文化早期地层中发现的，此井用46 层木框垒叠成井筒，木框四角交叉扣接，平面呈井字形（《考古》1980. 3）。河北容城午方发现的龙山晚期水井（《考古学集刊》5）。战国时代出现了用圆形陶井圈叠筑的井筒。安徽寿县发现的西汉井，井筒由 14 节陶甃垒成（《文物》1963. 7）。上海金山戚家墩发现的西

汉井，由九节陶甃垒成（《汉代物质资料文化图说》4～5）。辽阳三道壕第 5 居址发现的西汉井，共垒甃 20 节，是已知用甃节数最多的例子（《考古学报》1957，1）。北京地区的西汉井，还有用三块弧形陶甃板拼合成井筒的（《文物》1972，2）。东汉时期，随着条砖使用范围的扩大，陶井就逐步让位给砖井。……古井不仅供汲水饮用，有些还用于灌溉。春秋战国时出现桔槔，西汉时广泛使用辘轳。水车，出现于东汉，魏晋时期应用于园圃，唐代水车广泛应用于农田，不仅有人力、畜力，还有利用水流为动力提水灌溉的水车。

我国排灌工具历史悠久，最早的灌溉农具可能是戽斗："浙江吴兴钱山漾新石器时代遗址出土过一件木质器皿，类似后来的戽斗，有人认为是戽水工具。"

春秋时期楚国令尹孙叔敖于公元前605年主持修建了期思陂。《淮南子·人间训》记载了他决引史河并修筑陂塘以蓄水、用以灌溉史、灌二河之间的广大农田，地处今河南省固始县境内。如今当地农民所说的百里不求天灌区，就是孙叔敖主持修建的我国最早的大型水利工程。

大约在战国晚期，楚人又修建了更大的水利工程——芍陂——陂塘蓄水工程，位于今安徽寿县安丰城南，今名安丰塘。这一工程是利用东南西三面地势高，北面地势较洼，集聚来水后形成大型的陂塘，变水害为水利，灌溉附近的农田。《水经注·肥水》记载"陂周百二十里许"，"陂有五门，吐纳川流"，能"灌田万顷"，可以想见工程范围之大。

开凿运河是吴国在交通事业上的突出成就之一。公元前486年吴国曾在邗（今江苏扬州市东南）筑城，并开凿沟渠——邗江，又称为邗沟。从今扬州向东北穿凿到射阳湖（在今江苏省淮安县东南），再经射阳湖到末口（在今淮安县北五里）入淮（《汉书·地理志》江都县注、《左传·哀公九年》杜预注），从而沟通了长江和淮河两大水系，邗江为我国最早的运河。公元前482年，吴国又把邗江向北延伸，到宋、鲁两国间，北面通沂水，西面通济水（《国语·吴语》）。从而凿通了名叫菏水的第二条运河，它沟通了济水和泗水，和淮水、邗沟相连接。这样就把长江水系和黄河水系联结了起来。这条运河成为沟通中原与东南地区的一条重要水道。公元前360年，即魏惠王迁都大梁（今河南开封）后的第二年，引黄河水顺汴水向东流入圃田泽（古大湖泊，今河南中牟西），又向东到大梁（开封县）城北，转向南，顺沙河至淮阳县东南流入颍水，即历史上著名的鸿沟。鸿沟是通宋、郑、陈、蔡、曹、卫，联接济、濮、汳（获）、睢、涡、颍、汝、泗、荷等主要河道，形成了黄淮平原上以鸿沟为干线的水道交通网。鸿沟和荷水的开凿都充分利用了天然的河流湖泊，鸿沟实际上是许多沟渠水道系统的总名。邗沟、荷水、鸿沟三条运河的开凿，由黄河经鸿沟达淮水，再经泜水、邗沟可达长江，直至太湖流域及东海，是战国时代的重要交通水路。春秋末年吴国开凿邗沟、菏水以及战国中期魏国开通的鸿沟，固然为了便于争霸，有其政治上军事上的目的，但客观上也便利了交通和农业灌溉。这几条运河所流经的地区，涉及宋、郑、陈、蔡、曹、卫诸国的地方，对于促进这一带地方经济、文化的发展，起了巨大的作用。陶、睢阳、彭城、陈、寿春等城市都获得极好的发展机会，而成为新的经济都会。

战国时各地水利工程已经非常发达，修建的农田水利工程较多，其中工程量和效益较大的有引漳工程（西门豹渠）、鸿沟工程、都江堰、郑国渠四大工程，都是很有名的重要水利工程。

魏文侯时，公元前 422 年左右，西门豹任邺县（今河北磁县和临漳县一带）县令。漳水流经邺地后注入黄河，经常泛滥成灾。西门豹先惩办害人的豪绅与巫婆，废除为河伯娶妇的陋习，进而大力兴修水利，发展农业生产。他"引漳水溉邺，以富魏之河内"（《史记·河渠书》），"发民凿十二渠，引河水灌民田"（《史记·滑稽列传》）。"邺民赖其利"。"其后至魏襄王，以史起为邺令，又堰漳水以溉邺田，咸成沃壤，百姓歌之。"（《水经注疏卷十·浊漳水》）

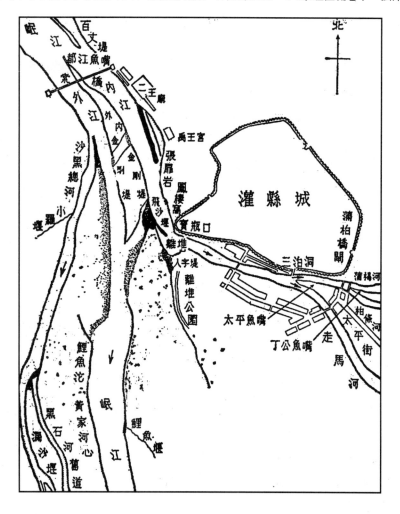

图 10-2

举世闻名的都江堰工程（《战国史》41，图 10-2），位于四川省灌县（今都江堰市）城西，修建于岷江冲积扇地形上，属于无坝引水渠系（江中筑坝分流），整个工程分渠首工程和渠尾配套工程两部分。渠首工程是整个工程的主体部分，它是由鱼嘴（分水堤）、宝瓶口（进水口门）和飞沙堰（溢洪道）三个部分组成的。鱼嘴作为渠首三大工程之一，是在渠首由竹篱盛鹅卵石堆积而成的、形状如鱼嘴的分水坝（中流作堰），将岷江水分为内江（郫江）和外江（检江）分流。……都江堰工程的灌溉效益，是通过渠尾工程系统来实现的，都江堰工程渠首的鱼嘴、宝瓶口、飞沙堰和渠尾的柏条河（郫江）、止马河（检江）、府河、毘河，构成了都江堰庞大而严密的工程系统。这个工程系统采用"深淘滩，低作堰"的理念，堪称我国古代灌渠系统中的优秀典型。值得一提的是，《华阳国志·蜀志》保留了我国最早的"水则"记录：李冰修都江堰，"作三石人，立三水中"，以石人的身高作为水位的标尺，记曰"水竭不至足，盛不没肩"。

学者们认为都江堰工程的兴建是在先后两个不同时期完成的。春秋时代的开明（蜀相鳖灵）决玉垒山修成宝瓶口，开凿一条人工河流引泯江水入沱江；战国秦昭王时的蜀郡守（前 256～前 251 年）李冰（《文物》1974 年第七期版拾捌，图 10-3）主持兴建岷江分洪灌溉工程，完成渠尾灌溉系统。随着历史的延伸，学者们有更高度的评价：这是因为与万里长城同时形成的都江堰水利工程，至今仍然具有多方面的社会功能。对李冰的肯定，也就是对我国人民勤劳智慧的肯定。

郑国渠位于关中地区的渭北平原，始建于秦始皇元年（公元前 246 年）。据《史记》记载，韩桓惠王为利用这一浩大工程来疲弊秦国，派水工（水

图 10-3　李冰石像　东汉（公元 168 年）造

利专家）郑国说服秦王修渠，前后费时十年。郑国渠渠首在陕西泾阳县的谷口（又称瓠口），发现并确认了郑国渠东西长 2300 多米的大坝。郑国渠工程分为三个组成部分。渠口（在泾水流经仲山的山峡中修筑拦河坝）、引水渠（渠口到灌区中间的导水路工程）、灌溉渠（分干渠与支渠），拦河截流筑堰，总计长达 300 余里。郑国渠工程浩大、设计合理、技术先进、效益显著，在中外水利史上实属少见。郑国渠的蓄水库区面积和容量尚有待于测定，但它是在我国发现的最早的水库。

秦始皇为进一步统一岭南，令史禄在广西壮族自治区兴安县境内，兴修湘桂运河（或称兴安运河，唐以后称灵渠，一作澪渠，一作秦凿渠），以沟通湘、漓二水，联系长江与珠江两大水系。灵渠长 33 公里，是我国古代著名水利工程之一。分南北两渠，南渠注漓江，北渠汇湘江。历代屡有疏浚改建。唐代筑斗门十八座、……顺次启闭，增高水位，使船只能越过高地。即便舟楫，又利灌溉。灵渠的斗门为船闸的先导，是世界上最早的通航措施。秦、汉以后，中原地区与岭南交通，多取道于此。灵渠是世界上最古老的运河之一，它是秦始皇统一岭南时开凿的，为进一步完成中国的大统一作出了贡献。工程复杂，设计巧妙，和古长城、都江堰等同是我国秦代的著名工程。

水利是农业生产的命脉。战国时期兴建的这些著名的引渠灌溉工程都产生了防洪排涝以除害，灌田航运以兴利，引浑灌淤以改良土壤的功用与效益。

《管子·度地》不仅总结了堤防工程技术，而且记载了堤防的修筑养护与修补技术。国家设有专门的水官负责堤防的监护与维修，一年四季，加强巡行视察，以时刻保护堤防的完好和达到质量要求的标准，避免发生水灾的祸患。

战国时期的水官

先秦时期的水利工程无论是文献记载还是工程遗址都很丰富，在玺印、陶文、铜铭中必然有所反映：

一、三晋水官：

安易（阳）水鈢（0362，图 10-4），魏玺。中国历史博物馆收藏。《中历》1979.1 著录。安阳，地名，战国魏邑。战国时韩、赵、魏、燕、齐、秦国均有安阳。据文字应定为魏邑，应是战国安阳地方水官的用印。漳河流经旧安阳县境内。西门豹治邺的邺县在今安阳县北部及河北省临漳县一带。此印不仅有助于研究和探讨战国时期的水利建设和管理制度，而此玺文字古朴厚重，风格特异，艺术价值也极珍贵。战国时魏国铸有"安阳"小方足布币。

堵城河丞（0124，图 10-5），赵玺。堵城，西汉改阳城县置，治所在今河南方城县东。河丞，当是掌管河道航运或开凿河道的职官。

曲堤淑（渠）（《中历》79.1.89，图10-6），赵玺。中国历史博物馆收藏。铜质，鼻钮。边长1.5厘米，通高1.1厘米，边厚0.6厘米。首字"乚"即曲，曲堤镇在山东济阳县东北，今属济阳县，镇因曲堤得名（《中国历史地名辞典》307页）。第三字隶定为渠。此为曲阳堤渠的水利官吏用印。

二、齐国水官：

下匡水取（渠）（4061，图10-7）作于战国时期。曹锦炎考此玺为三晋下匡地区水渠官印。此"取"字与三晋玺"曲堤渠"的"渠"字形体不同，风格亦迥异，应属齐玺。

图10-4   图10-5   图10-6   图10-7

三、秦国水官：

宫司空丞（《泥风》125，图10-8），秦封泥，有田字格及无田字格两式。宗正属官有都司空令丞，"律，司空主水及罪人。"

秦砖瓦压印印迹中多见大水（《秦陶》842，图10-9）、左水（《陶汇》5.242～248，图10-10；《秦陶》689、750，图10-11）、右水（《秦陶》666）、宫水（《秦陶》894，图10-12）、寺水（《陶汇》5.249，图10-13）等机构名。大水为中央主水利机构，下设左、右水负责全国水利工程。宫水、寺水则为负责宫廷用水、排水设施，苑囿的池沼湖泊工程的机构。因始皇陵园之需，受中央官府的指令，也参与制陶，烧造砖瓦等建筑材料。《秦代陶文》收带宫水印迹的陶文86件，寺水类印迹陶文47件，大水类印迹50件，左、右水类印迹陶文93件，形式多样。

图10-8

都水丞印（《新出》9，图10-14），秦封泥。《汉书·百官公卿表》："少府，秦官"，属官中有都水。《通典·职官九》："秦汉又有都水长丞。主陂池灌溉，保守河渠，自太常、少府及三辅等，皆有其官。汉武帝以都水官多，乃置左右使者以领之"。《汉书·百官公

卿表》："少府，秦官"，属官中有都水。奉常、水衡都尉、主爵中尉、治粟内史属官都有
都水。另《汉书·百官公卿表》如淳曰："律，都水治渠、堤、水门。"《三辅黄图》云
"三辅皆有都水也。"奉常之都水应负责帝王陵园、陵邑之水利事务。秦汉时代中央有
"都水"，有的学者认为这种水利官署东汉时改属郡国（《秦汉官制史稿》）。汉官印有都水
丞印（《征存》171）、南阳水丞（《征存》173）汉封泥有齐都水印（《集成》329～332）、长沙都
水（《集成》2601）。

图 10-9

图 10-10

图 10-11

图 10-12

图 10-13

图 10-14

　　浙江都水（《篆刻》2001.3 封底，图 10-15），上海博物馆收藏。蛇钮。浙江一名渐水，
浙江水，即今浙江省钱塘江。可见三辅以外亦有都水之官。
　　传世秦封泥有琅琊都水（《集成》2041，图 10-16）、琅琊水丞（《集成》2042，图 10-17）
等。1959 年安徽寿县安丰塘汉代闸坝工程遗址出土"都水官"铁锤（《中国古代史参考图录
（秦汉时期）》113，图 10-18）。都水官系东汉庐江郡管理维修芍陂的郡级水利官员。

图 10-15

图 10-16

图 10-17

都水为郡平水官，不属县，则琅琊亦为郡。又据《水经注·淮水》，郡秦始皇二十六年置。高后六年（前182）置琅琊国以封刘泽，此前为齐王刘肥地。刘齐置都水官有"齐都水印"封泥，风格与此已非一事。"琅琊"印文风格同"即墨"，属秦。郡、国治琅琊县。

四川水丞，秦封泥。相家巷流散秦封泥有"四川太守"。今传秦泗水郡应为四川郡。秦"四川"，《史记》多书为"泗川"。秦"四川"或得名于郡内的淮、沂、潍、泗四条河水。《汉书·地理志》记载：汉高祖更名"泗川郡"（应为"四川郡"）为"沛郡"。

水印（《天》41，图10-19），战国至秦王朝时印。天津艺术博物馆收藏。铜质、鼻纽、半通印，日字格，官署印。《后汉书·百官志》云"……有水池及鱼利多者置水官，主平水收渔税。"水印为主平水收渔税的官署。此印只署水字，不作都水，亦不署地名，可能是秦县邑之水官。

图 10-18

图 10-19

厎柱丞印（《新出》9，图10-20），秦封泥。厎（砥）柱，三门峡东的一座小山，屹立于黄河的激流之中，成语"砥柱中流"（亦作"中流砥柱"）即指此处。《水经注》："［河水］又东过砥柱间。"郦道元注："昔禹治水，山陵当水者凿之，故破山以通河，河水分流包山而过山，见水中若柱然，故曰厎柱。"王辉《一粟集》认为，秦时于厎柱设官，是为了祭祀河神、震慑异物，厎柱丞殆治水官，可从。

閘（闸）（5328，图10-21），三晋官玺；閘（5329，图10-22），秦水官印，刘钊释为闸。2000年发现的广州南越国大型木构水闸遗址，为先秦时期已有闸官的设立提供了重要实证和依据。遗址位于广州市中心的西湖路与惠福东路之间、大佛寺的西面。木构水闸自北向南呈八字形敞开，闸口宽5、南北长35米，底部用方形或圆形枕木横放作基座，两边插入木桩，用榫卯与基座的枕木扣合，后面放入挡土厚板。挡板尚存3块，残高1.7米。水闸两边用灰黑色黏土填实，闸口中间的2根木桩凿出凹槽，槽口宽0.1、深0.12米，用于插闸板截水。近底处还残留闸板1块，其边沿出子口，使闸板之间嵌合紧密，以减少接口处的渗漏。发掘现场显示，水闸的底部北高南低，水是由北向南排入珠江的，当珠江潮水升高时，闸板落下，可防倒灌。经专家论证，推断这是一处大型的南越国时期木构水闸遗址。随着河道的淤塞，水闸逐渐被废弃（《2001中国重要考古发现》92，图10-23）。令人称奇的是当时水闸的设计标准完全符合我国2001年相关行业的设计规范。

图 10-20

图 10-21

图 10-22

图 10-23

结　语

我国在春秋战国时期已有一些著名的在世界上领先的水利工程，这是我们民族的骄傲。战国时期秦在中央已设立大水（泰水）、宫水（宫苑水利）、左水、右水、寺水等官署，郡一级设有水官（称都水），水丞（都水令的副手）。齐国、赵国的渠官、河官（河丞为副佐）、闸官都是专门水利项目的官署，与文献记载及考古发掘遗址正相吻合。水监则是水利工程的监督部门，如传世秦封泥中的橘监。玺印与封泥中的水官让我们重温了一次我们祖先的光辉业绩。

（原载《篆刻》丛刊 2005 年第 2 期，有较大增改）

参考：

黄中业著《战国盛世》；《中国古代史参考图录（秦汉时期)》；《西门豹治邺与〈西门大夫碑记〉》，《文物》1974 年第 12 期；陈绍棣《中国民俗通史》（两周卷）；洪声《从灵渠的开凿看秦始皇的历史功绩》；武汉水利电力学院、水利水电科学研究院编写组：《中国水利史稿》；林华东著《河姆渡文化初探》；何浩《古代楚国的两大水利工程期思陂与芍陂考略》；刘和惠《孙叔敖始创芍陂考》；刘玉堂《楚国经济史》。

青骊结驷兮齐千乘

——东周时期的渔猎活动和职官

渔猎是人类生存的重要手段

采集和狩猎是人类最早的一种经济生产方式。在十分遥远的年代，人类主要生活在草原和森林的边缘地带，依靠着自然界的赐予，采集野生植物的根、茎、叶、果实和猎取动物，作为食物。这种生活方式主要盛行于旧石器时代，这个时期十分漫长。

在50万年前的北京猿人遗址上，虽然洞穴中大量的石器中仍缺乏专门的狩猎工具，但用于加工兽皮、兽肉的工具明显增多，还有很多兽骨，属于不同习性的动物。其中还有大型哺乳动物的骨头，这就充分说明狩猎行为已经开始。当时的狩猎工具非常简陋，只有用木棒和石块去猎取野兽，有时猎取大型动物，就需要借助火的帮助，其方法就是用篝火包围兽群，再用石块、弓箭射杀。甲骨文中就有"火猎"的记载。用火助猎使狩猎经济获得了突破性进展。根据民族学资料，可以推断出早期人类的狩猎形式是多样的，有火猎、网猎，或者通过悬崖、陷阱来捕获动物，一般来说狩猎是男子的事，采集主要是妇女和儿童的事。在当时的情况下，狩猎需要整个群体的大多数人的分工协作，集体围猎[1]。

10万年前的丁村人，曾留下很多用于狩猎的石球（《大考古》061，图11-1）。1963年在山西省朔县峙峪村旧石器时代晚期的遗址上，发现了我国最早的石镞，距今约2.8万年。

旧石器时代狩猎工具已有石斧、石尖、木矛和火，以后利用陷阱、弹丸索、网罟。随着人类文明的进步，狩猎工具有了很大发展，逐渐使用弓箭、骨矛等器具，有些至今仍在沿用。畜牧业是从原始狩猎经济发展而

图 11-1

来的，将野生动物变成家畜，其具体过程一般要经过拘系圈禁→野外放养→放牧→圈养几个阶段。新石器时代的捕鱼工具已呈多样化，网罟、筌、梁等均已出现，使用最普遍的是网具。由于效果好，在捕捞活动中占有重要地位。中国的网具在四五千年以前已广

泛使用，并有相当高的制作技术。

陶塑的"人抱鱼"形象，又称"人抱鱼形器"（《考古随笔》6，图 11-2），是石家河文化晚期的一个重要文化现象。人，作蹲踞姿或跪姿，两臂前垂，双手抱鱼，左手后托鱼尾，右手前按鱼头；鱼，头部浑圆，尾部分叉[2]。鱼已是先民们的主要食物之一。

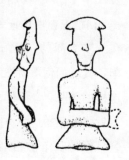

图 11-2

河姆渡遗址出土的动物遗骨，经鉴定共有 61 种：无脊椎动物（3 种）、脊椎动物·鱼类（10 种）、爬行类（6 种）鸟类（8 种）哺乳类（34 种）；被考古学家誉为"七千年前的动物王国"，使我们了解了动物在区域上的变化，当时的自然环境和狩猎的情况，而且也为我们提供了当时人们生活的"菜单"。河姆渡人采集的果实主要有橡子（即麻栎果）、菱角、酸枣、芡实等高淀粉含量的果实和种子，此外，遗址中还发现有小葫芦，在孢粉谱中除禾本科外，又有豆科植物出现，这些可说明采集活动仍然还是维持生活的一种辅助手段。河姆渡人用以狩猎，捕捞的工具主要是骨镞、骨哨、骨鱼镖和木矛等。同时，发现有骨梭和管状针及苇编，从而可推测当时已出现了捕鱼的渔网及竹编等（林华东著《河姆渡文化初探》）。

中国古文字最初的田字，不是后来的种植禾黍粟麦的田，而是供种植刍秣和狩猎的田。古文字中田、獸（兽）、狩三字同义，今日所言的田猎、狩猎，古代合称为田狩。对于田猎活动。陈炜湛统计迄今出土的 10 余万片甲骨中，田猎刻辞甲骨约 4500 片[3]，其中第 2908 号武丁时甲骨片：狩猎擒获虎一、鹿四十、犸一百六十四、鹿一百五十九……同时期另外的甲骨文曾记载猎得虎两只，猎获鹿最多的一次达一百六十二只[4]。胡厚宣《殷代焚田说》录一甲片："其焚，畢（禽）？（焚草以猎，能有擒获吗？）癸卯允焚，（癸卯那天果真焚草以猎了），隻（获、获）兕十一、豕十五、兔廿五（《甲骨学商史论丛初集》157，图 11-3）。"甲骨时代，各王都"好"田猎，且以武丁为甚，故田猎当不是"纯为享乐之事，而是有经济、政治、军事上的意义。渔猎活动可以提供肉食品，是畜牧业的补充；提供手工业原材料（骨、角、皮毛）；对农牧业及人的保护。"狩猎技术，有"设陷阱以猎"、"设网罟以猎"、"利用弓箭以猎"、"围猎"、"其它"。在其它类中包括匕、虎、虤等。还有焚、"弹（兔）"。捕鱼技术已用网（拦网）捕、垂钓、笱（筌）鱼。新石器时代遗址中，就发现有鱼笱的实物遗存。渔猎所获动物可分为兽类、禽类、鱼类三种。兽类动物狩猎获而见于甲骨文的有：虎、象、兕（犀）、豕、野猪、鹿、麋、麂、狐、兔、猱、旨；鸟类飞禽则有雉（山鸡、野鸡）、鹰；捕获的鱼类，一般通称为鱼，只有一种体长达 3 米重可达千斤的大型经济鱼类鲔（鲟）才指出名称。

春秋战国时期，上层贵族习尚狩猎，文献于这方面的记载很多。《左传》记载，鲁昭公八年（前534年）秋，鲁国在红地进行狩猎，参加的战车有1000多辆，狩猎队伍从根牟（今山东莒县西南）直到和宋国、卫国的边境。楚宣王在云梦大泽的一次田猎，竟出动了一千多乘四马战车，其场面何等壮观！屈原在《楚辞·招魂》中发出这样的感叹："青骊结驷兮齐千乘！"。畋狩是封建统治者娱乐猎兽、练兵演武、习威仪、取食祭祀、驱兽害，保护农作物相结合的一项活动，并加以制度化，成为一种"岁时常典"，可见它在统治者的政治、军事、经济生活中的重要作用。古代狩猎也很注重保持生态平衡，不滥杀滥捕。合理利用野生动物资源。史料记载：古代四季狩猎有不同的称谓。春天叫"春搜"，意思是指对捕猎的动物要有选择，专挑那些不孕的鸟兽来打；夏天叫"夏苗"，主要猎取那些对禾苗有危害的鸟兽；冬天叫"冬狩"，因为冬季鸟兽已

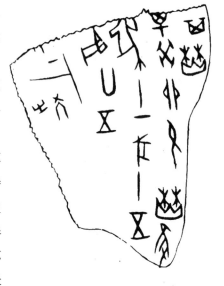

图 11-3

经长成了，猎取时不必选择，可采用合围捕猎的方法。那时的田猎实际上是以动物为模拟敌的大规模军事演习。据《周礼·夏官·大司马》的记载，田猎有与实战一样的列阵、编队、金鼓、旗帜、进退。因此，田猎也被称为国君的讲武之礼，用来检阅军队的阵伍、骑射、御车、技击、奔跑等能力。春秋战国时期也已普遍流行骑射，车骑狩猎，人兽搏斗，射虎的狩猎方式，配以犬逐、焚山、矢射、布网、设阱、弋射等方法，已经非常完善。石鼓文中记载的渔猎活动，不仅仅是大规模的军事演练，也是为来年出兵准备干粮[5]。春秋以后，见于记载的鱼种，仅以《诗经》里见到的，在黄河流域的鱼种有：鲤、鲂、鲔、鳄、鲸……十八九种之多（杨钊著《先秦诸子与古史散论》）。

玺印和青铜器上的狩猎图像和职官

先秦玺印、青铜器、陶文中也有反映狩猎的内容。左田将（将）骑（0307，图11-4）战国齐玺，铜质。或读为左田骑将。左通佐，田谓田猎。"将骑"，统率；率领骑兵，参加君王围猎。洛阳金村的错金银人搏兽铜镜上，刻画一匹骏马背上蹲着一个披甲戴胄的骑士，武士头戴左右各插一根鸟羽的鹖冠，形如复箕。身着上衣下裳式的皮甲，是华夏族武士的典型装束。一手执缰，一手持剑和老虎搏斗。头戴的猎冠，其多作鸟形或羽状等，既作伪装之用，也有引诱猎物之意。所以有"诸侯服皮冠以田"的说法。这可能就是围猎的骑将或骑士的形象（《中国古兵器论丛》95，图11-5）。

图 11-4   图 11-5（金银错铜镜上刺虎图）

　　表现狩猎的内容或场面的美术作品也非常多，表现这种田猎场面的青铜器狩猎纹，俯拾即是。成都白果林小区及河南辉县琉璃阁的 56 号、58 号、59 号（见卷首图版叁）、75号、76 号（《山彪镇与琉璃阁》，图 11-6）、84 号等魏国贵族墓都曾出土战国早期狩猎纹铜壶，上面刻饰的猎鹿、猎豹、猎兕等狩猎纹饰，正是这种田猎活动的生动表现。白果林小区的狩猎纹铜壶第四格上层为猎豹，一人右手掷矛已刺中豹颈，左手持剑作欲刺状（图 11-7）。下层为猎鹿，左边一人腰佩剑，手正搭箭满弓作欲射状；右侧一人腰佩剑鞘，右手掷矛已刺中鹿颈，左手扬剑欲刺，鹿前后有二鸟坠落，鹿下有一小猎狗作疾奔状（图 11-7）。第七格上层为猎兕（犀），左侧一人腰佩剑，双手搭箭拉弓作欲射状，右侧一人腰佩剑鞘，右手捉住兕尾，左手扬剑欲刺，被猎之兕及前之小兕均作俯首状，其下一猎狗昂蹄仰首，正衔咬兕之后蹄（图 11-8）。

图 11-6

铜壶上猎人的头饰，当是戴的猎冠，其多作鸟形或羽状等，既作伪装之用，也有引诱猎物之意。由上可以看出，铜壶上的狩猎场面正是东周时期狩猎生活的真实反映。下层为人面鸟身，戴蛇张翼的羽人，两侧是两鸟相对而立，俯首啄蛇（图 11-8）。唐山贾各庄嵌镶狩猎铜壶（《中国历代青铜器纹饰》二 39，图 11-9）则用阴刻表现弋射、搏斗、车逐等狩猎手段捕猎各种禽兽的浩荡场面，使我们感受到了血与火的残酷，以及为生存而搏斗的精神和狩猎的乐趣。白果林小区的战国早期狩猎纹铜壶在铸造和装饰工艺上，与琉璃阁的狩猎纹铜壶大致类同，普遍使用传统的浮铸，平雕、细刻等工艺手法。台北古越阁藏狩猎纹壶（《文物》1994.4）、洛阳西工区 131 墓狩猎纹壶四件（《洛阳西工区 131 号战国墓》，《文物》1994．7）、河南省辉县战国刻狩猎纹铜奁、战国中山国狩猎纹铜鉴二件（《文物春秋》2001．3）等战国时期的绘画作品中有许多关于狩猎内容的作品。1952 年湖南长沙颜家岭 35 号墓出土的彩绘狩猎纹漆奁展开图（湖南省文管会藏，《长沙出土楚器图录》图版九），左侧一猎犬与野猪据地对峙，右侧有分持箭戟的两猎人围捕林中犀牛，即二人围捕。以及河南信阳楚墓出土的漆瑟首尾绘的狩猎图等等都是非常精彩的狩猎纹图像作品。

图 11-7

图 11-8

图 11-9

猎兕（犀）在殷商时期就很盛行。宰丰犀牛骨刻辞（又称"宰丰骨匕"，图 11-10），长 27.3 厘米，宽 3.8 厘米。一面刻辞 2 行，记载帝辛在麦录（麓）田猎中，将猎获的犀牛赏赐宰丰之事。精美的犀牛形青铜器也见多例。传山东寿张梁山出土的商小臣艅（俞）犀尊（现藏美国旧金山亚洲艺术博物馆，《流失海外的国宝》，图 11-11）、陕西兴平豆马村战国晚期错金云纹犀尊（中国历史博物馆收藏，《中国历代青铜器纹饰》二 95，图 11-12）、江苏丹徒烟墩山西周前期兕觥（《商周铜器群研究》图版 44）、平山中山王墓战国错金银犀形插座（《造型纹饰》266）等等。宝鸡斗鸡台商代青铜象尊（现藏美国华盛顿弗利尔美术馆，《青铜器艺术》62，图 11-13）、湖南醴陵商代后期青铜象尊（湖南省博物馆收藏，《青铜器艺术》62，图 11-14）、陕西宝鸡弭国墓地茹家庄一号墓西周中期青铜器象尊、德国科隆东亚艺术博物馆藏象纹簋（《造型纹饰》47，图 11-15）、穆家庄村战国鲜虞贵族墓线刻祭祀狩猎纹铜鉴和凸铸纹宴乐图铜盖豆等等。"这些围捕野牛、野羊、犀、象等野兽的狩猎画像纹，多见施饰于壶、鉴等器皿腹部，

图 11-10

盛行于春秋战国之际。"商周时期，犀、兕大量生存于我国，是南方的特产，至春秋时期，"兕犀尚多"（《左传·宣公二年》）。"黄金珠玑，犀象出于楚"。兕（犀）正是当时经常狩猎的对象。《尔雅·释兽》："兕似牛"，"犀似豕"。注云："形似水牛，猪头大腹痹脚，脚有三蹄；黑色三角，一在顶上，一在额上，一在鼻上"。古书中常拿兕和犀对举。犀兕之皮坚厚是当时制铠甲的重要原料，《楚辞·国殇》有"操吴戈兮披犀甲"。《荀子·议兵》讲："楚人鲛革，犀兕以为甲，鞈（坚也）如金石。"故《周礼·考工记》专门谈到犀甲、兕甲的制作与寿命。犀角作为珍贵礼品馈赠于诸侯之间。《战国策·楚策一》："遣使车百乘，献鸡骇之犀，夜光之璧于秦"。

图 11-11

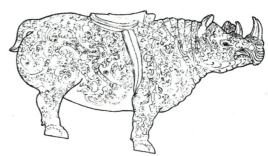

图 11-12

图 11-13

图 11-14

　　狩猎纹壶上的兕身皆有圈状斑纹，作冲抵姿势。狩猎纹常有盾牌短剑散落在地，可见猎者与之搏斗之激烈。上博所藏的一扁方形图像玺（《上》26，图 11-16），还有椭圆形玺（《图续》49，图 11-17；《大全》153、154，图 11-18、图 11-19）皆作一角，身皆有旋涡纹，亦低首奋蹄作冲抵姿势，与狩猎纹相同，应是犀牛图像玺。四川巴县冬笋坝出土的犀牛钮巴蜀印，犀牛身上也有三枚旋涡纹（见《四川船棺葬发掘报告》）。双犀图像玺（《图汇》132，图 11-20）与豆马村战国晚期错金云纹犀尊（图 11-12）器形相同，应是同期作品。

图 11-15

图 11-16

图 11-17　　　　图 11-18　　　　图 11-19　　　　图 11-20

豹因其勇猛难猎，皮也就稀少而显珍贵，豹就自然成了狩猎的对象。过去对先秦图像玺中豹的特征不太清楚，故多与虎图像玺混淆，或统称为兽图像玺。故宫收藏一图像玺（《故肖》8，图 11-21），一兽颈长身长蜷曲呈 S 形，与琉璃阁 M76：85 铜壶猎豹纹相似，应是豹纹图像玺。扁薄鼻钮，印台亦薄，当为战国早期作品。与之体势相同者，还有多例，如《上》27（图 11-22）、古丈豹纹玺（《考报》1986.3，图 11-23）、南康豹纹玺（《湘 537》）等等。现在可以确定：豹形颈长身长，多呈 S 形体势；虎纹颈短身壮，与豹有明显的不同。《故肖》8、古丈、南康出土报告均误为虎纹，拙编《书集·先秦》1596、1590、1598 亦误为虎形，今更正。

图 11-21　　　　　　　图 11-22　　　　　　　图 11-23

熊纹玺（《图汇》260，图 11-24）、（《大全》0641，图 11-25）黑熊又称狗熊，体形硕大，尾甚短，仅长七八厘米。性孤独而不成群，故只铭一只。

橐驼（《图汇》123，图 11-26）战国玺印。《山海经》成书于春秋战国之际。《山经》在以记叙山脉为纲的同时，又述了许多有关自然地理的知识，……此外，对西山的"多松"、"多犀兕熊罴"，南山的"多桂"、"多象"、"多白猿"，北山的"多马"、"多橐驼"，中山的"多桑"、"多竹箭"、"多漆"等有关记载（刘少匆《三星堆文化探秘及〈山海经〉断想》）。知马和橐驼多产在我国北方。橐驼即骆驼，反刍家畜，二趾，跖有厚皮，适宜沙地行走。背有单峰双峰之别，内蓄脂肪；胃能贮水，故善耐饥渴。能负重致远，号称沙漠之舟。

图 11-24   图 11-25   图 11-26

　　鹿纹图像玺（《故肖》30，图 11-27；《上》26，图 11-28；《印举选》260，图 11-29），皆战国时铜质图像玺。多表现鹿漂亮的角和矫健的身姿。鹿因其肉食等价值，也成了常被捕杀的猎物，在商周遗存中常有出土的鹿角就是证明。到了西周以后，甚至围而猎之。《左传·襄公十四年》还谈到了猎鹿的各种方法："譬如捕鹿，晋人角之（执其角，当面迎击），诸戎掎之（从旁或从后拉住），与晋踣之（向前仆倒）。"鹿，是古人作为田猎的主要对象；有关田猎射鹿的记载是很多的。鹿多用作祭祀品，其角象征神圣的威力。在楚国贵族墓葬中曾屡次出土装饰鹿角的神兽、神鸟（镇墓兽、虎座飞鸟），如湖北江陵藤店一号墓出土饰有金黄色卷云纹、三角形纹图案的木鹿（《文物》1973.9，图 11-30）等

图 11-27

图 11-29   图 11-28   图 11-30

　　麒麟纹玺（《滨虹草堂藏古玺印》，图 11-31），传说中的神兽，雄曰麒、雌曰麟，其状麏（麇）身，牛尾，狼蹄，一角。传说中的仁兽麒麟，长有一角（《毛诗名物图说》，图 11-32）。此玺纹近似。河南商邱出土，铜质，异兽钮，无穿。黄宾虹释此印为"获麟"，取《史记》载孔丘（孔子）"西狩获麟"故事。一人骑于麟上，则获麟也。王伯敏说此与战国时

的铜兵器"郑子戈"图徽接近（说见《臆释》9页）。麒麟是融狮、虎、牛、鹿等形象于一体的，人们想象中的一种瑞兽、仁兽。因"雄曰麒、雌曰麟"，故图像玺多两纹同铭。

图 11-31

亡麋（0360，图 11-33），铜质，楚国官玺，故宫博物院收藏。吴振武引《孟子·梁惠王下》孟子和齐宣王的一段对话，认为齐宣王有一个方圆四十里的囿，百姓不许在囿内猎杀麋鹿，如有违反，则罪同杀人。此即所谓"麋鹿之禁"。他认为"亡（无）麋"盖即当日掌囿之官或关卡查验放行出入货物时所用之玺，即在出入门关时无须开包检查。从文字及风格看似应为楚玺，年代应在春秋晚至战国初。

鹿（《陶汇》3.1274，图 11-34），山东邹县出土，齐系陶器印迹。标明是鹿圈的用器。

图 11-32

图 11-33

图 11-34

兔图像玺（《故肖》185，图 11-35），该印三坡台、小鼻钮、外边拦，应是秦印特征。兔纹流行于商至周初的觯等器物上。如西周兔纹（《文物学概论》310），曲沃天马—曲村晋侯墓地西周兔尊二件（《中国考古学·两周卷》彩版，图 11-36；《文物》1994.1，图 11-37）。

图 11-35   图 11-36   图 11-37

封建统治者如此重视狩猎活动，必然会设置管理狩猎的职官，在玺印中得到了一些反映：

敀铄（0270，图 11-38），作于战国早期。铜质，正方形。楚系官玺，天津艺术博物馆收藏。《古玺汇编》释为畴，吴振武改释"畋"。曾侯乙墓竹简中有"畋尹"可证古代确有畋官，"畋"字在古书中既当"治田"讲，也当"田猎"讲。这类带"畋"字的官玺，应是掌管农事或田猎的官员用印[6]。右畋（2717，图 11-39），铜质。东周时期三晋玺，故宫博物院收藏。右畋与左畋应为负责畋狩活动的官署。

畋（5277，图 11-40），东周时期三晋玺。传世品。铜质。左宫畋（《陶汇》4.52，图 11-41），畋卓（《陶汇》4.58 刻划文，图 11-42）两陶文皆易县出土，燕国陶文。左宫畋可能是左宫属下的畋猎官署，与左宫田左（《陶汇》4.39）、右宫司马（《陶汇》4.40）的含义相同。两陶文表明这是左宫畋和畋官卓的用器。

佃（《鸭雄》025，图 11-43），佃，耕种田地；打猎。《字汇·人部》："佃，猎也。"《易·系辞下》："以佃以猎。"马融注："取兽曰佃。"此可能是兼管农业和狩猎的官署。

图 11-38

图 11-41

图 11-42

图 11-39

图 11-40

图 11-43

秦封泥上的狩猎职官

秦封泥公車（车）司马（《铁云》、《泥集》116，图 11-44）、公車右马（《中古》，上博藏，图 11-45）、公車司马丞（《考与》1997.1，图 11-46；《秦风》136，图 11-47）。公車司马机构的主官称公車司马令，简称公車令，卫尉的属官。公車司马是负责帝王安全的皇家卫队，负责警卫司马门和夜间宫中巡逻。凡臣民上书和朝廷的征召，都由公車接待和掌管。公车司马丞是公车司马令之佐官。《睡虎地秦墓竹简·秦律杂抄》有"公车司马猎律。"规定秦王出猎，公车司马随从，负责国王的安全并要捕获猎物，不完成指标还要受罚。

图 11-44　　　　图 11-45　　　　图 11-46　　　　图 11-47

罕（罜、罕）丞之印（《风》153，图 11-48）。释首字为"旱"，不确，当为"罕"字，即罜、罕字。罕为捕鸟之网，《说文·网部》："罕，网也。"张衡《西京赋》："飞罕潚箾，流镝攌撮。"吕向注："罕，鸟网也。"罕丞又约为捕禽之吏。罕又做旌旗解，《玉篇·网部》："罕，旌旗也。"罕丞约为掌旌旗之官吏[7]。本文从前释。

罕士（《鸭雄》089，图 11-49），秦半通官印，日本菅原石庐氏藏印。《说文》："罕（罕），网也。"段玉裁注："谓网之一也。《吴都赋》注曰：'罩罕皆鸟网也。'按，'罕之制盖似毕，小网长柄。'故《天官书》毕曰'罕车'。"罕士可能是管理秦王田猎所用网毕之人。《周礼·夏官·序官》："罗氏下士一人，徒八人。"其职"掌罗乌鸟，蜡则作罗襦，中春罗春鸟……"罗亦网一类。罕士职掌大概近于罗氏。

图 11-48　　　　图 11-49

周原黄堆墓地 67 号车马坑殉 2 车 12 马 1 犬。战国时期狩猎还有专门的猎车，配备有专门的猎狗。2002 年在河南新郑郑韩故城郑国公族墓地 5 号大夫墓中，出土了 8 匹马，3 辆车，1 条狗。在墓地东部，一具狗骨活灵活现。它站立着，头高高昂起，眼睛向上盯着墓口。从这条狗的样子看，它是被活埋的。在淮阳平粮台战国晚期楚车马坑中埋有猎车、安车、辎车共八辆，马二十四匹，狗二只（《文物》1989 年第 12 期）。江陵马山砖瓦厂 M1 的椁边厢发现有条小狗，很有可能就是墓主生前的宠爱之物。在随县曾侯乙墓中，靠近主棺边就随葬有狗，并设置有棺（《随县曾侯乙墓发掘简报》，《文物》1979 年 7 期）。这都反映了当时贵族们对犬的宠养习惯。兔子也常见于南方，兔子善跑，猎兔的最好方式是以田犬逐兔。楚国贵族行猎时必定带有猎犬。《战国策·楚四》载："见兔而顾犬，未为晚也"。《异苑》云："楚王与群臣猎于云梦，纵良犬，逐狡兔，三日而获之。"据考，古时陪葬时，除了车马外，狗是必不可少的。狗和马在驯化的动物中，其温和忠诚是有名的。古人在车上狩猎厮杀时，马奋力拉车，狗在车旁捡取战利品，"犬马之劳"的说法即由此而来。所以，在战国秦汉时代墓葬中多有动物俑狗的殉葬，神态多很机灵（《轻车锐骑带甲兵》283汉阳陵动物俑，图11-50）。图像玺中有不少狗的形象，但一直被误认为虎纹，或兽纹。猎犬既要追逐兔等小动物，又要和猪、兕等大兽周旋，所以机灵快捷是它的特点。过去被误认为兽纹玺的半坡带钩印（《考报》1957.3.84，图11-51）、兽纹玺（《故肖》14，图11-52）、虎纹玺（《故肖》19，图11-53）都是猎犬玺。它们共同的特点是身材娇小玲珑，尾翘，耳竖。首例正在昂首倾听，第二例正在低头辨识兽迹，末例则发现兽情回头呼唤主人。新蔡故城战国封泥中也有犬形图像玺压抑的印迹（《文物》2005.1，图11-54），顾首张望，尾竖腿短，应是狗的形象。犬形图像玺用于封检是表示内装狗肉、狗皮？还是另有用意。

图 11-50

图 11-51

图 11-52

狡士之印（《新出》54，图11-55），秦封泥。《说文》："狩，犬田也. 从犬，守声。"《玉篇·犬部》："猎，犬取兽也。"朱芳圃《殷周文字释丛》："獸（兽）即狩之初文，从单从犬，会意。""犬田谓用犬田猎……單（单）为猎具，所以捕禽兽，犬知禽兽之迹，故守必以犬，两者为田猎必具之条件。"《说文》："狡，少狗也。从犬，交声。匈奴地有狡犬，巨口而黑身。"睡虎地秦墓竹简《法律答问》："可（何）谓'宫狡士'，'外狡士'？皆主王犬者也。"狡士当是主管秦王之猎犬之官。尚犬（《考与》2005。5）秦封泥，也是管犬之官，分工不同，可能掌内宫之犬。

罟趎（趋）丞印（《泥集》238，图11-56）秦封泥。《周礼·兽人》："兽人掌罟田兽。"是将罟作为狩猎所用网具的总称。细分起来，当如《尔雅·释器》所说："鸟罟谓之罗，兔罟谓之罝，麋罟谓之罞，彘罟谓之罺。"罝是大型的网，可长百里。长柄网名毕（毕）。《说文》："毕，田网也。"《礼记·月令》郑注："小而柄长谓之毕。"说得也很明确。画像石上的毕不仅用于捕兔，也用于捕雉。最习用的猎具还是罟。"趎"作"归附"解（一说疾走貌）。因此，"罟趎"应为负责捕鱼之官。汉代皇室设有捕鱼官吏。《汉官六种·汉旧仪》

载："上林苑中昆明池、镐池、牟首诸池，取鱼鳖给祠祀，用鱼鳖千枚以上，余给太官。"《西京杂记》亦载："武帝作昆明池，欲伐昆吾夷，教习水战。因而于上游戏养鱼，鱼给诸陵庙祭祀，余付长安市卖之。"西汉时代在上林苑诸池之中捕鱼，用于陵庙祭祀活动，当置官理其事。秦代或战国秦进行陵庙祭祀，可能也要"取鱼鳖给祠祀"。据刘向《列仙传》载，秦穆公时已设主鱼吏。《吕氏春秋》亦载："令渔师伐蛟取鼍，升龟取鼋。""渔师"当为掌渔之官，或与"主鱼吏"同。"渔师"、"主鱼吏"或为"罟趋"之官吏。"罟趋丞"当为"罟趋"之丞。

图 11-53   图 11-54   图 11-55

秦封泥及陶文中有弋或左弋的印迹。高飞之鸟则须弋射。《汉书·司马相如传》颜注，"以缴系矰仰射高鸟谓之弋射。"缴即"系箭线"（《文选·鹩鹕赋》李注），结缴的"短矢"则名矰（《周礼·司弓矢》郑注，《史记·留侯世家》索隐引《周礼》马注）。使用这种猎具，便于将射中的飞禽收回。为了避免受伤的鸟带箭曳缴而逃，又在缴的下端拴上磻石。《说文·石部》："磻，以石着弋缴也。"磻又作䃾。《史记·楚世家》集解引徐广曰："以石傅弋缴曰䃾，音波。"辉县琉璃阁出土的战国狩猎纹铜壶的图像中，其缴线末端坠有圆形物，应即磻，但不晚于春秋末，战国初，又发明了弋射用的绕缴装置，它有点像一枚纺锭。在湖南长沙浏城桥 1 号墓、湖北随县擂鼓墩 1 号墓、襄阳蔡坡 12 号墓、江陵溪峨山 2 号及 7 号墓中均曾出土。在江苏邗江胡场 5 号汉墓中也出过绕缴轴。它的使用情况见于成都出土的汉画像砖《弋射收割图》（见卷首图版陆）。

渔业在先秦时也放在重要位置

原始先民就以鱼为食，新石器时期的彩陶盆上就饰有多种形式的鱼纹。商周时更为重视，陶器、青铜器上饰以鱼纹更为习见（《破译天书：远古彩陶花纹揭秘》247，图 11-57），东周时期更设鱼官负责捕鱼事务。

图 11-56　　　　　　　　　　　　　　　　　图 11-57

　　魚鈢（玺）（0347，图 11-58）、鮫鈢（《鸭雄》004，图 11-59），楚玺。吴振武释为鱼，或渔，为鱼字的变体[8]，与荆门包山二号墓、江陵天星观一号墓、望山二号墓、曾侯乙墓等楚简文字极似（《楚系简帛文字编》823，图 11-60）。东周时期已经十分注意保护水产自然资源，《管子·八观》指出网眼必须有限制，《荀子·王制》主张"谨其时禁（严格执行季节性禁鱼）"。竭泽而渔和里革"断罟（渔网）匡（说服）君"的成语故事已广为传诵。从有关文献看，当时人们对保护水产资源确实采取了一定的措施：禁止"竭泽而渔"，不准使用毒药；禁止捕捉小鱼；禁止在产卵期捕鱼。近年出土的《睡虎地秦墓竹简·田律》中确有关于保护水产资源的条款，说明上述措施在当时曾以法律的形式规定下来。

图 11-58　　　　　　　　　图 11-59　　　　　　　　　图 11-60

结　语

　　渔猎是人类生存的重要手段，从而获取食物。先秦时期无论是狩猎工具还是狩猎方式都积累了丰富的经验。战国时期狩猎不仅作为获取祭品的手段，而且作为训练军队的重要形式，因而设置了一些专门的职官，玺印、青铜纹饰和陶文上都有许多精彩的狩猎文字和图像，给我们留下了非常丰富的文化遗产。

注：

[1] 于海广主编《图说考古——追溯文明的星河·早期人类的采集和狩猎》。

[2] 孟华平《浅议"人抱鱼形器"》，《中国文物报》1994 年 4 月 24 日第 3 版。

[3] 陈炜湛《甲骨文田猎刻辞研究》，《中国考古报告集之二·小屯·乙编》。

[4] 李济著《中国文明的开始》，江苏教育出版社 2005 年 8 月版。

[5] 详参拙文《石鼓文刻年春秋晚期秦哀公三十二年说》，《全国第六届书学研讨会论文集》。

[6] 吴振武《战国官玺释解两篇》，见《金景芳九五诞辰纪念文集》。

[7] 周晓陆、陈晓捷《新见秦封泥中的中央职官印》，《秦文化论丛》（第 9 辑）。

[8] 吴振武《战国官玺释解两篇》，《金景芳九五诞辰纪念文集》。

参考：

陈炜湛：《甲骨文田猎刻辞研究》；王宇信、杨升南主编《甲骨学一百年》；姚孝遂的《甲骨刻辞狩猎考》；《山镇彪与琉璃阁》；印嘉祥主编《物源百科辞书》；江章华、李加锋《成都白果林小区狩猎纹铜壶试析》，《文物考古研究》；吴诗池《文物学概论》第 314 页；黄中业《战国盛世》第 269 页；梁家勉主编《中国农业科学技术史稿》；陈绍棣《中国风俗通史》（两周卷）；荆州地区博物馆：《湖北江陵马山砖瓦厂一号墓出土大批战国时期丝织品》，《文物》1982 年第 10 期；徐畅主编《中国书法全集·春秋战国刻石简牍帛书卷·石鼓文年代研究综述·狩猎一节》；朱晓红《南阳汉画像砖鱼纹探析》；张从军《黄河下游的汉画像石艺术》。

物勒工名，以考其诚
——战国时期的手工业和工官

官府手工业是古代手工业的主流

官府手工业的历史是非常古老的，可以一直追溯到奴隶社会之初。春秋时郯君在讲述少昊氏的官制时，曾指出当时除了掌握镇压职能的司马、司寇之外，还有管理农业、手工业的农正和工正。在后来的几千年之中，官府一直设立有手工作坊和管理它的机构。工业受到统治者的高度重视[1]。商代手工业已全面发展，冶铸、建筑、纺织、木作、制玉和酿酒等各业都很繁盛。甲骨卜辞中已有司工之官。"贞：更弓令司工（《续存》上70）。"

周代三卿中的司空，金文多作"司工"。西周、春秋时其职责为主管工程营建。春秋、战国时沿用。掌管工程（宫室、筑城、道路、水利等），制造车服器械，监督手工业奴隶的官，为六卿之一。土木工程在官府手工业中是一个重要的组成部分。

战国时期的手工业分为政府手工业、宫廷专有手工业、地方手工业、亭市手工业、独立的手工业者几种，前四种为官营，后一种为私营。官营手工业在战国时已涵盖了几乎所有的手工业生产部门。据《考工记》载，当时仅齐国的官营手工业就包括有木作、制车、兵器、漆器、煮盐、冶铸、皮革、染色、雕琢、鞋帽、服装、玉器、制陶行业等30余项的专业生产部门。每个行业又细分为若干工种，如"凡攻木之工七，攻金之工六，攻皮之工五……"在官营手工业作坊中劳作的有工奴、刑徒和征调来的民工，他们在工师、工尹等工官的监督管理下劳动，并受到监工的考核和检查。由于官营手工业实行严密的组织管理，产品质量层层把关，产品如兵器上都要铭刻监造的机构，如代表中央政府的"相邦"、"大工尹"，代表地方政府的"郡"、"郡守"、"县令"等等。

《秦律十八种》三种关于手工业管理的法律，对新工训练、劳动力折算及器物生产的标准化有详尽的规定（《睡虎氏地秦墓竹简》71）。

各国官营手工业的职官及其产品

政府手工业、宫廷专有手工业、地方手工业的职官见于玺印及印迹者，兹分国罗列如下：

一、燕国司工

坪（平）陰（阴）都司工（《故历》295，图 12-1），故宫博物院收藏。
铜质，斜坡一层台鼻钮。平阴，地名，春秋时晋、齐均有此地名，且
有记载。战国时周（孟津西北）、魏（洛阳北）、赵（阳高东南）、韩（孟津）
齐皆有平阴，有小方足布铸行。但燕平阴只见战国"平阴"布，出于
东北、朝鲜一带，地望不详（何琳仪《战论》；黄盛璋《所谓"夏虚都"三玺
与夏都问题》）。

酈（雷）邭（旦）都司工（0086，图 12-2），故宫博物院收藏。

沐（黍）□都司工（5545，图 12-3）。

郪（蓟）都司工（0082，图 12-4），阳文玺。从"都"字的邑旁形
状，又从"旅"得声，而不从"者"得声这两个特征来看，可定为燕

图 12-1

玺。《玺汇》第一字缺释。董珊考为"郪"字。《说文》说："读若蓟，上谷有郪县。"故地
在今北京外城之西北部，这里曾是燕国都蓟（董珊《古玺中的燕都蓟及其初封问题》）。

图 12-2

图 12-3

图 12-4

右宫（0258，图 12-5），《玺汇》误释为右亳，黄盛璋首释"宫"字，燕陶文中多见，
应是工官机构。

二、三晋系司工

《左传·襄公十年》郑子耳为司空。又《文公二年》晋有司空谷。
古玺无司空，有司工。司工当即史书司空。

司工（0080、0081，图 12-6、图 12-7）。北京市文管处收藏。司工，
典籍作"司空"，西周时主管建筑工程，制造车服器械、监督手工业奴
隶的官，为六卿之一。

司工（《魏石经室古玺印景》11，图 12-8）陶玺，钤本。司工（《上》、
《玺汇》5544，图 12-9）上海博物馆收藏。

左司工（0087、0088，图 12-10、图 12-11）。右司工（0090，图 12-
12），故宫博物院收藏。

图 12-5

汪匋（陶）右司工（0091，图 12-13），赵玺。北京文管会收藏。《金文分域编》卷十九记曰："塞外出土"。汪陶汉代属雁门郡，故地在今山西山阴县。

图 12-6　　　　图 12-7　　　　图 12-8　　　　图 12-9

图 12-10　　　　图 12-11　　　　图 12-12　　　　图 12-13

莀芒左司工（0089，图 12-14）。

右工和田（《山彪镇与琉璃阁》图版 35：16，图 12-15）春秋晚期晋玺。河南省新乡地区汲县山彪镇一号墓扰土中拣出，与此墓关系不明。报告称墓葬时代当在公元前 300 年至前240 年之间。中科院考古研究所收藏。石质。汲县山彪镇墓的年代，高明认为"当属战国初年"，口的时代特征应属春秋。战国以后，右皆从口。右工可能是右司工之省。和为姓氏，《姓纂》中有记。

木陽（阳）司工（《上》3、《玺汇》0084，图 12-16）。

挪（折）司工（2227，图 12-17），故宫博物院收藏。"折"字本字应从斤断草（二横分开上下二草），印文省斤，从邑从"折"省形。七十年代郑州附近出土"挪"字陶器印迹。汤余惠《战国铭文选》说"折"当读为"制"。折、制古音相同，例可通假。"制"为古邑名，春秋时属郑，后归晋，战国时属韩，汉隶河南郡。《汉书·地理志》："成皋，故虎牢，或曰制"，地在今河南荥阳县西北，离郑州不远。

图 12-14　　　　图 12-15　　　　图 12-16　　　　图 12-17

格氏右司工（《陶汇》6.46，图 12-18），格氏左司工（《陶汇》6.45，图 12-19），"格氏"印迹（《陶汇》6.42～6.44）应是"格氏司工"之省。"格氏"可能是豪强氏族或封地。

工尹官玺有君（尹）弗（2786，图 12-20），陶文有尹晋（《陶汇》6.64，图 12-21）、尹萃、尹骑等，尹弗玺印和这些陶器印迹无论是字体还是形制都极其相似，应有必然的联系。

图 12-18

图 12-19

图 12-20

图 12-21

三、楚系司工

工尹，春秋楚官名。《左传·文十年》："［楚］王使子西为工尹。"《礼·檀弓》："工尹商阳与陈弃疾追吴师及之。"

夫（扶）胥（苏）司工（《考古》1983 年第 9 期，图 12-22），陶器印迹，作于战国晚期。八十年代初，河南省商水县城西南十八公里战国扶苏的故城出土。商水县文管会收藏。陶器残片四字阴文印迹，四例。大篆。拓本与摹本。李学勤考为"夫口司工"四字，前二字为左右排列合文，下省合文符。"夫"即扶，"疋"即"胥"，古代胥、苏通用，故"夫胥"

图 12-22

当为"扶苏"二字，地名（《河南商水县战国城址调查记》）。楚国陶器印迹目前所见仅此一例，殊可珍贵。

四、齐系工师

《左传·隐公二年》有鲁司空无骇。《昭公四年》鲁孟孙为司空。齐鲁古玺无司空（司工），仅见工师玺印。

齐国差镡有攻（工）师偌之名，制器者实为工师偌。

右攻（工）帀（师、师）鉨（玺）（0149，图 12-23），应是齐都中央之官。"工师"，主管工匠之官。《管子·立政》："使刻镂文采毋敢造于乡，工师之事也。"《孟子·梁惠王下》："孟子谓齐宣王曰：'为巨室必使工师求大木。'"赵岐注："工师，主工匠之吏。"可知齐国设工师之职。工师分为"右工师"、"左工师"，犹司马之职分为左右（《古玺通论》124 页）。

左攻帀夔（职、职）桼（漆）帀鉨（0157，图 12-24），左工师属下之漆工师用印。

東武城攻（工）帀鉨（0150、《故历》302，图 12-25），故宫博物院收藏。铜质。鼻纽。

《荀子·五制》："论百工，审时事，辨功苦，尚完利，使备用，使雕琢文采不敢专造于家，工师之事也。"此东武城为平原君封地，见于《史记·平原君传》，原应为赵地，故城在今山东武城西十里。战国疆域变化无常，此地正处于齐与赵接壤之地，至少当有一度属齐。工师写作"攻巿"以及"武"的写法是齐国文字的特点，与他国不同，为齐印无疑。印面三道竖界格清新明快，印文线条纤劲秀美，为齐玺中风格特异者。

图 12-23

图 12-24

图 12-25

喝（唐）攻（工）巿鉩（0147，图12-26），铜质。印文"喝"为"唐"字古文，见《说文》。唐本鲁邑，《春秋·隐公二年》："公及戎盟于唐"，即其地。战国时为齐邑，地在今山东鱼台县东北。此为县邑工师用印。

鉊（镇）司徒巿（0019，图12-27），铜质。故宫博物院收藏。镇为地名，读为"箕"。汉代于琅琊郡设箕县，为侯国，见《汉书·地理志》，地在今山东莒县北，县名因箕水而得名，战国时箕地正处于齐国腹地。此为箕邑司徒下之工官（师）（《古玺通论》126页）。

屄（胥）右攻巿（0148，图12-28），铜质。

图 12-26

图 12-27

图 12-28

郍（山）易（陽、阳）遂巿鉩（0155，图12-29），铜质。郍阳，何琳仪读为山阳，汉置郡，见《汉书·地理志》，故治在今山东金乡县西北。第三字李家浩释为"遂"。《管子·度地》："百家为里，里十为州，州十为术（遂），术（遂）十为都。"遂为都下一级行政单位。《周礼·地官》："遂师，各掌其遂之政令戒禁……"

右邦淳（淳）卓羽工鉨（0259，图12-30）曹锦炎以为"羽工"当是羽毛加工之工官，居《周礼·地官》中的羽人之下。

清陵苉叟（职、职）筲币（0156，图12-31）。铜质。筲币，为齐文字特有写法。"清陵苉"之清当为地名，一说齐国有两个清邑，一在今山东聊城西；一在今山东长清东南。或以为《左传》中两清邑为一地，即长清。"苉"字义不详，此玺当为清邑下属主管"筲"事之工师用印。筲字从竹，恐与竹器手工业有关。

图12-29　　　　　　图12-30　　　　　　图12-31

東黄戠（职、职）筲（0314，图12-32）。"东黄"齐地名。春秋时宋国有黄邑，地在今河南民权县东。齐国之黄邑，正在宋黄邑之东，玺文称东黄，正是。"黄"字下从土，构形特异。此玺为东黄邑主管筲事之官用印（《古玺通论》126）。

建易（阳、阳）戠（职）自（0338，图12-33），铜质。曹锦炎说：建阳，地名，故城在今山东峄县西。玺文之"职自"的"自"可能是筲之省体，"职自"即"职筲师"，此玺为建阳邑主管筲的官印。

犀（嶧、峄）戠筲鉨（《临》、《泥集》5，图12-34），齐封泥。按古官玺惯例首字应为地名，"犀"即"嶧（峄）"字异体。第二字据残留字形看应释为"戠"，即"职（职）"。"职筲"在齐玺中有多例。筲为古代常见竹器，如畚箕一类的竹器，古人用以盛饭食，又名簸、筥。又淘米或洗菜的竹器，今称筲箕。又同"箾"：1.用竹丝做成的刷锅用具，即饭帚。2.筷筒，即箸筲。可见戠筲是与民生有至关重要的手工业职官。

籭（5506，图12-35），恐为蘿（萝）的异体，某些蔓生植物如藤萝等，可作手工业原料。此为产品封检的用印。

图12-32　　　　图12-33　　　　图12-34　　　　图12-35

编织是纺织的前身。大约在旧石器时代晚期或新石器时代早期，人类已学会利用某些野生植物的枝蔓藤条来编织绳索、网罗、卧席等生产生活用具。在南方，早期编织物在河姆渡、马家浜、良渚文化遗址中都有发现。苇席和竹编器、席、谷箩、簸箕、篮等，编织法有一经一纬交错叠压的十字纹，二经二纬的人字纹，还有复杂的"梅花眼"、"辫子口"编织法，其编织技术并不比现代逊色（朱启新《考古人手记》第三辑，图 12-36）。楚、秦都有丧葬用席的制度。《礼记·丧大记第二十二》："君以簟席，大夫以蒲席，士以苇席。"古人寝卧坐食皆离不开席。楚墓中出土的矩纹彩漆竹扇（同前，图 12-37）、彩漆竹笥等都是非常美观的工艺兼实用品。

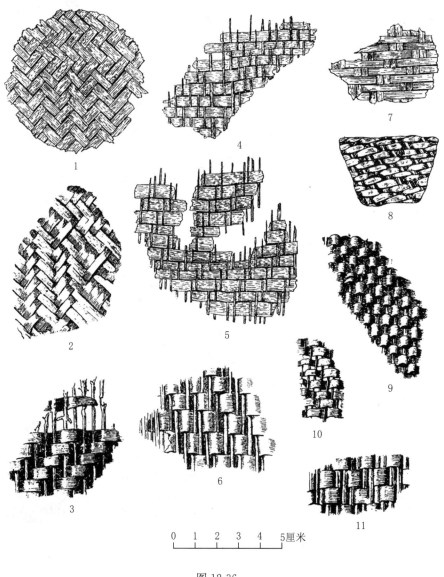

0 1 2 3 4 5厘米

图 12-36

攻（工）币邸（區、区）鉢（《湘》18，图12-38），攻、邑旁的上下结构为战国齐文字的特点。这是工师区的用印。

五、秦国司空

古玺皆称司工，而秦印、秦简、秦封泥皆称司空。司空见《汉书·百官公卿表》，为少府属官. 司空本主管工程，工程多用刑徒，后逐渐主管刑徒。

右司空印（《官印征存》0018、0019，图12-39、图12-40），皆鼻纽，"右司空"为少府之属官。"司空"，传世的秦诏版、秦虎符、秦权量上的文字与之相似。"印"字末笔向右下斜出，为秦印的一个特点。

《汉书·百官公卿表》载，少府属官有左右司空，各置令丞。秦始皇陵园、秦咸阳城遗址、阿房宫和林光宫遗址等出土有"左司空"类陶文122件、36种；"右司空"陶文73件、31种。大多见于板瓦或筒瓦之上，其中有29件陶文为"左司空"、7件陶文为"右司空"均与人名相连，其余左、右司空类陶文则为其省称或官署省称与人名相连。值得注意的是，左、右司空类陶文仅见于建筑材料板瓦或筒瓦和极个别的砖上，墓内陶器、秦始皇陵陪葬坑的秦俑之上则没有这类陶文（《秦代陶文》袁仲一《概说》）。

左司空丞秦封泥（《考与》1997.1，图12-41），秦少府属官，为"左司空令"副贰。

图12-37（矩纹彩漆竹扇）

| 图12-38 | 图12-39 | 图12-40 | 图12-41 |

右司空嬰（《陶汇》5.231～235，图12-42）、左司空（5.236～238，图12-43）陶文印迹。左司（《陶汇》5.303，图12-44），左司空省文。但此类官职，今依秦始皇陵"丽山飤

官"建筑遗址已有左、右"司空"瓦文出土。秦始皇陵出土陶文有"左司高瓦"(《秦代陶文》) 560、564),"左司"为"左司空"之省文,"左司"、"左空"、"右空"多见瓦文,当与制陶业有关。

图 12-42　　　　　　　　　图 12-43　　　　　　　　　图 12-44

聞(闻)陽司空(《征存》0020,图 12-45)故宫藏,鼻纽《秦律杂钞》有县司空,闻阳司空应即县司空之属。地名无闻阳,闻字《官印征存》说当读为汶,闻与汶古音均文部明纽,同音通假。汶阳,汉鲁县,今曲阜。

南海司空(《征存》0021,图 12-46)鼻纽,故宫藏《汉书·地理志》:"南海郡,秦置。"下辖六县,故地含今广东省南部及广西壮族自治区一部。南海郡置于秦始皇三十三年。

泰山司空(《集成》347,图 12-47),秦郡并有司空之新证。郡、国置司空,虽史籍不载,但可由印章、封泥中征得。泰山秦汉皆无其县,印文非郡无以归之。泰山亦秦始皇二十六年后自齐郡析出之郡。所谓汉高帝改博阳曰泰山,实为复其秦名而已(孙慰祖著《中国古代封泥》45)。司空负责土木建筑之事。此泰山司空恐与泰山郡无关,当为秦始皇帝封泰山时所司建筑职司(《泥集》218)。

南郡司空(《泥集》253,图 12-48)当为南郡地方司土木建筑之职官,此枚封泥在关中发现,当与秦始皇巡游南郡、云梦等地建筑有关。《史记》"昭襄王二十九年,大良造白起攻楚,取郢为南郡。"习凿齿曰:"秦关天下,自汉以北为南阳郡,自汉以南为南郡。"辖境约当于今湖北省中部、南部、西南部及四川巫山县等地区,郡治江陵。

图 12-45　　　　图 12-46　　　　图 12-47　　　　图 12-48

大匠丞印（《考与》2005.5，图 12-49；《中国古代封泥》28，图 12-50），无田字格，此泥上"匠"字左侧半环如"曲"字，应时代较早，是战国晚期物。

泰匠（《考与》2005.5，图 12-51）半通。泰匠丞印（《新出》51，图 12-52；《泥风》143，图 12-53），大匠（《秦陶》785，图 12-54；《陶汇》5.318～5.321，图 12-55）陶文印迹。泰（大）匠应是土木工程的职司。

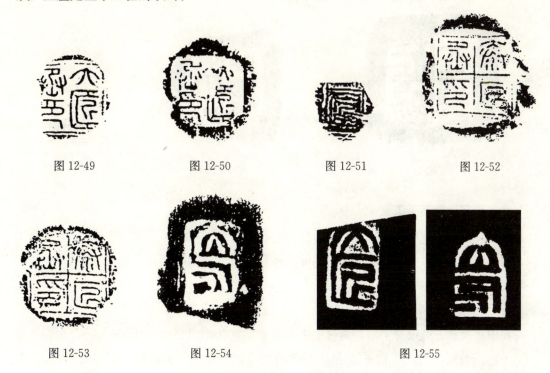

图 12-49　　　　　图 12-50　　　　　图 12-51　　　　　图 12-52

图 12-53　　　　　图 12-54　　　　　图 12-55

工师之印（《故》、《玺汇》0151，图 12-56），作于春秋时期，秦国官印。故宫博物院收藏。铜质。此玺"师"字作"阜"旁，这在先秦金文中为特例；而"印"字字形与春秋时期的曾伯簋相似。印文四字皆大篆形体，与石鼓文体势相若。秦战国时通行小篆，此印应是春秋时物。此印出于山东，最先著录于陈介祺《万印楼藏印》，印无田字格，或以为齐印。不过与六国文字师字皆不合。与秦文字师、之字同。从文字风格看，此似为秦印。

图 12-56

田字格不是秦印的唯一特点，战国古玺有田字格与无田字格两种型式，秦印应是同样情形。秦陶文有不少都是用印按上去的，其印多数无界格。《秦代陶文》1217、1218"芷阳工葵"有田字格（图 12-57），1220～1223 同为"芷阳葵"，无田字格（图 12-58）。"工葵"即"工师葵"之省。

秦和六国一样，官府手工业机构是由工师来主其事。《礼记·月令》说："命工师，令百工，审五库之量……百工咸理，监王日号，毋悖于时，……""命工师效功，陈祭器，按度程，毋或作为淫巧以荡上心，必功致为上，物勒工名，以考其诚，功有不当，必行其罪，以穷其情。"《荀子·王制》把工师和司徒、司马、司空、治田等官吏并列在一起，由此看出工师的地位是重要的。工师在朝廷、郡、县三级工室中都有设置，具体负责一个作坊的各种事务。

師（5487，图 12-59），工师之省文，战国秦印。

图 12-57　　　　　　　　　　图 12-58　　　　　　　　　图 12-59

六、秦宫廷专有手工业

宫廷专有手工业职官有秦封泥宫司空印、宫司空丞（《泥风》125）、御府工室、北宫工丞、北宫弋丞、北宫私丞、北宫干丞等等。还有以宫字头的砖瓦文及北司（北宫司空省文）等陶文（详见《宫室篇》）。

七、"工室"是秦特有的制造机构。

在中央及地方都设有工室。秦封泥中有少府工室（《泥风》137，图 12-60）、少府工丞（无田字格，《泥风》137，图 12-61）是中央政府所设的工室。五年相邦吕不韦戈铭曰："五年相邦吕不韦造，少府工室阶，丞冉，工九。武库。少府"[2]。工室的最高长官为令或长，如五年相邦吕不韦戈中的"阶"就是少府工室"长"[3]。

秦时在其都城咸阳及旧都西、栎阳、雍等地都设有工室。

咸阳工室（《考报》2001.4，图 12-62）、咸阳工室丞（《新出》89，图 12-63）、雝（雍）工室印（《泥风》141，图 12-64）、雝工室丞（《新出》107，图 12-65），秦自德公至灵公居雍，前后 253 年。雍地有五畤、"太昊黄帝以下祠三百三所"、橐泉宫、祈年宫、械阳宫，所需器物必多，故设工室以主其事。"雝工室丞"、"工室"下设有直接负责生产的"工师"或工。臣（身份是奴隶）鬼薪（服役刑徒）在官府作坊服役，并承担一定的技术责任。

櫟（栎）陽右工室丞（《泥风》136，图 12-66），"栎阳"，古县名，秦置。治所在今西安市临潼县东北七十里的武家屯一带。公元前 383 年秦献公在此建都，历时三十四年。"工室"为秦县级官营手工业机构。云梦睡虎地《秦简·工律》有："县及工室听官为正衡石累……"的记载，秦简整理小组注云："工室隶于县令或县丞，是县的一个经济管理机构。"栎阳工室还分置左右。辽宁宽甸出土秦二世元年丞相斯戈刻辞"栎陽左工去疾"（《秦铜器铭文编年集释》62/140），同为其佐证。

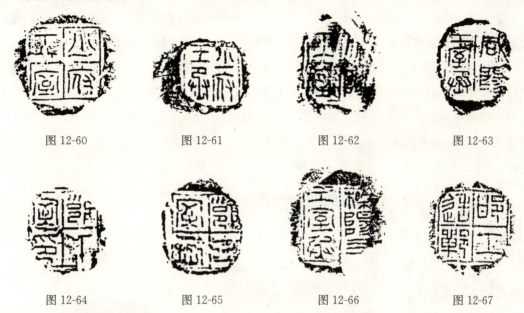

图 12-60   图 12-61   图 12-62   图 12-63

图 12-64   图 12-65   图 12-66   图 12-67

邯郸造工（《泥风》141，图 12-67）、邯造工丞（《泥风》141，图 12-68），"邯造工丞"之"邯"为"邯郸"省称。《汉书·地理志》："赵国，故秦邯郸郡。"秦置县，秦始皇十九年（公元前 228 年）置郡，治所在今河北邯郸市。"造工"性质当与"工官"、"工室"等相近。邯郸工官，可能沿袭了战国赵之工官制度。

巴左工印（《西安》刘庆柱文），《汉书·地理志》："巴郡，秦置。""巴左工印"应为巴郡左工室印之省文。

图 12-68

秦封泥还有汪府工室、蜀左织官、江左盐丞、江右盐丞、弩工室丞、淮南弩丞、淮阳弩丞、西盐、琅琊水丞等等。咸阳、雍、西、栎阳等处的工室丞、盐官、采金官，反映了对首都、故都手工业经济的重视与管理。在已出土的秦文物中，已知咸阳、栎阳、雍、西、上郡、东郡、河东等处设有工官，有称"工官"，有称"工室"。

寏（5342，图 12-69）此字宝盖（屋宇）下天字倒置，应释作寏，即纳。误置于此。参见拙撰《单字玺研究》刊《第二届"孤山证印"西泠印社国际印学峰会论文集》。

各地秦工室由少府领导，那么工官到底归中央的什么机构管辖呢？秦简   图 12-69
《均工》记载：工师、故工、新工皆由内史登记造册，官府手工业由内史统辖。

司工（空）是官府行施行政职权的官署，工师是手工作坊的管理和技术负责人。因为产品的种类不同，还有些管理机构和产品封检用印。

八、各种手工业产品

象牙梳（《中国史前遗宝》225，图 12-70），出土于大汶口遗址第 26 号墓葬，系用一段弧形象牙皮雕刻而成，长 16.4 厘米，宽 8 厘米。分为顶部、梳身和梳齿三部分。梳齿共有 16 枚，具有实用价值。现藏于中国历史博物馆，是我国最早的一件、也是原始社会唯一的一件完好保存下来的象牙梳。当时的雕塑家掌握了高超的象牙雕刻技巧，在这一手工行业达到了很高的水平。较为发达的象牙骨雕是大汶口文化原始手工业的一大特色。玉背象牙梳（《良渚古国》107，图 12-71）是良渚文化周家浜遗址出土，瓶窑也出有骨梳（同前，图 12-72）出土，皆 5 千年前之物。

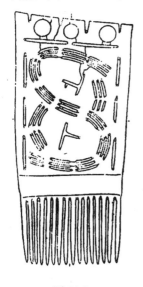

图 12-70   图 12-71   图 12-72

《曾侯乙墓》出土漆木梳 17 件、玉梳 1 件（《曾侯乙墓》上 383、428、430）。江陵雨台山楚墓出土梳篦 139 件，少数在柄部髹黑漆并彩绘各种云鸟纹（《江陵雨台山楚墓》104，图 12-73）。信阳二号楚墓出土漆木梳 3 件、篦 2 件，柄部有的还有鸟形圆雕装饰（《信阳楚墓》图版九七，图 12-74）。战国墓葬出土梳篦是很平常的事，尤其是女性墓葬更为习见。

右角（《陶汇》5.266，图 12-75）、角（《陶汇》5.267，图 12-76），秦陶印迹。角可能是制角手工业的机构，也参与了制砖瓦的工作。

比（5377，图 12-77），《玺汇》无释，刘钊《古文字释丛》识为比。畅按：比《汉语大字典》有十多解，玺印的比以"篦"解为最佳。篦子，后作"篦"。清段玉裁《说文解字注·比部》："比，许书无篦字，古只作比。""比"即"篦"。齿疏的叫做梳，密的叫做篦，而比（篦）就是密齿可用来梳除虮虱的篦子。此为产品封捡用印。

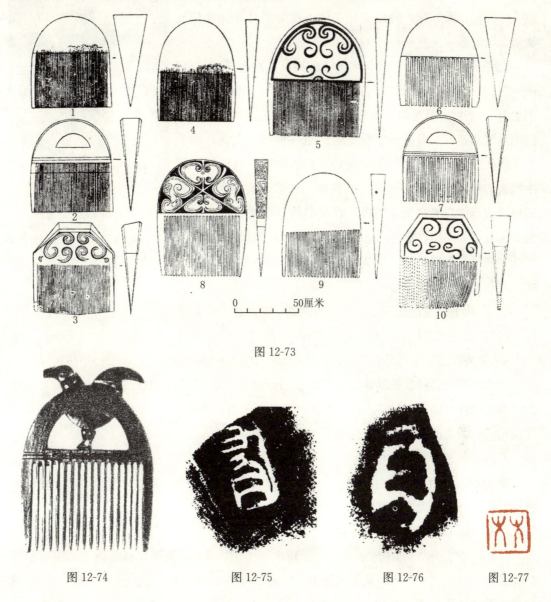

图 12-73

图 12-74　　　　　图 12-75　　　　　图 12-76　　　　图 12-77

　　中国人自古以来就爱玉。8000 多年前，兴隆洼人、查海人已用玉琢成玦、匕分别作为耳饰和坠饰，装扮自己。5000 多年前，红山人不但制作多种玉器美化自己，而且在为自己女祖塑像时，用琢磨成半圆形的黑色玉片镶嵌在眼内为睛，这真是点睛之作，玉睛使女祖神采奕奕，栩栩如生。殷墟妇好墓出土随葬器物达 1600 余件。其中铜器 440 多件，玉器 590 多件……其中的跪坐玉人（《中国国宝精华》92，图 12-78），盘辫、冠饰、衣纹都雕琢精细华美，是商殷晚期玉器精品。

"玉文化经过几个阶段的发展，不断干预社会生活，并逐步广泛化、深入化，终成文化主体，成为巫神媒介及华夏文明基础的第一块奠基石。"（杨伯达语）

图 12-78

孔子曰："夫昔者，君子比德于玉焉，温润而泽，仁也。……"《礼记·玉藻》云："古之君子必佩玉"，"君子无故玉不去身"。当时，凡是贵族都有佩挂玉饰的习惯，用以标志自己的地位和修养。看来儒家所推崇的是一种尚玉文化，而玉文化所代表的天地道德、礼义廉耻、仁智忠信，早已构筑了中国人的精神世界和传统的民族性格。古代，人们用玉，象征伦理道德中高尚品德，情操，在我们的悠久文化中扎下了根，玉成了一切美好事物的总称[4]。凡在国家或贵族的重要活动中如吉礼、军礼、凶礼、宾礼、嘉礼都要用玉器，其中尤以玉圭的使用最多。

夏鼐把商代玉器分为：

（一）礼玉：专指璧、琮、圭、璋、璜、琥，这六种玉器称为"六瑞"；

（二）武器和工具（略）；

（三）装饰品：实用品和艺术品两大类（《中国考古学·两周卷》186，图 12-79）[5]。

关于玉器的开料、雕琢等工序都有专书介绍。《天工开物》说："凡玉初剖时，冶铁为圆盘，以盆水盛砂，足踏圆盘，使转，添砂剖玉，逐忽划断。（《天工开物》，图 12-80）"先世是用石质扁圆形砣，后来改成了圆盘。

燕国多制玉的官署：

無（无）审（终）市玉勹（伏、符），单佑都市玉勹（符）鍴（瑞）两燕国印迹分别是无终市、单佑都市管理玉的官署印（详见《亭市篇》）。

中昜（陽、阳）都吴（虞）玉符（《玺汇》5562，图 12-81），燕玺，上博收藏。［中］昜都吴（虞）玉勹（符）（《陶汇》4.13，图 12-82），陶器印迹。裘锡圭首先在《战国货币考（十二篇）》释出"中"字。吴振武指出"中昜"合文（《古玺合文考（十八篇）》），中阳故城在今山西省中阳县西，战国曾先后被赵、秦、燕、齐等国所占。吴，通虞，是管理山林的官[6]。虞指虞人，相当于《周礼》的山虞和泽虞。《地官·山虞》："掌山林之政令，物为之厉而为之守禁。"贾公彦疏："但山内林木金玉锡石禽兽所有不同，每物各有藩界，设禁亦不同。"[7]孙诒让《周礼正义》："'掌山林之政令'者，山林之地，有任农授地，取卝（古矿字）伐材及田猎征赋，此官掌其政令也。"虞人管理山泽所出珠玉。何琳仪《战国文字通论》释伏即符。中昜都吴玉符是中阳都虞人属下管理玉的官印。把官署印压抑在陶器上，当然是表示陶器的所属。

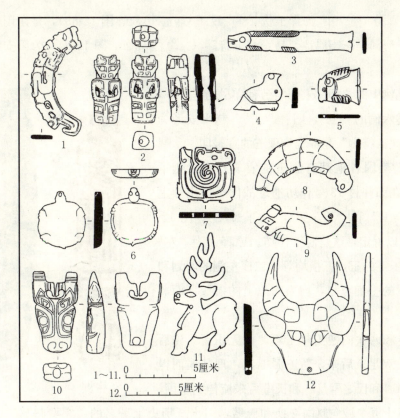

图 12-79　三门峡上村岭虢国墓地 M2001 出土玉器

1、2. 人像　3、5、8. 鱼　4. 鸽　6. 鳖　7. 龙　9. 虎　10. 马首　11. 鹿　12. 牛首

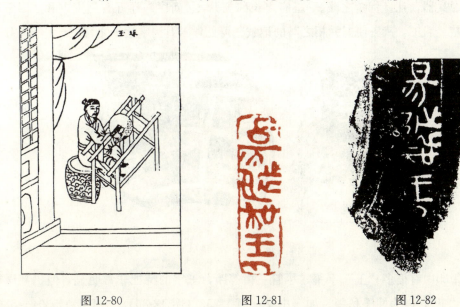

图 12-80　　　　　　　　　　图 12-81　　　　　　　　　　图 12-82

東（东）易（陽、阳）海泽玉伏（符）鍴（《玺汇》0362，图12-83），是东阳海泽管理玉的官署印。海泽是东阳属地。易安都玉符鍴（《陶汇》4.29，图12-84）为阳安都管理玉的官署印迹。

以上几例中的"都"朱德熙已有详尽的考证[8]，可从。上述六例的"玉"，旧释"王"。赵平安考为玉，甚确。"玉符鍴"是各地管理玉的官署印[9]。

为什么燕国各地都有制玉的官署？查《燕下都》，发现在郎井村13号作坊遗址战国早期陶片上有刻文"玉工"和"玉"字（《燕下都》97，图12-85)[10]，可以肯定，这是制玉作坊。原释误为"左"和"王"。玉工的玉，三横均等，二横左侧的斜划和玉字中竖下的一细竖划，均为陶片上的痕迹，而非刻划。

楚人卞和两次向楚王献玉璞，因无识者，先后被楚王刖去双足。后来，楚王派玉人"理其璞而得宝，因命曰'和氏之璧'。"和氏璧后来流传到赵国，

图 12-83　　　　　图 12-84

秦昭王要以十五个城向赵国交换和氏璧，引出了历史上著名的"完璧归赵"的故事。足见当时名贵的玉器是价值连城的。楚国重玉，设有专门的机构——玉府[11]，"掌王之金玉、玩好、兵器，凡良货贿之藏。"玉府之长称玉尹，《新序》卷五有荆人卞和"奉玉璞而献之［楚］武王，武王使玉尹相之"的记载。可见，玉尹为掌治玉之官。

0　　　　　3厘米

图 12-85

单字玺印中有很多"玉"字玺，尽管三横等距，玉字的特征非常明显，但仍都误释为姓氏的"王"，以为姓氏私玺。如《中文·续》253（图12-86）、《玺汇》5304～5306（图12-87）、《湘》78（图12-88）、《鉴印山房》68（图12-89）、《中文》150（图12-90）

等，应是制玉官署的用印。珍秦斋藏一抚琴纽带钩印（《珍秦·古》195，图 12-91）误释为壬，西汉，恐误，应为秦印，此抚琴纽带钩印应是制玉业主或官员身份的表明。陶器印迹玉坯（鉨、玺）（《季木》0958，图 12-92）也应表示制玉官署的用器。

图 12-86　　　　　　图 12-87　　　图 12-88

图 12-89　　　　　图 12-90　　　　　　图 12-91

新蔡故城所出战国封泥"玉"（《文物》2005.1，图 12-93），印面方形，阳文。报告误释为王，应为玉产品的封检泥封。

瓔（5349、5350，图 12-94），燕玺；《陶汇》3.1248，图 12-95）齐系陶印迹。瓔，珠玉饰物。

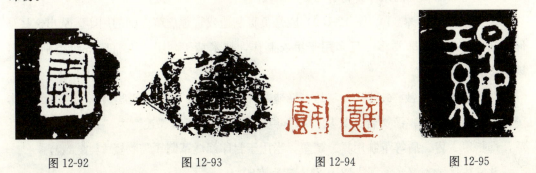

图 12-92　　　　　图 12-93　　　　　图 12-94　　　　　图 12-95

瑗（《陶汇》3.863齐系陶印迹，图12-96）。《说文》："瑗，大孔璧。"即"好（孔）倍肉（边）"（孔大边小的璧）。睘（《文物》2005.1，图12-97）。印面方形，阳文。即環（环）的本字。玉环，璧属。"肉（边）好（孔）若一"曰环（其孔及边肉大小相等）。

战国时期是制玉工艺高度发展的辉煌时期，达到殷周以来新的高峰，在中国玉器史上占有十分重要的位置。河北平山中山王墓、山东曲阜鲁国故城、河南辉县固围村魏墓、信阳楚墓、叶县楚墓、湖北随县曾侯乙墓（528件）等处出土的玉器最具代表性，它们从不同侧面反映出战国制玉工艺的高超水平[12]。新石器时期玉器打磨和抛光的技术也是谜，许多加工面之光洁度、光色感即使以现代工艺也难以做好。

汉代最重要的贡献是造纸术的发明。东汉时负责官建手工作坊的蔡伦总结了前人的造纸经验，造出了人类的第一张纸。与纸的出现伴随而来的笔、墨、砚的手工业制造也得以空前发展，改变了整个人类文化。战国时期，笔墨生产已有相当规模，《说文》："墨，书墨也。"墨（5477，图12-98）单字玺就是为宫廷贵族制墨的专业工师的印记，亦即墨产品的封检用印。

图 12-96 　 　 　 图 12-97 　 　 　 图 12-98

鉴印山房收藏的日字格秦半通印漆工（《古玺印菁华》79，图12-99）铜质，鼻钮，日字格。高奴铜权有桼（漆）工熙。四十八年上郡假守晊戈铭文有"漆工平"，董珊《四十八年上郡假守晊戈考》说"漆工"是漆垣工师的简称（《珍秦·秦铜》209）。这是漆垣工师的用印，或为漆器工师的用印，待详考。

革工（《珍秦·秦》19，图12-100）应是负责制造或管理皮革工师的用印。从出土兵马俑得知秦使用皮革非常多，且多用于甲衣制作，技术精美，甲衣按官阶等级类别不同，理应设有制革部门。

㷭革（《珍秦·战》6，图12-101）：烽燧之"燧"《说文》籀文作㷂，小篆作"㷭"。本玺首字，与《说文》籀文合；又从"术"声，则与古文字借"述"为"遂"合。革谓兵革，即指甲、胄、盾等革制用具。楚玺，当用于封印烽燧革制军需物资（吴振武说）。

北宫皮自（官）（3998，图12-102），三晋官印。

皮（《陶汇》3.1170，图12-103）此为齐系皮件作坊的用器。1975年陕西岐山黄家村出土的裘卫铜器四件，器主名卫，职官为"裘"，是为周王管理裘皮的官，证实了《周礼·天官》有"司裘"一职的可靠性[13]。

图 12-99　　　　　　　图 12-100　　　　　　　图 12-101

圅（5269，图 12-104）函之本字，《玉篇·臼部》："圅，铠也。"《字汇·凵部》："燕无函"郑玄注引郑司农说："函，铠也。"先秦铠甲多以皮制，函应是制铠甲的手工作坊用印。

刑（5278，图 12-105），通鼏，古代盛羹用的鼎，此为制鼎之机构用印。"吴炊"秦封泥，秦政府设在吴郡制造炊具的官署用印（详见《饮食篇》）。

图 12-102　　　　　图 12-103　　　　　图 12-104　　　　　图 12-105

结　语

战国时期各国管理手工业的职官稍有不同，燕、三晋、楚系中央及地方皆称司工。齐未见司工，多见工师。秦分中央、宫室及地方三系，有司空、工室及工师诸称，比较繁复。战国时期手工业繁荣，因此可见一些有关产品的玺印与印迹，随着出土文物及文献的增多，这方面的资料将更为丰富。

注：

[1]《秦的官府手工业》，吴荣曾著《先秦两汉史研究》1995 年 6 月版第 195～209 页。

[2] 张颔：《捡选古文物秦汉二器考释》，《山西大学学报（哲学社会科学版）》1997 年第 1 期。

［3］刘瑞《秦"工室"略考》，《古文字论集（二）》。

［4］刘振峰、金永田著《红山古玉藏珍》，万卷出版公司 2005 年 1 月版。

［5］详见《商代玉器的分类、定名和用途》，李伯谦编《商文化论集·上》，文物出版社 2003.9.425
～441。

［6］吴振武：《战国玺印中的"虞"和"衡鹿"》，《江汉考古》1991 年第 3 期。

［7］《周礼注疏》，中华书局影印十三经注疏本，1980 年版第 109 页。

［8］朱德熙《战国匋文和玺印文字中的"者"字》，《古文字研究》第一辑中华书局 1978 年版。

［9］赵平安《燕国长条形阳文玺中的所谓衬字问题》，《考古与文物》2005 年《古文字论集（三）》

［10］河省文物研究所编著《燕下都》，文物出版社 1996 年版。

［11］湖北省荆沙铁路考古队：《包山楚简》，文物出版社 1991 年版。

［12］《东周时期的制玉工艺》《中国考古学·两周卷》第 427～435 页。

［13］参见李学勤《重新估价中国古代文明》，《人文杂志》增刊《先秦史论文集》。

参考：

叶其峰《战国官署玺——兼谈古玺印的定义》，《中国古玺印学国际研讨会论文集》；林华东著《河姆渡文化初探》；王辉《秦印探述》，《秦文化论丛》第一集，西北大学 1993.5；孙慰祖《封泥所见秦汉官制与郡国县邑沿革》，《篆刻》2003.3；吴荣曾著《先秦两汉史研究·秦的官府手工业》1995 年 6 月版；周晓陆、路东之《秦封泥集》；周晓陆、路东之《新蔡故城战国封泥的初步考察》，《文物》2005 年第 1 期；刘玉堂《楚国经济史》第 193 页；黄展岳著《考古纪原——万物的来历》四川教育 1998.7 版。

美金以铸剑戟，试诸狗马

——先秦的冶铸业和铸官

先秦冶铸业的光辉业绩

迄今考古发掘最早的铜件，是 1973 年在陕西临潼姜寨仰韶文化遗址中出土的原始黄铜片、管各一件。这两件铜片制品碳十四年代距今约 5970 年左右。目前发现年代最早的青铜器，是在甘肃东乡马家窑文化遗址出土的青铜刀，单范铸成，年代是公元前 3000 年[1]。甘肃齐家文化遗址中曾出土有红铜器和青铜器，距今也有 4000 多年的历史。龙山文化时期的铜器都属刀、锥、凿、钻一类的小件刀具以及饰物，其中多数为红铜器，部分器物为原始青铜、原始黄铜。中国出现最早的铜礼器是 1983 年山西襄汾陶寺遗址 M3296 出土的铜铃，年代约为公元前 2085 年。

盘庚迁殷以后，以安阳小屯殷墟为标志，青铜冶铸技术达到商代的鼎盛时期。妇好墓随葬器物达 1600 余件，其中铜器 440 多件。出土和传世的几万件商、周青铜器，尤以"后母戊"大鼎（又称"司母戊"大鼎）那样重达 875 公斤的重器为殷商冶铸业的代表作，它们是冶铸奴隶智慧和才能的结晶，它们的学术、艺术价值和技术水平是世所公认的。

据学者们考证，在我国，"古人称铜为金"。周代金文（包括从金的字）中，有五十个以上，这时的工艺技术，无论是造型艺术，还是装饰艺术，都巧夺天工，达到了很高的水平。西周长铭多有文献价值，如大盂鼎（《铭文选》62，图 13-1），铭文 291 字，小盂鼎，铭文约 400 字；毛公鼎有铭文 32 行，497 字，是我国铭文最长的一件青铜器。令簋、墙盘、大克鼎、㝨簋、多友鼎、此鼎、散氏盘、颂器（鼎 3、簋 6、壶 2）、虢季子白盘、不其簋等等，皆为各具特色书法优美的杰作。

夏代已经能镕铸青铜。最初的铸型是使用石范。在制陶技术发达的基础上，很快就改用泥（陶）范，统称范铸法。陶范使用了三千多年，直至近代机器制造业的兴起采用沙型铸造以前，它一直是最主要的铸造方法。为获得形状高度复杂、花纹精细奇丽的青铜铸件，制铜工匠们创造了一系列重要的铸造工艺，包括有块范法、失蜡法、冷锻和热锻等。熟语中的"模范"、"陶冶"、"熔铸"、"就范"，就是沿用了铸造业的术语。

失蜡法是春秋中晚期出现，战国、秦汉以后铸造青铜器所采用的主要方法。"据所见殷周铜器一器一范，无一同范的。"花纹印模法早在商代前期就从制陶技术上搬用过来。春秋中改用方块印模法。战国时期用分件铸法，又称为合范分铸法。分铸的附件同器物的主体连接方式分两种：一种是分铸的附件采用铸接工艺连成整体，此即分铸合范或曰分范合铸，另一种是采用焊接的工艺连接，焊接工艺从材料看可分为两种：一种是铜焊，一种是镴焊。战国时期，又出现了鎏金和线刻工艺。同时，在锻、焊、热处理（淬火回火）、表面处理（镀锡、镀金银）等多项工艺方面均有较大的发展。随着青铜铸造业的发展，社会对青铜器的需求也在增长，生产效率高、成本低的叠铸法在战国开始出现，战国齐刀币就是最早的叠铸件[2]。

中国古代青铜冶铸业异常发达，青铜器种类繁多。大致可分为烹炊器、设食器、酒器、水器、乐器、兵器、车马器、工具、度量衡、杂器十类（详见李学勤《古文字初阶》）。

位于山西侯马市的东周晋国铸铜作坊遗址面积约为 20 余万平方米。作坊址内发现有居住址、窖穴、水井、道路、陶窑、熔铜炉、墓葬等遗迹，并出土了不少与铸铜手工业有关的遗物，如雕刻花纹用的骨质雕刀、青铜小刀，熔铜用的坩埚碎块，铸造青铜器的陶范（《中国考古学·两周卷》28-1，图 13-2）及铜锭、铅锭等。陶范出土最多，总数达 3 万余块。工具范、兵器范、礼器范、带钩范都有规律地分别存放，可见规模之大。

图 13-1　大盂鼎释文：

隹（唯）九月王在宗周/玟（文）

王受天有大令/又匿匍有四方眈

玺印中的铸造职官

敀（造）寏（府）之鉨（0131、《上》8，图 13-3）楚玺。首字原无释，叶其峰、郑超隶定为郜，读为造。府库本为储藏器物之所，但到战国时代，各国府库往往兼负造器之责[3]。迄今所知有"造府"字样的楚器有四：《商周金文选录》578 号《陈旺戟》，其铭文为"陈旺之岁造府之戟"；《文存》3·12.1·所录《造府鼎》，其铭文为"造府之右冶囗囗"；《玺汇》0131 著录有"造府之玺"，《玺汇》2550 所录"造贂（府）"玺（图 13-4）。"造"字从"人"从"告"，或从"攴"从"告"，郝本性等释读为"造"[4]，可从。据黄锡全考证，"告"字上部竖笔向左弯曲，应是楚文字的特点。据"造府"铜玺出于寿县，上列诸器之时代皆为战国晚期，说明此府与大府、高府一样，是设在国都内的中央府名[5]。据"造府鼎"和"造府"下有冶铸机构，郝本性认为这类机构"至少有两个，既有右冶，当有左冶。……负责铸造之事。"[6]郑超也认为，造府的"主要任务是制造器物"[7]。而据《陈旺戟》出于造府分析，此府也铸造武器。总之，造府为楚国大型官营冶铸作坊是没有疑问的。

连尹之鉨（《故》26，图 13-5），楚玺，故宫收藏。《左传》宣公十二年、襄公十五年、昭公十七年都有关于楚连尹襄老、屈荡、奢的记载。连尹的职能，孔颖达疏引服虔云："连尹，长沙出连锡。"裴骃《集解》引徐广曰："连音莲，铅之未炼者。"又《广雅·释器》云"铅矿谓之链"，清王念孙疏证链通作连。郭仁成通过对上述文献的综合分析，认为"连"即"链"。又《汉书·食货志》云："铸作钱币，皆用铜，敩以连锡。"颜师古注引李奇曰："铅锡璞名曰连。"如此看来，连不光指铅矿，还包括锡矿在内。由于锡和铅是制造青铜器和钱币的重要原料，因而需要开发大量的连，连尹也正是为管理铅锡矿的开发而设的工官[8]。《珍秦·秦》104 录一"连"单字圆形秦印，可能是类似的工官，楚印加尹而秦印不加尹，故为单字。

图 13-2   图 13-4   图 13-5

鑄（铸）巽（钱）客鉨（0161，图 13-6），楚玺，故宫博物院收藏。第一字，吴振武、何琳仪释为"铸"。第二字，李家浩读为"钱"。郑超认为，"铸巽客"也当读为"铸钱客"，是主管铸造蚁鼻钱的技术官吏。楚国为聘请来的外国技师专门设立了"铸客"、"铸冶客"等官职，"铸客"是外来铸造技师的名称。

羣粟客鉨（0160，图 13-7）传世楚玺，故宫收藏。《周礼·冬官考工记》中记载："栗氏为量。"栗氏是管理金属冶铸制度的工官之一，负责制作量器，供给官方收取租税和日常商业流通中使用。"群粟客玺"大概就是楚国聘请来铸造量器的外国技师总管的印章。

戒客（？）之鉨（0163，图 13-8），"戒"当读为"械"，"械"从"戒"声，例可通假。《说文》说："械，一曰器之总名也。""械客"当是主管器械制造之官。此印以左下角的"戒"字为起点，顺时右环读，楚国圆印中有顺时左旋读的排列法（郑超《楚国官玺考述》）。依楚器铭文惯例，大凡称"客"者多系外来技术工匠，非楚官。黄锡全《古文字中所见楚官府官名辑证》通过对字形的分析，也认为此玺第一字释"客"可能有问题，主张存疑待考。

图 13-6

图 13-7

图 13-8

楚国的铜器铭文中，记录了楚国负责冶炼的官员称作"冶师"，"冶师"的助手叫"佐"。如楚王酓忎鼎："冶帀（师）史秦，差（佐）苟螜为之。""差（佐）"即冶师副手（《铭文选》664，图 13-9）。

集尹的主要职责是监造青铜器，也包括青铜符节印信等。如楚《燕客铜量》（《楚系青铜器研究》462，图 13-10）即有"集尹陈夏"等"铸二十金剖以赠"的铭文[9]，亦可为证。

鎠（铸）吏（3760，图 13-11），齐玺。铸为会意字：把金属和火放在大器皿（熔炉）中熔炼。这是唯一的一方齐国有关冶铸的玺印。

母遣（造）鉨（0271，图 13-12），齐玺，疑母为地名，造为造府之省文，应是母地的铸造官署。

始皇时代主管兵器制造的中央官置机构见于铭文者有少府工室、寺工、属邦工〔室〕（见《邦交篇》）、诏事等。少府的设置还见于铜铭。

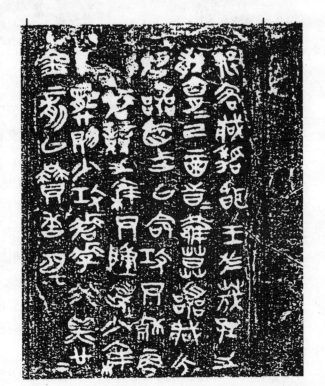

图 13-9　楚王酓忑鼎释文：

楚王酓忑戬（戰）隻（獲、获）兵铜。正月吉
日，/窑鑄（铸）鐈（铞）鼎之盖，以共（供）
哉（歲、岁）棠（嘗、尝），/佁（冶）帀（師、
师）吏秦差（佐）苛蝥為（为）之。

图 13-10

图 13-11　　　　　　　　　　图 13-12　　　　　　　　　　　图 13-13

　　寺工一名典籍无载。一般认为"寺"通作"侍"，取侍御宫廷之意，寺工是为宫廷服务的工官官署名称。《说文》："寺，廷也，有法度者也。"林义光《文源》认为金文寺从又从之，本义为持又像手形。手之所之，为持也。《邾公牼钟器》是持，《石鼓》秀弓持射，持，皆作寺。是知"寺工"就是操持手工业及其工艺的机构。寺工是宫廷官署，工室为政府官署，职能相同而体系有别。寺工一词见于秦国兵器上者十七件，见于其它器物上者四件。寺工是秦中央兵器的主要制造者。寺工并兼营车马器的制作，可见其所管理的生产作坊不是一个而是多个，生产的规模和组织是很大的。

　　寺工丞玺（玺）（《考与》2005.5，图 13-13；日本《艺文》，图 13-14）战国秦封泥。寺工之印（《泥风》139，图 13-15）、寺工丞印（《泥风》139、《泥集》168，图 13-16）秦封泥。寺工（陈41，图 13-17），秦半通印。寺工（《考与》2005.5，图 13-18）半通秦封泥。这些都是领导冶铸工业的官署，或是其职能之一。

图 13-14　　　　　　　　　　　　　　　　　图 13-15

图 13-16　　　　　　　　图 13-17　　　　　　　　图 13-18

相邦吕不韦戈（《珍秦·秦铜》99，图 13-19）：口年，相邦吕不韦造，口口酱，丞义，工豫。背面有"寺工"玺印式阳文铸款，故正面第二行前两字显然应补作"寺工"。显然寺工就是实施铸造的官署，丞为副手，工（师）豫是实施者。寺工的刻款和印迹在秦兵器上习见，如寺工阴文印迹（《秦铜器铭文编年集释》80，图 13-20）、詔（诏）事阴文印迹（《秦铜器铭文编年集释》76，图 13-21）。诏事阴文印迹正背两面制范时系同印压抑，系诏事的产品。

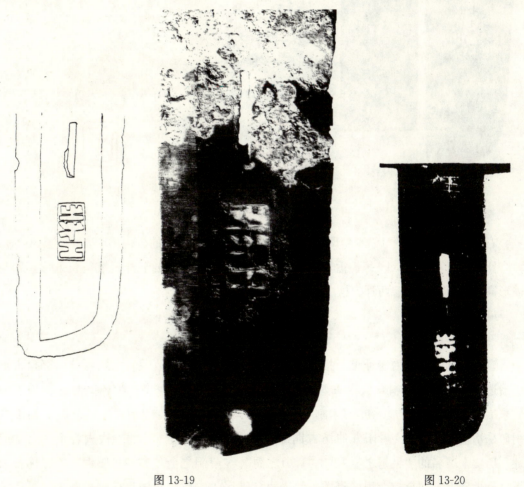

图 13-19 　　　　　　　　　　　　　　　　　　　　　　　 图 13-20

新发现的秦封泥詔事之印（《泥集》219，图 13-22）、詔事丞印（《泥风》129、《新出》53，图 13-23），诏事一词本于《周礼·秋官·掌讶》："诏相其事，而掌其治令。"旧释读作"诏吏"，并被多种金石著作收录之。据封泥可知，戈铭之"诏吏"实应为"诏事"。

盫（5275，图 13-24）古代器皿名，王国维《说盉》："凡传世古礼器之名……皆古器自载其名而宋人因以名之者。"产品封检用印。

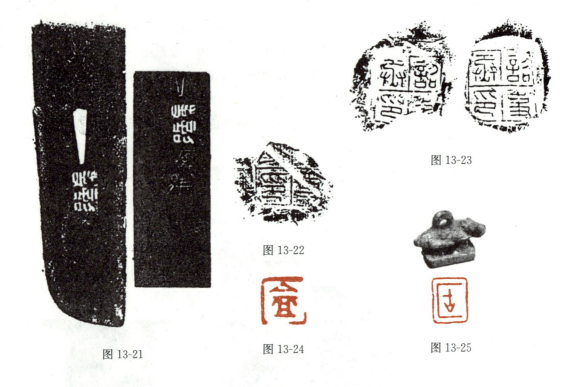

图 13-21

图 13-22

图 13-23

图 13-24

图 13-25

右匜（簠）（《山》164）秦印，可能是生产簠及其它食器的机构用印。匜（簠）（《津》38，图 13-25），燕玺匜同医、簠，古代食器，也用作祭器。出土青铜簠呈长方形，器与盖形同，可分用，各有两耳。这应是产品包装封检的用印。

采矿业的高度发达

东周时期的铜矿冶遗址见于报道的地点，多分布在长江流域，大致可分为鄂赣古铜矿冶遗址群（湖北大冶铜绿山、阳新港下。在湖北钟祥县城东、江西新干、瑞昌铜岭等处）、皖南铜矿采冶遗址群（安徽铜陵、南陵江木冲、繁昌、泾县、青阳、枞阳、贵池等市县 90 余处）、江淮古铜矿采冶遗址带和湖南麻阳九曲湾古铜矿遗址等，每个遗址群（带）代表若干个大型遗址。历史上著名的"吴越之金锡"、"章山之铜"、"陵阳之金"和"丹阳铜"等曾称誉天下，从地望上看均与皖南地区有关。皖南沿江地区古铜矿是我国目前规模最大、时代最早的铜矿遗址群。这个青铜文化带的产生，除这个地区蕴藏铜矿资源外，大概也与水运方便有关。据报道，2003 年有关部门将已发现的中国最早的三处古铜矿冶遗址——江西瑞昌与湖北大冶、安徽铜陵"捆绑"在一起申报了世界文化遗产[10]。

大冶铜绿山古矿井的发掘表明，春秋战国时期，楚国铜矿的开采已经采用了竖井、斜井、平巷（或曰横巷）和盲井联合开拓的方式开采矿石。有的平巷围绕竖井作扇面形展开。早期竖井的支护为木构方形框架，以四根木料用榫卯法互相穿接而成，同时还发现完整的排水系统。上述井巷及排水道的组合，充分反映当时的采掘工艺，具有相当高的水平。古代矿工在采掘中已掌握提升、排水、通风运输、支护诸方面的技术，在当时世界上都是无与伦比的。

古矿井附近发现的几座古代炼炉，从地层和出土物推定，均属春秋时期。炉型为炼铜竖炉，它包括炉基、炉缸和炉身三部分（《科技史文集》第13集，图13-26）。炉基在当时的地表之下，内设"一"字形或"T"形风沟（又称防潮沟）。铜绿山发现的炼铜竖炉，其冶炼工艺是铜的氧化矿还原熔炼。实验表明，这种竖炉可以连续投料，连续排渣和连续放铜，不间断地进行冶炼。竖炉具有较高的功效，并易于检修。古炉渣排放时的流动性很好。反映当时的冶铜技术已达到较高的水平。

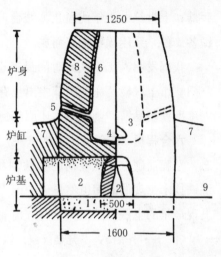

图 13-26　炼炉复原图

鈟（⿰金丱、礦、矿）（《陶汇》5.444，图 13-27），刻铭，这表明是采矿机构的用器。

采司空印（《泥集》162，图 13-28）《睡虎·秦律杂抄》："大官、右府、左府、右采铁、左采铁课殿，赀啬夫一甲。"《周礼·地官·丱人》："掌金玉锡石之地，而为守之。"采司空（工）应与矿人相同掌金玉锡石等矿产的开采。

战国采矿官署有西采金印、郢采金印、郢采金丞（见《金币篇》），采青丞印（见《染织篇》），采珠（《考与》2005.5 未附图版）。

采银（《考与》2005.5，图 13-29）半通。采银封泥从字面看当为主司开采银矿的职官。《汉书·食货志》："贡禹言：铸钱采铜，一岁十万人不耕，民坐盗铸陷刑者多。富人臧（藏）钱满室，犹无厌足。民心动摇，弃本逐末，耕者不能半，奸邪不可禁，原起于钱。疾其末者绝其本，宜罢采珠、玉、金、银铸钱之官，毋复以为币……"

图 13-27　　　　　　　　图 13-28　　　　　　　　图 13-29

铁器业后来居上

据考古资料，早在公元前 14 世纪左右，商代的先民就已经对陨铁进行加工，并制成兵器。上世纪七十年代河北藁城台西村和北京平谷县刘家河商代中期墓葬中出土铁刃铜钺各 1 件，系用陨铁加工而成。

我国发明人工冶铁的时间最迟也在西周晚期。上世纪九十年代初先后两次在河南省三门峡市上村岭两座虢国墓中出土有西周晚期的铜柄铁剑和铁器 4 件，经鉴定，"确认为人工冶铁制品"，"剑以固体还原法精心制作而成"。

六合程桥 M1 等处出土的铁块，经鉴定，也是白口铁。白口铁中的碳主要呈渗碳体状态，性脆而硬。春秋晚期的生铁制品常见白口铁，正是早期生铁的特征。西亚和欧洲块炼铁技术出现的时间虽然早于中国，但是迟至 13、14 世纪才掌握冶炼生铁的技术。中国发现最早的生铁制品至少比西方提前 1800 余年。

《国语·齐语》："美金（铜）以铸剑戟，试诸狗马；恶金（铁）以铸鉏（锄）夷斤劚（斸），试诸壤土。"《管子·小匡》："美金以铸戈剑矛戟，试诸狗马……恶金以铸斤斧鉏夷锯橺，试诸木土。"春秋战国时期以"美金"铸造兵器，以"恶金"铸造工具和农具。"恶金"可能主要指铁。铁器的广泛使用大约始于春秋战国之交。秦封泥有囗剑府印（《新出》85）应是管理铸剑事务的官府。

甫（浮）易（陽）铸市（师）鉨（0158，图 13-30），铜质，战国燕玺。"铸"字旧不识。叶其峰最先释出。肖易夫据"中山王鼎"、"信阳长台关楚简"等战国文字考证其为"铸"字。燕国的冶铸业非常发达，在燕下都的发掘中，曾经发现了多处冶铁、铸铁、制镜等金属冶铸工业遗址，并且发现了多种铁制的生产工具，可见燕国也曾有先进的冶铸工业。浮阳，地在今河北沧县东南，东周时属燕境[11]。

郅（涿）鑄（铸）市（师）鉨（0159，图 13-31），铜质，战国燕玺。第一字何琳仪释为郅（涿），地望在今河北涿县。甫易铸师玺边长 3.9 厘米，此玺边长 4.3 厘米。铸师之印如此之大，除近水楼台的因素之外是否还有其它原因呢？此玺粗边细文，"铸、师"两字与"甫易铸师玺"完全相同，但布白呈"U"字形，空灵洒脱，与"甫易铸师玺"两行排列规整俊美异趣。

鐵（铁）兵工室（《新出》26，图 13-32）、鐵（铁）兵工［丞］（《新出》27，图 13-33）、鐵官丞印（《考与》2005.5，图 13-34），秦封泥。

秦的中央政府和地方都设有工室，工室是管理手工业的官署，工师是工室领导的技术人才。战国秦已设铁官，主冶铁。兵，指兵器。铁兵工室，应为主管铸造铁兵器的官署，反映了秦代的军用手工业发展。"铁兵工丞"，亦即"铁兵工室丞"之省称。为铁兵工室主管官吏之副。战国时已有冶铁部门，并置"铁官"。汉武帝时实行监铁官管，专掌铁器的生产和买卖。战国时曾置"铁官"，主管冶铁。秦因之。"司马靳孙昌，曾为秦主铁官，当始皇之时。"（《史记·太史公序》）《睡虎地·秦律杂抄》："大（太）官、右府、左府、右采铁、左采铁课殿，赀啬夫一盾。"鐵（铁）市丞印（《秦封泥集》128）《汉官表》：治粟内史属官有"干官、铁市两长丞。"是知，还应有"铁市之印"，专掌铁器的买卖。

图 13-30　　　　　　　　　　　　　　　图 13-31

锴（5488，图 13-35）《说文》："锴，九江谓铁曰锴。"五代徐锴《说文系传·金部》："锴，字书曰'铁好也。'一曰白铁也，夫铁精则白。"锴单字印可能是用于产品封检的用印。

汉代冶铁业更加发达，汉封泥有齐铁官印、齐铁官丞、齐采铁印、楚采铜丞、临菑铁丞、临菑采铁、铁官、采铁、采铜、冶府、右铸等等皆见《古封泥集成》。

东汉画像石见有山东滕县宏道院的冶铁图、滕县西户口冶铸图、滕县黄家岭锻铁图等图像都生动地反映了汉代的冶铁技术，和冶铁遗址相辅相成，共同展示了汉代冶铁业的发展水平。

宏道院的冶铁图内容最为丰富（《文物》1959.1，图 13-36），第四层为鼓风冶铁图，展示了从冶炼、锻打到磨砺铁刀的整个生产过程，有如今天的生产流水线，分工明确，繁而不乱。图左吊装一皮囊，即鼓风机，其侧两人操作鼓风，囊下躺1人，其右4人执锤锻打，其上悬挂环首长刀，再右 1 人双手举物，似在审视锻器质量。图中 3 人似持器操作，其后 1 人亦呈审视锻器状[12]。人们最为关注的是冶铁图上的皮囊，除了结合《淮南子·本经训》等历史文献记载，肯定它为冶铁鼓风吹火之"冶橐"或"排橐"外，一些学者还尝试对其进行复原。研究结果表明，该皮囊虽然至今仍是汉代及其以前冶铁鼓风机的孤证，但在当时应是冶铁业中普遍使用的（《汉代画像石与画像砖》51）。汉代铁农具已普遍地使用于生产中，如东汉画像砖成都市郊出土的刈草图中所描绘的使用钹镰的情景（《先秦两汉铁器的考古学研究》203，图 13-37）。

图 13-32　　　　　　　　图 13-33　　　　　　　　图 13-34　　　　　　　　图 13-35

图 13-36

图 13-37

释文：咸畜（蓄）胤（俊）士，壐壐文武，鍨静不

廷，虔敬朕祀，乍（作）□宗彝，以

卲（昭）皇且（祖），毅（其）嚴（严）龏各。以受屯（纯）

鲁多釐，眉壽無疆，吮寴才

天，高引又（有）慶（庆）竈（造）囿（佑）四方。宜。

图 13-38　秦公簋盖铭释文

兵器上的活字印迹

秦公簋（《铭文选》920，图13-38）春秋中期景公（前576～536）时器，甘肃天水西南乡出土，现藏中国历史博物馆，盖内铭十行54字，器内铭五行51字，器盖语句相衔接，共105字。《秦公簋》不仅因书法艺术为后世称道，更重要的意义还在于铭文的翻铸方法与众不同。殷周时期金文，据专家推测是"先照刻铭的地方，制一同凹度的泥片，由善书的书史，以朱墨书之，契刀刻之，俟干后反印在内范上成阳文，再浇铸成阴文"，而此簋制作新颖，"系用一块块印模，字字连续印成"，然后浇铸。我们在拓本上还可见每个字周围的方框印迹，就是印模压抑时留下的痕迹[13]。

与秦公簋方法相同的还有能原镈（奇字钟）（《文存》、《吴越文字汇编》等多书著录，图13-39），春秋晚期越王勾践时代作。江西临江县（今清江县）出土，两件，现藏台北故宫博物院。阴文60/48字，系用单字玺印压抑外范后浇铸而成。是典型的越国鸟虫书文字，以装饰笔画以及赘增装饰偏旁来加以美化，故难以释读。如后征间铭文曰：

之主戊（越）曰

余入邦乍（作）[14]

越王者旨矛（《吴越文字汇编》442，图13-40）、越王大子矛（《吴越文字汇编》474）、攻敔（吴）王夫差剑（《吴越文字汇编》327）等

丕降棘矛（《文存》20.40.2，图13-41），春秋时期燕国铜兵器印迹。骹部铭阴文印迹八字：

丕降棘（戟）余子之囗（造）鈝。

印迹两枚。丕降为地名，余子为官名。棘即戟之初文，春秋及以前皆用为"棘"。战国始有"戟"字，乃后起字。《诗·斯干》："如矢斯棘"，郑笺："棘，戟也。"《礼·明堂位》："越棘大弓。天子之戎器也。"郑注："棘，戟也。"最后一字仅存"金"字，当是"鈝"字之泐。其前一字当是燕国"造"字的特殊写法。此玺余子当为丕降地方之长官，集监、主造者于一人。字取纵势，由笔画圆转，与战国时燕文字方折平直的取势迥异。落笔重收笔轻，与侯马盟书用笔相近。

郾（燕）王喜忎（作）椚旅铍（《文存》20.45.1，图13-42），印迹，战国末代燕王时器。上海博物馆收藏。铜质。残长23.7厘米，最宽13.2厘米。剑脊上印迹一行，阴文7字，大篆。拓本。此王名通释作"喜"（前254至前222年），为燕国末代王喜之器。此乍字下从心，作"忎"。何琳仪释为作（作），甚是。椚（桦）何氏读跸。"跸或武跸当系燕王的侍卫。"旅铍指"行旅之剑"、"军旅之剑"。燕王喜铜剑都自称为"铍"（《战论》96页）。长条印迹压印较轻故边框不显，但文字尚清晰，字大小相参，布白疏密得体，行气紧凑，有

古朴端庄之胜，的为精品。

右宫铜矛印迹（《文存》20.33.1，图13-43），燕国陶器多有"右宫某某"、"左宫某某"，大抵为易县燕下都出土，知燕下都的左宫、右宫为王宫的作坊，兼顾铜器和陶器的生产（黄盛璋《燕齐兵器研究》）。

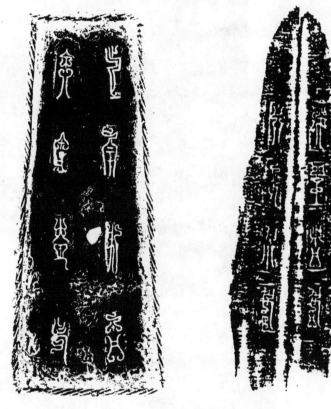

图13-39（50%）

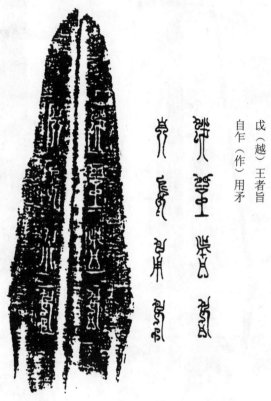

戈（越）王者旨
自乍（作）用矛

图13-40

郾（燕）王喜怎（作）检（劍、剑）鈶（矛）（《河北省出土文物选集》141，图13-44）、郾王戠（職、职）作王萃（《文存》19.42.2，图13-45，两枚，左起读）、郾侯奪（载、载）乍（作）/左軍（军）（《文存》20.36.3，图13-46，两枚，右起读）、作御司马铜戟印迹等等。

燕国兵器铭文多用玺印压抑，已见三十多件[15]，且多呈长条形，或两条并列，与燕国铜玺及燕陶文同形。郾侯脮作巾萃鎍鈽（《文存》19.50.1，图13-47），印迹，铭文却使用阳文单字方印依铭文次第逐一压印，与秦公簋铭文制作方法相同，比较特殊。

綟（欒、栾）左庫（库）铜戈二件（《考报》1974.1，图13-48；《文存》1933.1，图13-49），赵国兵器印迹，阴文三字。栾故城在今栾城东北，为燕赵交境之地，戈铭用印受燕兵器的影响。

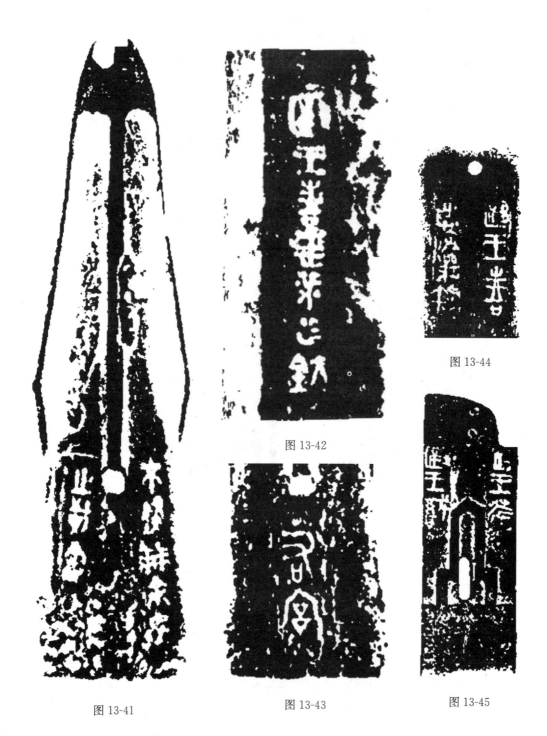

图 13-44

图 13-42

图 13-41　　　　　　　图 13-43　　　　　　图 13-45

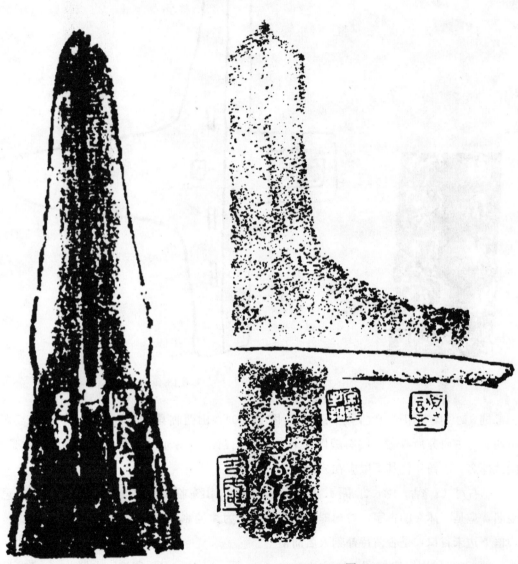

图 13-46

图 13-48

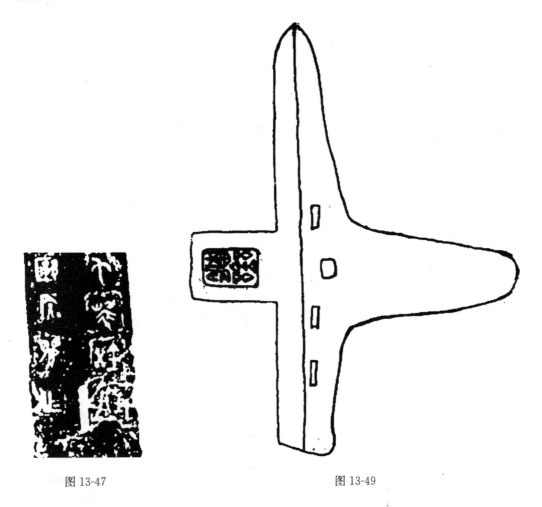

图 13-47   图 13-49

阕（阆）舆戈印迹（《文物》1994.4，图 13-50），山西临县窑头古城出土，韩国兵器，山西省考古研究所收藏。阆舆战国地名，在今山西沁县乌苏村附近。陶正刚认为这是韩国武库名，冶铸年代其下限应在公元前 270 年以前。

郝右司（《考古》1990.2，图 13-51），铜戈印迹，山东临沭镇五山头村前出土。郝从邑，地名，应是"沭"的古字，右司即右司工之省。为沭邑制作或监造官署名。此印迹奇特，边框下边未封口，是否留待补刻人名而留空。

陈（陈）侯因咨造/夕阳右（《铭文选》867，图 13-52），铜戟印迹，上博收藏。陈侯因咨造即齐威王因齐造，为"物勒主名"，即器主之名。夕易（阳、阳）地名，地望待考。右，右库，冶铸收藏库名。

陈卯锆（造）戋（戈）（《文存》19.33.3，图 13-53），印迹，陈卯，人名。锆通造，监造。高密炶（造）铜戈印迹。亡（无、无）鹽（盐）右（《文存》19.31.4，图 13-54）无盐即今山东东平。右，或为右司，即右司工，或为右库之省。

图 13-50 图 13-51

　　蜀東（东）工（《文物》1992.11，图 13-55），战国秦阴文印迹三字。蜀东工是秦始皇九年至廿六年这段时期内设在蜀都成邑制造兵器为主的机构。刻秦王政九年作。长方形秦印，殊为罕见。三字紧紧相连，方正整饬，粗重浑劲，与秦泰山刻石体势相若。因是压抑印迹，故与陶文有异曲同工之妙。

　　十四年十一月市（师）绍（《篆刻》2000.3 封底，图 13-56）铜质玺印；十四年十一月市（师）绍（图 13-57）铜泡，作于战国时期。齐国工官玺。此玺印最早著录于《陈》，又著录《古玺偶存》、《金文分域编》等谱，黄宾虹旧藏。现藏浙江省博物馆。铜质，印背作正方扁平状，鼻钮，正方形，边长 3.0 厘米，铸铭阳文三行八字。钤本。

　　铜泡，1979 年春，山东枣庄市齐村渴口公社刘庄东南半里的水河东岸山坡下的墓葬出土。《考古》1985 年第 5 期 476 页、《西泠艺报》88 期著录。枣庄市博物馆收藏。圆形，铜泡通高 1.2 厘米。直径 6.4 厘米。表面饰浮雕龙纹，绕以云纹，内铸有阳文三行八字，反书。拓本。

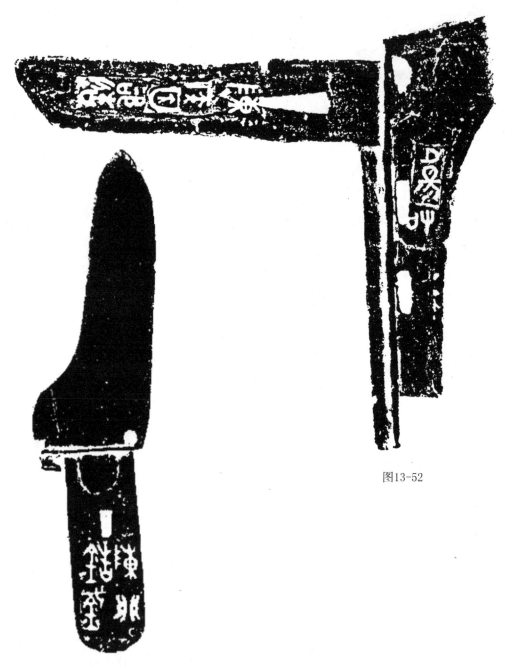

图13-52

图13-53

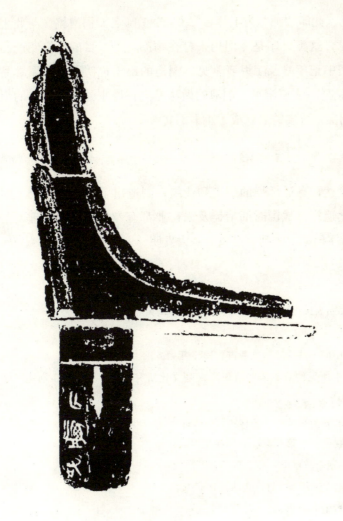

图 13-54

图 13-55

图 13-56

图 13-57

齐玺印文铭年月者仅此一见。此印"师"为工师，"绍"为工师名。铜泡铭文与此玺相验文字内容及大小全同。可见，这类玺印是专门用来打在物品上的。目的是标明产品的制造年月及制造者。燕国陶文中记年月及工尹者常见。铜泡的出土证明了玺印属真品无疑。二千几百年后的这一"盛会"，实属罕见。铜泡的做法是先将原来是反书阳文的玺印压抑在陶范上，就成了正书阴文，待浇铸后就成了正书阳文[16]。

结　语

战国时期我国冶铸业十分发达，有过辉煌的历史和业绩，制造出了许多巧夺天工的珍品，给我们留下了丰富的文化遗产。战国时期冶铸及采矿业都有专门的官署管理，尤其是单字玺印用于制范，已开活字印刷之先河，是世界一大发明。

注:

[1] 刘诗中《中国先秦铜矿》，江西人民出版社 2003 年 12 月版第 21 页。

[2]《殷周青铜器通论》第 128 页。

[3] 黄盛璋《新郑出土战国兵器中的一些问题》，《考古》1973 年第 6 期。

[4] [6] 郝本性《试论楚国器铭中所见的府和铸造组织》，《楚文化研究论集》第一集，荆楚书社 1987 年版。

[5] 黄锡全《古文字中所见楚官府官名辑证》，《文物研究》，黄山书社 1991 年版。

[7] 郑超《楚国官玺考述》，《文物研究》第 2 辑，1986 年 12 月版。

[8] 郭仁成《楚国经济史新论》，湖南教育出版社 1990 年版。

[9] 周世荣《〈楚人邢客铜量〉铭文试释》，《江汉考古》1987 年第 2 期。

[10] 裘士京著《江南铜研究》，黄山书社 2004.12。

[11] 叶其峰《试释几方工官玺印》，《故宫博物院院刊》1979 年第 2 期；肖易夫《文物中见到的古代冶铸》，《文物天地》1991 年第 6 期。

[12] 王建中《汉代画像石通论》，紫禁城出版社 2001.6 版第 394 页。

[13] 详见徐畅《罕见的活字印铸〈秦公簋〉文》，《书法报》1988 年 10 月 5 日 3 版。

[14] 参考曹锦炎《"能原"镈铭文初探》，《东方博物》；施谢捷《吴越文字汇编》，江苏教育出版社 1998.8。

[15] 详见《三代吉金文存》，近 40 件；拙编《中国篆刻全集·卷一》984～993 收录兵器印迹 23 件，其中燕器 13 件，不完备。

[16] 枣庄市博物馆《鲁南出土两件铭文铜器》，《考古》1985 年第 5 期；黄盛璋《关于鲁南新出赵得工剑与齐工师铜泡》，《考古》1985 年第 5 期；曹锦炎《记黄宾虹旧藏的一方古玺》，《西泠艺报》第 88 期。

参考：

自然科学史研究所主编《中国古代科技成就》；《虢国墓地的发现与研究》社科文献出版社 2000. 7
版；刘玉堂《楚国经济史》第 173、214～215 页；黄盛璋《燕齐兵器研究》，《古研》第 19 辑；周晓陆等
《在京新见秦封泥中的中央职官内容——纪念相家巷秦封泥发现十周年》；中国社会科学院考古所编著
《中国考古学·两周卷》；杨权喜《楚文化》文物出版社 2000. 10 版；于海广主编《图说考古——追溯
文明的星河》；黄展岳著《考古纪原——万物的来历》；傅嘉仪《新出土秦代封泥印集》；周晓陆、陈晓
捷《新见秦封泥中的中央职官印》；秦始皇兵马俑博物馆《论丛》编委会编《秦文化论丛》（第 9 辑）；
郑超：《楚国官玺考述》，《文物研究》第 2 辑，1986 年 12 月版。

齐纨鲁缟，冠带衣履天下
——楚国和秦国的染织业和官署

先秦染织业小史

我国的纺织手工业历史悠久，是世界上最早饲养家蚕和织造丝绸的国家，因此，古代希腊人和罗马人称我国为"丝国"。

早在氏族社会末期，我们的祖先就进行蚕桑生产了。建国后，我国考古工作者在河姆渡发现 7000 年前刻有蚕俑的象牙盅（《河姆渡文化初探》彩版，图 14-1）。在浙江吴兴钱山漾新石器时代的遗址（5300 年前），就发现有一批盛在竹篮里的麻织品和丝织品，其中有麻布残片、细麻绳和绢片、丝带和丝线等。1926 年，在山西省夏县西阴村仰韶文化遗址中曾发现半个经人工割裂过的茧壳。80 年代，在北京市平谷县上宅、河北省正定县南杨庄、陕西省神木县石峁、辽宁省锦西县沙锅屯等新石器时代遗址都发现陶蚕蛹或玉蚕。所有这些，足证我国至迟在距今五六千年前史前先民已经掌握了植桑、养蚕、缫丝的技术。五千多年前良渚文化先民已使用原始的水平式踞织机（也称"腰机"）织布（赵丰：《良渚织机的复原》，《东南文化》，1992.2，图 14-2）。

在殷商时期，我国已经有了一套比较成熟的蚕桑丝织技术，已有利于采摘的"地桑"。卜辞之"蜀"应即是"蚕"。蚕丝的缫、练、纺、织等事在卜辞中均有反映（温少峰等《殷墟卜辞研究——科学技术篇》388），已有大片的桑林，并用"桑"作为地名。在乐舞中也出现了"桑林之乐"。在商代遗址和墓葬内发掘出土及传世的青铜器和甲骨表面上，都发现有纺织物的遗物，其原料有丝、麻、毛、棉等四种。丝织品的种类有平纹织、文绮织。妇好墓中丝织品有五种名称：平纹绢、缟（或纨）、缣、回纹绮、罗等。甲骨文中与纺织业有关的字，据统计：从衣、网、巾、束、系、丝、丝的字有 231 个，可见纺织业与人们的关系密切，同时也可见商时纺织业的发达。而且有关于蚕神（"蚕示"）和祭祀蚕神的记载，……（王宇信、杨升南主编《甲骨学一百年》）；同时，反映夏末殷初生产情况的《夏小正》一书记载说，三月"摄桑（修整桑树）""妾子始蚕（妇女开始养蚕）"。在河南安阳和山东益都等地的殷墓中，都发现有形态逼肖的玉蚕。在殷商的铜器上也有用蚕做装饰花纹的（《中国古代科技成就》383，图 14-3）。这都说明蚕在殷商社会生活中，已经占有重要地位。到了周代，栽桑养蚕已经在我国南北广大地区蓬勃发展起来。丝绸已经成为当时统治阶级衣着的主要原料。养蚕织丝是妇女的主要生产活动。《诗经》中就有许多篇章提到妇女采桑养蚕的劳动情景，《诗·豳风·七月》细致地描写了从春天到八月整个采桑、育蚕、作茧、织丝和缝衣的全部过程。这正是当时劳动人民从事蚕桑生产的真实写照。周代已经能织造多色提花的"锦"了，麻织物的生产也达到了一定水平，故有"中国麻，时尚周"之说（陈全方《周原与周文化》）。有学者认为在先秦的史籍中已经有关于提花机的文字记载。战国时期，随着一家一户的小农经济的发展，男耕女织这种旨在满足自己消费的自然经济在广大农村流行开来。桑麻种植和麻纺丝织手工业遍及各地，纺织品中丝织发展最快。春秋时诸侯间馈赠丝织品不过数十匹，战国时诸侯之间的馈赠已达上千匹，说明这时丝织品的生产力已相当发达。荀子（况）所著《蚕赋》概括了蚕的习性和化育过程。有专设的蚕室，蚕种孵化前，必须浴种，……就是当时养蚕技术的总结。秦汉时期，纺织印染在战国的基础上又有很大的发展。官府的丝织规模很大；民间以葛麻纺织为主。西汉长沙马王堆一号汉墓出土的丝织品包含了汉代的大部分品种。最不可思议的是一件长 128 厘米，仅重 49 克的素纹禅衣，可谓"薄如蝉翼"，工艺技术十分了得。

图 14-1

图 14-2

东周时代楚国的丝织业

春秋战国时代，中原的丝织业发展很快。史载："齐纨鲁缟"，"冠带衣履天下"。但遗憾的是齐系有关染织业的玺印并不多见。會（会）丌（其）壬鉩（0253，图 14-4），《篇海类编·身体类·爪部》："壬，织也。"口𡩜司肃（0083，图 14-5），司肃，职官名。肃之本义为刺绣、缝纫，《说文》："肃，箴缕所紩衣。"玺文之司肃，当指掌刺绣事务的官（《古玺通论》128）。另有齐系陶文印迹纑（麻线；《季木》0780，图 14-6）、缨（《季木》0782，图

14-7)、繜（《陶汇》3.760），纫（《陶汇》3.1186、3.1187）等反映了齐国纺织业的部分品种，也表明这些陶器是纺织业作坊的用器。但无论从文献、出土织物、传世玺印等方面都与齐鲁当时享有的盛名不符。

图 14-3   图 14-4   图 14-5

图 14-6   图 14-7

　　从有关资料来看，南方的楚国从春秋中期到战国早期，丝织业至少可与齐鲁并驾齐驱。考古发现和文献记载都表明，战国中期到战国晚期前叶，楚国丝织业处于鼎盛期。考古发现的楚国丝织品实物资料可以证实：楚国的丝织业足以代表当时我国丝织工艺技术的最高水平。考古工作者在湖南长沙左家塘楚墓、广济桥 5 号墓、长沙 406 号战国墓、烈士公园 3 号墓、湖北江陵马山 1 号楚墓、望山楚墓、随州、河南信阳长台关楚墓，等地发现楚国丝织品几十起。江陵马山 1 号墓发现丝织品及刺绣品最为可观，计有织物 35 件（棉袍 9、棉裤、夹衣、单衣 3、袴、裙 2、纵衣、衾 4，以及帽、麻鞋 3、枕套、席囊、镜衣、棺罩、帛画等，除三双麻鞋外全为丝织品）和绣品 21 件。丝织物品种有纱、绢、绦、组、罗、绮、锦、缘等八大类。结合考古发现和文献记载，楚国丝织品还有縠、纨、缟、缣以及刺绣、麻布、葛布总计在十五种以上。长沙左家塘 44 号战国墓中出土一件浅棕色绉纱手帕，轻薄程度与今日真丝乔其纱相当。长沙五里牌战国墓出土的纻麻织物，比今日的普通棉布还要紧密。这批丝织品无论是织造技术的精湛，还是织物品种的齐全，都令人惊叹不已。尤其是复杂组织结构的大提花织物三色锦的出现（《江陵马山一号楚墓》页 44，舞人动物纹锦纹样，图 14-8），证实了战国时代已有较先进的提花机和熟练的织造技术。现在我们所知道的最具体完整的古代提花机型制，是著录在明代宋应星《天工开物·乃服篇》里的花楼机（明代宋应星《天工开物》，图 14-9）。凡制织绚丽多彩的四川蜀锦和南京云锦都用这种提花机，在现今的历史博物馆里就可以看到它的身影。

图 14-8

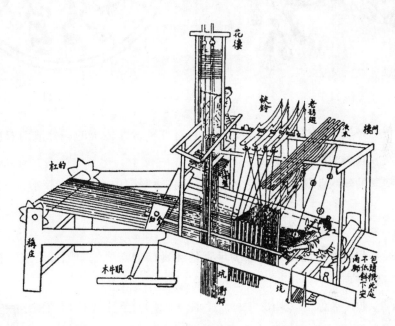

图 14-9

据《楚文化志》介绍，楚国丝织业的兴盛发达，主要有三个方面的原因。

其一，楚地拥有雄厚的丝织原料生产基地。楚国地处南方，土壤潮湿，气候温润，十分适宜桑树的生长，有发展丝织原料生产的有利条件。这时所植的桑主要有两种：即植株较高大的一种乔木桑叫荆桑，又名檿桑，需要人爬到桠枝上去采桑，见故宫博物院藏桑猎宴乐壶的采桑图等三件（图 14-10）；植株较低矮的一种灌木桑叫鲁桑，又名地桑、楼桑、女桑。鲁桑，人只要立在地上就可采摘，见河南辉县琉璃阁出土采桑纹壶盖等两件（《山彪镇与琉璃阁》104，图 14-11）。它的叶子"圆厚而多津"（王祯《农书》卷五），适于饲养稚蚕。至蚕大眠以后，则宜加饲荆桑叶，这样缫出来的丝才会坚韧而有光泽。所以这两种桑叶在饲蚕过程中起着互为补充，相辅相成的作用。地桑在战国时代已普遍使用，说明这时蚕桑事业有很大的发展。

图 14-10   图 14-11

其二，楚国丝织业经济成分的多元化。它有三种，即传统的、分散的农民副业，私营的织造作坊和官营的织造作坊。

其三，楚国的丝织业既立足于传统工艺，也注重吸取中原的先进技术。

楚国织染业的官署和产品

官营的织造作坊的产品，是用以满足宫廷和贵族的需要的，因此，纺织技术要求较高，并设立官署管理，下列六印皆为楚国官玺。

"中戠（织、织）室鉨"（《中历》1980.2，图 14-12），五十年代初湖南长沙战国楚墓出土。"中"字把原在两旁的饰笔放在一竖上面，形成了此印的字形，战国文字方向、偏旁互换，上下倒置、繁文、省文、重文、合文等变化繁多，此即笔画变换位置的一例。"戠"是"職（职）"或"織（织）"的初文。"中戠（织）室"为掌管宫廷纺织事务的官署。

图 14-12

"戠室之鉨"（0213，图 14-13），织室是楚国政府管理全国蚕桑丝织业的官署。

"東域戠室"（0310，图 14-14），"域"字从邑从或，释为"域"，即"国"字异体。公元前 518 年楚国边邑卑梁（今安徽省天长县西北）的女子和吴国女子争桑，引起了两国战争，吴国占了楚国的钟离（今安徽省凤阳县东北）[1]。这一事件说明楚、吴两国对蚕桑丝织业的重视，同时，也说明春秋晚期淮水以南地区蚕桑业已较发达。东域指东部边境地区（或曰东地）。"东域织室"是楚国设在东部地区即淮河流域的蚕桑丝织业的官署。

襄（纕）官之鉨（0141，图 14-15）。襄即纕，即佩带、马腹带。这是楚国中央政府管理全国织带业的职官印。

"下蔡戠襄（繐）"（0309，图 14-16）。印文"下"字横画上有一短横，与鄂君启节、曾侯乙编钟、楚帛书中的"下"字形同，此为楚国文字特点。下蔡即今安徽省凤台县。此为皇家在下蔡设立织室专织佩带与马腹带的机构。

| 图 14-13 | 图 14-14 | 图 14-15 | 图 14-16 |

郢官綝叕（5605，图 14-17）楚玺，何琳仪释。綝《说文》有乱；治；连续不断三义。《六书正讹》作"系"义。叕《说文》作缀联义。綝叕应是缝纫义，此为郢地之缝纫官署。纫（《陶汇》3.1186、3.1187）齐陶刻铭，也与缝纫有关。

图 14-17

　　战国时期的楚国，官营纺织业已经成为独立的生产部门，纺织品已经商品化了。在出土的丝织物上，曾发现有墨书题名及玺印压抑的朱迹，作为督造验收者及纺织工匠的标记。1957 年，长沙左家塘 44 号战国中期墓出土的一块褐地矩纹（19.9×8.2厘米）锦边上，有墨书"女五氏"三字，以及"囚口"古隶玺印朱迹（图 14-18），残长3.2×2.2厘米[2]。此印迹作斜角钤记，第一字应是"囚"字，此字与湖北云梦《睡虎地秦墓竹简》（13·60）的"囚"字极为相似，从人在口（围的古体字）中，会意。"人"字尚有篆意，但由两笔书写，完全是隶笔隶意。囚即罪犯。第二字残缺太甚，无法识读，应为囚犯名。印文"囚口"二字表明织造者的身份和名字，即物勒工名的印记。"在楚国官营手工业作坊从事生产活动的，地位最低的是工奴，其身份同奴隶比较接近，但还不能算严格意义上的奴隶。工奴从数量上说远低于国工，从技术上看又逊于客匠。工奴的来源主要有三部分人：一部分为罪人或其家属没入的官奴婢……"（刘玉堂《楚国经济史》201）墨书"女五（伍）氏"（图 14-19），"女"即"女官"的省称，应是督造或验收者姓氏的签名，"伍、氏"两字较清晰，皆古隶的写法，自由率意，秀丽飘逸，说明"古隶"战国中期已在楚国民间流行。这些材料不仅可以说明楚国纺织手工业在当时已非常发达，而且也证明纺织品上还须加盖织造工匠的玺印，并有督造或验收者的职官姓氏签字，可见其分工之细密和管理之严格。长沙"囚某"朱砂印迹的文化内涵和历史意义非常重大。首先它是迄今所见最早的一方玺印朱砂真迹，说明朱砂制成印泥施于缣帛，在战国中期已经发端，是物勒工名的反映。其二，战国中期，印章已使用"印泥"钤压在丝织品上。这枚朱迹历时二千三百多年没有发生化学变化，仍鲜艳亮丽，有"堆砌"的厚实感，远胜于丝织物的朱色彩纹，与当今特等印泥所钤记的印迹不相上下，其中一定已掺有增加黏度的黏合剂（淀粉），以增强矿物颜料与纤维的附合力。

图 14-18   图 14-19

1982 年 1 月湖北省江陵县（战国中晚期之际，约公元前 340 年～前 278 年）出土的一块凤鸟虿几何饰面衾（N5）的灰白绢里有墨书"門（门）膚（肤）"两字（图 14-20）；一块小菱形饰面锦袍的深黄绢里有墨书"柬"字（图 14-21），应为监造验收职官名。另盖有朱色正方形印，边长 0.6 厘米，印文已无法辨识。在对龙对凤纹绣浅黄绢面棉袍（N14）的灰白绢里有朱印，印文一字（《江陵马山一号楚墓》71，图 14-22），0.7×0.5 厘米，摹本。此印迹或有残损，原报告侧置，未释，至今未见考释者。徐畅考为"府"的省文。楚文字"府"字从府从贝，此字从宀从付，省贝，为"府"之省文。此字与新蔡战国楚封泥的粟府的"府"字全同（参见拙撰《单字玺研究》图二及注 13，《第二届西泠印社国际印学峰会论文集》。）

图 14-20   图 14-21   图 14-22

在塔形纹锦带（N3）上多处盖有相同的朱印，印为正方形，边长 0.9 厘米，印文不够清晰，原报告缺释。笔者认为报告将印文倒置，原文与侯马盟书及鄂君启节的"出"字字形相近，应为"出"字印迹（《江陵马山一号楚墓》71 页，图 14-23），表示产品合格，准予上市。

盟侯　舟鄂
書馬　节君

图 14-23

有些与纺织有关的单字玺，笔者原认为是楚国丝织业私营业主的丝织品名，表示自己的职业、身份，但因新蔡故城"市"中，出土的一批战国封泥有这种单字玺封泥，并考释出包山二号墓衾（丝绵被）上封泥是产品的标识，遂作出这些单字玺是为产品打包或装箱（竹笥）封检之用的结论。戠（5482，图 14-24），戠（职、织），是識（识）、職（职）、織（织）的本字。

纕（5502，图 14-25）、襄（纕）（《历代》200，图 14-26），此为封检佩带产品的用印。

紩（5478，图 14-27），玉质楚印，《说文》：紩，缨卷也。指卷曲的冠系，亦即丝线饰物。

綎（5485，图 14-28），子弹库楚帛书、仰天湖楚简、包山楚简都收有此字。《说文》、《集韵》说同"綖"，丝绶也。

带（《中文》170，图 14-29），汤余惠《战国铭文选》（94）释为带。古人用带来束衣袍，有革带和丝带两种。印文字上构形与秦篆、楚简有异，但与后世隶书写法一脉相承，马王堆帛书《老子》（甲种）、银雀山汉简《孙膑兵法》带字字形均祖此形。

图 14-24　　　图 14-25　　　图 14-26　　　图 14-27　　　图 14-28　　　图 14-29

緅封泥（《包山楚墓》，图 14-30），包山二号墓中棺第六层衾（丝绵被）上封泥，原报告无释。此字从系从奴，应隶定作緅，说文："緅，絜（潔、洁）缊（麻、丝）也。一曰敝絮。"敝絮，即粗丝绵，与丝绵被正合，緅封泥应是产品的标识。

紁（絮）铢（《上》12，图 14-31），上博收藏。紁为緅的简体，亦即絮字，近出一批新蔡楚封泥多有此字，也应是产品的标识。

楚封泥"紁絚"（《文物》2005.1，图 14-32）。印面圆形，有边栏，阳文。报告误絚为垣，并误"紁"作"女红"解。此封泥两字都作绞丝旁。《玉篇》："絚，绶也。"絚同緪，大索也。此为粗丝棉织造的绶带或绳索。

图 14-30

楚封泥"紁缊"（《文物》2005.1，图 14-33），形式同上，报告误缊为垣。缊，《汉语大字典》释为"乱麻；旧絮。"竹笥（箱）钤有产品名称的封泥使验货人一看便知。

图 14-31   图 14-32   图 14-33

緅封泥、紋（絮）鉨、楚封泥"紋緄"和楚封泥"紋缊"都是产品名称，由此可以断定，凡是以丝织品（纺织品）为名称的玺印，都是用来作产品的标识或封检之用。

《古玺文编》收先秦玺印印文绞丝旁 43 种；《楚系简帛文字编》收绞丝旁字 142 种，其中 73 字《说文》未见，反映了战国时代各国纺织业的繁盛，尤其是楚国纺织业的发达。与纺织业有关的玺印和印迹也实难尽举。

秦国丝织业的官署

西安北郊相家巷出土的秦封泥，为我们提供了秦国丝织业的资料。

右織（《泥风》164，图 14-34）、左織缦丞（《风》127，图 14-35）、蜀左織官（《风》132，图 14-36）。"織"应为织室之省。秦设右织室、左织室，为中央官署少府之属。无花纹图案的缯帛称"缦"，可见织室的副手还有分工管理之责。蜀即蜀郡，秦灭古蜀国置，治所成都，蜀郡丝织业发达，设左、右织官管理，此为地方官署。《汉书·百官公卿表》少府属官有"东织、西织"。王先谦《补注》："东、西织见《禹贡传》，东织令史见《宣纪》。"《三辅黄图》卷三未央宫条云："织室在未央宫。又有东西织室，织作文绣郊庙之服，有令史。"陈直按："《汉书·百官公卿表》少府属官有东织、西织令丞，河平元年省东织，更名西织为织室。西安汉城遗址内出'织室令印'，盖河平以后之物。"由楚玺及此封泥看，则战国已有织室一职，且秦已分左右。汉承之不改，不但设于中央，甚至侯国也已设立。

桑林（《泥风》167，图 14-37）、桑林□□（《论丛》九，图 14-38）、桑林丞印（《考报》2001.4，图 14-39）。"桑林"当为官署名，桑林□□补残当为"之印"，为主官啬夫印迹；三封泥应与皇后亲蚕活动有关。《礼记·祭义》："古者天子诸侯必有公桑蚕室，近川（水）而为之。"所谓"公桑"之处或即"桑林"。"桑林丞印"当为桑林属官"丞"之封泥。汉代"桑林"可能在上林苑中。《汉官六种》之《汉旧仪》云："春蚕生而皇后亲蚕于苑中，蚕室养蚕千薄以上。"上林苑中还有"茧馆"、"蚕室"。秦之"桑林"有可能亦在上林苑，并且还有蚕室、茧馆一类亲蚕机构[3]。笔者按："□□桑监"汉瓦当（《中国古代瓦当艺术》图219，图14-40），复原可能为"上林桑监"，应是"桑林"的监督官署。东汉"采桑"画像砖（《四川汉代画像砖》图8，图14-41），桑林里，一人肩扛带钩的长竿，准备采桑叶。

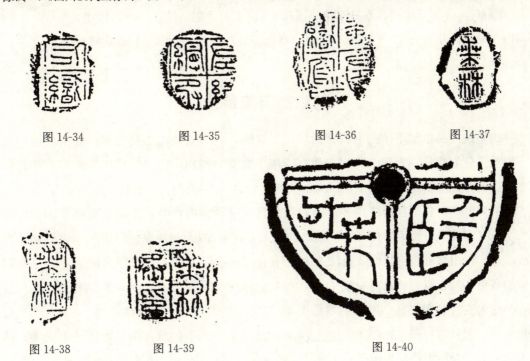

图 14-34　　　　　图 14-35　　　　　图 14-36　　　　　图 14-37

图 14-38　　　　图 14-39　　　　　　　　　图 14-40

传世秦印"纆（缠）"（《印举》3·11A、《篆集·卷一》661，图14-42）绳索，"缠，索也。"此为制绳产品封检用印。秦封泥"繹（绎）"（《考与》2005.5，图14-43），报告称"是市场用印之泥"。畅按：《说文》："绎，抽丝也。"此为缫丝作坊产品的印迹。

图 14-41　　　　　　　　图 14-42　　　　图 14-43

绡（绡）（《珍秦·秦》，图14-44），《说文·纟部》："绡，绡也。""绡，生丝也。"或用生丝织成的缯帛，后常指轻纱、薄绢或有纹饰的丝绸织物（《汉语大字典》有关字条）。

図14-44

繺璽（《泥集》附录），秦日字格半通印。《说文》："繺，乱也。一曰治也，一曰不绝也，从言丝。"《玉篇》："繺，理也。"繺从丝，乱丝，连续不断而治理之。是原料丝产品的印迹。

纺织业与染练业

织室的产品主要用于王室贵族的享用、赏赐，另一重要用途是馈赠，各诸侯国间无不以丝帛作为礼品，或用于聘问出使，或用于媵女，或用于贿赂，或用于修好。丝织品之所以有如此重要作用，完全是因为精美的锦、绣是不易获得的奢侈品。

战国时期，各国宫廷之内多设典妇功之官，管理宫内女红，尤其是丝麻纺织，皆有作坊。又有缝人、染人、追师（掌首饰）、屦人、夏采（染鸟羽）等制作服饰，以供宫廷贵族享用。包山楚墓出土竹简《司法文书》中有"司衣"一称，司衣很可能为负责王室服饰的官吏。楚官有"针尹"一职（见《左传·定公四年》）《说文》："针，所以缝也。"可见，针尹应为主管缝纫之官，所以到楚惠王十二年，他便升任工尹了（杨伯峻《春秋左传注》）。楚官有"蓝尹"一职（见《左传·定公五年》），或即染人。李仁溥《中国古代纺织史稿》推测蓝尹为"专门主持靛青生产的工官。"《考工记·巾荒氏》云："湅丝……是谓水湅。"郭仁成《楚国经济史新论》称：或许，蓝尹就是掌染湅之官。之所以称蓝尹，大约由于蓝为最主要的染料，故以之代表染湅之事（刘玉堂《楚国经济史》194页）。

这时的染色技术已分为煮、湅、暴、染四道工序。染色工艺分为石染和草染两种。石染的方法主要是涂染，其原料常见的有朱砂、赭石（赤铁矿）、孔雀石（绿）、石黄、和胡粉（铅白）等。草染的方法主要是揉染和浸染，其原料常用的有茜草（红）、栀子（同栀，木实可染黄）和蓝草（蓝）等。并且掌握了多次浸染和媒染剂的草染技术，可以染出红、棕、紫、黑等复合色。

传世秦封泥湅布之丞（《集成》2116，图14-45），《周礼·冬官·巾荒氏》："巾荒氏湅丝。"孙诒让《正义》："凡治丝治帛通谓之湅。"《华严》引《珠丛》云："'煮丝令熟曰练.'练亦湅借字。"湅布当是染湅之官署（《泥集》236页）。

《墨子·公轮篇》即有所载：蜀地产碳酸铜（青），即李斯《谏逐客书》所谓"西蜀丹、青"。传世有一些单字玺与颜色有关，如赤（5291，图14-46），晋玺，红色。青（5310，图14-47），蓝色，《荀子·劝学》："青取之于蓝而青于蓝。"应该都是颜料生产或染坊机构的用印。新出秦封泥采青丞印（《泥风》144、《新

图14-45

出》29，图 14-48），"采"，常作采矿之意，睡虎地秦简有左、右采铁。故采青，为采矿物青色料。《周礼·秋官·职金》："职金掌凡金、玉、锡、石、丹、青之戒令。受其入征者，辨其物之嫩恶与其数量，楬而玺之。入其金、锡于为兵器之府，入其玉、石、丹、青于守藏之府。"郑玄注："青，空青也。"空青即孔雀石，又名杨梅青，产于川、赣等地，随同铜矿生成，球形，中空，可作绘画颜料。唐张彦远《历代名画记·论画体工用拓写》："山不待空青而翠，凤不待五色而綷……"采青矿《周礼》有两种职官主司其事，足见不是小事。《职金》孔颖达疏："此数种同出于山，故职金总主其戒令。若然，地官扑（矿）人已主，又职金主之者，彼官主其取，此官主其藏，故二官共主之也。"秦人也重视采青之事。李斯《谏逐客书》："……江南金、锡不为用，西蜀丹、青不为采。""采青丞"乃主管采青矿石之副官。

图 14-46　　　　图 14-47　　　　　图 14-48　　　　　　图 14-49

　　陶文中有一"练抑（印字反文）"（《陶汇》9.92，图 14-49）印迹，《说文》："抑，按也，从反印；抑，俗从手。"很容易理解这是染练作坊业主压抑的印迹，也就是说，这一陶器是供染练作坊使用的。所以，陶器印迹不单单是物勒工名，还有物勒器主名、行业名，产品名等等。

　　汉代纺织业更为发达，"汉画像石上的纺织图像已见有近二十幅，分别出现在山东、苏北、四川、安徽、陕北等地，四川的画像砖上也有发现，足见汉代纺织手工业的普遍性。这些纺织图像的内容大同小异。山东滕州龙阳店东汉"纺织"画像石（《汉代画像石与画像砖》51 页（局部），图 14-50），上有络车、纬车、织机等纺织工具，表现了络线、摇纱、踏机织布的繁忙场面。

图 14-50

结　语

我国丝织业历史悠久，在战国时期楚国的丝织业已达到了很高的水平。官营丝织业有专门的官署管理，"在一些衣物上保留有墨书文字和朱印文，它们多位于织物的幅边或靠近幅边处。"产品有督造验收的签名和官署或织工的印迹，"物勒工名，以考其诚"，以示对产品负责，以便建立自己的信誉。"印泥"在战国中期，或此之前，已经产生并开始使用。"囚口"、"府"、"出"等朱砂印迹历时二千三百余年没有发生化学变化，仍鲜艳亮丽，有厚实的质感，远胜于丝织物的朱色彩纹，与当今特等印泥所钤记的印迹不相上下，其中一定已掺有增加黏度的黏合剂。湖北荆州城西北的马山镇一号墓内，出土了战国中期大量楚国丝织品，品种有八大类，色彩艳丽，纹样丰富精美，被称为是一座"丝绸宝库"，举世瞩目。此墓的葬具是一椁一棺，学者按古代文献记载及考古实践判断，此墓合于"士"的身份。笔者认为此墓女主人很可能就是出土丝织物上墨书的"门肤"，她和女五氏一样，都是织室的女倌，或工师，墓中有如此多的精美作品，并非皇室所赐，而是她平生心血的结晶。按照当时"奉死如生"的墓葬习俗，将她一生的精心所作伴随她而去。

在新蔡故城与许多"市"玺共出的楚封泥"紴"、"紋緼"和"紋緼"都是纺织产品名称，由此可以断定，凡是以丝织品（纺织品）为名称的玺印，都是用来作产品的标识或封检之用。

西安相家巷出土的几枚秦封泥为我们掀开了神秘的秦国丝织业面纱的一角。

战国时楚、秦均有织室之设。楚玺"䮙"字与秦封泥"織"字字形不同。山东地区的齐、鲁以及其他各国也应有织室之设，但尚未有资料证实，相信今后还会有更为丰富的丝织业考古资料面世。

（原载《篆刻》2003 年第 1 期，有较多增改）

注：

[1] 见《吕氏春秋·察微篇》、《史记·十二诸侯年表》及《楚世家》、《吴世家》，转引自杨宽《战国史》1980 年第 2 版第 52 页。

[2] 熊传新《长沙新发现的战国丝织物》，《文物》1975 年第 2 期第 49—52 页；徐畅《战国朱砂印迹的启示》，《书法报》1996 年 6 月 5 日 23 期 3 版。

[3] 说见刘庆柱、李毓芳《西安相家巷遗址秦封泥考略》，《考古学报》2001 年第 4 期第 440 页。

参考：

张正明《楚文化志》；彭浩《楚人的纺织与服饰》；湖北省荆州地区博物馆编《江陵马山一号楚墓》；

汪子春《中国养蚕科学技术的发展和传播》；黄展岳《考古纪原——万物的来历》；于海广主编《图说考古——追溯文明的星河》；彭浩《楚国的丝绸宝库——湖北江陵马山一号楚墓发掘记》；刘玉堂《楚国经济史》；杨权喜《楚文化》；周晓陆、路东之《新蔡故城战国封泥的初步考察》；周晓陆等《在京新见秦封泥中的中央职官内容——纪念相家巷秦封泥发现十周年》；石志廉《战国古玺考释十种》，《中国历史博物馆馆刊》1980 年第 2 期。

烧之、剔之、刻之、雒之
——东周时期的火烙印和印迹

先秦玺印的种类很多，如以用途分，东周时期的火烙印是其中的一种。这种烙印从形制（巨大的形体）、纽式（筒状钮，便于纳柄）到用途都很有特色，是古玺印中一种特殊的品类。

烙车马印

我国用印烙马的情况远在春秋时期就已出现了。《庄子》一书率先提及。《庄子·马蹄》篇云："及至伯乐曰：'我善治马，烧之、剔之、刻之、雒之，连之以羁馽，编之以皁栈，马之死者十二三矣'。"《庄子》向我们透露了一个重要的信息，它不仅直接的提到了烙马之事，而且还向人们展示出烙马与相马的内在关系，这是尤为值得注意的。文中所提到的"雒之"，便是指烙马之事，"雒之"，《康熙字典》释作"烙之"，意即"雒"为"烙"之假借，其云"《庄子·马蹄》篇'烧之、烙之'"。尔后，清道光间俞樾作了更为具体的解释，他说："雒疑当为烙，《说文》火部新附有烙字，曰灼也，今官马以火烙其皮毛为识，即其事矣"（转引自刘文典《庄子补正》）。《庄子》是战国时期的作品，它所反映的当然是作者以前或当时的情况，书中提到的伯乐，便是春秋中期秦穆公的监军少宰，其精于相马，想必有据。由《庄子》所透露的信息，我们感到烙马印的产生并使用，与相马之术的兴盛和马匹的准确配备驱使有着十分密切的关系[1]。

暊（唐）都萃車馬（《玺汇》0293，图 15-1），战国燕玺。现由日本京都藤井有邻馆收藏。铜质，印背有空腔，是可供装柄的槽。周边作四柱八孔。边长 6.9 厘米×6.7 厘米，通高 8.4 厘米。此印旧释为"日庚都萃车马"，何琳仪以为"唐"从"口"从"庚"，暊从"日"从"庚"，应是一字之异体。"暊"为"庚"的繁文，如陈作塦，阿作塦之类；"庚都"见方形小玺。庚都在今河北唐县（何琳仪《战论》101）。萃车各家说解不同，不烦例举。刘钊释萃为焠[2]，甚确。萃，焠为同音通假字，焠作烧、灼解。《荀子·解蔽》："有子恶卧而焠掌，可谓能自忍矣。"杨倞注："焠，灼也。"我曾在《中国书法全集·先秦玺印卷》（389 条）中说："此应为设在庚都专为王室生产各种车辆、驯育马匹的机构。"此印不仅是烙马印，而且是烙车印。从出土秦简看，秦国有比较完善的厩苑管理制度。战国晚期秦国已有了马籍法，即马匹的登记制度。秦简《效律》："马牛误职（识）耳"，"识耳"即标记。古时牛常用烙印之类作为标记，如《居延汉简甲编》2071："牛一，黑牡，左斩首，三岁，久在右"。"久在右"就是标记在牛的右边。烙马印记一般在右后或左后臀部。因是"萃车马"，所以烙在车上也是作为登记的标记。

烙木印和印迹

烙在木材上的印迹已见多例。

棺板火烙印迹曶（昭）竽（魚）〈《江陵望山沙冢楚墓》，图15-2〉、於（于）王既正（征）（同前，图15-3）。1965年冬，湖北江陵县裁缝乡望山二号战国中期楚墓出土。湖北省文物考古研究所收藏。"昭鱼"是在外棺等处同一玺印火烙的13方印迹。边长4.8×5.0厘米，阴文两字，烙印必为阳文。原报告缺释，曹锦炎释为"曶（昭）竽（鱼）"两字较为合理[3]。《史记》、《战国策》中多次提到楚相昭鱼。他有这样的身份和地位，所以才可能拥有这样一座豪华的墓葬和不厌烦琐地在棺板上打了两方玺印的22方火烙印迹，其传名后世之举，在墓葬之前可能是事先策划好的。"于王既征"是在外棺及内椁外棺之间的木板上用同一烙印火烙的九方印迹。边长3.0厘米，阴文四字。《江陵望山沙冢楚墓》释为"佐王既正"，读为"越王既征"。汤余惠《"于王既正"烙印文考》（《文物研究》第七辑1991年）说"既"字与《楚简帛文字编127页》B224、B221、B80等例同

图 15-1

形；"于"字与楚帛书、金文相类。与"勿征关鉥"意同。此玺左行起读，应为"既征于王"，意为［木材］已经在楚王那里征过税了。如右读，语意亦同。

棺板火烙印迹沉易（陽、阳）于囗（《文参》1956.12，图15-4）作于战国时期。1956年9月长沙省银行干校战国晚期木椁墓出土。在外椁的左上角发现三方圆形印迹，右下角二方印迹。五方印迹显系用同一玺印烙成。直径5.0厘米。阴文四字，大篆。拓本，其二制版时误成反文，可相互参照。原报告作者释为"沉易（陽）于鱼"，并认为这是古代的商

标[4]。曹锦炎释为三字："沅易（陽）徬（衡）"[5]。但"沅易于"三字清晰可辨，第四字不
似"徬"字，也不似"鱼"字，暂不确定，留待详考。沅阳即湖南境内沅水之阳（北岸），
其地待考。

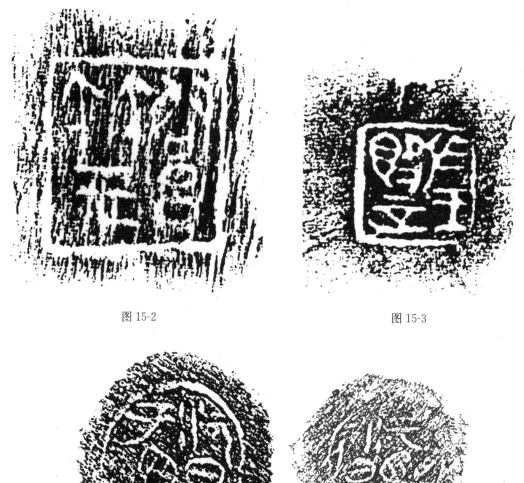

图 15-2   图 15-3

图 15-4

    左桁（衡）正（征）木（图 15-5），铜质，齐玺。黄浚旧藏，1936 年著录于《衡斋金
石识小录》下册 12 页，尊古斋《古玺集林》、《玺汇》0298 号重新著录。圆柱体长柄，印
面呈正方形，边长 2.9 厘米×2.8 厘米，通高约 4.4 厘米。右桁（衡）正（征）木（《集》、
0299，图 15-6）。

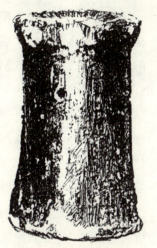

左桁斠（廪）木（《津》3、0300，图15-7）齐玺。传为山东临淄出土。周叔弢旧藏。现归天津艺术博物馆收藏。铜质，形如圆筒，中空，下有一穿孔，后部缩进一圈，犹如子母口。黑灰色锈，印面直径3.4厘米，长6.8厘米，孔径2.8厘米。孔距印底端3.7厘米。裘锡圭说"稟"、"廪"古本一字。"斠"字字形与战国早期之子禾子釜、陈纯釜、陈猷釜的"斠"字（《类编》275，图15-8）全同。此玺可断为春晚至战早的作品。筒状玺在古玺中为特例，前所未见。四字作环绕布白，犹如倒"U"形，"左"与"木"字的呼应及中下的空白，都有其自身的内涵。

以上三玺罗福颐原释不误。朱德熙读桁为衡，指出"衡"为掌管山林的职官[6]。《周礼·地官·林衡》记衡官的职司："掌巡林麓之禁令而平其守，以时计林麓而赏罚之。若斩林木，则受法于山虞，而掌其政令。"《地官》也有《山虞》："令万民时斩木"。由此可见，左衡、右衡，是管理山林及采伐林木的职官。正木为左衡、右衡的属官。

图 15-5

裘锡圭在《战国文字释读二则》（载《于省吾教授百年诞辰纪念文集》）一文中指出"正木"之"正"应读作"征"，正木应该是主管收木材税的官。这一解释十分正确。包山楚简140、140号反有记载谓："小人各征于小人之地，无嘉。登人所斩木四百先于仆君之地襄溪之中，其百又八十先于毕地卷中。"说的就是征收木材税的事。此三玺与1964年出土于山东五莲县迟家庄战国遗址的铜玺相同，玺的整体立起来呈筒状，下端玺面为方形，上端渐变为圆筒状，筒口卷沿。这种筒是留着装纳木柄用的。推测这种玺印具体使用时是用炙烧玺面加热，所以必须加有一定长度的柄以便把持，然后把加热后的玺烙在已经征收过税的木材上，这样这些烙有玺印的木材在通过"门"、"关"和"市"的时候就可以免交商业税了[7]。

图 15-6

图 15-7

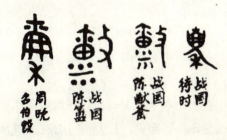

图 15-8

"正木"、"廪木"都是职官名，"二者都是林衡的属官"。《荀子·富国》："垣卯仓廪，财之末也。"注："谷藏曰仓，米藏曰廪。""左桁廪木"应是左衡专门管理粮仓用材的属官用印。"廪木"是调拨用材，不必征税；"正木"都是私人客商购买，钤记火烙印迹后表示已经征税。齐玺左桁正木、右桁正木与楚火烙印迹"于王既正"性质相同。

1964 年冬，山东五莲县王世疃迟家庄盘古城出土战国齐玺"左桁正木"十三方，现存八方（《文物》1986.3，图 15-9～图 15-16），五莲县图书馆收藏。铜质，方形，圆筒状錾钮（把）。边长 2.4 至 3.0，通高 6.5 至 8.3，筒外径 2.6 至 4.0，重 150 至 325 克。印面铸阳文大篆四字。钤本。原报告称钮为圆筒状錾，其筒钮内壁尚有朽木灰痕迹，可见原先使用时筒孔内是纳木柄的，外周铸凸箍。筒壁厚度由 0.4 至 1.3 厘米不等。有的筒口残裂或面文受损，应是长期使用所致。"正"字有两种写法，一为正体，一为俗体（异体字）。

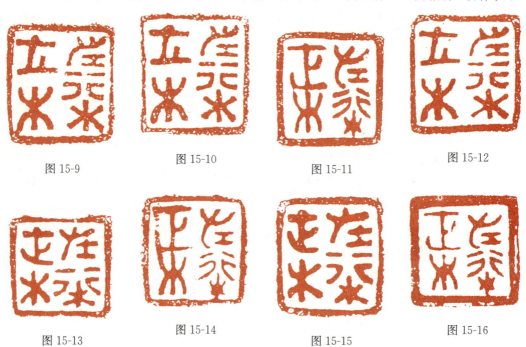

图 15-9　　　　　图 15-10　　　　　图 15-11　　　　　图 15-12

图 15-13　　　　　图 15-14　　　　　图 15-15　　　　　图 15-16

左桁正木（《中文·续一》3、4 号、《历代》52，图 15-17、图 15-18），香港中文大学收藏。左桁正木（《鸭雄》005、006，图 15-19、图 15-20），日本菅原石庐氏收藏。此四枚很可能系五莲流出。

左桁正木（图 15-21），齐国陶器印迹。《铁云藏陶》、《陶汇》9.47 著录。阴文印迹系阳文玺印压印而成，其大小与山东五莲所出"左桁正木"大小相同。此印迹边缘自然成形而且是正文，由此可知，"左桁正木"等玺印的用途除火烙于木材表示已交税之外，而且可以施于陶器或封物，表示此陶器是"左桁正木"机构的用器。

平易（陽、阳）桁（《陈》19页，图15-22），系管理平阳地区林衡的官署。

正木之鈢（《中文·续》13页，图15-23），正方形，1.8×1.9厘米，齐系玺印。虽钮式未明，但印面小，应是木材征税机构的官署印。

黄木之鈢（0208，图15-24），正方形，齐系玺印，故宫收藏。应是黄地的木材征税机构的用印。山东地区黄有二：1，黄，春秋莱子国，后属齐。秦置黄县，汉属东莱郡（《辞源》）。2，黄在今淄川镇之东北，《春秋·桓公十七年》："公会齐侯、纪侯盟于黄。"（《汉语大字典》）不知孰是，笔者以为前者的可能性较大。

图 15-17

图 15-18

图 15-19

图 15-20

图 15-21

图 15-22

图 15-23

图 15-24

漆器上的烙印迹

　　漆器是中国特有的工艺美术品之一。浙江余姚河姆渡新石器时代遗址已发现朱漆木碗（《河姆渡文化初探》彩版陆，图15-25），通过科学测定漆器终于得到举世公认，轰动了国内外。它把我国使用生漆的历史提早到7000年前，从而进一步证明，我国是世界上最早使用天然涂料——"漆"的国家。之后的一二千年，良渚人在漆器制作方面又表现出卓越的才华。距今约五千年的良渚文化遗址出土的在杯身与杯足之间，以及杯足底处的外壁，各镶嵌有一周白色玉珠的红色漆杯。它不但是我国最早运用镶嵌技术制作的漆器，而且开后世青铜器镶嵌技术的先河

图 15-25

（周膺、吴晶著《良渚古国》）。在新石器时代遗址如江苏常州圩墩村、山西襄汾陶寺龙山文化遗址（其年代距今约四千年）等地都出土过不少漆器。征之于文献，《韩非子·十过》篇中记载：虞舜做食器，"流漆墨其上……禹作为祭器，墨漆其外，而朱画其内。"《禹贡·夏书》则把漆列为贡品之一了，该书载："济河惟兖州……厥贡漆丝。"说明在新石器时代末期，我国劳动人民已经能够制造漆器，显示出当时的漆工艺已有一定的水平。河姆渡朱漆木碗也证明我国开始用漆的时间应该更早。

　　商代已使用朱漆绘制木器，用天然漆在青铜器上黏结绿松石。西周在建筑物木料上涂漆防腐。春秋、战国时期漆器已成为独立手工业生产部门。这时已出现大片漆树林，《周礼·地官·载师》中提到了"漆林之征"。《山海经·中山经》："京山多漆木。"庄子曾经做过管理漆园的小吏。《史记》载："庄子者，蒙人也，名周，尝为漆园吏。"战国漆器以楚墓出土最多。湖北江陵、随县和湖南长沙、河南信阳等地的战国墓，均有精美的漆器出土，其数量难以为计。楚国是春秋战国时期我国漆器的主要产地，丰富多彩的漆器是楚文化基本特征之一。

　　楚国气候温和，雨量充足，湿度较大，适宜漆树、油桐和其它树木的生长，这就为楚国发展髹漆工艺提供了丰富的物质资源。战国中期以后，铁制生产工具在生产上已普遍使用，这就大大提高了漆器木胎和竹胎的生产效率，从而使楚漆器的大量生产成为现实。春秋战国之际，青铜礼器日渐衰落，而耐酸、耐碱，耐用、轻巧华美的漆器则得到了迅速地发展。楚漆器品种繁多，几乎涉及生活、娱乐、工艺品、丧葬、兵器等各个方面。生活用具包括饮食用器，如耳杯、盒、樽（卮）、酒注、豆、俎、盘、方壶、碗、勺等；宫室用器，如床、枕、席、几、案、箱、屏风、笥、桶、禁、虎子、杖、扇等，以

及梳、篦等日用器。楚墓中出土的髹漆的娱乐用具主要有：乐器、舞具和对弈用的六博。乐器有鼓、瑟、琴、笙、竹笛、排箫、五弦乐器等。楚国漆器中属于工艺装饰品的主要有彩绘漆鹿、彩绘木雕禽兽座屏、卧鹿立鸟、木卧鹿、木盘龙、木雕凤、鸳鸯盒、凤鸟悬鼓、飞鸟等等。楚墓中髹漆的丧葬用品颇多，主要有镇墓兽、虎座飞凤、彩绘木俑、笭床和漆棺等。兵器及其附件有弩、弓、盾、甲、剑盒、鞘、柲、箭杆、箭箙、兵器架等等，工艺水平很高，如有的剑鞘至今光亮照人、色泽如新。此外，楚墓出土的车马器构件、伞柄、铜盖弓帽、钟、磬架、撞钟棒、肩舆等，几乎无处不髹漆。甚至一些陶鼎、陶壶、陶敦，陶钵亦髹漆彩绘。如此等等，不一而足。可见当时髹漆工艺已适应了社会上各方面的需要，从而反映了楚国髹漆工艺的高度发达。楚国漆器的胎骨可分为木胎、竹胎、皮胎、夹纻胎（用麻、布）、藤胎和积竹胎。表面装饰工艺有彩绘、雕绘、镶嵌、针刻、雕花等技法，目的是使漆器更加华丽。楚墓出土的漆器不仅数量多，品种全，而且漆色艳丽丰富，纹样内容和表现形式极为繁复。以髹漆的颜色而论，主要有黑髹、朱髹、绿髹、紫髹等等。以用色而言，当时至少掌握了红、暗红、浅黄、黄、褐、绿、蓝、白、黑、灰等10种颜色和金、银的色漆来描绘各种花纹图案，显示出当时彩绘工艺的水平。

楚漆器的纹样装饰极为优美，富于变化，颇有特点。其主要纹样有：菱形纹、云纹，卷云纹、云气纹、云雷纹、勾连卷云纹、三角形卷云纹、三角形雷纹、龙纹等20余种，以及将凤头、凤爪、凤翅拆开作为单独的纹样，等等。同时，在一些大贵族墓中出土的漆器上往往以人物（包括传说中的人物）为主体，以鸟兽（包括神话中的奇异动物）、花草、树木、车马等作陪衬而构成各种漆画。漆器纹样以铜器夔龙、蟠龙、蟠凤、云雷等纹样加以变化，又以人、神、动物等构成漆画来装饰漆器。楚漆器以现实生活中的禽兽（如鹿、虎、鸳鸯、蛇、蛙等）为题材，传真写实，形肖神似，寓美于大自然之中，寓美于生命的运动之中。又以传说中的龙、凤与现实生活中的虎形相结合而构成奇特的神兽、神鸟，如镇墓兽和虎座飞凤，反映了楚人希望死者的灵魂得以飞升上天的迷信思想。穷极工巧，令人感叹。我们从漆器的品种、造型、纹饰、题材、风格等方面对楚国漆器作简略的介绍，以期窥一斑而见全豹。《韩非子·外储说左上》记有"买椟还珠"的故事，让我们领略到楚国漆器独到的风韵和魅力。

让我们来欣赏两件漆器作品，以窥其一斑。

临淄郎家庄春秋M1出土的圆形漆器（《中国考古学·两周卷》443，图15-26）上的图案是一幅生活气息浓郁的绘画。在直径仅19厘米的圆周内共绘出4座对称的房宇、12个人物、4株花草、4只飞禽和12只鸡。中心圆内有三龙纹，二层方框四角内是鸟纹，第三层为十二人的进果图，构图巧妙，描绘细腻。这是古代绘画艺术中描绘建筑和人物，题材新颖，时间较早的写实图案。图中的禽鸟、花草不仅恰当地填补了画面，使之更为严谨，而且也有效地烘托了主题，增加了画面的生活气息（《中国考古学·两周卷》442）。

图 15-26

　　彩绘木雕座屏（《中国考古学·两周卷》446，图 15-27），望山 M1 出土，精美的座屏震惊考古界，屏座两端着地，中部悬空，上承玲珑剔透的动物雕屏，巧夺天工，充分反映了楚国木雕与漆绘工艺的高超水平。座屏上有透雕的凤、鸟、鹿各 4 只，蛙 2 只，小蛇 15 条和大蟒 26 条。各种动物缠葛争斗，栩栩如生。座屏以黑地朱绘为主，还用金、银、黄、绿、蓝、赭、黑、灰等多种颜色，描绘凤鸟的羽毛，鹿的梅花斑点，蟒、蛇的鳞片，以及卷云纹、兽头纹等，形成楚国漆器艳丽多彩的风格。描金是彩绘的一种重要技法，楚国漆器的制作中多有使用。

　　漆木器制造业是楚国手工业生产的一个重要行业，当有官员专司。缪文远《七国考订补》引长沙楚漆奁刻铭：“廿九年六日口月作造，吏臣向、右工师向、工六人台。”可知楚国漆木器行业中的三级管理和生产记录制度。其中，吏臣是漆木器作坊的行政长官；右工师为执掌技术官吏；工，即工匠，即具体生产者。由此可见，楚国漆木器的生产具有一套比较完整的体制。齐系官玺左攻帀叟（职）柒（漆）帀鈢（0157，图 15-28），“职、漆”两字从裘锡圭释。此为左工师属下专管漆工的工师用印。桐（5335、5336，图 15-29）古书中多指梧桐科的梧桐，还有大戟科的油桐，玄参科的泡桐等。油桐是桐油的母树，桐油是漆器的重要加工原料。

攻市（《考报》1983.2.247，图 15-30）印迹摹本。战国晚期时楚国筒形漆樽底部火烙圆形印迹。上世纪六十年代湖北鄂城钢厂 74 号墓出土，鄂城博物馆收藏。"市"字与《鄂君启金节》"市"字写法类同。报告误释为"市攻"。新蔡出土楚国市府封泥中有"攻市"楚封泥，与此攻市相同，皆右读。"攻市"即"工市"。工市，买卖手工制品之市（见《亭市篇》）。此为产品在监造合格后准许进入工市的准入证明。

0　　　　　　　　　　10厘米

图 15-27

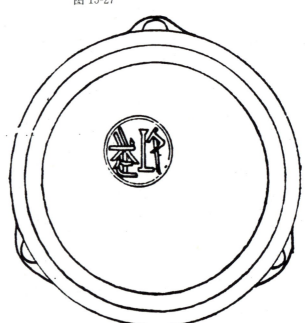

图 15-28

图 15-29

图 15-30

咸亭（《江陵九店东周墓》271，图15-31），两字横式布白。战国晚期晚段时漆筒形樽底部烙印迹。九店东周483号墓出土，江陵博物馆收藏。漆樽图像及印迹摹本。咸亭即咸阳亭。

成亭（《文丛》4·71，图15-32），战国晚期至秦时漆圆盒底部烙印迹。1977年四川荥经县西城关镇砖瓦厂出土，荥经县博物馆收藏。印迹摹本。底与盖外各有朱书王邦两字，应是漆工名。

成亭（《文物》1982.1，图15-33），战国晚期漆奁底部两枚烙印迹，非同印所钤。1980年四川青川郝家坪41号墓出土，四川省博物馆收藏。漆奁图像及

图 15-31

印迹摹本。自古以来，四川就是漆的重要产区。《华阳国志·巴志》指出，巴地盛产"丹、漆"。《蜀志》也说，"蜀有漆、麻、纻之饶……"青川漆器共出177件，时代上溯到战国中期。蜀有成市、成亭的漆器印迹，其地即今成都。

陈（陈）迁（《长沙出土楚漆器图录》图版25，此器已毁，图15-34）。湖南长沙出土，作于战国时期。黑漆羽觞（又名耳杯），连身高4.4厘米，体高3.0厘米，深2.8厘米，面长径14.6厘米，面广径9.6厘米，口厚0.2厘米，底外木胎有烙印两个，一方形，一三角形，各铭阴文一字。摹本。方印迹报告释作陲（董），实误。应释为陈（陈），典型楚系文字。三角形印迹"千"旁明显，下部压抑太轻未显，推测应为走之一部，故笔者隶定为"迁"。据载，杨家湾六号楚墓出土桃耳羽觞十个，各有方、圆、三角形烙印，方印浅烙，不辨为何字，三角印字与此大体相同。这些印迹是漆工的姓名，即物勒工名。

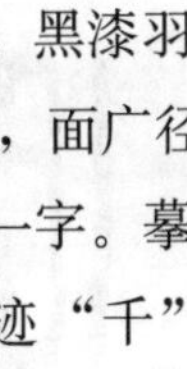

图 15-32

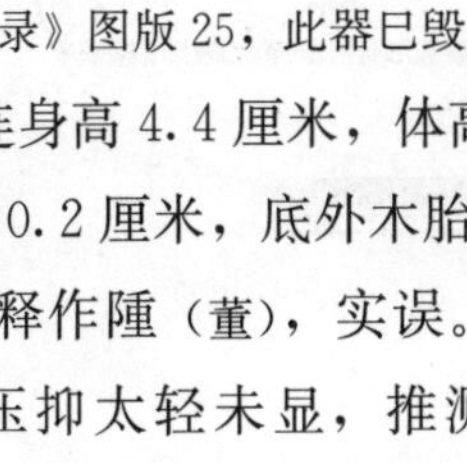

图 15-33

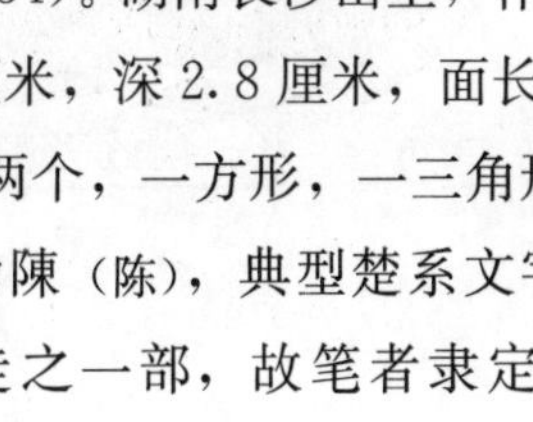

图 15-34

郑（郑）亭（《云梦睡虎地秦墓》108，图15-35）凤形勺烙印迹，印迹摹本。郑亭当是新郑市亭。因烙印时左重右轻造成如此的效果。

攻市（《云梦睡虎地秦墓》108，图15-36）漆圆奁内底火烙圆形印迹，战国晚期时器。印迹摹本。

許市（《云梦睡虎地秦墓》108，图15-37），漆耳杯外底火烙印迹，印迹摹本。许亭当是许昌市亭。

咸亭（《云梦睡虎地秦墓》107，图15-38），椭圆漆奁外壁火烙印迹，印迹摹本。

图15-35　　　　　　图15-36　　　　　　图15-37　　　　　　图15-38

亭（《云梦睡虎地秦墓》107，图15-39），漆盂外底烙一字，漆盂线图及印迹摹本。

中鄉（乡）（《云梦睡虎地秦墓》108，图15-40），漆耳杯外底火烙印迹。印迹摹本。中乡应是漆器产地名。

市（《云梦睡虎地秦墓》108，图15-41），漆耳杯外底阴文火烙印迹，印迹摹本。以上七例于1978年云梦睡虎地分别从34、35、36、33、33、39、34号秦墓出土。

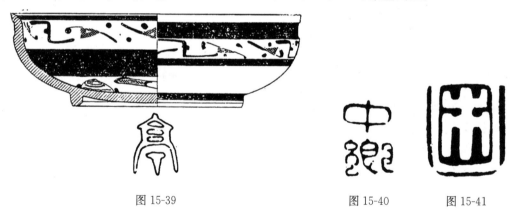

图15-39　　　　　　　　　　图15-40　　　　图15-41

咸亭上（《云梦睡虎地秦墓》图版四八·3，图15-42），漆圆盒盖顶火烙印迹图像。

亭上/告/告/咸亭上/亭/素/包火烙印迹（《云梦睡虎地秦墓》128，图15-43），漆圆盒图像及印迹摹本。漆圆盒外底烙八字，印迹摹本。告字两见，即造的假借字；包即麭的假借字。战国晚期官营手工业工序分得更细，组织管理更为严密。漆器制造的工序分"素工、髹工、画工、上工、黄涂工、铜耳黄涂工、清工、造工、供工、漆工等"[8]十余种。本器上烙印上、告、素、包都是每一工序完成后的铭记。亭、咸亭同钤一器，都为咸阳亭之省。即漆器产品由咸阳监制运抵到云梦的。从云梦出土的秦简之一（第135号简）"金布"律中还可了解到，在秦代手工业和商业活动中心的城市，有不少搞流通贸易的商贾。

所以"咸市"、"咸亭"烙印文字的漆器应是秦代咸阳市亭所管辖的漆器作坊的产品。秦在统一六国的过程中，曾先后迁徙豪门望族和能工巧匠于都城咸阳，因而在咸阳制作漆器也就极为自然了。从云梦漆器我们可以了解到昔日的秦都咸阳漆器手工业是很发达的（《战国秦汉漆器艺术》71）。

　　咸市（《云梦睡虎地秦墓》109页及图版四七·3，图15-44），漆扁壶耳下火烙印迹，图像及印迹摹本。咸市为咸阳市之简称。

图 15-42

图 15-44

图 15-43

亭（《云梦睡虎地秦墓》111，图 15-45），漆圆盒外底内底各烙一字，印迹摹本。墓 7 有出土文物可知人葬于秦昭王五十一年（前 256）。

罢/亭（《云梦睡虎地秦墓》128，图 15-46），漆樽图像与印迹摹本。漆樽外底针刻"右"字，烙一"罢"字，盖内烙一圆形亭字印迹。右可能是右工师的省文，罢可能是漆工名。以上五例于 1975 年分别从云梦睡虎地 9、11、6、7、11 号秦墓出土。烙印迹一般都钤印在内底、外底或盖内不显眼处，但字迹大多工整美观。

图 15-45

秦汉时期的手工业经营仍然是官营与私营两大类。官营主要满足皇室以及官府和军队的需求，私营则解决民众的需求。秦俑一号坑鈚漆的铍鞘近口处有漆书的"寺工"二字[9]。寺工应是官营管理手工业的最高机关。中央有管理各专业手工业的工室，县有工官及附属的手工业作坊。战国晚期，漆器工业成为一种可牟取厚利的手工业。"陈、夏千亩漆……此其人皆与千户侯等……木漆鈚者千枚……此亦比千乘之家。"（《史记·货殖列传》）

图 15-46

结　语

春秋时期已有火烙印用于马匹作为标记，战国时期则广泛地使用于木材、车辆、棺椁、漆器上，烙印和印文也由粗犷而趋于精巧。烙车马印已见一方，烙木材印已出土近二十方；漆器烙印迹有数十件，烙印却未见一方，尚待地下献宝。

　　漆器取代青铜器的一个重要原因就是制作过程简便，可大可小，大至棺椁，小至羽觞，不像制作青铜器那样有很多技术局限；漆器因本身所固有的光泽不变、器物轻巧实用、色彩富丽、易于装饰等诸多优点；漆器主要以木头和天然漆为材料，取自自然，还可不断再生；漆器更兼具有防腐防潮的性能，而明显地优于青铜器。秦汉时期青铜器类型除鼎等少量祭器没被漆器取代外，绝大部分的青铜器物都被漆器逐渐取代了。这是一个崭新的时代，可以说是一个漆器艺术时代。

注：

[1] 详见萧高洪《烙马印及其作用与马政建设的关系》，《农业考古》1988 年第 2 期。

[2][7]、刘钊《〈香港中文大学文物馆藏印·续集一〉读后记》，《中国篆刻》1997 年 12 月第 4 期，总 13 期。

[3][5]、曹锦炎《释楚国的几方烙印》，《江汉考古》1994 年第 2 期。

[4] 吴铭生《长沙战国墓木椁上发现"烙印"文字》，《文物参考资料》1956 年第 12 期。

[6] 朱德熙《释桁》，《古文字研究》第 12 辑中华书局 1985 年 10 月版。

[8] 沈福文《中国漆器美术史》，人民美术出版社 1992 年版第 60 页。

[9] 彭文《从关中地区的髹漆业看关中文化与中原文化的交流》，《秦文化论丛》第四辑，西北大学出版社 1996 年 6 月版第 366～391 页。

参考：

胡玉康著《战国秦汉漆器艺术》，陕西人民美术出版社 2003 年 6 月版；杨权喜《楚文化·漆木竹器》，文物出版社 2000 年 10 月版；胡佛庆著《溢彩流光——中国古代漆器巡礼》，四川教育出版社 1998 年 7 月版；陈全方著《周原与周文化·西周时期的漆器工艺》，上海人民出版社 1988 年 9 月版第 86～88 页；黄展岳著《考古纪原——万物的来历·漆器》，四川教育 1998 年 7 月版；刘玉堂《楚国经济史》；《云梦睡虎地秦墓》，文物出版社 1981 年 9 月版。

修整里阓，市张列肆

——战国时期的商业贸易与市亭

商贸市亭小史

据说在父系氏族社会初期，已经有了交易的场所，当然是以物换物。最早的市是在井旁。《初学记》引《风俗通》说："市亦谓之市井。""因井为市，故云。"最初的交易是先从井旁开始举行的，货物"于井上活涤，令香洁。"也便于交易的人畜饮用。市与井有关，所以"市井"一词一直沿用至今（刘玉堂《楚国经济史》193 页）。

我国定时定点的集市贸易，大约兴起于殷商时代（钟敬文主编《民俗学概论》第 64 页）。正如《易·系辞下》所言："日中为市，致天下之民，聚天下之货，交易而退，各得其所。"

西周市场上的主要商品，据《诗经》和金文的记载，主要是奴隶、牛马、珍宝等。春秋时期的市比以前繁荣[1]。周代的市规定建在王宫后，面积百亩。《周礼·地官·司市》："掌市之治、教、政、刑、量度、禁令。以次叙分地而经市。以陈肆辨物而平市……"孙诒让注"陈肆辨物"曰："盖别异众物，使以类相从……每物为肆，肆长治之。"（《周礼正义》）大市之中每物以类排列，专人管理，不许杂乱。"凡市入，则胥执鞭度守门，市之群吏平肆展成奠贾……"。市师负责"大治大讼"；胥师、贾师主持"小治小讼。""市的刑罚分小刑（"宪罚"，即以文书播于众，即张贴检讨书），中刑（"徇罚"，即以其人示市，罚站或游街示众），大刑（"扑"，即打也）三种。可见管理制度之严。"

西周对于在市场上出售的商品，有严格的限制。例如规定："圭璧金璋，不粥（鬻，卖也）于市……"（《礼记·王制》。《孔子家语》有类似记载）有学者认为，这十四条禁令，可以归纳成四个方面：第一，体现奴隶主贵族身份品级的"礼器"，如命服、命车、圭璧金璋、宗庙之器和牺牲不准上市出售，这是为了维护礼制，避免僭越之事发生；成器的锦文珠玉只有贵族才能享用，不在市上出售，以免从装饰上混淆等级差别。第二，禁止武器买卖，以防止被压迫者的武装反抗。第三，对一般商品的限制，要保证规格质量，不使作为主要买主的贵族吃亏。第四，五谷不时，果实不熟等不粥于市，则是从保护当时低下的生产力出发的；饮食不粥于市是指贵族们"沽酒市脯不食"，因为"脯不自作则不知何物之肉"，"酒沽在民，薄恶不诚，是以疑而弗食"（分别见《论语》注和《汉书·食货志》）。总之，这些规定反映了国家重视等级制度，保护贵族利益的特征[2]。

《周礼·地官·司市》，"凡通货贿，以玺节出入之。"郑玄注："玺节，印章，如今之斗检封矣，使人执之以通商。"由于市场征税检封的印章使用频繁，因而肯定也和门、市玺一样，是一种征税的"公章"，而此类"公章"，不能因主吏升迁罢黜而变化，故不会镌市官名，而仅镌市名。据《史记·循吏列传》记载，楚国有"市令"。市令为一市的行政长官。楚国陶器上有"市人之玺"，这一定是市令的下属专管陶器经营的市吏，正如韩国兵器上有"市库"铭文，证明战国时期各国的市官有一部分是兼营进入市场的商品生产的。

古市一日三合。《周礼·地官·司市》："大市，日昃（同"侧"，太阳偏西）而市，百族（各式各类的人）为主；朝市，朝时而市，商贾（行为商，居为贾）为主；夕市，夕时而市，贩夫贩妇（小贩）为主。"春秋时期市亭开始兴起。《左传·僖公33年》："郑商人弦方将市于周。"《成13年》："反军于市。"《哀公14年》："商旅于市。"《襄公28年》："以其棺尸崔杼于市。"山东各国很多城市里都划定具体的地区设立一个或几个"市"，作为交易处所，并设官管辖。随着商业和手工业的发展，市井贸易日益繁荣，到战国时已是"千丈之城，万家之邑相望"（《战国策》），封建政府为加强对贸易活动的控制和牟取市税的收入，不但在名都大邑等大城内设市，而且在一般县邑的小城亦设市。秦国到献公七年（公元前378年）"初行为市"（《史记·秦始皇本纪》）。之后，政府设立的正规市场（官市）迅速发展起来。云梦秦简律文中有关市场管理的规定，反映了战国后期秦市场发展的具体情形，改变了以往认为商鞅变法推行重农抑商政策后秦商业不甚发达的旧观念。秦简、秦封泥的大量出土为我们提供了比别国更为丰富的资料。到战国时期，市已大量兴起并定型化了。为了便于管理和安全起见，并限制贸易的自由发展，市用墙围起来，四面设门。围墙称"阛"，门叫"阓"。市内设肆，由肆长把守。肆是陈列售货的地方，有的可能也附设有手工业作坊。还有市廛，是用以储藏货物的邸舍。

市亭官吏的设置各国可能不尽相同，资料来源不同官称也不相同。先秦诸国均设市官，掌市主吏有称市长，《华阳国志》三："张仪与张若城成都，置盐铁市官并长丞。"有称市令，《史记·循吏列传》：楚"庄王以为币轻，更以小为大，百姓不悦。市令言之相，相言之王。"有称市师，《周礼·地官·司市》："凡市人，则胥执鞭度守门，市之群吏平肆展成奠贾，上旌思次以令市，市师莅焉，而听大治大讼。"注："市师，司市也。"如齐国"鄆市师钵"，称市师。

春秋时期因市肆尚未形成，只有专业的店铺，如《襄公三十年》载，郑国大贵族"伯有死于羊肆"。"羊肆"就是卖羊的场所。《昭公三年》载，齐国晏子说："国之诸市，屦（鞋子）贱踊（假脚）贵"。市场上有卖鞋子和刖足之人所用假脚的。《庄子·外物篇》中的"枯鱼之肆"、《礼记》中的"鲍鱼之次（肆）"，当是卖鱼的店铺。另据《韩非子·外储说右上篇》，市上有"酤酒者"。春秋时卖兽肉者悬兽首于门，以为标识。《晏子春秋》："君使服之于内，而禁之于外，犹悬牛首于门而卖马肉于内也。"悬牛首卖马肉，就是

"悬（挂）羊首卖狗肉"的出典。比喻用假招牌假货色骗人，名不符实。这在先秦时期是绝对禁止的。

战国时期，就"市"的类别来说，有买卖奴隶的"奴婢之市"，有买卖牛马的牛马之市，有出卖盐、铁的盐铁之市，至于所谓"地市"，则可能是买卖土地之市。由市亭官吏对商贾征收的租税，被称为"关市之赋"或"市租"。秦代市井的具体情况如何？目前尚未发现形象的实物资料。但据《华阳国志》记载，秦惠王二七年（公元前 311 年），张若治成都，"置盐铁市官，修整里阓，市张列肆，与咸阳同制"。因市中有商肆，故称市肆。又因各肆是排列成行的，故又称为列肆、市列、行市。肆是摆设商品用以买卖的，市肆管理有一定的规定，凡进入市内的商品，必须分类摆列在肆中交易。

我们从汉画像砖石上可以得到印证。四川新都出土的市肆画像砖（《四川汉代画象砖》22，图 16-1）：在市墙四周围绕的市井内有十字形的四隧（人行道），把市井分成四个区，各区均有五脊三排房屋。左下端有两间小平房，可能是堆放货物的库房。这些排列整齐的房屋表明商贾的店铺是排列成行的，与《云梦秦简·金布律》、《华阳国志》所说"列肆"正合。市楼（又名旗亭）位于四隧的交叉点上，楼二层，上为重檐式。隧的两侧为列肆，隧上有来往的行人和进行交易买其卖者。左、右上端的房内有客商进行洽谈生意者。图的上方，左、右边均有一门。文献称市有围墙（古称阓，即垣），市门称阓。设市门，定时出入，也就是说市场是封闭式的。市井画像砖上，市肆门垣整齐排列，广汉县周村出土的市井画像砖（《四川汉代画象砖》23，图 16-2）左上部，还有隶书题记"东市门"文字。右边为市楼，二层，上题市楼二字，楼顶饰以单凤，二楼悬鼓一面。楼下有两人对坐，似市吏在执行公务。市楼是市肆中最高大显著的建筑。张衡在《西京赋》中说："旗亭五重，俯察百隧"，市楼上可以观察并监视市内各隧的活动。市楼上悬鼓，击之以开闭市门。《三辅黄图》云："长安市有九，各方二百六十六步。六市在道西，三市在道东。凡四里为一市……市楼皆重屋。""当市楼有令署，以察商贾货财买卖贸易之事，三辅都尉掌之。"

秦代市井的管理从《汉书·晁错传》、《云梦秦简》记载，可知：1. 秦时列肆内的商贾要编入市籍，"户籍相伍"，以便管束。2. 列肆内设有列伍长，负责纠察不法。3. 封建政府设有专吏负责巡查市井。根据《周礼·地官》记载："司稽，掌巡市，而察其犯禁者与其不物者而搏之，掌执市之盗贼，以徇且刑之。"由此可见秦封建政府对市井的管理是严格的。成语"每下愈况"也可以作为佐证。《庄子·知北游》记："正获之问于监市，履（践踏）狶（猪）也，每下愈况。"大意是说名获的屠宰者向监市询问有关牲猪肥瘦的问题，回答说：用脚踩猪来估量其肥瘦，越往下腿（脚胫处）踩越清楚（显示其肥瘦）。这说明监市为负责商品检验的。此语本意为越从低微的事物上推求，越能看出真实情况。后作每况愈下，形容情况愈来愈坏（引自《中国成语大字典》），其意大变。

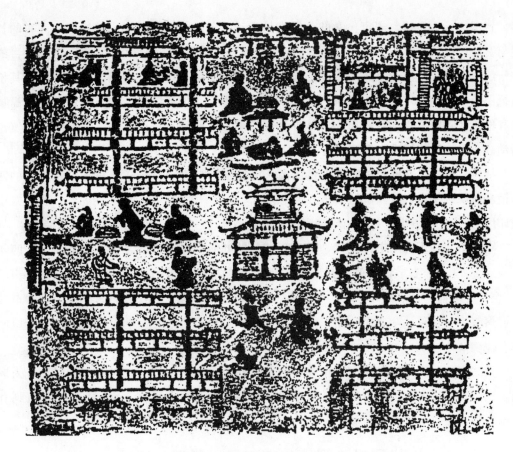

图 16-1

图 16-2

《秦律·金布律》规定：秦的市场交易活动，布匹与铜钱并用。并规定每匹布的长度与宽度，以及每匹布与钱的兑换率："钱十一当一布"，即十一个钱可换一匹布。目的在于统一标准，以便于流通。商贾必须把要出卖的商品一一标上价格，只有小商品其价值抵不值一钱的，才允许不标价，其所以要作此规定，很可能为了防止商贾任意抬高物价和便于"官府之吏"征收市租。从外邦来的商人，必须有证明文件，才允许从事贸易活动。不允许盗铸钱币。等等都有详细具体的规定。

战国时楚国已开展对外贸易，楚国商人已穿过阿尔泰山脉把"堪称标准楚式镜的四山镜和丝织刺绣物"带到了阿尔泰山西麓的巴泽雷克。"产生在支那成捆的丝，贾人常贩至印度"。公元前五世纪越南出现楚国的铁器和漆器……可见对外商业贸易的繁荣。

秦之市井和历代的市井一样，是商品贸易的处所，亦是行刑之地。秦王政三十四年（公元前213年），"有敢偶语诗书弃市"，"弃市"的含义："秦法，论死于市，谓之弃市。"《礼记·王制篇》云"刑人于市，与众弃之"，故谓论死刑于市井之内为弃市。因为市井人群聚集，有斩首示众之意。秦二世二年（公元前208年）七月，李斯就被"论腰斩咸阳市"（皆见《史记·李斯列传》）。

秦之市井，又是封建政府宣布政令的重要处所，如商鞅变法在颁布法令以前，为取信于民，立三丈木于国都市南门，发令说，有能移于北门者，给十金。上述实物资料和文献资料，使我们对秦代的市井获得了一个粗略的认识（袁仲一《秦代的市、亭陶文》）。

战国时各国的市亭玺印、封泥与印迹

春秋时期只有子贡、范蠡两个大富豪，且都是以经商起家的。战国时期有八个私人大富豪，即白圭（周人，经商）、猗顿（鲁人，盐卤，与王者埒富）、郭纵（赵人，铁冶成业，与王者埒富）、乌氏倮（秦国，畜牧，秦始皇帝令倮比封君）、巴寡妇清（秦国，开采丹砂数世，礼抗万乘）、卓氏之先（赵国，用铁冶富）、宛孔氏先（魏人，铁冶为业）、曹邴氏（以铁冶起，富至巨万），可见战国时期的民营工矿业和畜牧业的繁盛，同时也促进了经贸业的发展。

关于行商（从市的交易发展而成的游动性交易形式，称为"商旅"或"客商"），坐贾（亦称坐商，是从市的交易形式发展来的固定性交易形式），大贵族兼大行商为了便于从事长途贩运贸易而获取的鄂君启节以及各地作为流通货物的渔猎、农业、手工业、竹木、矿产、盐铁等产品种类繁多，各种古代文献及今人所撰的专著都有详细地介绍。战国时期的商业贸易与市、亭有关的玺印、封泥、陶器文字兹分国介绍如下：

一、齐系玺印与印迹

鄑埮（坿、市）市（师、帀）钵（0152，图16-3），故宫收藏。首字为何琳仪释。第二字吴振武释市，曹锦炎说此为鄑邑市师所用之印。鄑，春秋属鲁，战国属齐，故城在今山东郯城县东北。

郫口迷（坿、市）鼌（節、节）（0355，图 16-4），第一、三字为吴振武所释。第四字石志廉、曹锦炎隶定为节，高明、李零隶定为鼌，释为照、鉴。笔者以为隶定为鼌，释为照，读为节。

維诺亭之鈢（《玺汇》0225，图 16-5），战国齐玺。故宫收藏。曹锦炎说，"维"即"潍"，水名，源出山东莒县西北潍山。《左传》襄公十八年："晋师伐齐，东侵及潍。""维诺"当为地名，恐在潍水流域（《古玺通论》134）。

郼（?）亭之鈢（《玺汇》0211，图 16-6），战国齐玺，第二字据曹锦炎氏释为亭市之亭。当为郼地市亭的长官用印。

图 16-3　　　　　图 16-4　　　　　图 16-5　　　　　图 16-6

丕（不）郱迷（坿、市）鼌（《黄宾虹藏秦汉印拾遗》15、《古玺通论》129，图 16-7），战国齐玺。丕（不）郱口（市）鼌（节）/喝（唐）攻（工）帀（師、师）鈢（《陶汇》3.649，图 16-8）战国陶器印迹。不其，《汉书·地理志》记琅琊郡有不其县，故城在今山东即墨县西南，战国时属齐。

乌（於）陵迷（市）木鼌（《陶汇》3.652，图 16-9），陶器印迹，临淄出土。刘钊考为"於陵市和节"。古文字中"乌""於"二字本为一字所分化。陶文"乌陵"乃地名，应读作"於陵"。於陵战国时为齐邑，西汉时置县，属济南郡，距临淄约四十多公里[3]。"木"字以高明原释为是。笔者认为印迹自铭"木节"，表明系於陵市管理木材的机构印迹，陶器则是於陵市管理木材机构的用器。正如易安都玉符鍴是阳安都管理玉的官署印一样。

图 16-7　　　　　　　图 16-8　　　　　　　图 16-9

　　粕齊（齐）木鉩（節、节）（《集成》4，图 16-10），传世战国封泥，也是管理木材的机构，粕齊地望待考。旧说先秦玺印自铭"木节"者皆为木质印，可能不妥。

　　宴（晏）肺（市）信鉩（0235，图 16-11）、呑（大）坿（市）（《陶汇》3.657，图 16-12）、呑（大）迷（市）豆鉩（节）（《陶汇》3.654、3.653，图 16-13）、呑（大）坿（市）区鉩（《陶汇》3.655 阳识反文，图 16-14）、呑（大）坿、（市）九月（《陶汇》3.656，图 16-15）、呑坿十一月（《陶汇》3.658，图 16-16）[4]齐陶器印迹，临淄故城出土。分别表明经过大市检验过的陶量器等物的标记。

图 16-10　　　　　　图 16-11　　　　　　图 16-12　　　　　　图 16-13

图 16-14　　　　　　　　　图 16-15　　　　　　　　　图 16-16

　　節（即）墨之丌（其）坿（市）工（《陶汇》3.691，图 16-17），即墨，战国齐邑，在今平度县东南，市工即市工师省文。

　　者市（《季木》0487，图 16-18）李零释为者市。金口市（《季木》0488，图 16-19）。

　　市區（区）（《季木》0484、0485，图 16-20）。

　　邬垛（《陶汇》3.813，图 16-21）。

　　垛（市）（《陶汇》3.1206、3.1207，图 16-22），齐陶器印迹。

　　垛（市）（《山》001，图 16-23）齐系玺印，上世纪 70 年代山东嘉祥卜集乡出土。原释为"市正"，笔者考释为"市"[5]。

图 16-17　　　　　　　图 16-18　　　　　　　图 16-19

图 16-20　　　　　　图 16-21　　　　图 16-22　　　图 16-23

肺（市）《季木》0687～0689 李零释肺、（《陶汇》3.1344、3.1345，图 16-24），裘锡圭颇疑其右旁亦坿之变体，字当释肺（市），笔者以为正确。坿为战国齐文字特点。

蔺亭（《陶汇》3.687，图 16-25）、临蔺亭久（《陶汇》3.688，图 16-26）、临蔺市（《陶汇》3.689，图 16-27）临淄故城出土，蔺亭为临蔺亭之省文。

图 16-24　　　　　　图 16-25　　　　　图 16-26　　　　　图 16-27

曹市（《陶汇》3.795，图 16-28）。许市（《陶汇》3.808，图 16-29）。

临亭（《陶汇》9.49，图 16-30），临或为山东临朐省文。

亭（《陶汇》3.1108，图 16-31）、市（《陶汇》3.1039，图 16-32）陶器印迹拓本，邹县出土，市久（《陶汇》3.1069、3.1137，图 16-33、图 16-34）

　　1982 年在临淄齐故城东北部阚家塞发现的陶器"亭久"印迹（图 16-35），与《陶汇》5.314 完全一样，可能是秦统一六国后统一颁发。久字在此作"记"、"刻"之义。这些印迹是制成陶胚后烧造前钤印上的，当是某地的亭或市制品的标记。自蓄亭以下，据字形近小篆判断，应为秦王朝时器。这些印迹为市亭鉴定的合格章。

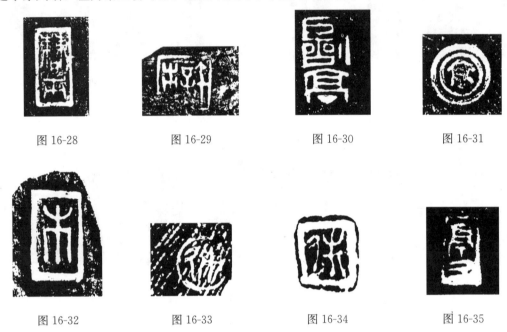

图 16-28　　　　　　　图 16-29　　　　　　　图 16-30　　　　　　　图 16-31

图 16-32　　　　　　　图 16-33　　　　　　　图 16-34　　　　　　　图 16-35

二、燕国玺印与印迹

　　雄都市鍅（0292，图 16-36），市为吴振武、汤余惠所识。雄都市鍅（《陶汇》4.151，图 16-37）

　　單（单）佑都市鍅（溢、鍅）（0297，图 16-38），单佑都，地名，典籍失载。末一字吴振武隶定为鍅，释为溢。应与玺字同义。

　　閼市麻鍴（《燕下都》上・841，图 16-39）《周礼・天官・典枲》："典枲掌布緦缕纻之麻草之物，以待时颁功而授赍。"《天官・序官》"典枲"下贾公彦疏："枲，麻也。案《丧服传》云'牡麻者，枲麻也'，则枲是雄麻，对苴是麻之有蕡实者也。"（《周礼正义》）。典枲犹典麻。玺文"麻"即"典枲"之类的官。閼市，市名。"閼市麻鍴"是閼市中主管麻类物品的职官[6]。

　　無（无）审（终）市玉勹（伏、符）（《陶汇》4.20，图 16-40），燕陶器印迹，河北易县出土。无终故地在今河北蓟县，说见裘锡圭《释无终》第八届中国古文字学年会论文。"符"原为伏的象形字[7]，借为符[8]，"符鍴"读为符瑞，相当于玺[9]。"无中市玉符鍴"是无终县市管理玉的官署印。

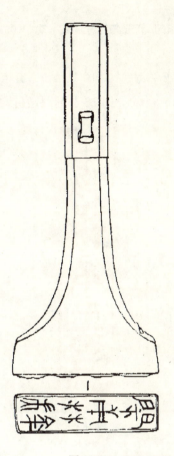

图 16-36

图 16-39

图 16-37

图 16-38

图 16-40

單佑都市玉勹（符）鍴（瑞）（0361，图16-41）。"单佑都市玉符鍴"则是单佑都管理玉的官署印。

左市（《上》6，图16-42）。有市名，而无市官名，则应为市官官署所用官署玺。

鄟市（1599，图16-43），故宫博物院收藏。"市"为吴振武所识。

图 16-41

图 16-44

會其之□（市）鍒（鈢）（《中历》1979.1，图16-44），战国燕玺。1962年河北唐山市开滦金庄矿区井下发现。中国历史博物馆收藏。铜质，平脊背正中有小型鼻钮，灰蓝色锈，边沿微有残泐。第四字为市字，第五字从金从米，应是玺字的异体，此形在燕"右司马□（玺）"中重见。两玺的玺字作"鍒"，应为燕玺的专用字。玺文应释为"会其之市玺"五字。唐山地区西周为燕侯封地，战国时属燕国。极有可能战国时唐山名"会其"（详见石志廉《馆藏战国七玺考》）。

甘士市（5570、《上》11，图16-45）。《上》释甘士二字。此市字为吴振武所识。

《周礼·地官·司市》："凡通货贿，以玺节出入之。"郑玄注："玺节，印章，如今之斗检封矣，使人执之以通商。"据此，市玺的作用可能施于陶器表示合格可以上市交易；施于货物的封检，表示准予流通交易。

图 16-42

图 16-43

图 16-45

三、楚系玺印、封泥与印迹

"大市"量（《古文字研究》22·129），上博藏。器作圆柱形，有环形执耳，自铭"为大市铸模（产首）"。知楚国有大市；"大市"之称还见于齐陶文。

安徽临泉县博物馆收藏一件直颈黄陶小罐，颈部倒抑一枚玺印印迹，玺为方形，每边长2.7厘米，白文有边阑，韩自强释为"市人之鉨"（《古文字研究》第22辑179，图16-46），市人别国未见，可能相当于市吏或市师。

图 16-46

童其京（亭）鉨（0279，图16-47）楚系玺印，其亭二字系何琳仪所释。

近年新蔡故城出土战国封泥有三晋、齐系、秦国及大量的楚系封泥，印文内容有姓名、成语、地名……还有大量的市名、府名、手工业产品名……周晓陆推断新蔡故城当年是一处商贸集市重镇，有征税的官署，有秦邸专（传）送来的文书或货件，还有六枚图像鉨。又《在京新见秦封泥中的中央职官内容》中也见有与商业贸易有关的封泥，据周氏称新蔡战国封泥，可能是市场用印之泥，属于公印性质，现分述如下：

1. 市名：

成垂（陵）市鉨（《文物》2005.1，下同，图16-48）楚系封泥，报告称：印面方形，有边栏，阳文，为比较标准的楚式玺。从出土数量较多看，"成陵市"当距新蔡不远。

鄰市鉨（图16-49），印面三角形，有边栏，阳文。这件"蔡市鉨"当指新蔡之市场用鉨。

蔡（图16-50），封泥边饰花瓣纹，为蔡市之省。这些标本上的文字皆与楚系铜器、楚简上的蔡字相近。

  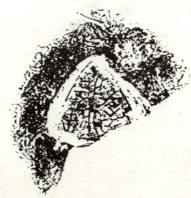 

图 16-47   图 16-48   图 16-49   图 16-50

　　囗合之市鉩（图 16-51），方形印面，六字，阳文。当为地名加市场的公用玺。

　　夕市（图 16-52），印面圆形，有边栏，阳文。"夕市"即晚市、夜市。

　　攻市（图 16-53），印面圆形，有边栏，阳文。先秦文字中"攻"、"工"相通，"攻市"即"工市"。工市，买卖手工制品之市。

图 16-51　　　　　　　　　　　　图 16-52　　　　　　　　　　　　图 16-53

　　市（图 16-54），单字"市"封泥出土很多，印面形制有数十种，可肯定为当地抑盖。主要有阳文和印面三角形阴文两种。

　　2. 官署名：

　　麿（府）（图 16-55），印面近圆形。小（少）麿（图 16-56），印面近圆形。

图 16-54　　　　　　　　　　　　　　　　　　　　　图 16-55

　　行麿（图 16-57），印面有圆形和方形（左读）两种。鉴印山房一例作方形右读（《书法报》2003.3.17，图 16-58）。楚玺有行麿之鉩（0128）、邡行麿之鉩（0130）。行府是楚国特有的一种官署，可能与行宫有关，是行宫的府库机构。右麿（图 16-59）。鉴印山房藏左府（《书法报》2003.3.17，图 16-60）。東（东）麿（图 16-61）有右读和左读两式。鉴印山房藏東府（《书法报》2003.3.17，图 16-62）。東门麿（《书法报》2003.3.17，图 16-63）印面三角形。西麿（图 16-64），南麿（图 16-65），北麿印面有三角形（图 16-66）和圆形（图 16-67）两种。北门麿有上两字下一字的（图 16-68）和左两字右一字左读（图 16-69）的不同。蔡北門（图 16-70）为北门府之省称。另外还有四种因字迹不清楚而难以确定府名者。《礼记·曲礼下》注曰"府，谓宝藏货贿之处也。"这里的府应是县府，少府应直属中央的地方少府，或中央的少府派驻地方的机构。分方位所设的门府应是征税的实施机构。

正（征）鈢（图 16-71），系征税的官署（门关）用曲尺形玺印所抑，表明货物已征税，可以放行或入市。上博收藏一枚齐系曲尺形玺印左正鈢（《上》6，图 16-72），也应是征税所用。

官（图 16-73），印面近圆形，阳文。此当为市场管理基层官吏用印。

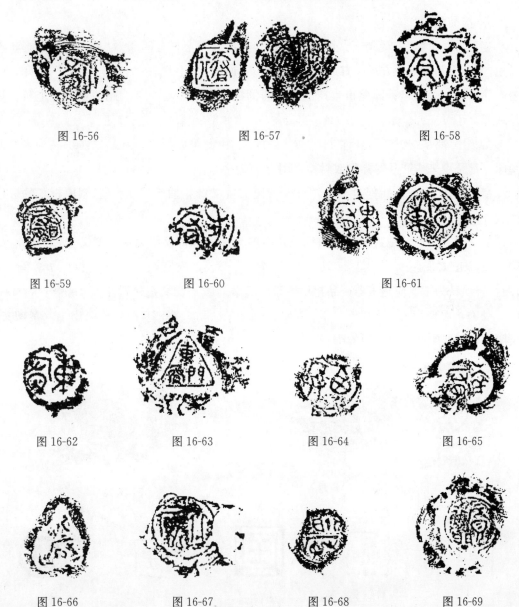

图 16-56   图 16-57   图 16-58

图 16-59   图 16-60   图 16-61

图 16-62   图 16-63   图 16-64   图 16-65

图 16-66   图 16-67   图 16-68   图 16-69

图 16-70   图 16-71   图 16-72   图 16-73

3. 产品名：

楚系封泥"襄"、"蔡市"（图16-74）。为同枚封泥上打有两印。"襄"印面圆形，有边栏。"蔡市"印面近方形，有边框。笔者按：同枚封泥上打有"襄"、"蔡市"两印，一表产品名，一表地名；即蔡市生产的襄。襄即纕，佩带、马腹带。此"蔡"是上蔡，还是新蔡，还可探究。楚玺有襄（纕）官之鉨（详本书《染织篇》）。

"纹缊"都是纺织产品名称（详见《染织篇》），由此可以断定，凡是以纺织品为名称的玺印，都是用来作产品的标识或封检之用。

秦封泥繹（绎）（《考与》2005。5），《说文》："绎，抽丝。"应是丝絮原材料的标记（详见《染织篇》）。

玉（图16-75），楚封泥，三横等分，应释为玉。报告误释为王，意义全错。还有玺印多枚，玉（5304～5306，图16-76～图16-78），5305，故宫收藏；玉（《湖》78，图16-79），皆误释为王。应是玉器产品封检用印。珍秦斋藏一抚琴钮带钩印（《珍秦·古》195，图16-80），误释为壬，应释玉。玉（《陶汇》5.461、5.462，图16-81）咸阳出土，秦陶文。表明这是玉器生产作坊所用的陶器。

图 16-74   图 16-75

图 16-76   图 16-77   图 16-78   图 16-79   图 16-80

瓔（5349、5350，图 16-82、图 16-83）燕玺。瓔，珠玉饰物。瓔（《陶汇》3.1248，图 16-84），邹县出土，齐系印迹。

图 16-81 　　　　　图 16-82 　　　　　图 16-83 　　　　　图 16-84

睘（图 16-85），郭沫若说瞏（睘）即玉環（环）之初文，佩于当胸处。蔡睘（图 16-86），周晓陆说蔡即新蔡。蔡睘即新蔡所产之玉环，或新蔡市检验之玉环。

战国时期玉器种类丰富多样，其质料有各种颜色的玉、水晶、玛瑙和彩石。玉器的种类有璧、佩、环、璜、玦、琮、镯；饰版、串饰、玉人、剑珌、带钩、梳、鼻塞等，造型优美，纹饰绚丽繁缛，不仅镂雕及连锁技术精湛，而且制玉与金银细工结合，创造出许多精美的上乘佳作。

金塆（图 16-87），塆，字书所无。可能是金属制品。殷周铭文多是铸款，春秋战国间有刻款。更有无作器人名及被作器人名的，即虚其名款以待买者补刻。如"作宝尊彝"、"作宝鼎"、"作宝簋"之类。陈介祺以为"皆市鬻物"，此说甚确。西周至战国由于当时商业发达，尊卣之属也商品化了（容庚、张维持《殷周青铜器通论》94 页）。

图 16-85 　　　　　　　图 16-86 　　　　　　　图 16-87

椁章（图 16-88），似与棺椁产品有关。

觸印（《考与》2005.5，图 16-89）秦半通封泥。《广韵》、《集韵》皆释作牛角。此封泥为牛角产品的封记。

未印（《考与》2005.5），秦半通封泥。报告称：未，所指为何不明。《说文》说未，滋味之味的本字。后假借为未有、午未之未。又作姓。此为食官机构或作坊所制调味品进入市场打印的标志（详见本书《饮食篇》）。

4. 地名：

襄（图 16-90），周晓陆考为襄，即襄城。东周时曾为魏地，后为楚之西境。战国时陈留、襄邑出产的文锦、纯锦、重锦是闻名一时的产品。

北邑（图 16-91），地名。

新蔡（图 16-92），地名，故城遗址在今河南驻马店市新蔡县城东部。

图 16-88　　　　　　图 16-89　　　　　　图 16-90　　　　　　图 16-91

郐鉨（图 16-93），郐在今河南新密市东南。

新野（图 16-94），汉时置县，属南阳郡，距新蔡不远。

甘宫（图 16-95），地名。新蔡城之外多处楚城邑的封泥，都是作标明产品的产地之用，"反映了楚国境内不同城市间的商贸活动。"地名封泥给予我们一个重要的信息：过去我们以地名为官名的认识是错误的；这些地名玺印多是打印在产品货物上表明产地的。

箸，新蔡所出封泥，印面少量呈三角形，多为方形，有阳文、阴文两式（图 16-96），报告引《说文》："箸，厚也。读若笃。"段玉裁注：箸、笃亦古今字。今字笃行而箸废。释为笃信。《鉴印山房藏品》亦收三品（《书法报》2003.3.17. 特刊，图 16-97）《汉语大字典》称箸同"竺（笃）"，厚。《广韵·沃韵》："竺，地名。"鉴印山房藏有箸邦率鉨（《书法导报》2006.9.13，图 16-98），战国铜质鼻钮楚玺。邦即诸侯封地，率即统率、将领，此为封邦诸侯的军队统帅，或曰地方武装首领。箸为箸邦之省文，至为明显。箸封泥是箸邦产品的封检标志。

图 16-92　　　　　　图 16-93　　　　　　图 16-94　　　　　　图 16-95

图 16-96   图 16-98

图 16-97

总之，地名封泥是产品产地的标识。

5. 姓名、数量等：

尔（鈢、玺），单字楚系封泥，印面倒三角形，阳文（图 16-99）。玺，不著姓名，《汇编》中有大量的"尔（鈢、玺）"字单字玺（5225～5258 等），或单字，或从金，或从土；还有"封"、"封玺"等都是私人交易或书信时用于封缄，以表信誉，防私拆。新蔡所出秦系封泥有尹咸、李崇等姓名印同此作用。

图 16-99

两（图 16-100）单字楚系封泥。

四（图 16-101）单字楚系封泥，印面方形，有边栏，阳文。束（5416，图 16-102；《山》172）玺印，束，量词：箭十二为束；布五匹为束；锦绮缯布葛越皆五两为束；凡物十个为束（详见《汉语大字典》缩印本 487）。两、四、束皆表明货物数量之标记。

器（图 16-103）单字楚系封泥。印面圆形，有边栏，阳文。秦印有市器，即市所造之器。"器"为市器之省。

图 16-100

質（图 16-104）单字楚系封泥。印面方形，有边栏，阳文。"质"和市场商贸活动相关。《说文·贝部》："质，以物相赘，从贝，从所。"朱骏声《定声》曰：

"以钱受物曰贽，以物受钱曰质。"《周礼·天官·小宰》："听卖买以质剂。"以物或钱换物曰质，或曰质押，"反映了当时质易的市商方法。"

图 16-101 　　　　图 16-102 　　　　图 16-103 　　　　图 16-104

奠（《考与》2005.5，图 16-105），单字秦封泥。《说文》："奠，置祭也。从酋，酋，酒也。《礼》有奠祭者。""置祭"，意将祭品置于神前祭神。奠即祭品之封泥。

贺（《考与》2005.5，图 16-106），单字秦封泥。《说文》："贺，以礼相奉庆也。"

慶（庆）（《考与》2005.5，图 16-107），单字秦封泥。《说文》："庆，行贺人也。"有祝贺、赏赐等几用。慶（庆）（《印举》3·12A，图 16-108）秦印。慶（《季木》0738，图 16-109）齐系陶器印迹，邹县出土。《篆集·卷一》508 还收录一方长方形"慶"字秦印。庆、贺、奠等封泥可能与贺仪、庆典、丧礼有关，是礼品的封检印。玺印为示信之物，所系非轻，故古今封拜之所及，命令之所出，非此莫凭。奠、贺、庆等封泥应是"题为赉予，以标郑重"的礼仪用意，犹如当今之礼品的精美包装。

图 16-105 　　　　图 16-106 　　　　图 16-107 　　　　图 16-108

劾（《考与》2005.5，图 16-110），单字秦封泥。《说文》："法有罪也。"一定罪；审判罪人。二检举揭发罪状。司法用于封检档案的用印。

贾（《陶汇》3.1168、3.1169，图 16-111）陶器印迹，邹县出土。《说文》、《尔雅》俱言："贾，市也。"也就是做买卖的意思。《说文》"一曰坐卖售也。"

买（买）（《考与》2005.5，图 16-112），单字秦封泥。《说文》："买，市也。"买有购进、雇、货等意（《汉语大字典》1512）。買（《陶汇》3.1212～3.1219，图 16-113）（3.1214 是刻文），邹县出土。或表示已买进。

賣（卖）（《陶汇》3.1242～3.1245，图 16-114），《字形表》释卖。陶器印迹，邹县出土。应与集市贸易有关，或表示待价而沽。

昌（图16-115），楚系单字封泥。有美善、正当、美好貌、兴盛诸义，或言贸易正当守法，或言货物卖相好，或言买卖兴隆，财源滚滚，都与商贸有关。

图16-109

图16-110

图16-111

图16-112

图16-113

图16-114

图16-115

6. 图像封泥

龙形（蛇）（图16-116），饰一龙纹弓背后顾。立鸟形（图16-117），印面椭圆形，似为水禽。犬形（图16-118），一犬翘尾顾首。猿猴（图16-119），楚系封泥，报告释为鹿，因未见鹿角，恐误。尾翘而四肢修长，似猿猴或犬类。李白诗曰："两岸猿声啼不住，轻舟已过万重山。"长江三峡地区战国属楚。楚地多蛇、犬、猿猴之类的兽类，多有经济价值。

图16-116

图16-117

图16-118

图16-119

麋形，图像不清楚。因其尾似驴，蹄似牛，颈似驼，角似鹿，而非驴、牛、驼、鹿，故俗称"四不像"，是国家一级保护动物。麋鹿不仅取其角，也以皮制革。《战国策·楚一》"昔令尹子文，繻帛之衣以朝，鹿裘以处……"。可知鹿裘是当时封建贵族所享有的高级衣物（周晓陆、路东之《新蔡故城战国封泥的初步考察》）。

战国时期的狩猎业产品，种类很多。《荀子·富国》记载楚国云梦有"犀、麋、鹿"，宋国有"雉、兔、狐狸"以及"飞鸟、凫、雁"（《韩非子·外储说右上》）等等。这些飞禽走兽可供商贸交易，特别是它们的羽、毛、齿、革、筋、角等，可作为某些手工业部门的重要原料，使狩猎业的产品已经成了商品（《战国盛世》269）。

骑马形（图16-120）封泥，方形，饰一人骑马纹。是否表示货物派专人骑马送达，即今之特快专递？《历代》310著录一方"人骑马纹"印（图16-121），铜质鼻钮，呈扁方形。与封泥相似，人形均作两手平张状，马形较为清晰。时代应为战国至秦。故宫收藏的戏马纹印（《故肖》61，图16-122）鼻钮，误为汉代。左下角有一"王"字，过去多以为是马戏表演之类，现应重新审视，可能是王室专递的印信。齐瓦当中也有树下人骑马形（《新中国出土瓦当集录·齐临淄卷》178，图16-123），是知这是驿站专用瓦当（参见《快递篇》）。

楚国新蔡市亭有齐、三晋、秦地的封泥，反映了当时各国之间贸易活动的往来。

图16-120　　　　图16-121　　　　图16-122　　　　图16-123

四、三晋玺印与印迹

苺（汝）阳（阳）坿（市）（0332，图16-124）第三字吴振武释为"坿（市）"，第一字裘锡圭释为苺，读为汝阳。笔者按：大篆多以点代短横，故"苺"字上应隶定为草字头，而非"竹"字头。何琳仪释为女（汝）阳即今河南商水，战国时属韩。此印作三字排列，古朴拙厚。线条质感与"苺（汝）阳市"陶器印迹全然不同。

苺（汝）阳坿（市）（《陶汇》9.4，图16-125）韩国陶器印迹。北京高明氏自藏，拓本。此印迹与"苺（汝）阳市"玺印文字相同，但印迹比玺印略大，有天真率意之趣。玺印与印迹的排列形式及形制大小略有不同，显然不是用此玺印钤记。

荥（荥）市（《陶汇》6.57，图16-126）荥（荥）为荥阳之省文。荥阳战国韩邑，但印迹日字格属秦统一六国后作。

郬（尹）亭（《陶汇》6.51，图16-127），荥阳故城出土。

襄陰（阴）市（《陶汇》9.32，图16-128），襄阴是定襄郡属赵地，确切地点不详，或指为呼和浩特市东部一带。

虘與市（《季木》0934，图16-129），李零案：虘與即阏与，赵邑。

邯亭（《陶汇》4.159，图16-130）陶片印迹，邯郸百家村遗址、河北永年施家庄（武安午汲古城）灰坑均有出土。邯为邯郸之省，邯郸为赵都。

代市（《陶汇》7.7、7.8，图16-131），北京高明氏收藏，拓本。代，战国时属赵。其地即今代县。"代市"应是代邑的亭市机构。

图16-124

图16-126

图16-127

图16-125

图16-128

图16-129

图16-130

图16-131

降亭（《陶汇》7.2、7.3，图16-132）山西侯马乔村25号墓等战国末年墓陶盂和翼城苇沟村——北寿城之间采集的陶釜碎片上的印迹。降即绛。降亭是绛县市亭的标志。绛战国属赵。

易亭（《陶汇》4.168，图16-133）永年施家庄南出土。赵国易阳之省文。

亭·十一年以垂（《陶汇》6.123～125，图16-134）、亭（《陶汇》6.126～6.142，图16-135；《中原》1981.1，图16-136）郑州商城一带出土。旧释亳或京，当释亭。衉亭（《陶汇》6.120，图16-137）。昃亭（《陶汇》6.121，图16-138；《中原》1981.1，图16-139）。两个亭字字形不同，可能有时代先后的区别。羌亭（《陶汇》6.122，图16-140）。以上皆郑州金水河出土，郑州战国魏邑。

图16-132

图16-133

图16-134

图16-135

图16-136

图16-137

图16-138

图16-139

安亭（《陶汇》7.4，图 16-141），夏县禹王城安邑古城遗址出土陶片印迹，安亭为魏国安邑之省文。

上口垛（市）（4224、《吉大》7，图 16-142），吉林大学收藏。原释敬上，此三字为吴振武释。据字形、形制可判为三晋玺。

口𦙶（市）（《陶汇》3.819，图 16-143），三晋陶器印迹，高明自藏，出土地不详。

图 16-140　　　　图 16-141　　　　图 16-142　　　　　　图 16-143

五、秦国玺印与印迹

秦国市亭兴起稍晚，但发展迅速、普遍，所见陶器及漆器印迹又多，几起狂澜之势。

寺从市府（《征存》8，图 16-144），秦印。寺同侍，应为宫廷掌管集市的官署。

史市（《故》407，图 16-145）白文秦印。铜质，三层台鼻钮。

亭印（《征存》80，图 16-146）。天津艺博收藏。陶质，鼻钮。

市印（《天》41，图 16-147）白文秦印，铜质，鼻钮。天津艺术博物馆收藏。

图 16-144　　　　　图 16-145　　　　　图 16-146　　　　　图 16-147

市器（《魏石经室古玺印景》78，图 16-148），市为市亭之省，市器表明是市亭制作的器物。

市亭（3093，图 16-149）秦朱文圆形玺印。故宫收藏。市亭，古代市场的管理机构，又称"旗亭"。古代市亭主管商品检验、缉捕盗贼、征收市税、维持秩序等。印取圆形，细朱，近似三晋官玺小巧婉丽，为秦官印中特殊风格者。

市亭（《征存》486，图 16-150），上海博物馆收藏。铜质。杙钮。市亭可联用，或作亭市。战国晚期至秦王朝时印。市亭印多施于漆器、陶器等器物，表示经市亭监造或批准生产的合格证。杙钮便于使用抑印时把握。印文线条爽健，两字布白大起大落，疏密互见。"亭"字下的"丁"形用大篆常见的实体，当是秦印的特色。

亭（《印举》3·9A，图 16-151），秦白文印。

图 16-148　　　　　图 16-149　　　　　图 16-150　　　　　图 16-151

市北（《湘》145，图 16-152），吴振武《阳文秦印辑录》定为秦印。市東（东）（《泥集》附录，图 16-153），周晓陆定为秦印。市北、市东可能是市的北门、东门的省称。

都市（《征存》489，图 16-154），铜质，瓦钮，故宫收藏。铸铭阴文二字，摹印篆。战国至秦王朝印。此二印字体与秦都咸阳遗址及秦始皇陵附近出土之秦陶器"咸阳市于"、"丽市"印迹（《考与》1980.1），山西左云县出土秦陶器"市"印迹（《文物参考资料》1957.8），均风格相同，可知也是秦印。秦代在都城咸阳及其他县邑均设有"市"的官署，其职责是管理市场和商品的生产。印文"都市"之都，可能是总管之义，《汉书·西域传》："乃因使吉并护北道，故号曰都护"，师古曰："都，犹总也"。

都亭（《征存》395，图 16-155），秦印，故宫藏。铜质，鼻钮。古代大城曰都，小城曰邑。都亭，指设在大城内的亭，也是全县中最重要的一个亭。无界格，"都"字结体兼有小篆、古隶的风韵，"亭"字已是摹印篆的风姿。两字不谐，却有变化。战国时期秦印。

軍（军）市（《上》、《玺汇》5708，图 16-156）铜质，上海博物馆收藏。吴振武说为战国秦印。"军"字与郾右军矛、庚壶的军字相近，与秦小篆不类，其国别还可深究。军市，古代军营附近开设的交易市场。"士闻战，则输私财而富军市，输饮食而待死士"（《战国策·齐策五》）军市商品以供应士兵及军事需求为主，李牧将"军市"的税收归幕府，用来供应和赏赐士兵，得到了士兵的拥护。《商君书·垦令篇》规定："军市"中不准藏有女子，不准私自贩卖粮食，不准轻堕之民游"军市"，说明当时"军市"已比较热闹和繁荣（杨宽《战国史》106、222 页）。

脩（修）故亭印（《征存》393，图 16-157）白文秦印。故宫收藏。铜质，鼻钮。

召亭之印（《征存》394，图 16-158），鼻钮，白文秦印，故宫藏。

图 16-152　　　　图 16-153　　　　图 16-154　　　　图 16-155

图 16-156　　　　　　图 16-157　　　　　　图 16-158

咸阳亭印（《泥风》159，图 16-159），咸阳亭丞（《泥风》159，图 16-160）秦封泥。《汉书·地理志》云："渭城，故咸阳，高帝元年更名新城，七年罢，属长安。"

定阳（阳）市丞（《集成》2067，图 16-161；《泥集》320，图 16-162），前者为传世秦封泥。这些封泥是定阳亭市机构的印迹，丞为副职。

图 16-159　　　　图 16-160　　　　图 16-161　　　　图 16-162

前人多以为亭是乡之下级单位，如《史记·高祖本纪》："（刘邦）为泗水亭长。"《正义》："秦法，十里一亭，十亭一乡。亭长，主亭之吏。"又《汉书·百官公卿表》："大率十里一亭，亭有长。十亭一乡……县大率方百里，其民稠则减，稀则旷，乡、亭亦如之，皆秦制也。"据秦简等资料研究，亭有三个概念：一，"十里一亭"的亭是治安的机构，尤如今天的派出所，兼为邮亭。二，边境置亭，以守望防敌。如江苏盐城市出土战国封泥"祝其亭玺"。祝其在今江苏赣榆县西北约五十里。三，市亭的亭是驻市的派出所，管治安。秦统一后合而为一，曰市亭，或曰亭市，共同"掌市之治教、政刑、量度、禁令。"（《周礼·地官·司市》）出土秦汉器物"市亭"一类印迹习见，这些说明市亭是一种商业管理机构，亭亦即《三辅黄图》所说"旗亭"的省称。此类"亭"是市府官署的代称，主要管理商业活动。咸阳为秦都城，商业远较其他郡县发达，故"咸阳亭"之文多见。《汉书·地理志》"渭城，故咸阳。"《史记·秦本纪》："孝公十二年，作为咸阳，筑冀阙，秦徙都之。"《秦始皇本纪》："孝公十三年，始都咸阳。"《正义》："《本纪》云：'十二年作咸阳，筑冀阙'，是十三年始都之。"山南水北曰阳，县在九嵏诸山之南，渭水之北，山水皆阳，故曰咸阳。

咸亭当柳恚器（《陶汇》5.1，图16-163），陶壶盖印迹，长安北乡出土。咸亭是咸阳亭之省文，当柳是咸亭的里名，恚是作器工匠人名。此类残陶片印迹甚多，不一一例举。

平市（《陶汇》5.169，图16-164），陶罐印迹，咸阳黄家沟战国中晚期至秦代墓出土；亦见于山西曲沃曲村遗址。是知平市为平阳市府。

频（頻）市（《文博》1987.4，图16-165）、频（頻）亭（同前，图16-166），陶釜印迹，西安市西郊高窑村、铜川南关均有出土。频市当为频阳市。

图16-163

杜市（《陶汇》5.171，图16-167），西安市郊清涧出土。

图16-164

图16-165

图16-166

图16-167

杜亭（《陶汇》5.308，图16-168）西安南乡秦都咸阳遗址出土陶片和西安灞桥鳌灵盖出土残陶甂都有杜亭印迹，同文不同印。杜为杜县之省文。

斄（釐）市（《印举》2·58，图16-169）。斄亭（《考与》1996.6.13，图16-170），陶器印迹，郿县白家村秦遗址出土"斄亭"陶文8片。"斄"又见于咸阳塔儿坡出土十九年大良造鞅殳镈（《考与》1996.5）。釐为西周邰邑，秦置斄县，故城在今武功县西南，约辖今之武功县及郿县北部地区。

图16-168　　　　　图16-169　　　　　　　图16-170

高市（《集证》316页）。右市（《陶汇》5.293，图16-171）秦始皇陵出土。

茝（芷）（《考古》1988.12.1088，图16-172），陶罐、陶钵印迹，秦芷阳遗址（西安洪庆堡）和始皇陵出土。无市、亭字样，是一种简化形式。

图16-171　　　　　　　　　　图16-172

雲（云）市（《陶汇》5.294，图16-173），陕西淳化出土。云亭（《陶汇》5.295，图16-174），陶钵印迹，淳化出土。

美亭（《陶汇》5.310～5.312，图16-175），扶风出土。美亭是美阳旗亭之省。

麗（丽）市、丽亭（《考古》1991.5.409，图16-176），陕西渭南及秦始皇陵均有出土。丽指郦邑，在骊山北麓。丽亭、丽市的设立，既满足了官府采购始皇陵葬品的需要，又满足了修陵徒众的日常需求。王学理认为刘家寨、沙河村南遗址就是秦丽邑——汉新丰的故址。

安陆（陆）市亭（《陶汇》8.1、8.2，图16-177）小口陶瓮印迹，云梦睡虎地11、14号秦墓出土。云梦原为楚地，公元前 278 年秦军攻占后，设置安陆县。

图 16-173

图 16-174

图 16-175

图 16-176

图 16-177

陕（陕）市（《陶汇》6.54，图 16-178）、陕（陕）亭（《陶汇》6.55，图 16-179）绳纹陶罐印迹，陕县后川西汉初年墓出土，陶罐应为秦器。

隽亭（《陶汇》5.309、《秦陶》1305、1307，图 16-180）。秦始皇陵出土。"隽"字原误释焦，《古陶文字征》已加纠正。隽地不明所在，有多说，不可据，待考。

图 16-178

图 16-179

图 16-180

南乡（？乡）之市（《陶汇》9.31，图 16-181）。

東（东）武市（《陶汇》7.5、7.6，图 16-182）秦。犬亭（《秦陶》1306，图 16-183）山西省出土，高明自藏。

图 16-181   图 16-182   图 16-183

　　櫟（栎）市（《陶汇》5.336～5.338，图 16-184）陕西渭南出土。栎市二字有三种不同的布白方式。栎市是栎阳市的省文。秦献公由雍城（今陕西凤翔）迁都栎阳（临潼县武屯一带），到秦孝公时才由栎阳迁都咸阳。《史记·货殖列传》记载："栎邑北却戎翟，东通三晋，亦多大贾。"可见是一个四方辐辏，市井贸易繁华的都市之一。

图 16-184

　　新梁市久（《陶汇》9.29，图 16-185），大梁，魏国都城，魏惠王三十一年因安邑近秦而迁徙大梁，即今河南开封。新梁可能是秦灭魏（前 225 年）后的名称，可定为战国晚期。

　　槐里市久（《陶汇》5.332，图 16-186）。

　　咸阳亭久（《陶汇》5.101、5.102，图 16-187）久字在此作"记"、"刻"之义。这些印迹是制成陶胚后烧造前钤印上的，当是某地的亭或市制品的标记。

　　亭久（《陶汇》5.314～5.317，图 16-188），《陶汇》据《簠斋藏陶》复制，陕西出土。与临淄齐阚家寨陶器"亭久"印迹（图 16-35）相同，有统一颁发的可能。

　　都市（《陶汇》9.19、9.20，图 16-189、图 16-190）陈介祺《望文生谊斋辑存古陶文字》第一函著录。都市是指国都之市，或曰都（大城）中之市。上举玺印中有都市、都亭之称。

　　亭（《陶汇》5.433～5.436，图 16-191；《秦陶》1302，图 16-192；《文博》1986.3，图 16-193）凤翔高庄、八旗屯等战国晚期秦墓出土，有阴文、阳文多种。

秦代遗址和墓葬出土的漆器上往往也有打上"市"、"亭"字的戳印，表示这些产品是经过亭的检验，质量合格，可在市场出售。

图 16-185　　　　　　　　图 16-186　　　　　　　　图 16-187

图 16-188　　　　　　　　　　　　　　图 16-189

图 16-190　　　　　　　　　　　图 16-192

图 16-191

图 16-193

结　语

从上述玺印、陶文、封泥等资料可见"市"字的五系写法各不相同，可据"市"字的写法判定其国别，因国别不同而风格各异。各国市亭玺印官署名称不同，一般是地名加市、亭字样，多是在大城或重镇所设的机构；只署单字市、亭字样一般是下属市亭用印。市亭玺多施于陶器，故一般大于佩印；有些小印为便于把握而制作杙钮。各国众多的市亭名称、机构，货物品名的繁多，表现了战国时生产力的提高和商业贸易的繁盛。

楚国丰富的物产资源，不仅为楚国商人提供了牟利的机会，也吸引着异国商人不顾"关梁之难，盗贼之危"（《墨子·贵义》），不远千里前来贩运。同样，中原的手工业产品也是靠着这些商人贩入楚境。他们所进行的商品交换，只是以物易物。然而，楚国的众多城市却有着广阔的商品市场。在国内市场上，大宗的物资是谷粟、食盐、布帛、丝絮、麻缕、冠履、衣袍、竹木、漆器、陶器、铜器、铁器、牲畜、皮革等，贵重的物品有珠玑、犀角、象齿、丹砂、黄金等（刘玉堂《楚国经济史》）。有一些囤积居奇的豪商巨贾货运至中原、西南、岭南甚至海外、中东地区进行交易，反映了楚国国内贸易的发展水平。其他各国也都有自己的商业城市和特色产品，史书多有记载，兹不赘述。

注：

[1] [2] 吴慧《中国古代商业史》一，第 125 页、107 页。

[3] 刘钊《古文字考释丛稿》，岳麓书社 2005 年 7 月第 1 版第 201～202 页。

[4] 董珊《"弌日"解》考"弌＝日"为"一之日"，即夏正十一月，详见《文物》2007 年第 3 期该文。

[5] 见拙文《寓石斋玺印考》，《考古与文物》2004 年增刊《古文字论集（第三辑）》。

[6] 赵平安《燕国长条形阳文玺中的所谓衬字问题》，《考古与文物》2005 年《古文字论集（三）》。

［7］于省吾：《甲骨文字释林》，中华书局，1979年，第374页。

［8］［9］何琳仪：《古玺杂释续》，《古文字研究》第十九辑，中华书局，1992年，第471～472页。

参考：

裘锡圭《古文字论集·战国文字中的"市"》；俞伟超《先秦两汉考古学论集·秦汉的"亭""市"陶文》；袁仲一《秦俑博物馆论文选·秦代的市、亭陶文》、高敏《云梦秦简初探》、张正明《楚文化史》、刘玉堂《楚国经济史·楚国商品经济》、马振亚等《中国古代文化概说》。周晓陆等《在京新见秦封泥中的中央职官内容——纪念相家巷秦封泥发现十周年》；周晓陆、路东之《新蔡故城战国封泥的初步考察》；叶其峰《战国官署玺——兼谈古玺印的定义》；杨生民《中国春秋战国经济史》第115页《战国富豪一览表》。

离宫别馆相望属也

——从秦封泥看秦宫苑囿

苑囿小史

　　中国园林建筑艺术有悠久的传统，在世界造园艺术中独树一帜，有重大的成就。几千年来我国古代造园工匠，以他们辛勤的劳动和无穷的智慧，创造了许多具有高度艺术成就的园林。在甲骨文字中已出现了关于种植的记录："圃"、"囿"、"果"、"树"、"采"、"林"、"桑"、"粟"……在殷代，奴隶主就迫使奴隶为他们建造了规模宏大的园林。沙丘始建于商，《史记·殷本纪》："〔帝纣〕益广沙丘苑台，多取野兽蜚（飞）鸟置其中。慢于鬼神，大聚乐戏于沙丘。""沙丘台在邢州平乡东北二十里……纣时稍大其邑，南距朝歌，北据邯郸及沙丘，皆为离宫别馆。"随着新石器时代磨制石器等技术的迅速发展，多

图 17-1

种质料的箭头大量出现，且出现了弓箭、陷阱、围栏、网等复杂的狩猎工具，使人类可以更多捕捉活的动物，在狩猎活动中，人们对野生动物的习性也日益了解，并渐渐把剩余活的野生动物驯养起来以备不时之需和观赏。《战后宁沪新获甲骨集》二卷 145 片左边有一帝乙，帝辛时的"画家"所作的罕见的"文字画"（摹本，图 17-1）。"上画一高房象京室状，下刻划一弓矢对准京室内的麋鹿，弓矢右旁还刻划一兕（犀）牛，这是三千多年前遗留下来的宝贵艺术杰作。"其实这就是商代苑囿的画面，麋鹿和犀牛都是被猎人（持弓者，猎人被省略）猎获的对象，麋鹿被关在高房（即麋圈）中圈养，犀牛在苑内被放养。

文字画非常客观地印证了《史记·殷本纪》关于沙丘苑台的记载。

　　远在两千多年前的周代，就已有了描写园林风景的作品。如《诗经》说"王在灵囿，麀鹿悠伏。麀鹿濯濯，百鸟鹤鹤。王在灵沼，鱼牣鱼跃。"诗中所写的灵囿，就是养有禽兽的动物园。灵沼就是饲养鱼类的池沼。诗中还描述了园中鸟兽鱼类活泼驯服的景象。一般帝囿占地宽广，区域范围都在方圆几十里、上百里左右，如周"文王有灵囿方七十里"（《孟子》）。《周礼·地官》一书中还记载周代已设专人管理园囿的事："囿人：中士四人，下士八人，府二人，胥八人，徒八十人。"从这个记载中我们可以看出，当时已经有了管理园囿事务和饲养鸟兽、鱼类的人员，并且有了园艺工匠。当时对园林的经营管理已经有了一定的制度。

　　秦始皇统一中国之前，即于关中地区大兴土木广筑宫苑，禁苑的建设达到了一个高峰。秦昭王时，已有"五苑"。在咸阳，渭南咸阳宫、信宫极庙等落成，建筑了规模宏大的上林苑，在苑里修建了阿房宫，把宫殿和园林更加密切地结合在一起……更有阿房宫这样终秦一代亦未最后完成的宏伟宫殿。统一之后，它的宫苑建设推及全国，在皇帝巡幸之地广设宫殿禁苑，同时又将所灭六国宫殿依样重建于咸阳。在秦王陵园之地亦设禁苑（《秦封泥集》卷首论文）。待到秦始皇之时，因为国力强盛，加之嬴政之好大喜功，使秦的离宫别馆西至甘肃，东至海边，北至辽宁，犹如满天星斗撒落在全国各地。据记载，关中有宫殿300处，关外有400余处，单咸阳近旁200里内宫观就有270处，秦的离宫别馆和秦都城的宫殿一样，也都建在高大的夯土台上，气势雄伟壮观，建筑结构等都同都城中宫殿一样，有些宫殿竟成为皇帝的办公理政之处，充分说明了其重要性。秦始皇为了使他的行踪不被人知，用一种特殊道路把绵亘数百里的宫殿联结起来，这种道路叫甬道（道路两侧筑墙）、复道（即阁道，楼阁之间的天桥）。秦始皇一生中五次出巡，所到地区，皆修了很多离宫别馆，作为他路途休息之地，特别是辽宁、河北的秦宫殿，曾有时在此居住几个月（徐卫民著《秦汉历史地理研究·秦离宫别馆述论》）。《说文》："苑，所以养禽兽也；囿，苑有垣也。"据史载：苑的周围有堑、垣或篱；之外是40里的隔离带（古称奡、墺、墒）；再外围是20里的禁设网区（古称畧），可见范围之大。

　　1993年以来，甘泉县城区陆续发现了三处古代建筑遗址，出土了一批瓦当，有狩猎纹、卷心纹、虎纹及云纹、卷云纹、对虎纹半瓦当等等多种（王勇刚等《陕西甘泉出土的战国瓦当》，《文物》2005.12）。笔者按：这里可能是一处苑囿，瓦当纹透露的信息可为佐证，或可能就是甘泉宫的旧地；同时也是一处作为狩猎和演兵的边远军事要地。各种秦汉瓦当集中收录了大量的各种禽兽纹图案，正是这些苑囿建筑所用的瓦当。

秦封泥中的宫台

　　先秦古玺和秦封泥中有些职官与宫台有关，可以与文献资料相印证：

蕡陽宮印（《集成》123，图17-2）传世秦封泥，秦宫名。秦孝公建蕡阳宫，在咸阳渭南宫区。《汉书·东方朔传》：“倍阳”，颜师古注：“倍阳即蕡阳也”。《说苑》记嬴政与太后交恶，诛灭嫪毐之后，迁太后于蕡阳宫（《孙慰祖论印文稿》72）。

新出秦封泥安台之印（《考与》2005.5，图17-3）、安台丞印（《新出》67、《风》150、《泥集》212，图17-4）这种封泥出土数量较多，传世也有“安台丞印”（《集成》1599，图17-5）、“安台左墅”（《集成》2120，图17-6）、安台居室、安居室丞（《考与》2005.5）等秦封泥。秦有章台、鸿台、怀清台等，安台当为秦时诸台之一。这批封泥出土地距汉安门遗址不远，故安台也可能就在附近，西汉安门沿袭此地名。

图17-2　　　　　　图17-3　　　　　　　　　　图17-4

章台（《新出》66、《艺文院》23，图17-7）、高章宦者（《泥集》209，图17-8）、“高章宦丞”（《泥集》210、《艺文院》15，图17-9），秦惠文王建章台宫，在咸阳渭南宫区。章台是秦王坐理朝政的宫殿。《史记·苏秦列传》苏秦说楚威王曰：“今乃欲西面而事秦，则诸侯莫不西面而朝于章台之下矣。”《史记·秦始皇本纪》：“诸庙及章台、上林，皆在渭南。”《史记·蔺相如列传》：“赵王遣蔺相如奉（和氏）璧西入秦，秦王坐章台，见相如”于此。《三辅黄图》：“章台宫在汉长安故城西，秦宫也。中有章台，因名。”徐卫民《秦汉园林特点琐议》说：“上林苑中有很多超高建筑，如神明台、井干楼、通天台等，高达50余丈（合今110余米高），章台是秦王主政朝见之所，必定高大，是谓高章。章台当在今西安汉城遗址中汉未央宫前殿处。”

图17-5　　　　　　图17-6　　　　　　图17-7　　　　　　图17-8

　　信宫罍，据刻铭知此罍最早是属于秦西县宗庙祭祀官署。由"西共左"转至"左般（黄展岳说训为'乐'）"官署。"信宫左般"，指此左般机构在信宫内。"信宫"词义是再宿行宫。文献记载秦有信宫在渭南。《史记·秦始皇本纪》二十七年"作信宫渭南，已更命信宫为极庙，像天极。"（董珊《读珍秦斋藏秦铜器札记》）。传世封泥有信宫车府（《集成》161）、北宫宦者（《集成》120，图 17-10）秦封泥。长信为太后之宫，长信、北宫均为宫名。陕博收藏秦封泥"长信私丞"十字界格。私丞即私府、私官丞之省，为皇后、太后供养之丞。嫪毐曾封"长信侯"，可能为专门侍奉皇太后的职司。那么，信宫、长信宫名之更替，或与该宫主人改变有关。王献唐《临淄封泥文字》载有"长信宦者"。

图 17-9

　　上寖（寝）（《新出》59，图 17-11），寝有卧居之所、宗庙中殿、陵园及宫殿之义，在秦则以称帝王卧息之宫，又引申为帝王一般生活起居之所。例如：秦共公居雍高寝，桓公居雍太寝，躁公居受寝。上寝盖为秦咸阳宫中之皇帝寝宫。

　　南宫郎丞（《泥集》203，图 17-12）、北宫（《泥集》204，图 17-13）、北宫干丞、北宫工丞、北宫弋丞、北宫私丞、北宫宦丞。北宫（《陶汇》5.227，图 17-14），阿房宫出土。文献记载"秦时已有南、北宫"。秦昭襄王和宣太后建咸阳宫，秦南北宫皆在秦都咸阳宫范围之内。有关"北宫"内容的封泥，无论就品种还是数量，都出土得比较多，而近年西安一大批秦封泥的出土地，恰在汉城遗址北宫——在秦亦应当是北宫的北墙外。所以，秦南北宫皆在秦都咸阳宫范围之内。

图 17-10　　　　　　图 17-11　　　　　　图 17-12　　　　　　图 17-13

　　珍秦斋藏"私宫"（《萧·秦》16，图 17-15），是六宫（东、西、南、北、中、私宫）之一。

　　右宫（《陶汇》5.226，图 17-16）阿房宫出土，右宫可能就是东宫。

　　西宫，有西宫中官（《征》10，图 17-17）秦印为证。

　　宫（《陶汇》5.514，图 17-18；《秦陶》225、226、1471，图 17-19～图 17-21），陶文印迹，是钤记在秦始皇陵兵马俑上的印迹，还有刻划宫字两事（《秦陶》223、224，图 17-22），书法劲挺方折，已开汉代缪篆风气之先。虽未明署宫名，但表明该俑系宫中所造。

　　在先秦时期，已有宫苑相连的传统，这一传统到秦统一后更加得到拓展，宫苑成为帝王办公、游畋之地，在秦始皇巡游之处，均设有禁苑。

图 17-14

图 17-15

图 17-16

图 17-17

图 17-18

图 17-19

图 17-20

图 17-21

图 17-22

秦时关内的苑囿

新出秦封泥上林禁印（《考与》2005.5，图17-23）、上林丞印（《考与》1997.1.62，图17-24）。传世又有"上林郎池"（《征》48，图17-25）秦官印，鼻钮，铜质。《三辅黄图》卷四："汉上林苑，即秦之旧苑也。"此印当为上林郎池池监的用印。上林苑属秦内史。"秦之上林其边际所抵，难以详究矣"。汉代扬雄曾写了一篇有名的《上林赋》，说在上林苑中有大雁、鹭鸶、麒麟、骆驼、狮子等鸟兽。

图 17-23　　　　　　　　图 17-24　　　　　　　　图 17-25

麒麟纹玺（《大全》0391，图17-26；《萧·古印》199，图17-27），《说文》："骐，仁兽也。麎（麐）身，牛尾，一角；麟，牝麒。"《尔雅》曰："麎，大鹿也。牛尾，一角。"《左传·庄公十四年》："西狩获麟"。麟实为麎或鹿，古人给鹿赋以灵性，称为麟，成为仁兽。因其一角，又称"一角兽"，有时称为天鹿（天禄），是著名的辟邪之兽（或说一角者为天鹿；两角者或为辟邪）。

橐驼（《大全》0398，图17-28），橐驼即骆驼。因骆驼生活在北方的沙漠地区，中原人很少见过，故蓄于苑囿供统治阶级观赏。

池印（《征》94，图17-29）半通官印。铜质，鼻钮。此印当为秦少府属官池监所用之官印。《汉书·外戚传》载，女医淳于衍，为其夫求安池监之官。

图 17-26　　　　　图 17-27　　　　　图 17-28　　　　　图 17-29

池室之印（《风》131、《艺文》，图17-30），《汉书·百官公卿表》："少府，秦官，掌山海池泽之税，以给供养。"属官有"上林中十池监"。"池室"之"室"殆工室之省。新出封泥有"少府工室",又有"少府工丞","工丞"即工室丞之省。池室应为诸池制作器物之工室,上林有"十池",所用器物必多,故需设专职以司其事。

母池(《考与》2005.5)、曲池半通官印(《上》33,图17-31)可能是上林苑中"十池监"之一。

宫水(《陶汇》5.209,图17-32)、寺水(《陶汇》5.249,图17-33);左胡(湖)(《陶汇》5.254、5.255,图17-34),胡(湖)(《陶汇》5.256、5.257,图17-35)。"鼎胡苑印"的"胡",典籍或作湖,此为苑囿中造湖之官署。《汉宫典职仪式选用》中说:"宫内苑聚土为山,十里九坡,神奇树.育麋鹿、麂麀、鸟兽百种,激上河水,铜龙吐水,铜仙人衔杯受水下注……"上林苑中水景非常丰富,有"荡荡乎八川分流"之称。水是园林中的血液,是造园的重要因素,水面可以产生倒景,将附近的亭台楼阁映现在水中。同时水为万物生长之本,园林中苗壮的花草、林木、飞禽走兽都与水有不可分割之关系,从而呈现出生机盎然的景象。西汉上林苑中有昆明池、太液池和"上林十池"。昆明池面积很大,达10平方公里。宫水、寺水是宫中水利之官署;左胡、胡可能是宫中造湖的官署。

图 17-30

图 17-31

图 17-32

图 17-33

图 17-34

图 17-35

"具園"(《新出》69、《风》167,图17-36),此园为秦自春秋时代以来之传统园囿。《左传·僖公三十三年》记:郑皇武子告秦帅曰:"郑之有原圃,犹秦之有具囿也,吾子取其麋鹿,以间敝邑,若何?"孔颖达疏:"囿者,所以养禽兽。天子曰苑,诸侯曰囿。"鲁僖公三十三年当秦穆公三十三年(前627年),秦此时尚拘处关中西部,故具囿应在今陕西凤翔县附近。笔者按:具园应是战国时名。不用界格,用笔方折如缪篆,若不是出于秦遗址，肯定会误断为汉封泥。此印迹为秦印、秦封泥的断代提供了一个标尺。原被印学界公认为汉印、汉封泥的，其中必有一部分属于秦国玺印。又战国具园或即春秋之具围；或在上林苑中新建（迁移）之苑中园，笔者主张前者。康园（《新出》70，图17-37），地望不详。

新出秦封泥有"麋圈"（《新出》70，图17-38），"麋"，亦即"麋鹿"，哺乳动物，原产我国，亦名"四不像"，是吉祥动物。《三辅黄图》："汉兽圈九，彘圈一，在未央宫中。""汉之上林苑即秦之旧苑也。"秦汉时专门在上林苑为虎、狼、狮子、麋鹿等动物修圈，供人观赏。此为秦国麋圈官署的印迹。新出秦封泥中有"鹿□禁□"，当为秦帝王养殖鹿之禁苑。"禁"为"禁苑"或"禁丞"省称，当为帝王之苑围或职官。

图 17-36　　　　　图 17-37　　　　　图 17-38　　　　　图 17-39

鹿纹图像玺（《故肖》31，图17-39），巴蜀鹿纹玺（《巴蜀青铜器》215，图17-40），鹿的美术作品在新石器时期的彩陶器上，如甘肃省博物馆藏鹿纹彩陶壶（《黄河彩陶》71，图17-41）、青海省文物考古研究所藏鹿纹彩陶罐等都很神似。因其肉、皮、角的经济价值而被人们所重视；因其漂亮的角和矫健的身姿而颇具观赏价值。商周贵族多喜玉鹿赏玩并殉葬，如西周晚期晋侯夫人墓顾首玉鹿（《文物》1995.7，图17-42），宝鸡强国墓地等地出土过许多精美的玉鹿。

虎□（圈?）之□（印?）、尚御弄虎（《新出》45，图17-43），尚通掌，主持，掌管。秦在首都除把"兽圈"作为皇家的动物园之外（《水经·渭水注》），还专门有饲养老虎的"虎圈"（《长安志》引《汉宫殿疏》）。"弄虎"指秦王珍爱之虎。秦宫廷有养虎以供玩赏之风习。《长安志》三引《汉宫殿疏》："秦故虎圈，周匝三十五步（秦以六尺为步），长二十步，西去长安十五里。"虎单字玺（《萧·秦》103，图17-44）、虎纹图像玺（《萧·古印》154，图17-45），边款铭虎字，印面饰虎纹。传世虎纹图像玺（《湘》537，图17-46）等等，都是表现虎威猛的印作。殷周墓出土大量的虎形纹、器，如殷墟西北冈出三个虎形挂饰、安阳武官村大墓虎纹大石磬、洛阳北窑庞家沟西周玉虎、宝鸡斗鸡台西周虎尊（美国弗利尔美术馆藏）、三星堆青铜虎形器、金虎、周原青铜器虎纹饰（《周原寻宝记》422，图17-47）等等，都是非常精美逼真的艺术作品。

狗图像玺（《萧·战》259，图17-48），印钮也作狗形。

图 17-40

图 17-41

图 17-42

图 17-43

图 17-44

图 17-45

图 17-46

图 17-47

陶器象字刻文（《陶汇》3.1240，图 17-49）、鹿字印迹（《陶汇》3.1274，图 17-50）貉字刻文（《陶汇》3.1057，图 17-51）这些刻（或钤）有兽类名称的文字（或印迹）可能是这些兽圈的专用器皿。

图 17-48   图 17-49   图 17-50   图 17-51（50%）

扬雄《上林赋》及其它文献记载的飞禽走兽，在图像玺中都有反映，这正是狩猎及苑囿驯化、饲养等活动的生动写照。我们把文献记载、图像玺印、秦封泥和陶文联系起来分析，我们能否作出这样的推论：

一、根据包山二号楚墓（墓主楚国左尹邵㐌）所出"三牛纹"封泥，经考证为獬豸玺的例子，各种图像玺是否就是专门猎手或专业兽圈的官员身份的象征。这类低级官吏只有官署印（半通印），而无职官印，故以此表明身份。

二、齐国陶器刻文或印迹标明象、鹿、貉等字样，应表示是各兽圈使用的陶器。

三、因为苑囿规模宏大，游览需要驾车，许雄志收藏有游车御玺（《鉴印山房藏印集》2），鼻钮，楚国玺印，应是为楚王游览管车驾（御）车的官署。

上林有宫观，多处有兽圈，有池，规模宏大。始皇三十五年（公元前 212 年）所营建的朝宫，全在帝囿"上林苑"之中。这些帝囿中，首先为了狩猎，欣赏奇花异草和奇禽怪兽，而建有高台广池；再则离朝宫较远，为歇足居住，还添建殿寝屋宇，遂使"囿"成为帝王营建离宫别馆的基地。宫殿在苑囿中，主要为皇帝在园居时，供其听政朝臣、受贺燕飨、祈祷求仙祭祀、寝居游园之用。建造园林的能工巧匠运用他们的聪明才智，巧妙地把大自然的风景浓缩在一个有限的空间里，使人从中欣赏到大自然的奇峰、异石、流水、湖面、名花异草和奇禽怪兽，再加上华丽的亭台楼阁、离宫别馆，人在其中犹如生活在图画中一样。反映出秦汉时期建园工人高超的建造艺术。上林苑是一包罗万象的综合性园林，不仅仅是满足统治者骄奢淫逸之举措，同时又是张扬炫耀国力之需要，在客观上则反映了当时经济及手工业、建筑业的发达程度。咸阳宫与上林苑彼此为依托，形成了关中的经济、政治、文化重心所在。

　　禁苑右监（《考报》2001.4，图 17-52），禁苑为帝王苑囿。《史记·平准书》："是时禁苑有白鹿而少府多银锡。"《史记．秦始皇本纪》："营作朝宫渭南上林苑中。"张衡所说的"上林禁苑"即秦之"上林苑"，其时或称"禁苑"。禁苑置"监"，分设左、右。

　　東苑（《新出》58，图 17-53）、东苑丞印（《新出》58、《泥风》147，图 17-54）。园为寝（陵）园，苑为禁苑。故东园与东苑非为一地。据《汉书·宣帝纪》、《雍录》等记载，此"东苑"约在西汉宣帝杜陵一带。徐卫民《秦代的苑囿》称在今西安东南曲江池地区。

图 17-52

图 17-53

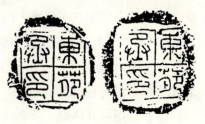

图 17-54

　　杜南苑丞（《新出》68、《泥风》155，图 17-55）。《史记·秦始皇本纪》记二世葬于"杜南宜春苑"，"杜南苑"或为"杜南宜春苑"省称，秦始皇时称杜南苑，二世时称宜春苑。据《汉书·司马相如传》颜师古注，宜春宫在今陕西省西安市雁塔区曲江乡曲江村一带。其地附近 1 公里的张堡曾出土著名的秦"杜虎符"（《文博》1985.6）和有"杜市"陶文的陶釜。"杜"为秦之杜县，西安市雁塔区曲江池一带在秦杜县东南，故其地称"杜南"。诗云："游于北园，驷马既闲。"凤翔县高庄村秦墓出有陶文"北园吕氏缶"、"北园王氏缶"（《秦陶》1485、1488）。高庄在凤翔县城南五里许，其地在秦旧都平阳之北，故名北园。

　　宜春禁丞（《篆刻》2001.3 封底，图 17-56），故宫博物院收藏，粗鼻钮，秦印。傅嘉仪藏"宜春禁丞"封泥（《新出》68、《泥风》161，图 17-57）。秦惠文王把上林苑辟为王室苑囿，秦始皇在这里修建了阿房宫（《史记·李斯列传》）。印面略大于此封泥。印与封泥的印文排序不同，"宜"字的繁简也不同。其遗址在今西安曲江池南春临村西南。宜春或称苑，或称禁，皆禁苑之省。"宜春左园"（《论丛》九），此为宜春苑中之园。

图 17-55

图 17-56

图 17-57

图 17-58

鼎胡苑丞（《新出》71，图17-58）。据《史记·封禅书》、《汉书·郊祀志》等，都记载了黄帝鼎湖御龙的传说，《汉书·扬雄传》记作："鼎胡"。《三辅黄图》等文献指出鼎湖宫在蓝田县焦岱镇。传世有"蓝田鼎湖宫"行镫、"鼎胡延寿宫"汉瓦当、"鼎胡延寿保"汉瓦当（见《秦汉瓦当文字》、《周秦汉瓦当》、《新编秦汉瓦当图录》）。由此可知鼎胡在秦时已有禁苑。

图 17-59

罘原禁丞（《论丛》九32，图17-59）。"罘"字不见字书，上从网、下从犬，是个会意字。《读史方舆纪要·西安府·蓝田县》白鹿原条记："《水经注》狗枷川经白鹿原西，原上有狗枷堡，秦襄公时堡也。"狗受枷，正合上网下犬之会意，王辉考为罘原，处于现今蓝田白鹿原上，为秦襄公时所建的禁苑之一。

秦封泥华阳禁印（《泥风》146，图17-60）、华阳丞印（《泥集》202，图17-61），秦时华阳有两处。一在今河南密县南，睡虎地秦墓竹简《编年记》："（昭王）三十四年，攻华阳。"即此地。一在华山之阳。《尚书·禹贡》："华阳黑水惟梁州。"孔氏传："东据华山之南，西距黑水。"今华阴市南部有华阳乡，殆即其地。秦宣太后弟芈戎封华阳君，昭襄王夫人封华阳夫人，皆在此处。封泥"华阳"极可能指后者。

图 17-60

霸园（《艺文》33页无释，图17-62），半通。《水经注·卷十九》："霸者，水上地名也。古曰滋水矣，秦穆公霸世，更名滋水为霸水，以显霸功。"《三辅黄图》曰："霸水出蓝田谷，西北入渭。"在今陕西长安县。

高栎苑丞（《考与》2005.5，图17-63），"壤乡高栎皆地名，在右扶风。""壤乡今在雍州武功县东南二十余里高壤房，是高栎近壤乡也。"

阿阳禁印（《考与》2005.5，图17-64）据《汉志》、《水经注》载："天水郡，绵诸道，潦阴县西南五十里有阿阳乡，故县也。"

图 17-61

图 17-62

图 17-63

图 17-64

秦时关外的苑囿

坼禁丞印（《新出》61，图17-65），坼即《尔雅》之"斥山"，亦即成山或荣成山。史载秦始皇出游曾两次到过成山。所以其地设禁苑行宫也在情理之中。

白水之苑（《新出》71，图17-66）、白水苑丞（《论丛》九、《泥风》143，图17-67）。《汉书·地理志》广汉郡有"白水"县，治所即今四川青川县东北白水。因白水流经而得名（《中国历史地名辞典》232页）。

图17-65

左雲夢丞（《新出》72，图17-68）、右雲夢丞（《新出》73，图17-69）封泥。云梦设有左、右丞，规模必定很大。上古至秦汉，云梦为帝王游田之所。云梦有大泽，楚王常游冶。《神女赋》："楚襄王与宋玉游于云梦之浦……"《吕氏·至忠》："荆庄哀王猎于云梦，随射兕中之。"其地入秦后为禁苑，泛指春秋战国时楚王的游猎区，方圆数百里，秦始皇三十七年出巡……曾经过云梦。1989年，云梦县城东北的龙岗6号秦墓出秦简200余枚，中有《禁苑》简，苑有官吏管理，且官吏有多人。

图17-66   图17-67   图17-68

盧（庐）山禁丞（《考与》2005.5丞字误为印字，图17-70）、盧山禁丞（《泥风》161，图17-71）。庐山，诸城县东南四十五里，以秦博士卢敖隐处而名。"卢水源于此，岩壑颇胜。"《纪要·山东·琅琊》记："《史记》始皇二十八年南登琅琊……复十二岁，作琅琊台立石刻颂秦德。又三十七年，从会稽还，过吴并海上北至琅琊、之罘。"著名的琅琊山、台与卢山禁苑或在一地，或就近相邻。

平阿禁印（《泥风》158，图17-72），平阿即今安徽怀远县，县临淮河，有荆、涂二山，风景极佳，又有周穆王或禹之传说，始皇出巡，或于其地设立离宫禁苑。战国楚玺有"坪（平）阿"，当指此处。或说，齐宣王，魏惠王所会之平阿为齐邑。齐玺有"平阿左廪"。齐平阿地望不详。此封泥之"平阿"也有可能在山东。

平原禁印（《考与》2005.5，图17-73），《括地志》云："平原故城在德州平原县东南十里。"

陽（阳）陵禁丞（《新出》69、《泥风》140，图17-74）。

陽武禁丞（《泥风》149，图17-75）第三字已残，从残画看，似为禁字。《史记·秦始皇本纪》："二十九年，始皇东游，至阳武博狼沙中，为盗所惊。求弗得，乃令天下大索十日。"又《留侯世家》："秦皇帝东游，良与客狙击秦皇帝博浪沙中，误中副车。秦皇帝大怒，索天下，求贼甚急，为张良故也。"始皇东游，曾至阳武，其地宜有禁苑（周晓陆说）。阳武即今河南原阳县师寨镇，博浪在其东南。地近黄河，其地为平原，多沙。

青茇禁印（《考与》2005.5，图17-76），青茇，地名，未见史籍记载。

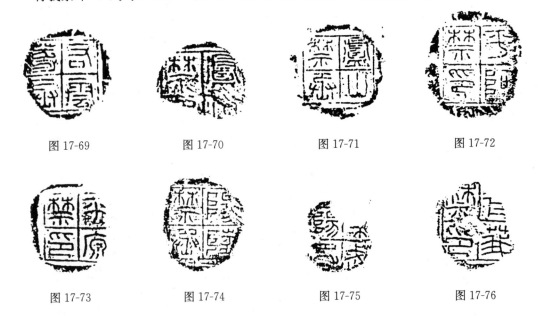

图17-69　　　　　图17-70　　　　　图17-71　　　　　图17-72

图17-73　　　　　图17-74　　　　　图17-75　　　　　图17-76

结　语

当时的关中地区"山林川谷美，天材之利多"（《荀子·强国篇》），故苑囿也多。秦宫殿苑囿涉及的地区有今陕西、甘肃、山东、河南、河北、安徽、湖北、四川。正如《史记》《正义》引《商记》所云："……东西八百里，离宫别馆相望属也。木衣绨绣，土被米紫，宫人不徙，穷年忘归，犹不能遍也"。

秦统一前后，对禁苑之管理十分仔细、严格。《云梦秦简·徭律》记载了秦代苑囿的许多管理制度、苑囿的修建规定。《效律》规定：司马令史掾管理苑囿的会计，如会计有罪，司马令吏应承担罪责，和令史承担官府会计的罪责一样（《睡虎地秦墓竹简》125）。为了保护苑囿中林木花草，秦政府作了许多规定："春二月，毋敢伐材木山林"（《云梦秦简·田律》）。规定从孟春到夏季各月"禁止伐木"，"无焚森林"，"毋伐桑柘"，"无伐大树"，"无烧炭"（《吕氏春秋》），对于一般林木尚如此保护，那么作为皇家苑囿的林木花草就更不用说了。尤为重要的是《云梦龙岗秦简》，所出土墓之主人有可能是禁苑的管理者，该简中有绝大的篇幅详尽地记录了有关内容：苑之长官称啬夫，其副手为丞，丞之下有苑吏。又有苑人（一般管理人员）。苑有宪盗，亦称害盗。宪盗大约近于亭中专司捕盗的"求盗"，《百官表》的"游徼"，是一种小吏。禁苑啬夫位在吏啬夫之上，约与秦简之"县啬夫"、"大啬夫"（二者含义略同）亦即县令、长相当。苑在秦时直属中央或内史，是中央机构设在县的范围内的都官，故得与县同级。部分苑有苑计，即苑之会计。苑计还管理苑中苑人、黔首等领取口粮者的名籍，所以其他苑也需设此职。

秦之短祚与秦始皇广筑苑囿有很大关系。战国时随着经济力的发展，各国竞筑苑囿。楚有云梦，韩有桑林，齐、赵有囿，战国晚期及秦代，秦国势强盛，皇帝又好大喜功，于是大筑苑囿，只顾个人享乐，而不管民之死活。这就凸显了苑囿的副作用，激化了统治者与民众的矛盾。秦始皇三十五年征集"隐宫刑徒七十万人，乃分作阿房宫，或作丽山。"加之"关中计宫三百，关外四百余"之修建，且刑罚极严，民不聊生，怨声载道。官逼民反，终爆发了农民起义，终以此而亡其国。历史的教训是非常沉重的。

先秦园林建筑艺术是我国宝贵的文化遗产之一，但遗存并不多。借助于先秦历史文献与玺印、秦封泥、秦瓦当、陶文等相印证，使我们对先秦时期宫台苑囿的职官制度有了一些了解，实属难能可贵。

参考：

自然科学史研究所主编《中国古代科技成就》；杨东晨等《秦人秘史》；张志明《楚文化志》；袁仲一《从考古资料看秦文化的发展和主要成就》；吴振武《战国官玺释解两篇》；唐张守节《史记正义》；王辉《一粟集》；徐复订补《秦会要订补》；马非百《秦集史·宫苑志》；王学理《秦始皇陵研究·秦都咸阳平面布局示意图》；高介华、刘玉堂《楚国城市和建筑》。王辉《出土文字所见之秦苑囿》，《古文字论集（二）》。何清谷《关中秦宫位置考察》、徐卫民《关中以外秦离宫别馆述论》、徐卫民《秦代的苑囿》等。周晓陆等《在京新见秦封泥中的中央职官内容——纪念相家巷秦封泥发现十周年》；周晓陆、陈晓捷《新见秦封泥中的中央职官印》，《秦文化论丛》（第9辑），简称《论丛》九。

食不厌精，脍不厌细
——先秦的饮食文化和食官

先秦饮食小史

河姆渡文化是我国东南地区史前人七千年前创造的辉煌历史。在河姆渡文化遗存中发现了一座用木框架加固的水井，说明先民对饮用净洁的水和一般用水已有区别。河姆渡遗址中发现有储存量极大的稻谷遗存，估计有120吨左右，这是河姆渡人赖以生存的主食。最早被驯养成家畜的是狗、猪，牛和羊等等，新石器时代已为先民提供肉食。河姆渡人已开始打开猴子的头颅取食营养而味美的猴脑。副食还有各种鱼类（包括龟鳖、蚌类），"饭稻羹鱼"（《史记·货殖列传》）的生活模式，完全可以追溯到河姆渡文化之时。在遗址内还发现25种植物，其中葫芦、薏米也为人们所培育。野果在遗址发掘中也发现有丰富的遗存，如酸枣、橡子、麻栎果、芡实、菱角等往往是成堆出土或装满灰坑、地窖。稻米、家畜、野生生物及其它植物类食品稳定了河姆渡人的食物结构，主食、副食的定型食物谱系已经形成。陶盘、陶钵、陶杯、陶豆等，既是盛贮器，又是一种餐具，骨匕、骨匙和骨刀等等都是河姆渡人用以取食的餐具。

我国商周时代，祭祀时盛牲肉的鼎是被当作头等重要的礼器看待的，所谓"器以藏礼"（《左传·成公二年》）的象征性含义。鼎用金属或陶土等制成，盛行于商、周。统治者亦用作烹人的刑具。商代已经用盐梅作调味品。《书·说命下》："若作和羹，尔唯盐梅。"煮肉时用梅子使其易烂和味美。甲骨文中已经有飤（食）、饮、饴、餗、饗（飨）等字。即，像人就食之形。既，像人食毕掉头欲去之形。食，象簋上有盖之形，本义乃日用餐具（名词），引申为食，动词。乡（乡）像二人相向共食之形，为饗（飨）之初字（《古文字类编》264，图18-1）假借为卿。由此可见当时对饮食重视之一斑。

《周礼·天官·食医》知有专置调和食味之官，已有专门之学。这时食前一般得先象征性地荐祭先人（即泛祭）。宴会时饮食、饮酒均有专门礼节，据学者统计进食礼仪有十四项之多（陈绍棣《中国风俗通史》（两周卷）25页）。违反禁忌的失礼者轻则"饮以酒"，重则"挞以鞭"。君臣有过皆可罚以酒。据《周礼》中的《天官冢宰》、《春官宗伯》二节记载，仅供给天子饮食的人就有膳夫、庖人、内饔、外饔、烹人、兽人、渔人、鳖人、腊人、食医、酒正、酒人、浆人、凌人、笾人、醢人、醯人、盐人、幂人、小宗伯、郁人、鬯人等二十余种，如庖人主管供应天子膳食所需的肉味：六畜（马、牛、羊、豕、犬、鸡六种家畜），六兽（麋、鹿、熊、麇、野猪、兔六种野味），六禽（雁、鹑、雉、鸠、鹦、鸽六种禽鸟）；"凌人"，是为王室掌冰的职官。供应冷藏食物的冰鉴，致飨及饔饩于宾客则供应冰块。两周时期的先人们已懂得用冰或原始冷库（冰窖）贮藏食物，防霉保鲜。筑井冷藏在春秋战国时期乃是普遍存在的现象。负责西周王室饮食的官员高达 2300 人，这一数字说明周王室中庖厨的重要性，也正是这一庞大的饮食管理机构，把周代的菜肴制作技艺提高到了一个新的水平。

先秦时期，古人席地而坐，进食方式主要有二：即手抓食物进食和用筷子、匙匕等餐具进食。商周时期，手食虽仍存在，但已开始使用筷子和匙匕，考古发掘已证明了这一点。筷子，在当时称为"箸"或"梜"。箸出现得很早，至于今天我们使用的筷子，是在春秋时期出现的。今天我们称箸为筷子。筷子之名，起于宋代。

《吕氏春秋·孝行览》记载了商汤时的美食家伊尹的理论，对食料本性、口味、加工，掌握烹调的火候，调料的搭配，各种食品口味的恰到好处，都有精辟的见解，可看作是先秦烹调理论的总结。并且借伊尹之口，列举了许多先秦时的名贵食料，如猩猩之唇、獾獾之炙（烧烤的獾鸟肉）、隽燕之翠（尾部的肉）、旄象之约（旄牛尾肉、象鼻子肉）等等。

孔子是春秋时期的美食家，在《论语·乡党》中提出了"食不厌精，脍不厌细"的原则。先秦时期，中国的烹饪技法已有燔、炙（烧烤）、炮（裹物烧）、胹（煮）、炖、蒸、焖、煎、熬（制干肉糜）、酿、腌、腊、醢（用醋调制）、醢（肉酱）、脯（将牲肉晒干，亦称脩。以十条干肉捆成一束，称为束脩）、脍、羹、渍（食生牛肉）、菹（酸菜泡菜）、糁（煎肉饼）等，后来又有爆、炸、涮、拔丝等。《战国策·魏策》载："有汁而干曰煎，干煎曰熬，肉熟之曰燔，近火曰炙。"各种技法都有不同的工艺（详秦永洲《中国社会风俗史·饮食风俗》）。《礼·内则》记制糖果法、配置调味法。《礼·曲礼》记肉酱有八种之多……

图 18-1

在周代菜肴已逐渐形成色、香、味、形、器这一中国烹饪的主要特点。春秋战国时期是先秦烹饪技艺达到高峰的时期。这时的菜肴精美多样，在正式宴会中分饭、膳、羞、饮四部分。《礼记·内则》、《周礼·天官·膳夫》都有详细记载。屈原在《楚辞·招魂》

中开列了先秦食谱，基本上反映了当时的饮食概貌。这份食谱也是按饮——冰冻甜酒、酸梅汤、酸辣汤；食——大米、小米、新麦、黄粱；膳——炖牛筋、红烧甲鱼、叉烧羊肉、煮天鹅、烩水鸭、卤鸡，焖鳖；羞——油烤面包、米饼渍蜂糖……来区分的。先秦时，人们已经认识到"夫三群之虫，水居者腥，肉獲者臊，草食者膻。"因而对食品的调味也十分讲究，因此《吕氏春秋·本味》说："调和之事，必以甘、酸（梅）、苦、辛（辣）、咸（盐），先后多少，其齐（剂）甚微，皆有自起。……故久而不弊，熟而不烂，甘而不哝，酸而不酷，咸而不减，辛而不烈，淡而不薄，肥而不腴。"古代调味又称"调和"。先秦时的调味品已有醯（醋）、醢（肉酱）、盐、梅等等。它是如此完备，且出现在两千余年以前的古代文献中，充分体现出我国古代的饮食结构及具体情况，实在是难能可贵的。先秦时代中国人进餐方式是分餐制，席地而坐，一人一案，这在古籍和四川所出汉代宴饮画像砖都有反映。

约成书于战国时代的《黄帝内经》，提出了一套系统的食补食疗理论，阐明了五味与保健的关系，并将五味学说应用于食物，把谷物、瓜果、畜肉、菜蔬都分为五类，分别归属于辣、酸、甘、苦、咸"五味"，而五味又各有其作用，或散，或收，或缓，或坚，或软（《素问·脏气法时论篇》）。这就说明，食物不仅可以养身，而且能够保健。药食同源，以饮食防病治病，以及饮食和五味不能偏嗜的理论，奠定了中医营养医疗学的基础。

中国的食器和酒器，除用在日常生活中外，还常常作为祭祀祖先和神灵的礼器，所以从外形和质地上都能体现出庄严和神圣以及饮食文化的形式美，即外在美。这恰与中华民族"民以食为天"的心态相吻合。张光直引用容庚对商周青铜器的研究中，指出"食器"有十二种类型，"酒器"有二十二种，"水器"有三百一十五种。这还不是全部。我们从出土文物中能够看到的古代酒器有爵、角、斝、觚、觯、尊、壶、卣、方彝、瓿、罍、盉等，食器有鼎（炊煮或盛放肉食），鬲、甗（蒸食器）、簋、盨、簠、敦、豆、盂、盆等。质地有青铜、陶、原始瓷、漆、骨和象牙。

秦代，作为主食的五谷已经具备，即黍（稷）、粟、麦（古文字写作秾，即来字的繁体）、菽（大豆）、稻。在副食中，以牛、羊、猪、狗的肉为主。当时牛、羊、豕（猪）为三牲。祭祀与宴飨时三牲具备称太牢；只用羊、豕，不用牛则称少牢。牛在古代是农业生产的主要工具，饲养不够普遍，所以十分珍贵。肉食的方式有炙（烤肉）、醢（用肉制成的酱）、羹（一种肉汁）。脯、修、腊，是不同腌制方法的肉干。秦都咸阳设酱肉店，其中有胃脯，就是羊胃放入五味制作而成的肉干。先秦人喜欢吃狗肉，出现了以屠狗为业的人，如《史记·刺客列传》中的聂政，刘邦的大将樊哙都曾"以屠狗为事"（《史记·樊哙列传》）。

春秋、战国时期，楚国的园圃蔬菜、水果种植也非常普遍。《楚国风俗志·饮食篇》记载了各种栽培的蔬菜、调味蔬菜，品种繁多；水果品种更多，"云梦橘柚之地"，已为人称道。各种山珍海味，猛禽异兽，甚至蛟螭（扬子鳄）也可以烹调成美味佳肴供楚王品尝。据战国时代的文献记载与出土文物看，其瓜果品种即有枣、桃、李、栗、柿、杏、橘（桔）、苹果、樱桃、核桃、青梅、肉桂，菱角、花椒等等。传世秦封泥有橘邑丞印（《集成》1595，图18-2），陕西省博物馆藏秦封泥橘印（《考与》1996.6.60，图18-3），新出秦封泥橘官（《新出》81，图18-4），说明秦时秦岭以南的巴蜀地区橘柑类的生产以及向关中都城岁贡的情形，并为此设有专门的官署橘府（《考与》2005.5，图18-5）、橘（桔）监（监）（《集成》2219～2221，图18-6），自秦而汉岁贡相继未衰。

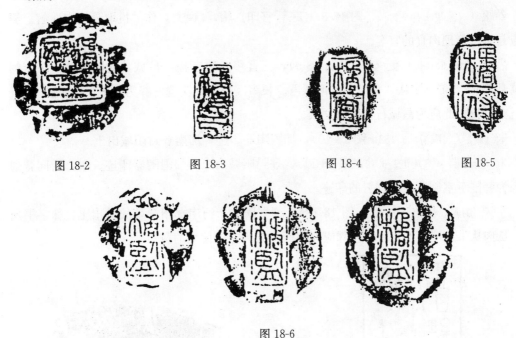

图 18-2　　　　图 18-3　　　　图 18-4　　　　图 18-5

图 18-6

甲骨文"饮"字像人俯首吐舌捧尊就饮之形（《字形表》348，图18-7）。《天官·浆人》："掌共主之六饮：水、浆（米汤）、醴（甜酒）、凉（冰水）、医（梅浆）、酏（饴）。"

我国是世界上最早的酿酒国家之一，我们的先民在酿酒技术上的独特创造（包括对微生物的利用），也是对人类饮食文化作出的早期重大贡献之一。谷物酿酒起源于新石器时代，并在其遗址中，发现过酒器。商周文献中记载酒就更多了，传说大禹时的仪狄、夏朝的天子少康（杜康）是最早发明酒的人。殷人好酒，纣王即"以酒为池""为长夜之饮"，以致终于灭国。殷人酿造酒已出现了不同的品种，见于甲骨文的已有：酒（黄酒）、鬯（黑黍酿成的香酒）、醴（淡甜酒）、新醴、旧醴（陈酒）等。商代青铜酒器，依其用途，主要有饮酒器（爵、角、觚、觯），温酒器（斝），盛酒器（尊、罍、壶、卣、方彝、兕觥），调酒器（盉），挹酒用的斗（勺）等二十二个类型，也从旁证实了古代饮酒风气之盛。先秦时民间卖酒即悬旗帜，而量酒则以升概。酒不但是生活用品，更重要的还是吉庆礼仪或凶丧礼仪中的必备祭祀物品。

战国至秦的食官制度和职官

食官制度在先秦玺印、楚简和秦封泥中也有所反映，但各国的官名不尽相同：

一、三晋铭文、玺印和陶文：

战国魏安厘王《梁上官鼎》，盖铭"梁上官……"上官，常见于魏国铜器，此与下官都是食官。器铭"……庖宰……"庖宰，魏国的食官名。

弄䏿（《篆集·卷一》63，图18-8），三晋官印。䏿，《说文》作"挑取骨间肉"解。弄䏿应是王室管理肉食的官名。

昌郎（食）脹（长）吏（0301，图18-9），三晋玺。笔者按：昌城，战国赵地，在今河北冀县西北。"郎"字从"食"字省形从邑。长事《战国铭文选》释为长吏。《通论》说长吏，吏之长。此应为昌城行宫食官之长。

朱（厨）（《陶汇》6.158，图18-10），韩国陶器印迹，河南登封阳城出土。

朱（厨）器（《陶汇》6.19，图18-11），登封阳城出土，韩国陶器印迹。朱、厨同音通假。为韩国王室制造厨器官署的印迹。

左胅（厨）（《陶汇》6.101，图18-12），刻划陶文。河南郑州郑韩故城出土。胅字书所无，从肉从朱，应是形声字。左胅应即左厨。此为左厨使用的陶器。

图18-7

图18-12

图 18-8   图 18-9   图 18-10   图 18-11

出土的残陶文字"公胨吏","左胨"、"胨"等字。胨为厨字的异文，公为宫字假，公胨为官厨，为宫中执事机构，公胨吏为这个机构的官吏。因而带胨字陶器，正是官厨中曾经使用过的器物。韩器"厨"字作"胨"，是其特色。郑韩故城出土右厨（《陶汇》6.80，图18-13）陶器印迹。

二、齐系玺印和陶文：

王馔（馔）（0575，图18-14）齐官玺，故宫博物院收藏。吴振武释第二字为"馔"。汤余惠指其为齐系官玺。笔者认为古文字中肉旁与食旁往往相通用。馔可作安排食物、饭食、吃喝几解，故王馔应为齐系某国君王之食官。

口昜（陽、阳）飤（食）鈢（0286，图18-15），由玺字的构形与略长方形下端凸出的形制，可定为齐官玺。

歓（饮）（《陶汇》3.1184、3.0672，图18-16），齐系陶文印迹，山东邹县出土。此陶文应与饮官或饮器有关。

图 18-13   图 18-14   图 18-15   图 18-16

跎公氏之酓（饮）器（《陶汇》3.685、3.686，图18-17）计二品，齐系陶文印迹，山东临淄出土。权贵氏族之饮器印迹。

三、燕系玺印：

右朱（厨）贞（贞、鼎）鍴（瑞）（0367，图18-18）东周时期燕玺。"朱"，朱德熙、裘锡圭氏（《战国文字研究（六种）》，《考报》1972.1）读为"厨"。"右厨"为燕国王室饮食机构的名称，即掌管王室饮食的食官。《说文》："贞，卜问也。从卜，贝以为赘。一曰鼎省声，京房所说。"郭沫若《卜辞通篡考释》："古乃假鼎为贞，后益之以卜而成鼎（贞）字，以鼎为声。金文复多假鼎为鼎……鼎贝形近，故鼎乃讹变为贞也。"（引自《汉语大字典》贞字条）鼎为古代的一种烹饪器。"右厨鼎鍴"可能是在制造铜鼎时专门用来压印在范上的专用玺印，以表示此鼎是"右厨"监造或专用。

　　泉水山金贞（贞、鼎）鍴（0363，图18-19）首字吴振武识为泉；赵平安考为泉水山，即今北京平谷县的泉水山。末一字，李家浩释为鍴。这是泉水山制造铜鼎的机构用印。

图 18-17

图 18-18

图 18-19

　　飲（饮）（5317、5318、《吉大》，图18-20～18-22），三方燕官玺，掌管燕王室饮料之官。

图 18-20

图 18-21

图 18-22

四、楚系玺印、铭文及楚简：

　　雍（饔）飤（食）之鉥（0212，图18-23），楚系官玺。第一字汤余惠释为雍，"雍飤"当读为"饔食"，与《周礼·天官》掌内饔、外饔之食官有关。"饔食之玺"当是此类食官之印信。印文用笔如蝌蚪文，文字古拙，而布白疏散，印体扁薄，疑其为春晚战初之物。

　　大（太）飤（食）鉥（《考报》1957.4，图18-24），战国中期楚国官玺。1956年长沙沙湖桥出土，湖南省博物馆收藏。铜质。玺节的一半，下部作长方形，上部有柄，钮作半月形，上端有一孔，下端有凸榫两个。以便合榫。印面边长1.5厘米×0.7厘米，通高

2.3厘米，圆柱钮高2.0厘米。此玺另外还有一半（应为尹玺或令玺），才能合符。如果把两个半边套合起来，正好构成一个长圆柱形钮。印面为正方形的玺印。这种像兵符一样需要勘合的印章，在传世的战国玺印中为数不多。印文"大飤"即"太食"。楚"太府镐"记"太府为王飤（食）晋（进）镐。"王飤即"太飤"，是主管楚王饮食的机构。李家浩考太厩为大廐（厩）；朱德熙说："楚王的大廐当是楚王御厩。"笔者倾向于李朱两说。[1]

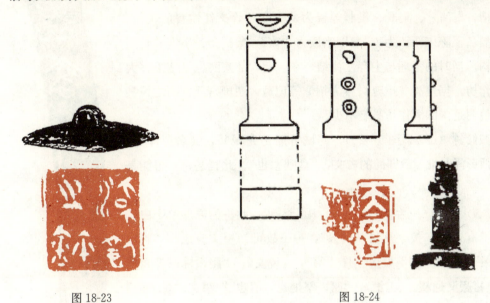

图 18-23   图 18-24

太官。《史记·滑稽列传》记：楚庄王有太官。曾侯乙墓简文所记赠马者有"大官"。

戠（职、职）飤（食）之鉥（0217，图18-25），职食是职掌膳食的食官。

宰官之鉥（0142，图18-26），楚玺。宰字何琳仪所识。《国语·晋语》："以随宰人"。韦昭注："宰人，宰官也"。说明宰官也可称作宰人，为治膳食的官员。

宰尹，楚简中有"宰尹"两见。《韩非子·八说》云："酸甘咸淡，不以口断而决于宰尹，则厨人轻君而重于宰尹矣"。可知宰尹为厨人或食官之长。

宰胥（《泥集》239页，图18-27）秦封泥。《仪礼·大射礼》云："宰胥荐脯醢。"胥有辅助义，应为宰尹或宰官之副手。

图 18-25   图 18-26   图 18-27

脰官，如《太后厨官鼎》铭曰："铸客为太句（后）脰官为之。"（《铭文选》670，图 18-28），《广雅·释言》："脰，馔也。"朱德熙、裘锡圭认为，大句脰官即太后厨官。集脰是掌管王后及太子食饮膳馐的机构，集脰尹是集脰的主管官员。

集糈、集糈尹、集既、集醻等皆为楚王室总管烹饪饮食的机构。醻是美酒名。陈秉新认为，"醻"当读为"酉"，集醻是楚王室总管酿酒的机构。当时的管理与生产往往结合在一起，故集醻也是楚王室大型酿酒作坊。据楚辞《招魂》、《大招》等记载，楚国宫廷饮酒之风甚炽，这说明楚国酿酒作坊必定不少。

龍城飤鉨（0278，图 18-29），龙城可能是龙城驿，又名彭泽驿，在今江西彭泽县北。飤即饐的古文，"食咽塞也"。此官甚奇，可能是赝品。

剟（叕）（《上》、《古玺汇编》5701，图 18-30）此玺为方形单字白文小玺，带有边框。按字从贝从"叕"，……故可知玺文应隶作"剟"，释为"叕"。玺文"叕"疑应读作"剟"。《说文》："剟，挑取骨间肉也。"典籍剟又通餟。《玉篇》："餟，祭酹也，丑也。"玺文"叕（剟）"疑指行餟祭馈（馈）食的机构或官吏，此玺乃此机构或官吏的专用玺。

寿县楚器铭文中有"囗"字，以往考释为剟（朱德熙、裘锡圭《战国文字研究（六种）》）。这个字上部所从之"囗"也应是"叕"字。字从刀乃繁构，从刀与《说文》训"挑取骨间肉也"正合。故字应隶作"剟"，释为"剟"。"集剟"为官名，大概与玺文叕（剟）一样，也是指掌管餟祭或馈食的官吏（刘钊《古文字考释丛稿》199）。

五、秦国封泥、玺印和陶文：

新出秦封泥泰官（《新出》34，图 18-31）、泰官丞印（《泥风》142，图 18-32）、泰官库印（《新出》35，图 18-33）。大官（《考与》2005.5，图 18-34）、大官幹（干）丞（《考与》2005.5，图 18-35）、陕西博物馆藏大官丞印（《考与》1996.6.55，图 18-36；《考与》2001.4，图 18-37）。大官少府属官，"掌御饮食。左丞（主膳羞）、甘丞（主膳具）、汤官丞、果丞各一人。"云梦睡虎地秦简《秦律杂抄》有"大官"。大官即泰官、太官。传世汉封泥有太官长丞、太官丞印五品、汤官令印、汤官左丞、汤官饮监章（《珍秦·秦》55，图 18-38）、齐太官丞等等。南越王墓出土泰官，大官丞印职司应当相同。新出土和传世秦封

图 18-28

泥，以"泰官"封泥为绝大多数，"大官"封泥甚少。而在一些集录的封泥著作中，汉代封泥多为"大官"，"泰官"甚少，如《齐鲁封泥集存》有"齐大官丞"，《封泥考略》有"大官长丞"、"大官丞印"等封泥。知"泰官"封泥早于"大官"封泥。

图 18-29　　　　图 18-30　　　　图 18-31　　　　图 18-33

图 18-32　　　　　　　　图 18-34　　　　图 18-35

图 18-36　　　　　　图 18-37　　　　　　图 18-38

　　中羞（《考报》2001.4，图 18-39）、中羞府印（《新出》49，图 18-40）、"中羞丞印"（《新出》49，图 18-41）皆为秦封泥。羞为馐之省文。中羞府应主管中宫膳馐原料及器用的机构。中羞行府（《征存》5，图 18-42），秦官印，瓦钮，故宫博物院藏。"中羞行府"封泥（《泥集》166，图 18-43）笔者按：原多误释为"中行羞府"，中行，无法解释。行为行宫之省，如楚玺"行邑大夫之玺"等亦是。或谓"行在"，即皇帝、太子、皇后、皇太后等巡幸随车驾而设职。《独断》曰"天子以四海为家，故谓所居为行在所。""中羞行府"应该是与中羞府并列的，或是其分支机构，专事行宫御膳的官署。皇帝出行居于苑囿，随行众多，庖厨所需禽畜，部分当取自苑中。另外，祭祀所用，有时也由苑囿供应。

　　御羞（《考与》2005.5、《考报》2001.4，图 18-44）；御羞丞印（《泥风》128、《新出》48，

《考与》1997.1，图18-45）。御羞初属少府，后属水衡，有两丞。"御羞"掌帝王膳馐之原料，实际是设在中央王室或皇室的"馐府"。御羞掌帝王膳馐之原料，太官掌帝王膳馐之烹调，汤官则负责酒水（安作等《秦汉官制史稿》）。

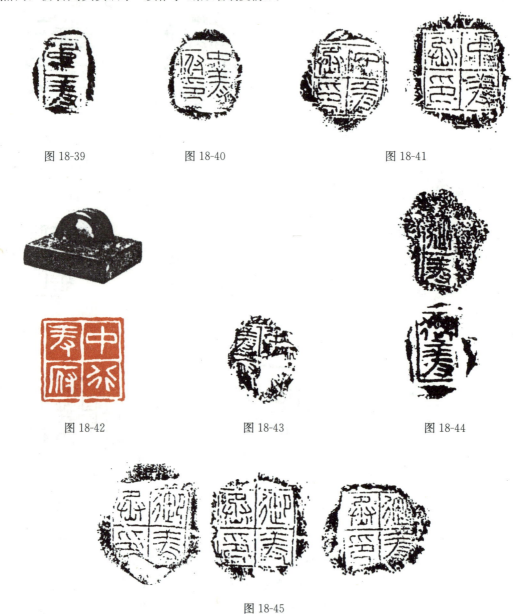

图 18-39　　　　　图 18-40　　　　　图 18-41

图 18-42　　　　　图 18-43　　　　　图 18-44

图 18-45

　　旃郎厨丞（《征存》45，图18-46），蛇纽，故宫收藏。旃郎似地名，应是行宫厨官用印。

　　弄狗厨印（《征存》11，图18-47），鼻纽，秦官印。郑州市博物馆藏印。商周以后，狗已成为人们主要的肉食对象之一，先秦著作中经常"鸡狗猪彘"（《荀子·荣辱》）、"犬彘"（《墨子·天志》）、"鸡豚狗彘"（《孟子·尽心下》）并提，可见狗在六畜中的地位。据《礼记·少仪》记载，狗在当时有三种用途："一曰守犬，守御田舍也；二曰田犬，田猎所用也；三曰食犬，充庖厨庶羞用也。"狗还用作祭祀之牺牲，实际上也是供人们食用的，因此以屠宰狗肉贩卖为业的人也不少。春秋时期的朱亥、战国时期的高渐离、汉初名将樊哙等人，都是历史上屠狗卖肉出身的名人（陈文华《农业考古》）。《国语·越语》谓勾践奖励生育，"生丈夫（男孩），二壶酒一犬，生女子，二壶酒一豚。"狗不仅为食用，而且反映出自东周至西汉前期，犬肉比猪肉更被看重。但到了西汉后期至东汉，猪价却超过犬价。王人聪《秦官印考述》以为狗监之厨官，非是。笔者按：廪圈、具园两印已是半通，"狗监之厨官"级别不够，且未见厨官印一例。厨子私印（《陈》27，图18-48），为厨师自用印，非官印。弄狗厨印比尚御弄虎多一厨字，弄狗厨印应是饲养食犬，屠狗，庖厨狗肉食品的官署。训练田犬、守犬，则有外狡士、宫狡士，"皆主王犬者也"。狡士之印是训练秦王猎犬之官。

图 18-46　　　　　　　　　　图 18-47　　　　　　　　　　图 18-48

秦封泥麗（丽）山飤官（《泥集》167、《新出》6，图18-49）多件，上博藏"麗山飤官"（《中国古代封泥》46，图18-50）一件，又陶器刻文麗山飤官（《秦陶》1466、1468，图18-51、18-52）、麗山飤宫/右（《陶汇》5.193，图18-53）壶盖刻文多件，在秦始皇陵附近出土。另有麗山飤官八厨（《陶汇》5.192）等字样的陶器残片多件。飤官即食官，见《汉书·百官公卿表》，为奉常属官。奉常"掌宗庙礼仪"，食官为"诸庙寝园"之官，每陵园一人，"掌望晦时节祭祀"。丽山为始皇陵园，《史记·秦始皇本纪》："（二世）元年九月，葬始皇骊山。始皇初即位，穿治骊山……"。食宫即进饮食的宫殿。封泥飤官丞印（《泥集》180，图18-54），食官之副手。

未印（《考与》2005.5，图18-55）封泥，半通，比例稍小。原报告称"不明所指"。笔者按：半通为官署印。未为味之本字，《说文·未部》："未，味也。六月滋味也。"段玉裁注："《史记·律书》曰：'未者，言万物皆成，有滋味也。'许说与史记同。"味为后起形声字。未印为皇室采购、供应调味品之机构用印。

图 18-49

图 18-50

图 18-51

图 18-52

图 18-53

吴炊之印（《泥风》155，图 18-56），两周时期的食器文化，主要体现在青铜饮食器具的制作和使用上。两周是青铜饮食器具的发展和繁荣期。青铜饮食器具可分炊器、食器和酒器三类。炊器是煮牲肉和蒸煮黍、稷、稻、粱等饭食的器具，有鼎、鬲、甗、鍪等，体大而重，须专门作坊生产制作。设立相应的官署以监督指导炊器的生产以供应皇宫贵族之需，是很有必要的。吴即吴郡，郡治苏州，管辖江苏、安徽、及江西、湖北部分地区；炊即炊具。此为秦政府设在吴郡制造炊具的官署用印。新出秦封泥"吴丞之印"、传世汉封泥"右炊"可以为证。

图 18-54

图 18-55

图 18-56

六、国别待考的玺印与印迹:

炙（5303，图18-57）、炙（《陶汇》3.1100，图18-58）《说文》:"炙，炮肉也。从肉在火上。"《小雅·楚茨》传曰:"炙，炙肉也。"指烧烤，烤熟的肉食。

图18-58 (50%)

羔（5319~5322，图18-59），小羊。《说文》:"羔，羊子也。"徐灏注笺:"疑羔之本义为羊炙，故从火。小羊味美，为炙尤宜，因之羊子谓之羔。《楚辞·招魂》:'臑鳖炮羔'是也。"《诗·召南·羔羊》:"羔羊之皮，丝素五紽。"毛传:"小曰羔，大曰羊"。

甘（5263、5264，图18-60）、果（《双虞》126，图18-61）。大官少府属官，"掌御饮食。左丞（主膳羞）、甘丞（主膳具）、汤官丞、果丞各一人。"甘、果两印可能是甘丞、果丞之类的机构。

图18-57

图18-59

图18-60

酒是中华民族的一大发明，酿酒业在良渚文化时期已相当发达。规模农业使良渚文化先民产生祭天意识，也催发了酿酒技术和祭酒仪式。商周帝王饮酒历来成风，秦始皇也好酒。在雍（陕西凤翔）秦公陵园和丽山秦始皇陵中，都发现铭有茜府的铜壶、陶盘。茜府是制酒的管理机构，长官为茜府令。茜是用茅草滤酒，使酒清醇无糟，就像现在农村老百姓做醋那样。《礼》有大茜，掌酒官也。单字玺"茜"（5268，图18-62），应是掌酒之官。

荆（刑）（5278，图18-63）通铏，古代盛羹用的鼎。此为制鼎之机构用印，与秦封泥之吴炊之印同义。

图18-61

图18-62

图18-63

结 语

饮食是人类社会生活的重要内容之一，随着社会生产的发展和进步，饮食除满足人们日益增长的物质需求外，逐渐形成了一种社会习俗，构成了人类文化的一个重要的组成部分。

饮食器具，是饮食史研究的重要对象之一。从考古资料和文献看到古代的食器、酒器、食物品种以至与饮食有关的专业分工之细，可见中华民族是个讲究饮食文化的民族。先秦时期，各国在中央及地方都设有与饮食相关的职官，包含食官、食料、酒官和制造食器、炊具的职官，我们从上述玺印、封泥及铭刻文字中可窥见一斑，也可补史料之不足。饮食文化是我国传统文化的重要内容之一。衣、食、住、行为日常生活的要件，而"民以食为天"，可见先人对它的重视。正因如此，古代饮食文化博大精深的内容与底蕴，对现代的饮食文化有着深远的影响。你读了这篇小文后是否也受到了一些启发呢？

注：

[1] 详见李家浩《战国官印考释两篇》，刑《于省吾教授百年诞辰纪念文集》，吉林大学出版社 1996 年版第 166 至 169 页。

参考：

王慕民等编《河姆渡文化新论》；林华东著《河姆渡文化初探》；马振亚等著《中国古代文化概说》；姚伟钧《先秦饮馔技艺考说》，《文献》1996 年第 1 期；刘玉堂《楚国经济史》；尚秉和《历代社会风俗事物考》；朱德熙、裘锡圭《战国铜器铭文中的食官》，《文物》1973 年第 12 期；彭青舒《长沙沙湖桥一带古墓发掘报告》，《考古学报》1957 年第 4 期；汤余惠《楚器铭文八考》，《古文字论集》（一）《考古与文物》编辑部 1983 年；《书谱》第八卷二期（1982 年 4 月）王人聪文；李家浩《战国官印考释两篇》；《山东诸城汉画像石》，见《文物》1981 年第 9 期；"庖厨"画像砖见《中国文物报》1992.9.6.4 版；夏亨廉等主编《汉代农业画像砖石》；徐海荣主编《中国饮食史》；杨钊著《先秦诸子与古史散论·中国古代饮食制度》；姚汉荣编著《中国古代文化制度简史》。

服牛乘马，引重致远

——先秦的交通业

先秦交通小史

中国属于世界上最早发明车辆的国家之一。蜀汉谯周《古史考》云："黄帝作车，引重致远，故号轩辕氏。""轩"即古代一种前顶较高而有帷幕的车；轩辕二字都从车，可知黄帝部族是以用车而闻名中原的。《左传·定公元年》有"薛之皇祖奚仲，居薛，以为夏车正"的记载。对此，清代考据家毕沅解释说："《左传》奚仲为车正之官，尔非造车也。《尧典》云'车服以庸'，则车由来久矣，盖实始于黄帝。"（王先谦《释名疏证补》）综合文献典籍各家之说，大约得出如下结论：黄帝时代，因受木头漂在水上，纺轮转动等自然现象的启发，开始造舟车，并开始役使牛。所以《汉书》说："黄帝作舟车以济不通。"《古史考》："黄帝作车，（人力）引重致远。少昊时略驾牛（用牛驾车），禹时奚仲驾马（用马驾车）。"《吕氏春秋》："舟车之始见也，三世然后安之（从开始造舟车，经过黄帝、少昊、禹时奚仲三世的改进，渐渐成熟）。"奚仲在车制的发展中有过突出的贡献，他可能是夏初前后的人。他改进了车型，显著地提高了车的效能，因而被任命为夏的"车正"，后世的车工们尊他为造车之祖。

近年来，考古工作者在代表夏文化的郾师二里头遗址发现有车马器遗物，属于中商时期的偃师商城遗址，发现了车辙的痕迹，表明马车的出现，至少可以上溯到商代中期。商代（约公元前16～前11世纪）晚期，技术成熟的马车开始在殷墟出现（马的遗骸在更早的新石器时代即已发现）。迄今已发掘的殷墟车马坑不在少数，特别是安阳孝民屯车马坑发现的马车，形制完备，技术成熟（《华夏考古》1995.3.52，图19-1），使人们对当时的马车有了一个比较明确的了解。文献虽属传说，但中国早在数千年前便有了车，却是事实。

相传黄帝"命竖亥通道路"。因为史前先民作战与生活的需要，"道路"出现了。帝尧时，路名"康衢"。殷墟甲骨文中有"行"字，作廾形，像四通的十字交叉路口。甲骨文中从"行"的字很多，孙海波《甲骨文编》（增订本）收录从行的字正编53字，附录40字，共93字。岛邦男《殷墟卜辞综类》收72字，徐中舒主编的《甲骨文字典》收录78字，于省吾主编的《甲骨文字诂林》收128字，可反映人们对道路的重视（王宇信、杨升南主编《甲骨学一百年》584）。西周时，路按等级分别命名，"路"容乘车三轨，"道"容二轨，"涂"容一轨，"畛"走牛车，"径"为仅走牛马的田间小道。"秦治驰道"为中国交通史上空前大工程。"驰道"又名"直道"，为天子驰车马之道。又广筑非官道。秦汉以后，路名"驰道"或"驿道"（《万事万物史典·道路小史》）。

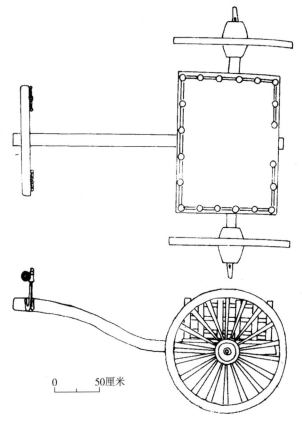

图 19-1

　　尚路鈢（《故》280、0328，图 19-2），铜质，曲尺形，战国齐国官玺，故宫博物院收藏。汤余惠、曹锦炎隶定第二字为徇，何琳仪隶定为徍，李家浩考释为路，可从。此为齐国管理道路建设的职官。

　　两周时期的车，按其用途分类，有乘车、战车、猎车、邮车等。先秦社会等级森严，天子诸侯，贵族大夫因级别爵位不同而坐乘的大小、装饰等级都有区别。如春秋晚期晋器晋公𥂕传世共二器，上海博物馆藏，铭"晉（晋）公之車"四字（《铭文选》895器，图 19-3）。《周礼·舆人》、《考工记》记有周代牛、马车式高矮宽广及各大部件之尺寸及制作方法。《新序》记齐桓公时商旅已赁车作长途商贸活动。先秦时期，战争和商品交换促进了交通业的发展。

图 19-2

图 19-3

　　2002 年，文物考古专家在郑韩故城内发现郑国公族墓地，规模赶超西安秦始皇陵兵马俑。其中包括 18 座春秋时期郑国贵族陪葬车马坑、3000 多座墓葬，埋葬有多位郑国国君，属郑国王陵遗址。这是我国目前最大、最多的车马坑群。1 号车马坑（《2001 中国重要考古发现》56，图 19-4）、3 号车马坑两个车马坑中的车再加上两条墓道中的车，各种车辆达百辆之多。虽然郑国时称"千乘之国"，即全国有 1000 辆兵车，死一个国君就埋下这么多车也太穷奢极侈了。专家说，车数这么多，很可能是这位国君死后，其他诸侯国国君送的礼，是"诸侯会葬制"。在已经发现的车马坑中，既有可供 2 个人并排躺卧的安车，也有供 3 个人并排坐的中型车，还有威武庄严的仪仗车，轻巧急行的狩猎车，粗壮结实的兵车……外观千差万别，图案多姿多彩，形态各不相同，用途多种多样，殉葬方法也五花八门，为研究古代车马葬制、古车发展史、用车制度提供了珍贵资料，可以说是郑国皇亲国戚私家车队的缩影（《走近神秘的郑韩车马坑》，《现代快报》2002 年 9 月 24 日 A16 版）。湖北枣阳九连墩楚墓一号车马坑共葬车 33 乘、马 72 匹。二号车马坑共葬车 7 乘、马 16 匹（《湖北枣阳九连墩楚墓获重大发现》，《江汉考古》2003.2.29）。木质战车或车马器，在晋国的侯马、虢国的三门峡上村岭、秦国的凤翔、周王室的洛阳中州路、齐国的临淄、鲁国的曲阜、燕国的燕下都、楚国的九店等地或多或少都有发现，考古学的成就再现了五百年间风云际会的战车形象。

玺印中有关交通的职官

　　車（车）（《玺汇》5525，图 19-5），作于西周时期。故宫博物院收藏。此字象形意味极浓，描绘车的侧形，前有驾马的车衡，后有车辕和车轮，字属繁体，与甲骨文车字相似同义（《鉴真》116，图19-6、图19-7伞盖未打开），张振林说：春秋以后，繁体车字已经淘汰，单字和偏旁都使用简体车。所以此印文"车"字应是西周时的字形。此玺应是西周时制造、管理车的官员用印。此印的装饰意味及金石韵味特别浓厚（详见拙编《中国书法全集·先秦玺印卷·先秦玺印概论》）。这是从文字演变历史来判断玺印时代的。传世玺印中应当还有一些尚未被鉴别出来的西周时代的玺印。

图 19-4

图 19-5　　　　　　图 19-6　　　　　　图 19-7　　　　　　图 19-8

　　車（5270，图19-8），作于西周时期，不晚于春秋早期。印文象形意味浓厚，有西周金文的韵致。传世文字玺印中，我们能确认其为西周时期的这两枚"车"字玺印。此印表现车的两轮和上翘的车辕。考古发掘也证明：西周早期至春秋早期的车子基本结构，都是双轮独辕，辕的前端向上扬起。陕西凤翔八旗屯秦国春秋早期墓战车（《文物资料丛刊》三·85，图19-9）、陕西陇县边家庄5号春秋早期墓葬（《文物》1988.11.22，图19-10）均作此状。此说与这枚"车"字玺不谋而合，"车"字玺印具有浓厚的象形意趣，为描绘车形的象形繁体文字。而山西侯马上马墓地春秋早期偏晚 3 号车马坑（《文物》1988.3.46，图 19-11）辕均微作 S 形。琉璃阁战国车马坑一号车（《文物天地》1990.5.31，图 19-12）虽为双轮独辕，但辕的前端平直不翘起。与西周至春秋早期形制不同。所以，此印应作于西周时期，不晚于春秋早期。

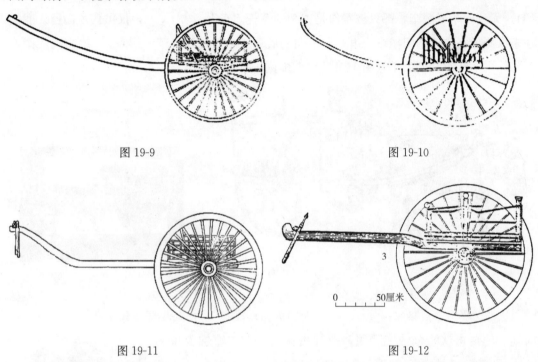

图 19-9

图 19-10

图 19-11

图 19-12

车是古代最重要的交通运输工具。《诗经》中也有许多描写车的篇章，如《秦风·驷驖》、《小雅·车攻》都是以车狩猎演武。《秦风·小戎》、《小雅·出车》、《小雅·采薇》、《小雅·采芑》、《小雅·六月》则是描写兵车的。《秦风·车邻》、《小雅·车辖》写的是贵族用的乘车。专写"大车"的则有两首；《王风·大车》言明乘坐大车的是当官的大夫，《小雅·无将（扶进）大车》则是写推大车的劳动者的感慨。牛车也是自古就有，《周易·系辞下》："服牛乘马，引重致远，以利天下。"春秋时期，大车除作为贵族的乘车之外，因牛能负重且耐劳，但速度慢，所以牛车多用于载物，还作为军事辎重车辆。《左传·襄公十八年》（前 555 年）记："夙沙卫连大车以塞隧而殿"的事。说的是齐晋战于平阴，齐师夜遁，主帅夙沙卫命部下把大车连接在一起堵塞山中的隧道（狭窄小道），然后自己做殿后，以阻止晋军的追击。大车笨重可载物，但却难行，在撤退时却做了障碍物。《左传·襄公十年（前 563 年）》曰："狄虒弥建大车之轮，而蒙之以甲，以为橹，左执之，右拔戟，以成一队……"鲁国的大力士狄虒弥把大车的轮子立起来，蒙上皮甲做大盾牌，左手拿着它，右手拔戟，而自当一队。据说大车车轮直径长达古制九尺。狄虒弥拆下大车的车轮，蒙上皮革，把它变成防御用的大盾，着实可畏。孟献子说："这就是《诗经》所说'像虎一样有力气'的人啊！"这种驾牛的大车，我们在东汉画像石上可以看到它们的形象。牛车分篷车与敞车两种。篷车在车厢上装卷篷（棚）即车枸篓（见《方言》卷九）。敞车无篷，其铜制之模型曾在武威雷台东汉墓出土（《汉代物质文化资料图说》24—3，图 19-13）。无论棚车或敞车，都只被看作是"平地载任之车"（《考工记》），仅供代步而已。我们在东汉画像石及辽阳旧城东门里东汉中期偏后墓壁画上见到牛车的形象。《绥德汉代画像石》一书中就有 8 辆牛车（图 19-14），大多刻于墓室竖石上左右对称。

图 19-13

图 19-14

大车之鋔（《故》93、《玺汇》0222，图 19-15），故宫博物院收藏。作于西周晚期至春秋时期。汤余惠认为燕或三晋玺，曹锦炎说为齐玺，曹锦炎说为是。故宫博物院收藏。铜质。大车即牛车。《易·大有》："大车以载"，疏："大车，谓牛车也。"《诗经·小雅·无将大车》，《诗·王风·大车》："大车槛槛。"据《诗》笺及《公羊·昭公廿五年》传注，古以大车为大夫之车。此玺当是制造或管理大车机构的用印。此玺印体扁薄，非战国时之形制，应为春秋时之作品。大车（《捃芬集》342，图 19-16），临淄后李齐国压印陶文。表明该陶器是齐国制造或管理大车机构的用物。

图 19-15

车（《捃芬集》342，图 19-17），临淄后李齐国压印陶文。应是战车或乘车的机构用器。

高陵车（0311，图 19-18）罗福颐原释为高口车。吴振武释为高陵关，曹锦炎释为高陵车，但误为齐玺。《书集·先秦》54 号齐、楚两说未定，今取楚国官玺。高字与楚简书体势结构全同，陵字形与楚简小异但风格相同，吴说可从。车字结字特异，应是繁体，表现的是车两轮和辕，故早于战国，应作于春秋至战国初期。高陵地望待考，此印是高陵制造或管理各种车辆机构的用印。

暆（唐）都萃車馬（《玺汇》0293），战国燕玺。烙车印，也是烙马印（详见《烙印篇》）。

图 19-16

图 19-17

图 19-18

信宫车府（《中国古代封泥》40，图 19-19），传世秦封泥，上博收藏。《三辅黄图》秦宫室有"信宫，亦曰咸阳宫。"信宫作于始皇二十七年，根据《天官书》，信宫可能就是中宫，属下有"车府"。看来秦之各宫均有车府。

中車丞玺（《考与》2005.5）、中車府丞（《书法报》1997.4.9、《考与》1997，图 19-20），新出秦封泥。作于战国晚期至秦王朝。秦太仆属官中车府令的佐吏，又有"车府、路軨、骑马、骏马四令丞。"《史记·秦始皇本纪》记秦有中车府令。"中车府丞"为"中车府令"副式。"中车府"主后宫"乘舆诸事"。始皇时，尝以赵高为之。《史记·秦始皇本纪》："书已封，在中车府令赵高行符玺事所，未授使者。"中车府应与中厩一样，同属皇后宦官系统。秦时置中车府、中长秋、中少府，都是隶属皇后的宫官，与隶属皇帝的大长秋、少府相区别。中厩或以养马、驯马为主；中车府或以管车为主。

車府（《泥风》164，图 19-21）新出半通秦封泥。車府丞印（《考与》2005.5，图 19-22）新出秦封泥。《汉书·百官公卿表》："太仆，秦官，掌舆马，有两丞。属官有大厩、未央、家马三令，各五丞一尉。又车府、路軨、骑马、骏马四令丞。"伏俨曰："主乘舆路车，又主凡小车。"

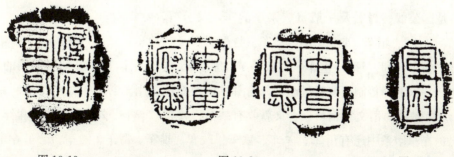

图 19-19

图 19-20

图 19-21

寺车府印（《考与》2005.5，图19-23）、寺车丞印（《艺文》，图19-24），秦封泥。《汉书·百官公卿表》：太仆属官有"车府"，车府"主乘舆诸事"。"寺"即侍人，掌后宫御车等事物。"寺车府"应掌王后或皇后宫室车舆之官署，其或为中太仆所辖。《张家·二年秩律》："寺车府……秩各六百石，有丞、尉者半之。""寺车丞"为"寺车府"属官。

行车府印，周晓陆说北京某收藏家藏。行车即乘车。行车官印（《考与》2005.5，图19-25）此封泥曾误释为"行平官印"、"行华官印"，这枚标本清晰，方知以往所释皆不确。《独断》："天子'以天下为家'，自谓'所居'曰'行在所'。犹言今虽在京师，行所至耳。"此玺印之"行"或与其同义，"行车官"可能为天子出行在京师以外时专职负责用车的官员。

行车（《泥风》167，图19-26）半通秦封泥。行车为乘车。《管子·立政》："五属大夫，皆以行车朝，出朝不敢就舍，遂行。"行车应是管理和制造行车（乘车）的官署。与大车之玺，为管理大车之官署，性质相近。

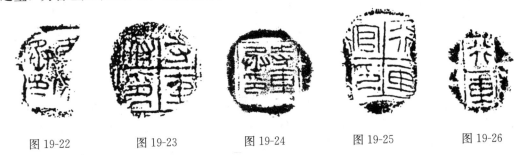

图 19-22　　　　图 19-23　　　　图 19-24　　　　图 19-25　　　　图 19-26

車官（《考与》2005.5，图19-27），先秦时期的车因用途和质料的不同，有许多不同的名称。主要有栈车（车舆是用竹或木条制的车）、辎车（有帷幔的较大的车，多用于载物）、温车（可坐卧的较大的车。上面开有气窗。）、安车（较大的车，速度较慢，可以在车中安坐）、传车（驿站专用的传递消息法令的轻便快车）。楚国车按用途、性质及使用者的等级、阶层可分为王舆、贵族乘车、兵车、牛车和邮车五种。楚国公卿、封君及一般贵族乘坐的车，又分轩（安车可坐）、辌（卧

图 19-27

车）、乘车（立车）、轺车（小型敞车）、兵车。特型兵车又有冲车：致师冲锋的轻车；巢车：巢车又称"楼车"和"䡓"；重车，也就是苹（屏）车。它是楚国与北方列国通用的辎重车。邮车：楚国的驿传制度非常健全，邮舍驿站遍及全境，用车必多（宋公文，张君著《楚国风俗志》）。《楚系简帛文字编》仅合文就收有乘车、畋车、韦车、外车、阩车、卑车、广车等车名；在车字条中还有甬车、羊车、縶车、政车、锥车、畱车、敏车、逵车等车名。名目繁多，必有名异而实同者。《周礼·考工记》中有关于车的制造方法的详细记载。秦国车种与楚国可能有会意之处，种类也不少，故设机构及职官也多。

四川輕（轻）车（《鸭雄》088，图19-28），鱼钮，田字格秦印，日本菅原石庐氏藏品。
"四川"即秦泗水郡。《汉书·地理志》："沛郡"。班固自注："故秦
泗水郡，高帝更名。"《汉书补注》王先谦曰："《睢水注》：始皇二十
三年置。"周晓陆以为："泗水郡本为四川郡，此司马迁作《史记》
时尚明，后讹川为水，当在褚少孙补作之时，班固作《汉书》时沿
其误。"说殆是。《史记·高祖本纪》："项氏起吴，秦泗川监平将兵
围丰二日……引兵之薛，泗川守壮败于薛，走至戚。沛公左司马得
泗川守壮，杀之。"《集解》文颖曰："泗川，今沛郡也，高祖更名
沛。秦时御史监郡，若今刺史。"　《战国策卷八·田忌为齐将》：
"……使轻车锐骑冲雍门（齐西门名）。"秦有轻车。睡虎地简《秦律
杂抄》："轻车、蹶张、引强、中卒所载传到军，县勿夺。"整理小组

图 19-28

注："轻车，用以冲击敌阵的战车，《周礼·车仆》注：'所用驰敌致师之车也。'"此为设
在泗水郡专门制造轻车的机构。或以为"四川轻车应为秦泗水郡管理轻车士卒之官印"，
非是。尽管轻车亦指乘此车作战之兵士，但管理轻车士卒应由相关的将军都尉管理。如
泗水郡设立管理轻车士卒之官，那么是否每郡县都要设立相同机构？故此处不必引申，
尽可用本义。

　　战国自然是战争充斥的时期。在长达250余年的诸国征战岁月里，车船制造自然是各
国最为重要的事。在国家之间的征战中，经常出动数以千计的战车。"驰车千乘，革车千
乘，带甲十万，千里馈粮，内外之费，宾客之用，胶漆之材，车甲之奉，日费千金"（《孙
子兵法》），这些用于战争的战车所需的工匠数量之众可想而知。"一器而工聚焉者，车为
多"（《考工记》）。如此重要的战争物资当然有专门管理的造车机构。《考工记》将造车列为
官营手工业之首。

　　渝城乘（0251，图19-29）燕玺。何琳仪释第三字为"乘"（《战国文字通论》
103）；施谢捷释第一字为"渝"。《汉书·地理志下·辽西郡》有渝水，渝也作
"榆"，渝关、临榆县（两者今名山海关）皆以此得名（参见《辞源》1852）。渝城恐
即今之山海关。此印为燕国设在渝城专门制造乘车的官署。

图 19-29

　　先后在山东潍坊与四川西昌出土形制、字体、刻法、所在部位均完全相同的战国
"车大夫长画"铭文戈，此为"车大夫长"名画的用戈。据考为燕器。战国时代的车由车
大夫、车司马监督制造。

　　从考古发掘出土的战车的资料来看，殷商至战国时期的战车结构基本都没有太大的
变化，车体皆是由木质的双轮、独辕、方形的车舆（箱），长毂和单横构成。车子的发展，
一般是随着时间的推移，轨宽逐渐减少，车辕逐渐缩短，而轮上辐条的数目则由少增多。

车厢门开在后面。车体选用优质木料制造，重要部位还装有青铜饰件，起加固和装饰的作用。为壮军威和保护战马，马身上也有多种装饰，王舆则非常豪华，且六匹马拉。古代兵车一般由两匹马或四匹马拉车，四匹马拉车时，有两服两骖合称为"驷"（于海广主编《图说考古——追溯文明的星河》273，图 19-30）。能乘坐驷车的人地位一定很高，一般为王侯。所以后有"君子一言，驷马难追"之说。

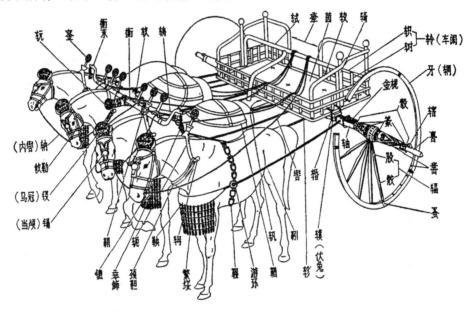

图 19-30   周代驷马车综合复原图

造车图（《黄河下游的汉画像砖艺术》339 页，图 19-31）山东嘉祥洪山出土。两汉时期，车舆制造业较前有很大进步。《汉书·食货志》云，匈奴浑刷邪王归附时，武帝"发车三万辆迎之"；《汉书·卢绾传》云，卢之"宾客随之者千余乘"。洪山出土的造车图，形象反映了史载的造车工具和制作过程。该画像石自上而下分为三层，画面分为四幅。第二层左一幅刻造车图。图中一工匠正执斧、凿一类工具制作车牙。牙，又名辋，即车轮接地的轮圈。其前置一车轮半成品，汉车牙合三木而成，轮上悬挂二块车牙部件，左一人背一小孩握一车牙为前者匠人帮工，其右一人操作，一人佩剑躬立。右一幅刻烤揉车牙图。图左刻一人长跪于席，右二人似用煴火烤揉易于曲材的檀木以制作合适弧度的车牙，借以拼装车轮。此图也可能是拜谒奚仲图。奚仲，传说中车的创造者，任姓，黄帝之后，夏代掌管车的官，居于今山东滕县东南，后迁于山东微山西北（王建中《汉代画像石通论》紫禁城出版社 2001.6 版 395 页）。

据文献记载，经人工修建的桥，至迟于春秋战国时期就已出现了。《诗经·大雅·大明》："亲迎于渭，造舟为梁。"这说的是西周时周文王为迎亲，在渭水上用船搭的浮桥，据《史记·秦本纪》载，公元前257年，秦昭襄王时，曾首次在黄河上架设过大浮桥。而桥梁的形象，我们可以从汉画像石、画像砖、壁画上看到木桥、石桥和砖木混建之桥等种类。木桥有斜拱、圆拱和平板三种类型，以斜拱木桥较为多见，造桥技术已相当高超。《三辅黄图》中说，都城长安的渭水桥由750根木柱组成67个桥墩，共68跨。内蒙古和林格尔汉墓中室西壁上的七女为父报仇故事图上，艺术地再现了渭水桥，虽然只画了6跨，离文献记载的数目相去甚远，但在艺术品中已是大桥了。汉画像石、砖上，除了有结构类似的木结构桥梁外，还有砖石砌筑的桥梁。河南新野樊集画像砖墓中的木拱桥有多种样式，富于变化。39号墓画像砖上的木拱桥虽然无柱支撑，但比新都的桥要长，三辆马车可以同时过桥，桥下可以行船。山东苍山兰陵画像石豫让刺赵襄子故事图上的桥梁为砖木结构（《汉画像石和画像砖》55，图19-32）。木料构成斜拱式桥面，桥下中央是砖砌的桥墩，有两孔，两端斜拱部分也全用砖砌封，大大增强了桥的承重能力，桥宽可供五骑并行。

图 19-31

图 19-32

涇（泾）夷橋（桥）長（长）（《征存》31，图 19-33），鼻钮。罗福颐释为长夷泾桥，各家承其释。牛济普释为泾夷桥长，较为合理（参《书集·先秦》721）。泾即泾水、泾阳的省称。夷为望夷宫的省称。宫在泾阳县长平观道以东，北临泾水的望北夷。秦汉时，桥梁亦设有官吏监守，起关卡作用。此为泾河望夷桥桥长之印。因读法特异，故难识读。

图 19-33

宜陽津印（《征存》0032，图 19-34）鼻纽，上海博物馆藏，《官印征存》以为"此为宜阳掌津关渡口之官印。"秦简《为吏之道》提到的"除害兴利"之事有"千（阡）佰（陌）津桥"，阡陌（道路）及桥、津（渡口）皆有关交通之事，与经济、军事关系密切，亦须设官以管理之。《水经·洛水注》："秦武王以甘茂为左丞相，曰：'寡人俗通三川，窥周室，死不朽矣。'茂请约魏以攻韩，遂拔宜阳城。故韩地也，后乃县之。"宜阳是洛水上通往东方的门户，津渡设官，是必要的（王辉《秦印探述》，《秦文化论丛》（第一集））。

图 19-34

我国有着悠久的造船业，而制造筏和独木舟的历史更是源远流长。《世本》云："古者观落叶因以为舟"，《易经》也有"利涉大川，乘木有功"的记述，说明远古时代筏和独木舟的发明是受到落叶或浮木的启迪。不过，也有的史书说是"伏羲氏刳木为舟，剡木为楫。"（《易·系辞》）共鼓见空心木可浮水渡人，于是"刳木为舟"，货狄见鱼尾划水而游，于是"剡木为楫"，均有可取之处。然共鼓、货狄乃传说中的黄帝之臣，时代已经很晚，而考古发现早已透露我国至迟在 7000 年前就出现了水上交通工具。跨湖桥遗址出土有世界上最早的古船（《良渚古国》70，图 19-35）和多件桨形器。河姆渡遗址出土 6 支较完整的木船桨、独木舟遗骸（同前，图 19-36）和 2 件陶舟……考古发现的独木舟实物很多，粗略统计已达三十多只，分别发现于山东、江苏、浙江、福建、广东、四川等地。已发现的独木舟陶模型器七件，分别发现于浙江河姆渡（二件）、陕西宝鸡北首岭、辽宁东沟县后洼、大连长海县吴家村、旅顺郭家村和湖北宜都红花套等新石器时代遗址中。据船史学者研究，已发现的独木舟的造型均属"船壳式"工艺体系。早期木板船主要是受独木舟的影响而创制。此外，从河姆渡人先进的木作水平看，当时除已出现了筏和独木舟之类水上交通工具外，可能也已有了简单的埠头和木板桥等交通设施。

殷商已能制造舟船，甲骨文中已有舟、帆两字。甲骨卜辞有"作王舟"（《甲骨文合集》13758），是为商王建造舟船。舟字甲骨文多作竖置，专家因此误释象多木并排扎成的木筏子。如果平置（《鉴真》93，图 19-37），字的形状与有顶篷、立柱、方头、方尾，首尾略上翘，两端有甲板和出角的小木船很相似的，这种小木船撑篙或摇橹，文革前在南京玄武湖、杭州西湖上常作为游船。甲骨文中有一"舟"字（《甲骨文合集》10364、10676，

图 19-38），象舟上有房屋而人居于屋中之形，可见商时舟上还有避风雨和供人居住的棚屋类设施（王宇信、杨升南主编《甲骨学一百年》，576）。笔者按：舟字像船之侧形，凡即帆的本字，象形帆的出现至迟是在公元前1000年左右。《史记·周本纪》记载，周武王会八百诸侯于孟津，事先尚父吕望在河边制造了四十七条大型战船。这是我国历史上军队最早正式使用战船的记载。西周金文中已有舰字，可见三四层楼的大型船只在西周时已能制造（夏渌《找艘军舰赠学友》，《书法报》2005。6。13。13版）。

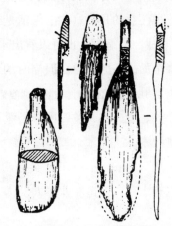

图 19-35　跨湖桥遗址独木舟　　　　　　图 19-36　姆渡遗址木桨和独木舟遗骸

　　春秋战国时期，水利事业发达，开凿人工运河，连接长江与淮河，又将沂水与济水连接起来，水路交通更加畅通。据文献记载：当时的船每艘可载五十人及三个月的口粮，运力已相当可观；顺长江而下，一日行三百余里，货运量及速度也远远超过了陆路运输。长江中游的楚国，长江下游、太湖流域的吴国，杭州湾沿岸、钱塘江流域的越国，济水流域、山东半岛的齐国，这四国地处江海，特别重视舟师建设，因而舟师最为强大。吴国舟师是按陆军车战方式建置的，其战舰分大翼、小翼、突冒、楼船和桥船。大翼像陆军的重车，小翼像轻车，突冒像冲车，楼船像行楼车，桥船像轻足骠骑。这些不同类型、不同用途的战船组成的舟师，简直就像今天的由各种舰只组成的混合舰队。越国的舟师配有戈船和楼船，并且往往在海上训练水军战士或进行海战演习，这确实称得起真正海军了。为了掠夺财富，扩大疆土，争夺霸业，吴、楚、齐、越四国之间不仅进行车战、步战，而且还组织舟师，经常进行水战。吴楚之间水战相当频繁。公元前525年《左传·昭公十七年》，爆发了比较激烈的水战。当时，吴派公子光为"舰队司令"，率舟师沿长江逆流而上攻打楚国，结果反被楚国击败，甚至旗舰"余皇"号也被楚国虏获，后来，吴公子光又夺回了该舰。这时已能进行大规模的海战：公元前485年，吴王夫差派徐承率领舟师，从海上进攻山东半岛的齐国。舰队从长江口出海，然后北上，实行远航奔袭，声势浩大。但齐国的舰队十分厉害，没等吴国舟师到达，就在黄海海面拦腰截出。吴齐两国的舰队在波涛翻滚的黄海展开海战，结果吴国战败而归，这是我国有史记载的第一次海战（《左传·哀公十年》），也可以说这是中国历史上第一支海军。从出土的铜鉴和铜壶上所刻水战图像可以比较具体而清楚地了解战国时期水战的基本情况。看来，当时所用的战舰分两层，下层容划桨水手，上层为作战水兵；动力系依靠人力摇桨，而无帆篷。水战仍用弓矢、长钩矛、长斧之类的水战武器，但在战船上已设置旗鼓以指挥进退了。尤值得注意的是，这些图像清楚地展示了当时水战战法的特点。从水战图像上可以看到"接舷战"的缩影，也可以看出水军士兵泅水前进（笔者按：泅水士兵即水鬼，欲凿敌船船底），配合全面战斗的景象。但当时的水战没有两舷相接和靠帮登上敌舰的短兵格杀，则是难以决定胜负的（故宫博物院藏《宴乐铜壶》，见卷首图版壹）。

吴、楚、齐、越四国造船业比较发达，但其玺印却无从寻觅。秦封泥为我们提供了一些线索。

舟（5500，图19-39）吴振武释，燕玺。舟字为燕系文字的特色。燕国东面临海，国内也有水系，但造船业不太发达。

图 19-37　　　　　　　　　图 19-38　　　　　　　　　图 19-39

陽都船印（《考报》2001.4，图19-40）、陽都船丞（《考报》2001.4，图19-41）、陰都船丞（《考报》2001.4，图19-42）、都船丞印（《新出》14、《考与》1997.1，图19-43）、都船（《新出》13，图19-44）。《汉书·百官公卿表》："中尉，秦官，属官有都船、武库，有三丞。"阳都船丞、阴都船丞和都船丞可证"都船有三丞"。如淳曰："都船狱令，治水官也。"笔者按：狱令管刑徒，行船须治理河道。故都船狱令专管刑徒为造船、开挖河道服徭役。都船属官或设阴、阳，犹秦汉之官设左、右。陶文有都船，则知都船不仅造船、治水，也参与制陶。

1978年在广州首次发现一处秦汉之际的造船工场遗址，船场上有三个平行排列的造船台，船台滑道长88米以上，说明当时已采用了船台与滑道下水结合的结构原理，可以制造宽6至8米，长20至30米，载重50～60吨的大木船。如并台造船，则可造出装载量更大的船只。这是当时能够成批生产内河和沿海船只的大规模的造船工场。岭南番禺一带自战国中期吴起"南平百越"（《史记·吴起列传》）后一直附属于楚，秦建船场恐怕脱离不了楚国造船技术的基础，或许它就是楚船官的旧址（郭仁成：《楚国经济史新论》）。

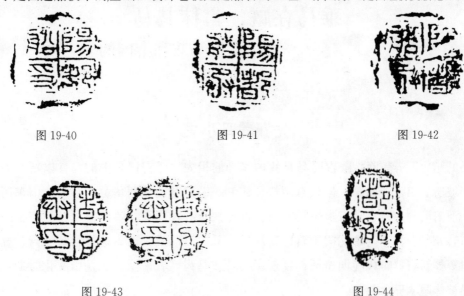

图 19-40　　　　　　　图 19-41　　　　　　　图 19-42

图 19-43　　　　　　　　　　　　图 19-44

结　语

总之，车船是我国古代一项重要的发明创造，它在古代的交通事业中曾经发挥过巨大的作用。考古成果、玺印、秦封泥及陶文为我们提供了车船制造和管理方面的一些信息。

参考：

郑若葵《论中国古代马车的渊源》，《华夏考古》1995.3；刘军社《说辇》，《考与》1992.4.86；寿涌《从〈左传〉看〈孙子〉"革车"的本意》，《文史》第46辑；杨钊《先秦诸子与古史散论·先秦时期舟船暨水战》；武伯纶《秦汉车制杂议》；徐杰令《先秦社会生活史》黑龙江人民出版社2004.8；宋公文，张君著《楚国风俗志》，湖北教育出版社1995.7；王星光《试论中国牛车、马车的本土起源》，《中原文物》2005.4；段清波《刀枪剑戟十八般——中国古代兵器》四川教育出版社1998.7；黄展岳《考古纪原——万物的来历》；林华东《河姆渡文化初探》；周晓陆等《在京新见秦封泥中的中央职官内容——纪念相家巷秦封泥发现十周年》，《考与》2005.5；刘玉堂《楚国经济史》；温少峰等著《殷墟卜辞研究——科学技术篇》283。

乘马在厩，言秣其马

——先秦的马政和秦国的十二厩

先秦养马小史

马的驯化饲养较晚，蒙古野马是我国家马的祖先。考古记录中的马骨以新石器时代西安半坡遗址出土者最早，但仅有两枚牙齿和一节趾骨。陕西华县南沙村、山东历城城子崖、河南汤阴白营、甘肃永靖马家湾、吉林扶余县长岗子、陕西神木县新华、内蒙古包头市转龙藏、江苏南京北阴阳营、浙江乐清县白石以及云南省通海县黄家营、寻甸县姚家村等等新石器时代晚期遗址都发现了马骨或马齿，看来至迟于龙山文化时期，马在我国已被普遍驯养。

殷商时期，养马业已很具规模和相当发达。当时殷人已初步掌握了相马知识，开设有专门的畜马场"马厩"，并有专门管理马匹的官吏"马小臣"，掌握了对幼马进行训练的执驹术，同时为提高马匹的利用率，增加马的任载力，选育优良品种，发明了世界上最早的马匹去势术（阉割术）。商墓中常用马殉葬，各地都时有车马坑发现，河南省安阳市武官村北地一次就发现了117匹马骨架，可见马匹的驯养已经非常发达。

西周时期马政日渐完备，《周礼》记载，那时已有一套政府设置的管理官营畜牧业的职官和有关制度，即牧人掌管牧养六畜，有质马、校人、牧师、圉师、庾人、趣马、巫马分别掌管马匹的鉴定、放牧、饲养、调教、乘御、保健等工作。根据马的用途，把马分为种马、戎马（军马）、齐马（仪仗马）、道马（交通马）、田马（狩猎马）、驽马（杂役马）六种……"天子十有二闲（阑），马六种"，马阑即马厩，天子应有12个厩苑。马六种就是良马五种、驽马一种。"天子十有二闲"，其中有良马十厩、驽马二厩。

当时黄河中下游地区对马的饲养管理有放牧法与圈养法两种。《诗经》中有"乘马在厩"的诗句，是实行圈养的反映。由于马在周代是一种重要的家畜，被奉为"六畜"（马、牛、羊、鸡、犬、豕）之首，人们不惜用"秣（粟）"等粮食作为马的饲料。《诗经·周南·汉广》中有"言秣其马"、"言秣其驹"的诗句，讲的就是以粟喂马的情况。

春秋战国时期盛行车战和骑兵，马成为军事上的主要动力，特别受到重视。因为北方骑马民族的崛起和列国纷争，各诸侯国竞起养马。那时在饲养管理军马上已经积累了相当丰富的经验。据《吴子兵法·治兵》的记载，对马的饮食、居处、管理、调教、役使都有严格的要求和规定。又据《礼记·月令》，对于马的繁殖，平时牝牡分群放牧，季春合群交配，配种后再分群。《睡虎地秦竹简》对马的廪食标准和领发手续已有严格规定；对驿传中驾车马匹的喂料次数，饲料的标准和品种也都有合理的规定。

早在夏商，相畜术已经萌芽，到西周有了初步发展。所谓相畜，又称相马，即今天养马学的"马匹外形学"，是根据畜生的外形特征和生理特点，来鉴别其优劣，估价其前途和用处的一种方术。《周礼·夏官》有"马质"一职，是专门评品马的官。当时重视的是毛色、齿形和体形的高矮。到春秋战国，随着相畜术的进一步发展，涌现了许多相畜专家（梁家勉主编《中国农业科学技术史稿》151）。其中著名的，在春秋时期秦国有相马的伯乐、方九埭，卫国有相牛的宁戚，传说他们还著有《伯乐相马经》和《宁戚相牛经》，可惜都失传了。据《列子·说符》记载，春秋时代与秦穆公同时的伯乐是著名的相马家。有关伯乐相马的故事，今天已成为我国广大人民家喻户晓的美谈（陈绍棣《中国风俗通史》（两周卷）429～431 页）。

秦代中央之厩

"厩（厩）"，《说文解字》曰："马舍也"。其实古代的厩，并非专指养马场所，除养马外，还养牛、羊、鹿、狗等。这从古代文献中可以找出根据。秦代天子之厩，即秦始皇的御厩为多少呢？历史文献语焉不详，我们从不多的文献及传世玺印、出土秦封泥、陶文等资料，也知道一些大体情况。

宫厩（厩）丞印（《考与》1997.1，图 20-1；《泥风》125，图 20-2），宫厩（《新出》15）秦封泥。秦始皇陵东侧上焦村 36 号坑出土的陶罐的肩部刻着"宫厩"二字，"宫"字的两个口为方折，近于隶书，"厩"字为篆书（《秦陶》1465、《陶汇》5. 228，图 20-3），当是宫厩的用器。云梦睡虎地秦简《睡虎地秦墓竹简·厩苑律》："其大厩、中厩、宫厩马牛殹（也），以其筋革角及其贾（价）钱效，其人诣其官。"据此可知，亦当属太仆。

图 20-3

"宫厩"早在春秋时代已出现，《左传·襄公十五年》："养由基为宫厩尹。"《左传》中有："宫厩尹子皙出奔郑。"于某官名后续一"尹"字，为楚之惯例。宫厩有令，曾侯乙墓出土竹简有"宫厩令"，"宫厩丞"为"宫厩令"副贰。"宫厩"，在战国时许多大诸侯国都设置。如齐国"南宫左厩"（《山东博物馆藏陶文拓本》3743～91）。楚国亦置"宫厩"（朱德熙：《战国文字里所见的厩》，载香港中文大学《古文字学论集初编》）。郭兴文以为"宫厩名称的来源，源于皇宫"（《秦代马政考略》）。秦封泥有信宫车府，因此，宫厩可能是为各宫观车府供应马匹的厩苑。

章厩将马（马）（《齐鲁古印捃》，图20-4；《征存》23号，图20-5）秦印，铜质，鼻钮，上海博物馆收藏。章厩丞印（《考与》1997.1，图20-6；《泥风》125，图20-7）秦封泥。

图 20-1

图 20-2

图 20-4

图 20-5

章为章台之省。秦有章台宫，秦王在章台举行过不少政务活动，《史记·苏秦列传》："苏秦说楚威王曰：今欲西面而事秦，则诸侯莫不西面而朝于章台之下矣。"《廉颇蔺相如列传》："秦王坐章台，见相如。"《资治通鉴》："秦昭王六年，楚怀王入秦，朝章台。"至于省称的原因，大概因为"章台厩将马"5字不便于安排。秦汉宫名省称之例甚多。秦有薪年宫，《秦始皇本纪》："薪年宫在雍。"而凤翔出土有"年宫"2字瓦当，应即"薪年宫"之省文。可见此为当时习俗（王辉《秦印探述》《秦文化论丛》（第一集）。笔者按：各宫似有车府、马厩，如信宫车府、章厩将马等。章厩可能是宫厩的下级（下属）机构。

秦封泥泰厩丞印（《泥集》184，图20-8；《中古》47，图20-9，上博馆藏）。秦始皇陵东上焦村64号坑出土的铜洗口缘的背面刻有"大厩四斗三升"六字，小篆（《考与》1980.4），当是大厩的用器。

图 20-6

图 20-7

图 20-8

图 20-9

"大厩"，战国时的楚国亦曾设置，见于《湖南省文物图录》591。据熊铁基、安作璋《秦代官制史稿》曰："大厩，当有其特点，其特点就是大。""大厩"又可称为"太厩"。"大"与"太"（或泰）古义相通。泰厩即大厩。与大府、大仓、大官等同义，应为皇帝专用的御厩。《汉书·百官公卿表》秦九卿之一太仆"掌舆马，有两丞。属官有太（大）厩、未央、家马三令，各五丞一尉。"大厩也设马府，大厩马府秦封泥见《新出》18。

小厩将马（《征存》29，图20-10），秦印，鼻钮，故宫藏。小厩将马（《泥风》138，图

20-11），秦封泥，无十字界格，年代可能早到战晚。小厩丞印（《泥风》138，图20-12）。

秦始皇陵东侧上焦村马厩坑76DG29号坑出土的陶盆和陶罐之上均有"小厩"刻文（《秦陶》1463、1464；《陶汇》5·229，图20-13）。发掘者释其为"三厩"，刘云辉撰文释之为"小厩"（《文博》1987.6）。陶盆和陶罐均为小厩之用器。

图 20-10　　　　　　　图 20-11　　　　　　图 20-12　　　　　　图 20-13

小厩丞，官名，应为小厩令之佐官。辅佐小厩令管理小厩马政。当属太仆。云梦睡虎地秦简中，均见有大厩、中厩、小厩。则小厩当是以马厩规模大小而命名的（《新出土秦代封泥印集》19），亦当为太仆马厩之一。一说小马即所谓"果下马"，专为宫中皇太后游戏所用。

小厩南田，秦王朝时印。（《故》229号、《征存》30，图20-14）。故宫博物院收藏。铜质，鼻纽。小厩为马厩名，南田应是供应小厩马匹饲料的生产基地。印文交叉识读。

图 20-14

《汉书·百官公卿表》："太仆，秦官，掌舆马……属官有大厩、未央、家马三令……又车府、路軨、骑马、骏马四令丞，又龙马、闲驹、橐泉、駬騄、承华五监长丞"，注："如淳曰：橐泉厩在橐泉宫下，駬騄，野马也"。"将马"之将意为监督、管理。将马，当系掌管饲养、牧放厩中马匹事务的官吏名称。秦简《厩苑律》："将牧公马牛，马〔牛〕死者，亟谒死所县，县丞诊而入之……其大厩、中厩、宫厩马牛殹（也），以其筋、革、角及贾〔价〕钱效，其人诣其官"。简文中的"将牧公马牛"，意思就是率领牧放公家的马牛，也即是简文中所提到的大厩、中厩、宫厩所豢养的马牛。主管其事的官吏名称，简文虽未提及，但与印文参照，可能就是印文所署的"将马"。秦代官名与"将"字连称的还有"将行"、"将作少府"（见《汉书·百官公卿表》）、将粟（见秦"铚将栗印"），这些都可作为释"将马"为官称的旁证（王人聪《秦官印考述》）。两种厩印，一称"将马"，一称"丞"（令长丞制），特别是"左厩"、"右厩"、"章厩"、"小厩"，厩名相同官称各异，不会是偶然的。王氏认为："将马"印的时代应较早，属于战国。"丞"印较晚，属于秦代。

秦封泥中厩，（《考与》1997.1，图20-15）、中厩丞印（《泥集》188，图20-16；《泥风》133，图20-17）、中厩将马（《泥风》133，图20-18）、中厩马府（《泥风》133，图20-19）、中

廄廷府（《考与》2005。5，图20-20）。中廄将丞（《考与》1997.1.27）是中厩将马丞的省称。

图 20-15

图 20-16

图 20-17

图 20-18

　　秦始皇陵东上焦村 2 号坑出土的陶罐腹部两处分别刻着"中厩"二字，"中"字为隶书，"厩"字为篆书。中厩之名又见于《睡虎地秦墓·厩苑律》。

　　秦封泥所见中厩官职最多，有令、丞、将马、马府等官，分工亦细。中厩、中厩丞印之"中"字，上下有赘笔，此种书法本于西周金文，至战国多简作"中"，偶见中山国、楚文字中仍存之。秦系文字更多地因循西周的因素，保留某些古体是常有的现象，秦成语印中也可见中字带赘笔的。但汉代已淘汰了此种写法（孙慰祖《文稿》68）。"中厩"中无界格，且中字有赘笔，此两枚封泥文字奇古，则应为战国时作。左中将马（《征存》28，图20-21）、新出右中将马（《文稿》255，图20-22）。"左中"、"右中"当是"左中厩"、"右中厩"之省文。陕西博物馆藏秦封泥右中马丞（《考与》1996.6.55，图20-23）当是右中厩马府丞之省文。"中厩"见于《史记·李斯列传》，公子高向胡亥请求赐死以陪葬秦陵时曾说："先帝无恙时……中厩之宝马，臣得赐之"。刘云辉据此认为中厩是秦始皇御厩无疑。或据《三辅黄图》云；"皇后车马所在"。《汉书·戾太子传》有"具白皇后，发中厩车载射士"（颜师古注："中厩，皇后车马所在也"）的记载，皇后既发中厩之车，则中厩属中太仆毋庸置疑。"中厩"，"中"在《说文解字》中被释为"内也"。"中厩"实质就指"内厩"。颜师古注说不误。

图 20-19

图 20-20

图 20-21

图 20-22

右中马丞，"右中"当为"右中厩"的简称。"马丞"乃掌马之官。

下厩（《泥集》197，图20-24）下厩丞印（《泥集》197，图20-25）。

御厩丞印（《泥集》195，图20-26）。蔡邕《独断》曰："御者，进也。凡衣服加于身，饮食入于口，妃妾接于寝，皆曰御。"御厩应为服务于皇帝（皇室后宫）之马厩。

图20-23　　　　　图20-24　　　　　图20-25　　　　　图20-26

左厩将马（《官印征存》0024、0025，图20-27、图20-28），铜质，前者瓦钮，后者鼻钮，均故宫收藏。秦封泥左厩（《泥集》191，图20-29）、左厩丞印（《考与》1997.1，图20-30）。秦始皇陵东上焦村30号坑出土的陶盆的腹部刻有"左厩容八斗"五字，小篆（《陶汇》5.230，图20-31）。

图20-27　　　　　图20-28　　　　　　　　　　图20-31

秦封泥右厩（《考与》1997.1，图20-32）、右厩丞印（《书法报》1997.4.9，图20-33）。右厩将马（《征存》0026、0027，图20-34、图20-35）鼻钮，0026又见《上》28，上海博物馆藏；0027又见《吉大》88号，吉林大学藏。秦常以左、右分曹。所谓左右厩亦可能为太仆所管之马厩。

图 20-29　　　　图 20-30　　　　图 20-32　　　　图 20-33　　　　图 20-34

厩壐（《考与》2005.5，图 20-36）此封泥用玺，且无界格，必为战国印所抑。厩丞之印（《艺文》，图 20-37）厩吏□□（《考与》2005.1，图 20-38）。厩印（《征存》88、89，图 20-39、图 20-40）秦半通印，鼻钮，故宫博物院藏。厩，养马机构。秦代中央及地方均设有厩。《史记·夏侯婴列传》：夏侯婴为"沛厩司御"，沛厩即是沛县之厩。厩玺可能是中央政府管理县级厩的机构的用印。厩印半通印当系秦县级机构属下的厩所用之印（王人聪《秦官印考述》）。

都厩（《泥风》166，图 20-41）旧以为指天子之厩。《汉书·惠帝纪》："（三年）秋七月，都厩灾。"《资治通鉴》汉惠帝三年引此文，胡三省注："都厩，大厩也，属太仆。"又《三辅黄图》卷六："都厩，天

图 20-35

子车马所在。"不过秦有"泰厩"，见新出封泥，泰即大；又有"大厩"，见临潼上焦村出土铜洗刻文。都厩、大厩封泥同出，二者似乎仍有差别。胡三省谓都厩属太仆，也不见于《汉书·百官公卿表》。或怀疑"都厩"之"都"为"都官"之省文。"都官"秦汉典籍及出土文字习见。睡虎地秦简《厩苑律》："今课县、都官公服牛各一课。"《金布律》："都官有秩吏及离官啬夫，养各一人……"《内史杂》："县各告都官在其县者，写其官之用律。"王辉《"都官"颜注申论》（《人文杂志》1993.6）以为"都官"一般指中央官署，"部分都官或都官的分支机构设在县。"中央官署或称"中都官"，其设在县之分支机构则迳称"都官"。"都厩"大概是中央官署之厩。

图 20-36　　　　图 20-37　　　　图 20-38　　　　图 20-39　　　　图 20-40

外厩，见于丞相李斯的《谏逐客书》，李斯对秦始皇曰："必秦国所生然后可……而骏良駃騠，不实外厩"。外厩除秦国设置外，战国时期的楚国、齐国也设置。如苏秦游说

楚王曰："大国诚能听臣之愚计……燕代之良马，橐他必实外厩"（《战国策．韩策》）。这里的外厩，明显是楚王御厩。又如冯驩对孟尝君曰："宫中积珠宝，狗马实外厩"（《战国策·楚策》）。看来外厩是专为国王皇帝收养别国送来的奇畜如駃騠、橐他、狗马等而设置的。"外厩"，"外"是与"内"相对应而言的。"外厩"是与"中厩"相对应的。

官厩丞印（《泥集》196，图20-42）"官或为秦中央行政机构之意，官厩为中央行政机构马厩。"，官厩应为中央政府三公九卿诸官吏提供马匹服务的马厩。

走士丞印（《新出》79，图20-43）、走士（《新出》78，图20-44）。《张家山汉简·奏谳书》："孔曰：'为走士，未尝佩鞞刀，盗伤人，毋坐也。"走士一职，史籍失载。过去见者即汉"齐走士丞"封泥，无考释。从《张家·奏谳书》看，孔为公士（秦二十级爵中最低的一级）。"孔曰"从侧面反映出走士特点应是不佩刀。《奏谳书》的记载表明孔、仆为上下级关系，孔作为走士，亦当为养马者。根据《云梦秦简》中，秦养马之人绝对不允许佩带刀剑，恐会伤及马匹，反映出秦对于马政的重视。秦始皇陵马厩坑中圉人不配刀剑，正说明养马之人不佩刀的特点。因此，孔在说"为走士，未尝佩鞞刀"，其原因正于此。走士，周官，掌养马，有丞，属官有走马。秦及汉之齐国沿袭不变。汉封泥见：《上博》、《齐鲁》"齐走士丞"（《泥集》225页）。

图 20-41　　　　　图 20-42　　　　　图 20-43　　　　　图 20-44

家馬（《泥集》184，图20-45）、上家馬丞（《泥风》145，图20-46）、下家馬丞（《泥风》145，图20-47）、泾下家馬（《泥风》145，图20-48）。家马丞，官名，家马令之佐官。主皇帝私用马匹，属太仆。《汉书·百官公卿表》："太仆，秦官，掌舆马，有两丞。属官有大厩、未央、家马三令，各五丞一尉。"颜师古注："家马者，主供天子私用，非大祀戎事军国所需，故谓之家马。"上、下"家马"之上、下为区别字，左右依然。《新出土秦代封泥印集》20或曰上家马丞为上郡家马丞之省。下家马丞为下邽家马丞之省。

泾，即今泾河。有南北两源，入陕西境后经长武、淳化、礼泉至高陵县入渭河。此封泥可证秦在泾河流域或泾县设有厩苑，为帝室提供私用马匹（《新出土秦代封泥印集》21）。

礼县博物馆收藏有一件"天水家马鼎"，出土于礼县永兴乡，而鼎上刻辞却是天水，其重要价值就在于该鼎证实了天水、礼县一带正是为秦王室饲养"家马"的地方，同时也表明自非子以来畜牧业经济的发达与昌盛。同样，作为主要的经济活动之一，有力地支持着秦的发展壮大（徐日辉《秦早期经济考略》）。

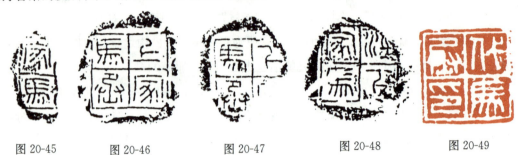

图 20-45   图 20-46   图 20-47   图 20-48   图 20-49

代馬丞印（《征存》51，图 20-49）兽纽，故宫收藏。代馬丞印（《新出》92，图 20-50）秦封泥。代郡治代县，故城在今河北蔚县东北约 15 公里。代郡自古盛产良马。秦曾在边郡设置牧师诸苑 36 所，养马 30 万匹，代郡当为其中之一。代馬丞印，为秦代中央在代郡所置之马政属官之佐吏（丞）之印。

图 20-50

中央所设的宫、泰（太、大）、小、中、下、左、右、外、官、都、厩、家马共十二厩，对于上述各厩名称的理解，应没有什么大的困难。宫厩是为各宫殿车府供应马匹的厩苑。章厩是宫厩的下级（下属）机构。大厩、小厩、下厩、家马都是皇帝的御厩。中厩为皇后之专用厩。外厩主对外交流、外事活动。左厩、右厩、都厩供应中央政府各部门用马之需。官厩专供中央官吏用马。厩玺直属中央政府领导，主地方之马政。可见秦政府马政管理分工非常具体。

关于秦始皇御厩之马有何品种。据《初学记》29 引崔豹的《古今注》说秦始皇有七名马："追风、白兔、蹑景、奔电、飞翩、铜爵、神凫。"而《太平御览》897 "白兔"为"逐兔"，"奔电"为"追电"，"神凫"为"晨凫"。这些名马，我们大致可从名称上看出都是速度特别快的，如风、如飞、如电。根据分析研究秦始皇御厩之马亦属于河曲马种。

《周礼》称周"天子有十二闲（阑），马六种"。秦印及封泥也见十二厩，可与《周礼》"天子十有二闲（栏）"相证。据专家推测：秦王朝厩苑内养马的数量也应大大超过《周礼》上的数字（天子厩苑凡 3456 匹），和汉代厩苑内养马的数字（每厩万匹）应当接近。

战国及秦代地方之厩

古代仓廪储谷物，厩闲（栏）畜牛马。厩中既养马、养牛，也养羊、骆驼、鹿等。早在春秋战国时代，厩的范围就非常广，除中央政府有厩之外，尚有邑厩、里厩、军厩、驿厩等（《左传·昭公元年》）。秦代除有天子御厩之外，地方亦有厩。据《通典·职官》七所云："秦边郡置六牧师令。"又据《秦会要订补》说秦"县有厩驺"，《汉纪》中有"夏侯婴为沛郡驺"，《汉书》中亦有"夏侯婴，沛人也，为沛厩司御"。这说明夏侯婴在秦代沛郡的厩中担任过司御。《续汉书·郡国志》引《陈留志》曰：尉氏有陵树乡，乡北有泽，泽有天子苑囿，有秦乐厩。秦乐厩是属于苑中之厩。

马府（3318，图20-51），刘钊释，三晋玺。《官印征存》433（图20-52）有汉"马府"印，可以参证。

马府（《考与》2005.5，图20-53）半通秦封泥。《睡虎·传食律》："及卜、史、司御、寺、府……"整理组注：掌管府藏的人，见《周礼·天官》。《汉官解诂》卷一载："太仆厩府，皮轩銮旗。"说明太仆所属的马厩设有府。掌管"皮轩銮旗"等与车马相关的用器。马府或为管理马厩用具等府藏之官职（《新出土秦代封泥印集》18）。

骑马（《考与》2005.5，图20-54）、骑马丞印（《新出》13，图20-55）秦封泥。骑马为太仆属官，《汉书·百官公卿表》："太仆，秦官，掌舆马，有两丞。属官有大厩、未央、家马三令，各五丞一尉。又车府、路軨、骑马、骏马四令丞。"《汉书·严朱吾丘主父徐严终王贾传》："后以安为骑马令。"《汉书·严安传》载：严安曾为"骑马令"，颜师古注：骑马令，"主天子之骑马"。

图 20-51　　　　图 20-52　　　　图 20-53　　　　图 20-54　　　　图 20-55

畜马（《泥集》附录，图20-56），秦半通印。《广雅·释诂一》："畜，养也。"《周礼》："马牛羊豕犬鸡谓之六牲，养之曰畜，用之曰牲。"畜马，即饲养马匹的官署。

驺丞之印（《泥风》152，图20-57）《左传·成公十八年》："程郑为乘马御，六驺属焉，使训群驺知礼。"《正义》："驺当《周礼》之趣马。"孔颖达疏："驺是主驾之官也。"《说文·马部》："驺，厩御也。"驺是古代为王公贵族养马并管驾车的人。驺又为古地名，在今山东邹县，也作邾、邹。陶文中有驺字印迹三枚（《陶汇》5.481～5.483，图20-58～图20-60），为高明自藏，但出土于陕西，知此陶器为驺厩所用。

图 20-56

右马歔（厩）鉨（0268，图20-61），楚玺。厩为吴振武所释。此印作交叉读。春秋时，

能"百步穿杨"的神射手"养由基为宫厩尹"（《左传·襄公十五年》）。六国有马厩见于文献，
玺印却很少，弥足珍贵。楚国马厩见于楚简者有易（陽）厩、大厩、审（中）厩、新大厩、
宫厩等，职官名则有阳厩尹、宫厩命（反文，命通令）、宫厩尹等（《楚系简帛文字编》729）。

　　馬（《簠斋》17，图20-62）楚单字玺印，马字作简体，马鬃作二横，与三晋、燕玺作
三横不同，而与楚官玺司马之府（5538）、右马厩玺、司马卒玺（0042）的马字相同，知其
为楚官玺。

　　馬（《陶汇》5.345）秦陶器刻文，临潼出土。馬（《陶汇》6.146，图20-63）三晋陶器刻
文。郑州白家庄出土。都是马厩用物的见证。

　　騏（5490，图20-64）燕国玺。騏，青黑色的马，俗称铁青马，又称铁骢，供天子用
马。此印可能是训练专供皇帝使用的良种马的机构用印。

图 20-57

图 20-58

图 20-59

图 20-60

图 20-61

图 20-62

图 20-63

图 20-64

　　駑（驽）（5535，图20-65）圆形白文印，国别待考。驽，劣马。《玉篇·
马部》："驽，最下马也。"楚辞宋玉《九辩》："却骐骥而不乘兮，策驽骀而
取路。"《正字通》说："马顿劣也，凡马给宫中之役者，曰驽。驽、骀皆下
乘。"可见驽是一种劣马，常供宫中拖车役使。驽单字印是训练劣马供宫室

图 20-65

官府使用的机构用印。《周礼》记载，的"六马"，居末位的驽马就是专供杂役用的。此
印可能是训练劣马的机构用印。

　　齐国的马厩玺印未见发现，我们从齐瓦当中却找到了一些线索：山东临淄桓公台工

地出土一马纹瓦当，边轮内有四个凸弦纹环绕一周，当面饰一马，背上有鞍，显然是坐骑；马头部系有一绳通于上方，应系于树干上。面径 17.0 厘米（《齐国瓦当艺术》57，图20-66）。齐国瓦当艺术馆《齐瓦当拓本集》上卷 1 页收录一瓦当，树右侧拴一匹马，左侧有一戴冠佩剑之马厩官员，身后一围人（养马人）（图 20-67）为罕见孤本。玺印中也有饲马图像玺（《故肖》203，图 20-68；《印举》30·38，图 20-69），与马厩瓦当极为相似，仅身后无围人而已。《故肖》释为双兽纹印，显然不当。

图 20-66

图 20-67（面径残 13.8 厘米）

图 20-68

树下两马，树上增加鸟、猴者（《齐国瓦当艺术》44，图 20-70），马厩里养猴，以"避马瘟"的习俗，在先秦时已经流行。齐瓦当还有"马上封猴（侯）"者（《篆刻研究》2007 年八月封底），饰一树两马三猴，也应是马厩瓦当。《西游记》中，天帝封孙悟空为"弼马温"即其谐音。四种马厩瓦当应当有中央和地方的等级区别，或地区区别。马厩的图像见于四川省成都市曾家包东汉《机织、酿酒、马厩、兰绮图》画像砖（见卷首图版肆），还仅仅是地主庄园的马厩，与皇家马厩不可同日而语。马厩中就有猴一只。齐瓦当还有树木·栖鸟·牧马者（《齐国瓦当艺术》14，图 20-71），应是马厩用瓦。齐瓦当中多见树两侧各拴一马者，各家均释为树木·双马（《齐国瓦当艺术》52，图 20-72）初不明白究理，及见安立华《齐国瓦当艺术·绪论》插图五山东滕县桑村画像石马厩（图 20-73）中喂马料的马槽是挂在树上的，由是恍然大悟：马厩有放养和圈养两种，树下喂马，虽属放养，但也是马厩的一种形式。

图 20-69

图 20-70（面径 15 厘米）

秦瓦当中也有马厩瓦当（河南省博物馆编《中原文物特刊》总 8 期《秦汉瓦当》5，图 20-74），表现骏马奔驰的形象。

出瓦当之地必为马厩的办公房舍及马圈；临淄是齐国的首都，在宫台附近的马厩应当是皇帝的专用马厩。

图 20-71（半径 7.7 厘米）

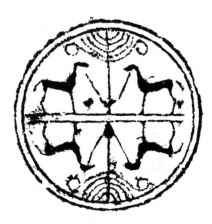

图 20-72（面径 14.5 厘米）

图 20-73

图 20-74

秦《厩苑律》、《秦律杂抄》、《牛养课》、《徭律》皆记有厩苑的专门律令：

1. 马籍法：马匹的登记、注销制度。秦代厩苑内的马牛都有一定的标记（烙印）和固定的账目，并有专管账目的会计，证明秦代已有了较完备的"马籍法"。

2. 考课制：对饲养牲畜，从饲料的征收支付到牲畜的培驯使役，秦代厩苑内已有一系列的考核、评比制度，有固定的时间、内容、标准和奖惩的办法，并用法律形式固定下来，成为正规的制度。

3. 饲养方法：圈养法与放牧法。

4. 去势、除蚤：对诸侯国牲畜入境的检疫也有立法。

通过秦封泥可见各厩苑里部分比较高级的管理者有：1. 各厩车府等有令，或各厩有丞，丞为其佐（副手）。2. 各厩有将马一职，应是马匹直接管理（驯马）者。3. 中厩有将丞，该是厩苑内各级管理者的领导者。《睡虎地秦墓竹简》中既有"厩啬夫"又有"苑啬夫"。厩啬夫是厩中的基层负责人，苑啬夫是苑中的基层负责人，两者有明显的不同。秦王朝有严密的法律制度是养马业发达的根本保证。

结　语

秦地处西北地区，环境适宜于养马。从秦的祖先非子就"好马及畜，善养息之"，周"孝王召使主马于汧渭之间，马大蕃息"。春秋战国时期，秦国为了适应战争的需要，养马业进一步发展，马的数量大增。秦王朝除了中央和地方设有许多厩苑外，并鼓励私人养马，如大富豪乌氏倮养马多到以山谷数来计算。秦国战车千乘、骑万匹，这种雄厚的兵力是与养马业的兴盛是密不可分的。

马在战国晚期已被广泛用于骑乘、邮驿、装备骑兵等用途。

参考：

袁仲一《论秦的厩苑制度——从秦陵马厩坑刻辞谈起》，《考古与文物丛刊》第二号《古文字论集》；郭兴文《秦代马政考略》，《考古与文物丛刊》第三号《陕西省考古学会第一届年会论文集》；郭兴文《论秦代养马技术》，《秦俑博物馆论文选》；王人聪著《古玺印与古文字论集》香港中文大学文物馆 2000 年版；王人聪著《古玺印与古文字论集·秦官印考述》；周晓陆等《在京新见秦封泥中的中央职官内容——纪念相家巷秦封泥发现十周年》，《考古与文物》2005 年第 5 期；王宇信著《建国以来甲骨文研究》；陈绍棣《中国风俗通史》（两周卷）；刘云辉《简论秦代厩苑制度中的若干问题》，《秦俑博物馆论文选》；陈文华《农业考古》。

车曰驲，曰传；马曰驿，曰遽

——战国的驿传制度和玺印

驿传小史和战国的驿传制度

驿传邮驿早在三千多年前的殷代已经普遍使用。甲骨卜辞作遾、遾字，为王襄所隶定（《簠室殷契类纂》，第8页、《类编》110，图21-1）而无说。于省吾释为驲。认为遾是本字，见于甲骨文，驲为后起的代字。《尔雅·释言》"驲、遽，传也"。郭璞注"指传车驲马之名"。《说文》"驲，驿传也，从马日声"。此字证实商代已有发达的驿传制度（见《甲骨文字释林·释遾》）。传，古籍中称：乘车曰驲（音日），曰传。遾为遾的初文，遾是驲的本字，驲是后起的假借字。到了周代，置邮制度已较为完备了。西周时已经有了比较完整的邮驿制度。据《周礼·地官·遗人》所载："凡国野之道，十里有庐，庐有饮食；三十里有宿，宿有路食，路食有委；五十里有市，市有候馆，候馆有积。"这种驲传的邮驿之制，直到春秋战国广为普及。各诸侯国为政治、军事活动上的需要，在大

图 21-1

道上每隔三十里设驲置，配备专用的良马固车，往返送递官府的文书公牍。《左传·僖公二十八年》："退三舍辟（避）之（退避三舍的出典），所以报也。"；晋杜预注："一舍三十里。"古者军行三十里为一舍，与驲置里数相同，这是因为驲置与军行有过连带关系。《韩非子·难势》："五十里而一置。"韩非之说，是由于当时各国的驲置制度不同。《续汉书·舆服志》："驿马三十里一置。"可见周代的驲置距离到了汉代还没有改变。

驿传的兴起当是基于军、政紧急事务及通讯的需要。驲传制多被记载在春秋战国的著作中。如《左传·成五》："晋侯以传召伯宗。"《定十三》："传必数日而后及绛。"《哀二十一》："群臣将传遽以告寡君。"《僖三十三》："且使遽告于郑。"《昭二》："惧弗及，乘遽见之？"遽，传车，即驿站的车。《左传·文公十六年》曰："楚子乘驲，会师于临品。"《左传·襄公二十一年》曰："乘驲而见宣子"。《襄公二十七年》："［令尹］子木（屈建）使驲谒诸王。"《左传，昭公五年》有"楚子以驲至罗汭"的记载。《国语·晋语四》亦有："公惧，乘驲自下"的记载。

据东汉时学者许慎所著字书《说文解字》解释说："邮（郵），境上行书舍。从邑垂，

垂，边也。"为形声兼会意字，垂即边陲（边疆）。学者们因此认为"邮"是指古时边陲地区传递书信的机构。后泛指驿站。所谓"驿"，《说文》解释说："驿，置骑也，从马，睪声"。"驿"在古代即指传递官方文书的马、车。因社会生产力的发展，车马等交通工具的递变，古典文献后人注解的异说，使训诂的学者对"邮"、"传（谓其转相递接）"、"遽（音巨，谓其快速）"、"驲（方言别名）"等字的解释众说不一，四者名异而实同。但大体上说来，西周初期的"传"、"遽"都只能是轻车（或曰急车）而不是马，春秋以后的"遽"与"骑"有马传之意，"徒"则单指步传，"传"与"骑"连用也可作马传解，"驲"则是车传的一种。

自周秦以来，邮驿又各有不同的称呼。周代称"传"或驲，春秋战国称"遽"，或称"邮"称"置"。秦时统一叫"邮"，汉代叫"驿"，魏晋时"邮"、"驿"并称，……而"邮"在周代主要还是指边境上传书的机构。孙诒让在《周礼正义》中说："《韩非子·外储说左上》云：'齐景公游少海，传骑从中来谒'，则马亦可谓之传。盖单骑之制起于春秋以后，周初无此，《经》'传遽'通为急车，与秦汉制异也。古凡急事速行并乘遽……盖犹今之急行驰驿也。""周时传遽盖用轻车，取其速至。"战国时期的通信工具中，单骑逐渐增多。这时的遽已有特指骑马送信的含义。传车与单骑交并使用。《孟子·公孙丑》称引孔子的话："德之流行，速于置邮而传命。"用通信的速度来比喻德政的施行。其中，"置邮而传命"，就是［朝廷］设置邮驿，把政令传播到四方。这是朝廷对全国各地进行有效统治的重要手段。春秋时期已有派专使递送文书的事例。最著名的是公元前 610 年，郑国的执政大夫子家派出"执讯"（掌通讯之官）专差前往晋国给赵宣子（赵盾）送信（见《左传·文公 17 年》），这是国与国之间的通信。在诸侯国内部，奏报、请示更需要通信。为防止泄密，要在封检文书的泥封上加盖发信人的官印，称为玺书。春秋时期，玺印已广泛地应用于公文传送中。《左传·襄公二十九年》记曰："季武子（鲁卿）取卞，使公冶问（大夫），玺书追而与之。"《国语·鲁语》亦记此事曰："……追而与之玺书。"公元前 544 年，鲁国季武子攻取卞，派大夫季冶送书给鲁襄公，汇报攻取卞的原因。

秦始皇统一中国后，对列国邮传的种种机构进行了合并统一，修驰道、直道、开河渠、车同轨、书同文，更促进了邮驿的发展。

在秦代，废六国古文而秦篆独存，"驲"、"遽"废而"邮"通用。"邮"是通信系统的总称，因而，"传"也可以纳入"邮"的范畴中来。传舍，传车都供通信使者使用，作为交通凭证的"传"也要按文书发寄。这时，以都城咸阳为中心，在全国各地建立驿站，由各级官吏管理，还制定了邮驿法令。邮只负责距离较远的长途公文书信的传递任务。"近县令轻足行其书，远县令邮行之。"（秦墓竹简《田律》）。可见，邮已不承担步传的任务，则是以传车、乘马为主要交通工具，由政府规定的固定路线，由负责邮递的人员一站一站地接力传达下去。秦朝在《行书律》（传送文书的法律）中规定：传送命书及标明急字的文书，应立即传送；普通文书当日处理完毕。有耽误的以法律处置。而且还有封发、收发制度，规定简书封发时在绳结处用封泥，盖上玺印，以防途中私拆。并记录始发与收到文书的月日晨暮。……《传食律》中规定。根据官爵位的高低、随从、驾车的仆等等驿传供应饭食的标准因人而异。如佚名律规定：特别重要的文书，由特殊的人员（轻车、赽张、引强、中卒）传送，而且所经各县不得加以阻拦。假冒啬夫封印（即发伪书），按伪造官印论罪。……这些一系列的规定。都说明秦时的邮驿通信制度已经相当规范化了。它是加强中央集权的一种重要方式。

我们从器皿铭文及玺印资料来分析，多可印证上述的文献资料。

玺印和封泥中的驿传职官

一、有关楚国驿传制度的实物资料比较丰富。

"长邮"戈，2件，收集一件，另一件1974年出土于长沙识字岭M1。铭在胡上，原释"长邦"，李学勤改释为"長（长）郵（邮）"（《楚系青铜器研究》484，图21-2）。邮即邮驿，《孟子·公孙丑上》："速于置邮而传命。"文献与此戈证明，战国时已有邮的名称和制度。长邮，"可能是长沙之邮的简称"。但也可能是中央掌管邮驿之官，长邮即"掌邮"。从戈形与字体看，为战国晚期楚戈。

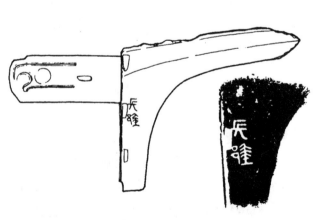

图 21-2　　　　　　　　图 21-3

楚国铜龙节"王命：命逫（傳、传）賃（赁、任）一槍（檐、擔、担）飤之"（《战国铭文选》51，图 21-3），楚王命令传驿给为楚王服役的担徒供应食宿。这是率领担徒官员所持的凭证。

"行惪府鉨"（0134，图 21-4），施谢捷《〈古玺汇编〉释文校订》（《容庚百年诞辰纪念文集》）读惪为置。笔者按：据鉨字的金旁可定此玺为楚玺；此玺应是中央管理邮传事务的官署。《孟子·公孙丑》："德之流行，速于置邮而传命。"可见设置邮驿的重要。

图 21-4

傳（传）遥（郵、邮）之鉨（0203，图 21-5），旧著录于《陈簠斋手拓古印集》。此玺为方形白文玺，带有边框。其中传字写法与长沙帛书、楚铜龙节传字风格相同，为楚玺无疑。第二字郑刚注释：邮字从垂从邑会意，此字从垂从走之，会意，近似，（《中国文字》新二十期 206 页注 47）可从。《说文》："传，遽也。"古驿乘曰传。"邮，境上行书舍"，《广雅·释诂四》："邮，驿也"。

图 21-5

楚"專（傳、传）室之鉨"共见四方：《古玺汇编》著录二方，"專（傳、传）室之鉨"（0228，图 21-6，故宫收藏）、（0229，图 21-7）；日本菅原石庐鸭雄绿斋藏一方（《中国古玺印精选》008，图 21-8）；《文物》1988 年第 6 期著录一方（图 21-9），1965 年征集于阜南县阮城楼。今藏阜阳博物馆。玺文"專（专）"字与《包山楚简》（176，图 21-10A），"室"与《包山楚简》（233）字形相似。專（专）读为传，是传字的本字。《包山楚简》误释专为專，有学者引申为簿，释此印为"簿室"，恐误。黄锡全举金文、三孔布、包山楚简、楚金币中的"专"与"專"字（《先秦货币通论》352，图 21-10B）进行辨别，"專"字手（寸）上比专字少一画，这就是专与專字构形的区别，故楚玺应释为"專（傳、传）室之鉨"。楚国的传室即秦的传舍。《广雅·释言》："传，舍也。"《释名·释宫室》："传，转也，人所止息而去，后人复来，转转相传无常主也。"传室是楚国供应驿传车马及饮食休憩的机构。专室之玺是基层重要驿站的用印。专室即驲，印的出土地可能就是驲的所在。因驲众多，故专室官印模铸亦多。

图 21-6   图 21-7   图 21-8   图 21-9

图 21-10A

图 21-10B

战晚楚器有《御铚匜》："铸客为御铚为之。"（《铭文选》679，图 21-11）《说文·至部》："铚，到也。"铚、驲古韵同在质部。《尔雅·释言》："驲，传也。"《说文通训定声》："车曰驲，曰传；马曰驿，曰遽。"《铭文选》考御铚即御驲，为楚王御用之驿传官署。

图 21-11

二、齐系传驿玺印

武城恵（置）皇（呈）（《中历》1979.1.89，图 21-12），燕玺。柯昌济《金文分域编续编》，谓系河北省易县燕下都出土。中国历史博物馆收藏。铜质，锈色碧绿如瓜皮，上端微有残泐。盘螭钮。通高 0.9 厘米，2.2 厘米×2.5，边厚 0.5 厘米。第三字朱德熙、裘锡圭考为恵，读为置，置和恵，二字皆从直得声，例可通假。《史记·孝文本纪》："大仆见与遗财足，余皆以给传置。"《索隐》曰：按《广雅》云："置，驿也。"《续汉书》云："驿马三十里一置。"故乐产亦云传置也。末一字作皇，古文字自、曰、白相通，故皇即呈字可读为驲。恵即置，即传，武城恵呈，即武城置驲。齐国有武城邑，本为鲁地，以武水得名，即今之山东嘉祥。此乃武城邑传驲官署之印（石志廉《馆藏战国七玺考》、曹锦炎《古玺通论》130）。

呈（驲）攴（1285，图 21-13）何琳仪释为驲廐，如是，则为管理驿传马厩的官署。汤余惠指为齐玺。

三、燕国邮传玺印

泃城都炅（遽）呈（驲），战国燕玺（5551，图 21-14）。朱德熙、裘锡圭《战国文字研究（六种）》："呈"，读为"遽驲"。《尔雅·释言》："驲，遽传也。"遽驲是指供应驿传车马及饮食休憩的机构。泃城，黄盛璋说在泃水（又称泃河），流经河北三河县境内。

图 21-12

平险（陰、阴）都炅呈（驲），（0187，图 21-15）。故宫博物院收藏。

梠（范）洭都炅（遽）呈，战国燕玺。《待》、（5552，图

21-16）。旧地在今河北定兴县南固城。笔者按："范湩"当在范水湩水之间。

闿（启）陽都遽馹，（0188，图21-17）。

文安都遽馹（《湘》3，图21-18），战国燕玺。湖南省博物馆收藏。

兆都遽馹（0186，图21-19），战国燕玺，故宫博物院收藏。

枏（和）易（陽）都臾星，燕玺。《陈》、《故》、（0189，图21-20）。故宫博物院收藏。罗福颐释为和阳。曹锦炎引《水经注》说和城在今河北宁晋县东北。战国时是燕与赵的边境地。

燕国每都均设驿传官署，至今基层驿站，即传室、传舍玺印未见。

图21-13　　　图21-14　　　图21-15　　　图21-16

图21-17　　　图21-18　　　图21-19　　　图21-20

四、三晋邮传玺印

上兰（黨、党）退（遽）司马，韩玺。（《梦庵藏印》，图21-21）。"上党"战国韩郡，治所在今山西长治市北。朱德熙、裘锡圭二氏释"退"为"遽"，指遽舍，即传舍。司马本之军事，传舍置司马之官较少见。可能与今之军邮性质相似（朱德熙、裘锡圭《战国文字研究（六种）》）。

单字玺"銍"（5370～5372，图21-22～21-24），銍原释"晋"。吴振武识为銍，两短横表示省略下部结构。銍即馹，"銍"单字玺是否应为驿站的用印。

五、秦国邮传玺印与封泥

平陽驛（《秦代陶文》489，图21-25）刻划文字。秦都城由西犬丘迁平阳、迁雍、迁栎阳至咸阳，知平阳曾为秦国都城。《括地志》云："平阳故城在岐州岐山县西四十六里，秦宁公徙都处。"从地理位置上看，秦平阳在今宝鸡东合渭河北岸阳平镇。

邸專（传）秦封泥，新蔡故城出土（《文物》2005.1.56，图21-26）。印面方形，有边栏，阳文。应为"邸传"之意，为早期驿邸制度的重要资料（周晓陆等《新蔡故城战国封泥的初步考察》，《文物》2005.1.）。新蔡故城出土战国封泥有三晋、齐系、秦系及大量的楚系封泥，印文内容有姓名、成语、地名（北邑、邹鉨）……还有大量的市名、府名、手工业产品名（玉、𦊆、𦃣缁、𦃣缊）……我们推断新蔡故城当年是一处商贸集市重镇，有征税的官署（正鉨），有秦国邸專（传）送来的文书或货件，还有六枚图像鉨。《史记·范雎传》的"邸"，《正义》曰："诸国客馆。"如读为夷馆，亦常接待各民族夷宾的客馆。

图 21-21

图 21-22

图 21-23

图 21-24

图 21-25

图 21-26

邮（邮）印，（《征存》90，图21-27）。鼻纽。

中邮吏印（《文物》1988.6，图21-28），1973年颍上县汤圩村（汉代慎城址）征集。桥纽。边长2.1厘米，高1.4厘米。安徽省阜阳博物馆收藏。报告称此为汉凿印，据文字风格应是战国晚期至秦的玺印。

日（驲）马丞（《印举》2·6，又见《篆集·卷一》80，图21-29）。何琳仪《战论》161谓此为秦印。今按此印有目字格，印文为秦篆，秦有驿传。睡虎地秦简有《传食律》，为驿传供给饭食的法律规定，又《仓律》有"传马"的条文，"传马"即驿传驾车用的马，也即此"日（驲）马"。传马既多，自需设官以管理之。"日马丞"乃管理传马之副官。

图 21-27　　　　　　图 21-28　　　　　　图 21-29　　　　　　图 21-30

傅（传）舍之印，（《官印征存》60，秦印，图21-30）鼻纽，故宫博物院藏。《官印征存》以为此是汉初官印，王人聪则以为是秦印，云："此印有田字格，字体为秦篆作风，当系秦代郡县传舍吏所用的官印。"其说是。《战国策·魏策》管鼻之令翟强与秦事章："令鼻之入秦之传舍。"可证秦有传舍。"传舍"，专供往来使者及车马饮食休息的驿传机构。战国时各国皆有，文献亦屡见。《史记·廉颇蔺相如列传》："（秦王）舍相如广成传舍。"又《平原君列传》："邯郸传舍吏子李同说平原君曰……"，《汉书·郦食其传》："沛公至高阳传舍。"颜师古曰："传舍者……谓传置之舍也。"传舍，《集成》2222～2224著录三枚（图21-31～21-33）。传舍或为官吏行止之舍，又兼管驿邮之事。

沈登傳送（《篆刻》2001.1封底，图21-34）秦印，应是私营传送业主沈登的用印，可能相当于后世的"快脚"。

图 21-31　　　　　　图 21-32　　　　　　图 21-33　　　　　　图 21-34

秦国的邮传资料最为丰富，但名称也很复杂。秦国在邯郸、平阳等郡县都设有驲、驿官署，管理一郡或一县的传舍。传舍可能是驿站的异称。中邮吏印、邮印可能是中央的邮传系统。秦国还有私营传送业，可见其邮传业的发达。

参考：

马振亚等《中国古代文化概说》；刘广生主编《中国古代邮驿史》；臧嵘《中国古代驿站与邮传》；向景安《略述我国古代的邮传通信》，《文博》1990. 6；徐鸿修《先秦史研究·春秋时代的驿传》；睡虎地秦墓竹简整理小组《睡虎地秦墓竹简》；高敏著《秦汉史探讨·秦汉邮传制度考略》；刘彬徽著《楚系青铜器研究》；王人聪《古玺印与古文字论集·秦官印考述》。

拿着鸡毛当令箭
——囧字纹玺和战国的特快专递

俗话说"拿着鸡毛当令箭"，是指我国古代有紧急传递，常在信件上粘附鸡毛，表示迅疾，叫做"鸡毛信"，犹"羽檄"、"羽书"（见《辞海》）。古时征调军队的文书，上插鸟羽表示紧急，速递，即称羽书。《汉书·高帝纪下》："吾以羽檄征天下兵。"颜师古注："檄者，以木简为书，长尺二寸，用征召也。其有急事，则加以鸟羽插之，示速疾也。""羽檄"的最早记载见于汉代，先秦呢？未见记录。根据笔者研究，这时在封缄文书时，在泥封上加盖囧字玺，表示迅疾。

囧字的释读

囧字纹有一个发展演变的过程，新石器时期在陶器上已有这种纹饰的雏形，尤其以屈家岭文化的彩陶纺轮上最多，也最具代表性。饰点状（麻点纹）、直线、曲线（漩涡纹）构成不同形式的图案，中心皆有圆点，或由纺轮的旋转而产生了创作灵感，或为旋转时产生绚烂的色彩变化而设计，或为了真实地表现纺轮在旋转时的快速而表现（《屈家岭文化》407，图22-1）。庙底沟彩陶以弧旋形纹与弧边形三角纹的勾连组合形式，为太阳往来、昼夜交替、周年阶段划分的表示中，升华出以太阳周而复始季节轮回为特征的旋涡纹——螺旋纹形式（蒋书庆著《被译天书——远古彩陶花纹揭秘》222页）。笔者按：彩陶上的波浪纹、旋涡纹都是先人们观察自然，提炼生活的表现结果。

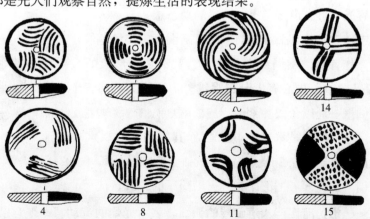

图 22-1

甲骨文中有囧字形，一期《甲》1051作三分涡纹顺时旋，一期《前》5·20·1作三分逆时旋，也有作四分逆时旋的（《甲骨文鉴真》118，图22-2）。《甲骨文字典》748页解为像窗墉中有交文之形，不妥。"雷"，甲骨文由闪电和电火球"囧"组成，它也简化作田、圆圈形或口字形，更省作点形。金文以后更加上"雨"字头，雨是意符兼类符。甲骨文"雷"由"电"和"囧"两种部件组成。"电"是闪电的象形文字；"囧"字《说文》误解为：有窗楞的窗户，透出光亮。不知道甲骨文金文原是一团电火，是由"明"字从月从囧，推论出窗户的设想。囧，就是"炯"的初文（夏渌《雷雨和春意》，《书法报》1997.3.26）。黄锡全认为，古文字明字左旁，是圆形球状的太阳，火红的太

图22-2

阳犹如一个转动的大火球，在空中运行，朝起夕落。表示的应该是日光炯炯的火球转动之形。5000年前郑州大河村新石器时代陶文中的太阳，三形像太阳光芒四射之形，一形则像太阳旋转之形。太阳是能够转动发光的火球，人们经过对日月星辰运行等天象的观察早已认识到。如"火气之精者为日"（《淮南子·天文训》），"在地为火，在天为日"（《后汉书·荀爽传》，参《先秦货币研究》）。"囧"又有明的意义。《广雅·释诂四》："囧，明也。"《礼记·礼器》谓："大明生于东，月生于西。"可证明古义就是太阳。因此，囧也就是太阳。《后汉书·荀爽传》云："在地为火，在天为日。"《淮南子·天文训》云："积阳之热气生火，火气之精者为日。"所以，古代器物上所饰的涡纹，或火纹，多应是太阳和光速的表征，与人类的生存息息相关。李善注《文选》本华《海赋》："望涛远决，囧然鸟逝"句时引《苍颉篇》：云："囧，光也。"像光一样地飞逝，当然是很快地。是故囧包含形容光、形、声等迅疾、勇猛的动态意义。

图22-3

商代金文中较多，北京平谷县刘家河商墓铜盘中心绘龟纹，其中有七分旋涡纹，作者称"旋涡纹也是水神、玄冥之神形象的重要特点"。可能是基于龟纹除中心有七分旋涡纹外，周边又环饰三十个小涡纹……铜盘侧壁一周以鱼纹相组合（《破译天书：远古彩陶花纹揭秘》245，图22-3）。龟和鱼都是水中之物，故称其为水涡纹、水神的形象，是有道理的。辽宁喀左2号罍涡纹（《商文化窥管》407，图22-4）称其为火纹，引《周礼·考工记》有"火以圜"的记载，认为"火纹

图22-4

是太阳的标志……沿边有四至八道旋转的弧线，表示光焰的流动。"[3]愚意以为，商周时，鼎、簋、钟等器物的胸腹部涡纹与夔龙纹相间装饰，颇有神秘威严的气氛。商鼎及舜罪

等食器上铭有道数不等的涡纹，表示火热、光焰，还是很贴切的。

图 22-5 图 22-6

商周兵器上铭有涡纹，如商代后期人首有銎钺铭四分涡纹（《欧洲所藏中国青铜器遗珍》
65，图 22-5）、戌戈铭五分涡纹（《欧洲所藏中国青铜器遗珍》67，图 22-6）等等；西周则流行
三分涡纹。如有明确墓葬时代出土的辛村三分旋涡纹铜戈印迹（《浚县辛村》39，图 22-7）。
铜戈通长 22.15，援长 15.4，中宽 3.35，厚 1.0 厘米，重 316 克。圆形边框三分旋涡纹
阴文印迹一枚在援基部，直径约 2.2 厘米。作于西周中期后段（孝、夷、厉、宣王世）。墓主
的身份是公族或侍臣。三分旋涡纹系在制范时压抑于铜戈范上，阴文印迹系阳文玺印压
印而成。郑州出土商代前期的旋涡纹铜戈（《文物》1973.7.5）有阳文六分旋涡，借用未雕
刻的戈面作外框。商至西周青铜器盛行在腰腹间铸铭高浮雕六组或四分或五分旋涡纹图
案，涡纹中都有一个圆点。西周时期则有六分、五分、四分的不同，以四分为常见，中
有点或无点，全无定式。此三分圆涡纹，且为玺印压抑的印迹，非常珍贵。据同书报告，

辛村42号大型墓还出土铜戈 (标本号66) 援部印有"小圆印"(不透)，内末方齐，直径约 0.8～0.9 厘米，未著录图像或拓本。但是，西周时期在兵器上使用玺印已知两例。在兵器上铭囧字形，其意义何在？显然用水涡纹、火纹是解释不通的。我想，西周铜戈旋涡纹印迹及东周时期车軎的涡纹装饰应是迅疾、急速的一种含义或象征。无独有偶，"上海博物馆·中国历代印章馆"展品中，"有一枚西周的铜质火纹玺 (《文稿》3页，图22-8)。此玺印体极薄，鼻钮粗简。印面为单个火纹，火纹的形式与殷墟晚期囗鼎口沿的火纹相类，与西周孝王时期的盠尊上的火纹也很接近。结合多方面的特征来看，此玺应是西周时代的印模。"孙慰祖所论甚确。上海博物馆的三分涡纹玺与辛村三分旋涡纹铜戈印迹相校，内圈、边框及三分旋涡

图 22-8

的逆时旋向皆同；只有单线和双钩（双线）、中心有无小圆圈的微别，应是同时期物。有迹就有印，说明玺印至迟在西周时期已使用于兵器的制造中。三分涡纹玺应是施于陶器或铜器制作时的钤印，为玺印的研究提供了鲜见的资料。

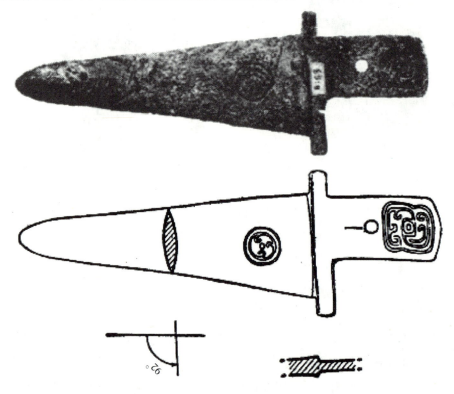

图 22-7（50％）

　　春秋战国时期的涡纹已基本定型在三道上，道数由繁趋简。《淅川下寺春秋楚墓》春秋时期的倗淊缶铭，吴国玄翏乎吕戈（《吴越文字汇编》068，图 22-9），琉璃阁铜方鈇（《山彪镇与琉璃阁》109，图 22-10）[1]，战国早期曾侯乙墓多棱形车軎纹饰四分涡纹二枚，三分涡纹三枚（《曾侯乙墓》322，图 22-11），长沙出土的黑漆彩绘长方案，桌面有 12 个三分涡纹，与边相连（《楚文物展览图录》）。战国中期偏晚的望山二号墓 A 型车軎纹饰，中心有实心圆点（《江陵望山沙冢楚墓》，图 22-12），《包山楚墓》408 页著录的三枚铜车軎都是三分涡纹。

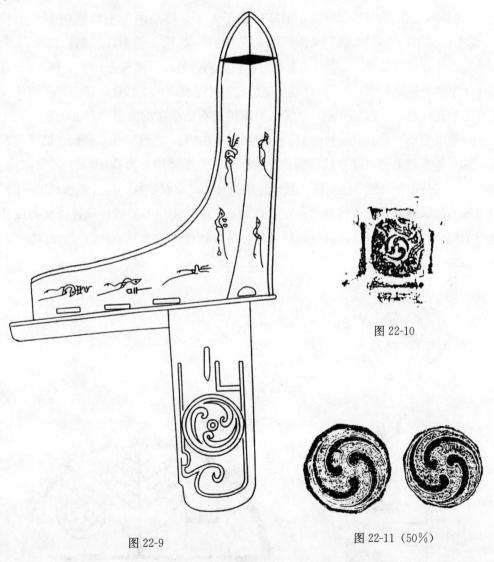

图 22-10

图 22-9

图 22-11（50%）

　　最有学术意义的是一枚战国齐瓦当，上饰"树木、马、囵字纹"（《齐国瓦当艺术》29，图 22-13），原释为"树木·马·太阳（火）"，只算"隶定"，未见考释。同书的多枚齐瓦当饰树木和两囧字纹（图22-14），还有一树拴两马（《新中国出土瓦当集录·齐临淄卷》21、123等，图22-15）此类瓦当在齐国瓦当集中习见。《齐国瓦当艺术》中也录有几例：一树一马一骑者，骑者两手平伸（《齐瓦》8，图22-16），一树两骑相向者，骑者两手微举（《齐瓦》12，图22-17）。还有树下有箭头的双骑相向马纹，两手在前，一手执缰，一手执鞭（《齐瓦》67，图22-18），和双骑同向马纹，骑者两手平伸（《齐瓦》66、68，图22-19、图22-20），是否有"直达、快速"的含义？笔者认为，这些都是驿站（传舍）或中央驿传官署的瓦当。马，表示用快马传递。树，表示里程。《石鼓文·吾水》有曰："吾车既止，嘉树则里。"这是承《作原》之后所言，道路修治平整了，道路两旁也植嘉树表示里程了[2]。《说文》："则，等画物也。"又作规律、法则解。《广韵·德韵》："则，法则。"先秦时期重视道路建设与管理。周朝的法制规定：道路两旁种植行道树来标志里程。《国语·周语中·单襄公论陈必亡》有云："司空视途，列树以表道，立鄙食以守路。""列树以表道"正与"嘉树则里"相互印证。西汉人贾山描述秦始皇时的驰道"广五十步，三丈而树，……树以青松"（《后汉书·贾山传》。每隔三丈栽一棵青松；三丈约合今6.9米）。囧字纹表示迅疾，其义与车軎上饰以囧字纹相同。笔者以为，先秦驿传分为马（或车）传、步传。远距离的马传又分为普通的马传与特快当日送达的马传，有囧字纹，是表示递种的不同，还是官署驿站的级别差异，有待深考。更有趣的是：齐瓦当中有骑者快马递送文书或货物到达目的地后，有专人出迎，双手向前微举，接收物件的画面（《齐瓦》6、13，图22-21、图22-22）

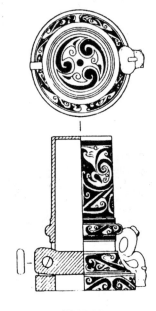

图 22-12

图 22-13

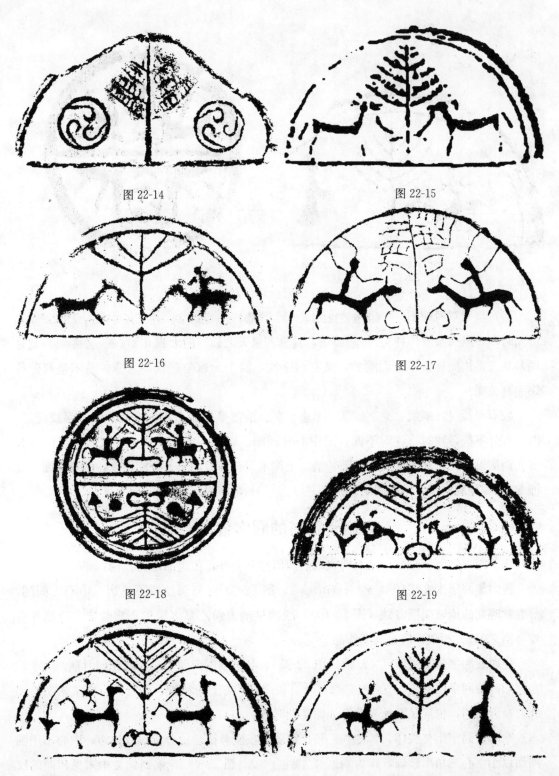

图 22-14

图 22-15

图 22-16

图 22-17

图 22-18

图 22-19

图 22-20

图 22-21

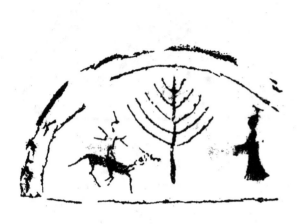

图 22-22

图 22-23

秦瓦当"双凤朝阳"（河南省博物馆编《中原文物特刊》总 8 期《秦汉瓦当》13，图 22-23）。商周时期，凤鸟被看作神鸟。"怒而飞，其翼若垂天之云"的大鹏（《庄子·逍遥游》）就是凤。其飞得快而远是不言而喻的，又有囧字纹，两个元素全是快的含意，是不是与驿传快递有关呢？

殷商至西汉，铜觥、鼎、兵器、车軎、垒、浴缶等器皿上都饰有旋涡纹，涡纹线三、四、五分不等，顺时、逆时不同，或中心有圆圈、圆点，或无，皆无定式。但以四分为多。西周以后三分渐为定式。信阳楚墓出土漆木案，饰有四个 8 分旋涡纹，中有圆圈，又饰 32 个四分旋涡纹，中有圆圈；都是逆时转（《信阳楚墓》）。八分实属罕见。

施于玺书的囧字玺印

施于玺书的囧字玺印，除上博收藏的西周囧字玺外，传世品还有几例：

逆时旋囧字朱文玺印（《铁云藏印选》1，图 22-24）。三涡纹皆不连边，中心无圆圈，与春秋晚期的琉璃阁铜方鈇（图 22-10），战国早期曾侯乙墓多棱形车軎纹饰三分涡纹三枚（图 22-11）相似，应是同期作品。

逆时旋囧字朱文玺印（《大全》，图 22-25），与上图同形而略小，应相同时期。

顺时旋囧字白文玺印（《图汇》245，图 22-26）。与上图相校，除旋向、白文朱文不同外，余皆相同，也应是春秋晚期至战国早期时物。

顺时旋囧字阳文玺印，《故肖》50，铜质，权座鼻钮。三分旋涡纹连边，中心不用圆圈而以小空心三角形装饰，殊为别致（《图汇》245，图 22-27），铜器铭文中未见相同的纹饰。《故肖》因印座为权状，认为"此种印式多见于秦代私印"，故断为"秦王朝时印"。

须知，权座鼻钮在战国时期的六国私玺中亦常见，如《故》129、139、144、177、178、189、201 等皆为权座鼻钮。此玺为三分旋涡纹与边相连，中心且饰以空心三角形纹。从印面影像看可知朱迹实为拓本，如蘸朱泥钤记当为顺时旋。此玺印约于战国时期至秦。

图 22-24

图 22-25

图 22-26

顺时旋囧字阳文玺印（《大全》，图 22-28）。作于战国时期。

《中国历代玺印艺术》201 著录一方"快"单字印（图 22-29），有细边框，斜坡台鼻钮，应是秦王朝时物。此印为囧字玺印的涵义作一注脚，也做一总结。这也可能是秦以后囧字玺印消失不在的原因。

图 22-27

图 22-28

图 22-29

结　语

综上所述，囧字一字多义，因时代及所铭器物的不同，有旋涡、火球（火热）、雷鸣电闪、迅疾、紧急快捷等义。为什么商周的兵器和战国的车軎上多饰以三分涡纹呢？这显然与旋转和快速有关，包含有兵器出击的迅猛或车行旋风般地快速等含义。《秦律·行书律》规定：传递的文书有急与不急两种性质，其中的"命书"属于急者，凡急者必须立即传送，不得稽留。如有稽留，要受到法律制裁（《睡虎地秦墓竹简》）。囧字玺印作为封书（缄）之用。囧字施于文书，则应是表示"急"，"快件"或"特快专递"的印记[3]。里耶秦简上发现'快行'二字，为本文的立论作出了有力的佐证。驿传人员带着压抑过囧字玺印的"玺书"，驾着车軎上饰着三分涡纹的驿（邮）车（战国中晚期后多用驿马），在驿站换用驾车的马（或乘马），以最快的速度把"玺书"送达目的地。囧字玺印流行于西周至秦王朝，秦以后未见，这可能与两汉时期已使用羽檄有关。

注：

[1] 鈇，切草的刀，即铡刀。古代也用为腰斩的刑具。上铭囶字纹，应表示刀口锋利，行刑快捷。

[2] 参见拙文《石鼓文刻年春秋晚期秦哀公三十二年说》，《全国第六届书学研讨会论文集》；《石鼓文刻年新考再补记》，《考古与文物》2005 年 4 月增刊第 131～132 页。

[3] 稿成后读到里耶秦简的简报，其中有"北京大学历史系教授吴荣曾在一枚简牍上发现'快行'二字，他据此判断，秦朝时的邮政制度就相当完善，已经出现类似现在'特快专递'的邮件。"（新华社记者明星撰稿）

春祭马祖，月在天驷

——战国秦汉天马图像玺印的时代标志

天马的缘起

"天马"一词战国已经出现，可能源于更早的"天驷"。

《周礼·夏官·校人》有"春祭马祖。"注："马祖，天驷（房星）也。《孝经说》曰：房为龙马。"天驷，星名。《国语·周语下》："昔武王伐殷，岁在鹑火，月在天驷"注："天驷，房星也。"又用以喻神马。《艺文类聚》九三晋郭璞《马赞》："马出明精，祖自天驷。"唐杜甫《杜工部草堂诗笺》八《魏将军歌》："星缠宝校金盘陀，夜骑天驷超天河。"驷即马。《史记·孙子吴起列传》："今以君之下驷与彼上驷，取君上驷与彼中驷，取君中驷与彼下驷。"意即请君以下等马与对方的上等马比赛，又以君的上等马与对方的中等马，君的中等马对对方的下等马，这样就能以二比一取胜。马祖即天驷，天驷为房星（宿），所谓的天马可能就来源于这种崇拜和传说。

先秦文献与玺印中的天马

《山海经·北山经》中说："其状如白犬而黑头，见人则飞，其名曰天马。"郝懿行笺疏："言肉翅飞行自在。"（冯其庸《"天马行空"考析》，《文物》1974·5·49）蒙文通认为《山海经》的部分内容成书于西周中期、晚期，另一部分为春秋中期至战国中期成书。袁珂的结论则稍晚："总的说来，《山海经》的著作时代是从战国初年到汉代初年。"（《山海经校注》53）何观洲《〈山海经〉在科学上之批判及作者之时代考》，考证为生在西历前三百余年的齐人邹衍所作。其中一个很重要的原因，就是"西历前四世纪和三世纪的七十年，乃中国学术发达之全盛时期。《山海经》之学说，于是时创造，乃时代应有之产物。"（《中国民俗学经典·神话卷》35～61）令人信服。

双天马纹玺：（《故肖》116，图 23-1），铜质，亭钮。圆形面径 2.5、通高 1.4 厘米。（《故肖》117，图 23-2）圆形面径 2.6、通高 1.5 厘米，蟠蛇钮。（《故肖》118，图 23-3）圆形面径 2.4、通高 1.4 厘米，权座鼻纽。三印皆故宫博物院收藏，《故肖》皆误为双兽纹印，汉代。《故肖》116 释：此两兽形体似马而有长翼，其中一翼头正向，人脸，此形状的动物见于《山海经·西山经》。《西山经》：槐江之山，"神英招司之，其状马身而人面、虎文而鸟翼，徇于四海。"又：崦嵫之山，"有兽焉，其状马身而鸟翼，人面蛇尾，是好举人。"《北山经》："其状如白犬而黑头，见人则飞，其名曰天马。"郝懿行笺疏："言肉翅飞行自在。"此三印黑头而人面，头饰如冠羽分呈左右，马身而鸟翼肉翅，与《山海经·西山经》所描绘的天马相同，且分别为亭钮、蟠蛇钮、权座鼻钮，也都是战国钮式的特色，都应是战国时物。

图 23-3

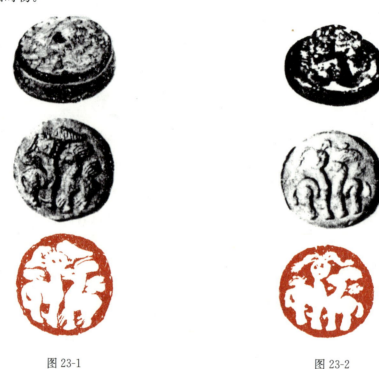

图 23-1　　　　　　　　　　　　　　图 23-2

　　天马图像印因时代变换而纹饰也在变化。首先，黑头人面换成了马头；其次，肉翅从背上移到了胸前；再者，双马改为单马，马头侧形，马蹄左右有团形云纹，象征腾云驾雾。

　　天马纹玺（《故肖》201，图23-4），作单马侧形，亭钮。肉翅在背胸部，蹄间有两点云纹。应是战国晚期至秦的作品。

　　天马纹玺（《上》25，图23-5）作单马侧形，斑点纹，肉翅在背、胸处均有，蹄间有两点云纹。惜未见钮式。不作人面而作马头侧形，可能是战国晚期至秦的作品。

　　天马纹玺（《故肖》200，图23-6）、（《大全》0383，图23-7）二例均马身，但头形渐趋龙形。首例头呈三角形，有一短角，马身前后有点形云纹。第二例也有龙角，蹄间有两点云纹。与其它天马印不同。

图 23-4　　　　　　图 23-5　　　　　　图 23-6　　　　　　图 23-8

图 23-7

汉代文献与玺印中的天马

西汉武帝得到西域进贡的敦煌、大宛良马后，武帝认为这些马就是天帝所赐之天马，并且作《天马歌》以祭祀天帝太一，后来人们又把品种优良的马往往比喻为天马。从《汉书·礼乐志·郊祀歌》所录《天马之歌》来看，传说中的天马毛色如虎，脚踩浮云，日行万里，变化多端，以龙为友，飞升昆仑，遨游天堂。所以马身处于云纹中，马头似龙角（有肉角），则是西汉时期天马印的特征。

天马纹印（《大全》0758，图 23-8；《篆集·卷一》692 误为双头兽），嘴呈圆形突出如龙吻，头上有一弯曲之独角，肉翅置于胸前，计五支，此印为东汉时代最为典型形制。战国至秦，天马肉翅成团形，东汉则呈翅形（长条形），或在肩背上，或在胸前。汉代画像石、画像砖，以及雕塑品上习见，或称翼马。《"天马"小考》举七例，笔者找到七例，互有补充：

1. 四川新津宝子山崖墓 7 号崖（石）棺：肉翅从胸前高高翘起（闻宥《四川汉代画像选集》；又见《汉代画像石棺》45，图 23-9）。

2. 四川成都凤凰山汉石棺画像：造型与宝子山崖棺全同，如出一人之手。（张万夫《汉画选》46，图 23-10）。

3. 新津县城南砖室墓 2 号石棺：造型风格同前（罗二虎《汉代画像石棺》45，图 23-11）。

4. 成都金堂县姚渡光明大队东汉画像砖王子冯元马辒车：元马胸前有肉翅三支（《考

与》1982.1；又高文《四川汉代画像砖》141，图 23-12）。凡马拉着轺车，内坐着现实生活中的王子冯，即墓主；车后羽人乘天马，即墓主王子冯，希望自己死后如羽人乘天马上天堂。元，开始。《说文》："元，始也。"元，通原，始祖。故元马，即马祖、天驷、天马也。

5. 天马嬉戏图：肉翅两支长在背上（《四川汉代画像艺术选》115，图 23-13）

图 23-9

图 23-10

图 23-11

图 23-13

图 23-12

6. 陕西绥德黄家塔 7 号汉墓（辽东太守墓）天马升天图：天马腾飞，背生二长翅。东汉画像石上多见天马的形象。绥德汉代画像石中天马一般刻饰在墓门的横额上，多相向而腾飞，体形矫健，也有装饰在墓门下格与独角兽（獬豸）、或犀象对称。刻飞翼的天马形象见《绥德汉代画像石》图版 8、14、38（图 23-14）等。

图 23-14

7. 河南出土一天马画像砖，两侧刻有飞翼纹如鸟翅，两图残缺不同，但形象完全一样，可能系模压而成（《河南汉代画像砖》13、14，图 23-15）。

上举七例画像石、砖上的天马形象，四例肉翅在胸前，意使读者可见另一侧翼，便硬将它从马颈前部伸出，使观者感到别扭而失真。两例肉翅长在背上，见其分列左右，稍感自然。一例状如尚未展开的鸟翼，可见一侧。汉画中的天马都是艺术化了的天马形象。

汉武帝崇信神仙，经常梦想着能驾驭天马登昆仑，上九天，所以在墓葬中放置马；两汉墓葬石棺及墓门上多刻有天马形象，都寓有"飞升昆仑，遨游天堂"，乘马升天的象征意义。

图 23-15

《通典》引朱应《扶南异物志》说："大宛马有肉角数寸，或解人语及知音舞，与鼓节相应者。"因此，在东汉天马图像印中马有"肉角数寸"；在汉画像石中有举起一足踏鼓节奏，长尾跟着节奏作上下摆动者。

天马旧释鹿，因有"头饰如冠羽分呈左右"，或"头上有一弯曲之独角"，而误以为鹿，现在纠正；拙编《中国篆刻全集·卷一》中天马图像玺印收录 28 枚未能断代，现予细化。黑头而人面，头饰如冠羽分呈左右，马身而鸟翼肉翅，肉翅在背上，这是战国印的断代标准；黑头人面换成了马头；肉翅从背上移到了胸前；双马改为单马，马头侧形，马蹄左右有团形云纹，这是战国晚期至秦的断代标准。马身处于云纹中，马头似龙角，有"肉角数寸"，则是西汉时期天马印的特征。头上有一弯曲之独角，肉翅置于胸前，计五支，此印为东汉时代最为典型形制。

《史记·大宛列传》说："得乌孙好马，名曰'天马'，及得大宛汗血马，益壮，更名乌孙马曰'西极'，名大宛马曰'天马'云。"又曰："大宛，……多善马，马汗血，其先天马子也。"《汉书音义》说："大宛国有高山，其上有马，不可得，因取五色母马置其下，与交，生驹汗血，因号曰天马子。"据此，大宛马不是传说的天马，而是野马与家马杂交所得。

先秦及汉代马种型的区别

先秦时期的马多属于所谓的"矮种马"，这种马头大腿短脖子粗，适宜拉车，却不适宜作为坐骑（姜波《大考古·马·马车·骑马术》）。西周后期郿县李村驹尊（郭宝钧《器群》图版 50.4，图 23-16）、西周晚期曲村晋侯墓地玉马（《文物考古研究》181，图 23-17）以及湖北枣阳市九连墩楚墓 M2 所出铜马（《考古》2003.7. 图版陆，图 23-18）等等，腿短壮实，即是"矮种马"的典型代表。秦代因骑兵的兴起，秦政府在河西地区育马，引进蒙古马种，骑兵用马的体型得到明显的改善（《秦始皇陵兵马俑》，图 23-19）。西汉政府从西域引进大宛汗血马等优良品种和引种优质饲草苜蓿，对于改良马种等起了重要作用，促进了中国养马业的发展，这是我国畜牧史上的重大事件。汉代改良驹体质矫健，外形优美，神采飞扬，其代表作甘肃武威雷台出土的东汉"马踏飞燕（隼）"，铜奔马三足腾空，一足踏于一只疾飞的燕子背上，给人以风驰电掣的奔腾动感（《中国古代史参考图录·秦汉时期》彩版，图 23-20）。这些名驹良骥的雄伟姿态，与先秦铜马不可同日而语。汉画像石（《绥德汉代画像石》12，图 23-21）及汉画像砖（《河南汉代画像砖》8～12，图 23-22）的骏马图都膘肥体健，腿长有力，显得矫健剽悍。双马图像玺（《故肖》198，图 23-23），故宫博物院收藏。铜质，平板略坡印体，鼻钮残。印面两马矮小敦厚，无汉代马矫健的身影，与西周后期郿县李村出土的驹尊及九连墩楚墓铜马形态相似，属"矮种马"殆无问题，应为先秦时玺印（参见《书集·先秦》1646）。

图 23-16

图 23-17

图 23-18

图 23-19

图 23-20

图 23-21

图 23-22

禾吉·马纹玺（《故肖》198，图23-24）故宫收藏，斜坡台座粗鼻钮。马体长而腿短，应是战晚至秦代养马或管理马匹官员禾吉的私名佩印。

玺印中也有一些体型矫健，神态飞扬的图像印（《图汇》117，图23-25、图23-26），与汉画像砖的马形一相比对，这是东汉时代的马纹印的结论即可作出。

图 23-23   图 23-24   图 23-25   图 23-26

结 语

2001年4月30日，日本马匹研究人员清水隼人在东京大学举行的马匹研究会议上，公布他于2000年8月在中国新疆天山西部发现了传说中的"汗血宝马"。那匹马在高速疾跑后，肩膀位置慢慢鼓起，并流出像鲜血一样的汗水。这与我国汉代司马迁所著《史记》中"汗血宝马"不但能日行千里，更会从肩膀附近位置流出像血一样的汗液的记载极为吻合。中国农科院畜牧所马匹专家王铁权研究员说："汗血宝马并没有消失，而是一直存在的。土库曼斯坦和俄罗斯现在还有上千匹汗血宝马，只不过在当地，汗血马被称为阿哈马。"他以亲身的经历作为"见证"，"汗血宝马并不需要谁的最新发现，它们一直生活在天山群峦之中。"

参考：

蒙文通《略记〈山海经〉的写作时代及其产生地域》，《论巴蜀文化》47；冯其庸《"天马行空"考析》，《文物》1974. 5. 49；张跃进《"天马"小考》，《东南文化》第二辑；（《金盾》2002 年第 3 期刘喆《我与汗血宝马的一段难忘经历》；《报刊文摘》2002. 2. 18 摘编）。

望、闻、问、切

——先秦医官医人玺印揭秘

先秦时期的医药水平

我国医药学有悠久的历史，早在距今5000年前就已经成功地实施了技术难度大、危险性高的外科开颅术。近几十年已经在山东广饶，青海民和、大通，河南安阳和黑龙江泰来等地的五个古代墓地出土的6例头骨标本上，显示了比较清楚的手术迹象，标本的年代范围则从距今5000年前的新石器时代晚期经青铜时代延至汉代。在山东省文物考古所收集的出自广饶傅家大汶口文化中期墓地一具成年男性头骨经考古学、人类学和医学界专家的鉴定，在这具头骨右侧顶骨的靠后部有一长、短径3.31×2.5厘米的椭圆形穿孔（近圆形缺损），此孔的整个边缘呈现非常光滑均匀的圆弧状（《中国文物报》2001.8.26.5，图24-1），应是手术后墓主长期存活、

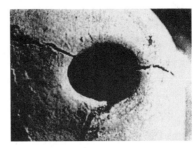

图 24-1

骨组织修复的结果，这是中国目前所见最早的开颅手术成功的实例。施行如此精湛的外科手术实在是令人惊叹之举！

针灸术是我国医学上的一大创造发明。考古工作者曾在良渚文化福泉山及亭林遗址位于手骨处发现摆设的玉、石锥形器，根据金文和其它古文献的记载，认为就是古代医书上所说的砭石，即石针，又作箴石、针石。这种石针一般每组10件，长短不一，粗细不等，与西汉刘胜墓出土的金制医针的形制非常接近（《良渚古国》91，图24-2）。或有学者认为这是劳动工具，玉锥系钻孔之用，玉针是缝制工具。两说并存，待详考。

殷墟甲骨卜辞中保存有不少商人疾病与医学的资料，开我国医案记录的先河。胡厚宣、丁山、杨树达、陈世辉、宋镇豪等学者相继对"殷人疾

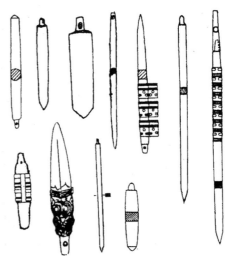

图 24-2

病"做了研究。甲骨文"疾"，"既像人有疾病倚笫（床笫）之形。"（《鉴真》195，图 24-3）有的还表现病人在卧床"发汗"。甲骨文的心字（《鉴真》30，图 24-4），像心脏的形状，似还有心房心室之隔，可见殷商时期之解剖学已有相当水平。甲骨文中所见商人的疾病大约有"疾首、疾目"等十五种，按现代医学分科，可知商人已具有脑神经科、眼科、耳鼻喉科、口腔科、牙科、胸科、内科、外科、骨科、妇产科等知识。对疾病已有四种治疗方式，即药物治疗、针（青铜）刺治疗、艾灸灸疗和按摩治疗。还有拔牙止痛和正骨复位等手术治疗。温少峰等学者根据卜辞材料归纳出

合13666正　合12671

图 24-3

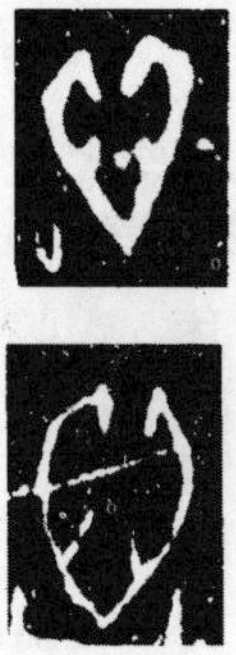

的三十四种病症和病象，资料更为丰富。而殷人对预产期的测定，则是世界医学史上独特的成就。我国早在公元前十三世纪的武丁期卜辞里就发现了龋齿的记载，比埃及、印度、古代希腊等几个国家的同类记载要早七百至一千年，这是殷人对世界医学宝库所做的重大贡献。殷墟甲骨卜辞中还见有"小疾臣"的官名，这是管理医疗事务的官吏。商人对待疾病有两种不同的态度：一方面是由于迷信而求神占卜，另一方面是采取一些医疗手段。在"古代一般巫医结合，迷信与科学互渗，但在商代后期却已见巫、医分离的史迹"。

《周礼·天官·疾医》："夏时有痒疥疾，秋时有疟疾，"据此，若干种疾病名称，自殷代已经确定。我国用药历史悠久，古有"神农尝百草，以疗民疾"之说，中药一般直接运用凡能治病的草木、虫兽，以及石头等。在诸药

图 24-4

中，草本植物的入药比例占了绝大部分，于是中药又称为草药，或中草药，古代医书又传之为"本草"。《诗经》中载有动植物有一百余种（其中植物五十余种）皆作为药物收入后世有关本草著作之中，如芣苢（车前）、蕢（泽泻）、葛（葛根）、薇（白薇）、芩（黄芩）、虻（贝母）、蒉（白蒉）、蓷（益母草）、壶（葫芦）、木瓜、枣……《山海经》里收录了 120 种药品名。两周时期，统治阶级对卫生（居住、环境、饮水、防疫、饮食、起居、精神修养等）保健（养生、行气、导引、按摩、食疗等）都非常重视。

我国的医院，最早起始于春秋时期。据《管子·入国篇》记载，齐国政治家管仲帮助齐桓公改革内政时，曾在京城创建收容聋哑盲人、跛足等残疾者的机构，供给食宿，给予医疗。这是我国古代医院的雏形。它远较公元四世纪创建的欧洲最早的罗马疗养院为早（《万事万物史典》）。

扁鹊本为渤海郡郑人（今河北任丘一带），姓秦名越人，后游历到秦地，死后亦葬于秦地。主要活动在秦穆公至秦惠公时期（前 407～前 310 年）。他创造了望、闻、问、切的诊断方法，奠定了中医临床诊断和治疗方法的基础。扁鹊一生游历过许多地方，诊治了不少垂危病人。在其行医实践过程中，不拘一格，精通内治、外治、针刺、手术、药剂等方

面的医术，通晓内科、外科、妇科、五官科、儿科。他是一位医术高超精湛的全科医生，其医术代表了春秋战国时期医学诊断与治疗的总体水平。而且他还是一位医学著作家。

约成书于战国时代的《黄帝内经》是多种更为古老的医学著作和医学理论基础进一步发展产生的成果，也是现存的一部最全面地总结先秦时期医学成就的医学著作。它以论述人体解剖、生理、病理、病因、诊断等基础理论为重点，兼述针灸、经络、卫生保健等方面的内容，从而奠定了中医学发展的理论基础。《内经》通过望、闻、问、切四种诊法，确定病人病情，然后对症下药。人们习称的辨证论治原则已经确立。《内经》中记载的治疗方法有吐、下、内消、蒸浴、毒药、九针、砭石、灸焫、切开、导引、按摩、热敷等；所载药方有汤、酒、丸、散、膏、丹等；治疗的一般原则是"毒药治其内，针石治其外"（《素问·移精变气论》）。此外，《内经》中还记载了内疗法、灌肠法、穿刺放腹水法和截肢手术等方法。《内经》中关于针刺的记载和论述特别详细，《素问·气穴论篇》说人体有三百六十五穴，《灵枢》对针具的种类、针刺的手法和"禁刺"情况都作了叙述，表明那时十分重视针刺治疗。《黄帝内经》，提出了一套系统的食补食疗理论，奠定了中医营养医疗学的基础。

针灸术在战国秦汉时代已经应用很普遍。针法其实是从灸法中发展出来的。东汉画像石《扁鹊针灸行医图》（《文物》1972.6，图24-5），微山县两城山出土，四块墓石上浮雕着一个半鸟半人的神物（胸以上是人，胸以下是鸟），即被美化为神的神医扁鹊，它对面的是鱼贯而来的求医病人，人数多少不等，均作披发跪坐的姿势，等待针治。扁鹊右手正在为第一个病人切脉，左手则执有一针作扬举之状，准备针灸。《汉书·艺文志》著录有《泰始黄帝·扁鹊·俞拊方》，却将扁鹊与黄帝并列为太古时的传说人物，所以具有浓厚的神话色彩。山东两城山画像石中将扁鹊刻成半人半鸟状，可能是缘此而来。

图 24-5

从文献记载可知，古代的官吏与掌占卜和祭祀的卜、巫、师、史是一身二任的。汉代的贾谊就说："吾闻古之贤人不居朝，必在卜医之中。"所以古代词汇中往往"巫医"并称，醫（医）字也从巫，作毉。传说医学是巫者发明的，所谓"巫彭作医"（《世本·作篇》)。医学的发生既是人类长期同疾病作斗争取得初步胜利的必然结果，但同时它又往往想借宗教之力以弥补科学之不足。"巫医"在春秋时期已不占优势。如果说《山海经》时代还是卜巫为主，医药为辅，那么到《五十二病方》时代则开始以医药为主，巫祝居于次要地位，这是一大进步。

太医及医工——等级森严

周代医学有了分科，医事有了制度：《周礼·天官》把医生分为四科：食医（近似现代营养医生）、疾医（内科医生）、疡医（外科和伤科）、兽医。此时所谓医，皆官医，药亦官家所备。政府设专官以供民求取。春秋战国时代，秦人的医学实践日益丰富，涌现出一大批有名而医术十分精湛的医生。人们统称为"秦医"。他们医术高明，深得人们称赞。当时各诸侯国君主患病，都要延请秦医为其诊治。《左传》中记载晋景公、晋平公生病都向秦国求派医生，于是医缓、医和先后载入史册。医竘也是秦之良医，十分擅长外科手术，约为公元前5世纪～公元前4世纪的人。据《尸子》记载，医竘曾"为宣王割痤，为惠王疗痔。张子之背肿，命竘治之……"《云梦秦简·封诊式》中详细记载了尸检的程序，是法医史上的珍贵资料，还有妇科医检的情况和程序，以及我国历史上迄今所见最早的麻风病例和一些症状及诊断记录，医丁也成为我国历史上迄今所见最早能对麻风病作出诊断的医生。医缓、医和、医竘、医丁应属于"秦医"或"医官"之属。《史记·刺客列传》记载荆轲刺秦王时，"侍医夏无且以其所奉药囊提荆轲也"。侍医盖即后来的太医、御医。《史记·扁鹊仓公列传》记，秦有太医令李醯。秦私印中的醫（医）衔（《篆集·卷一》515，图24-6）、醫（医）從（从）（同前，图24-7）等印，与《左传》载"秦有医和、医缓"同例。应是太医或医官衔、从二人的私印。醫疕（《秦代印风》73页，图24-8），是"医治头疮"的专科医生。

我们从近年在西安北郊发现的战国晚期至秦的封泥可见当时官方医药机构的一斑。

图 24-6   图 24-7   图 24-8   图 24-9

秦封泥有太醫（医）（《考与》2005.5，图24-9）、"太醫丞印"（《泥集》112，图24-10）；还有"泰醫丞印"（《泥风》142，图24-11）、"泰醫左府"（《泥风》142、《艺文》，图24-12）、"泰醫右府"（《泥风》142，图24-13）。"泰"，即"太"，泰医即太医。泰、太二字之区别似表示使用时间之先后不同；左、右两府则可能分属于奉常、少府。有学者认为，"太常之太医，主治百官之病；少府之太医，则主治宫廷之病"（《秦汉官制史稿》）。太医丞是太医令之副手（佐官）。太医令掌管诸太医，是"太医左府"、"太医右府"的主事者。据《汉书》载太医令、丞之属官人数计"员医二百九十三人，员吏十九人"。以此推测，秦代其人数亦不会太少，故以左、右分府。

图 24-10 　　　　　 图 24-11 　　　　　　　 图 24-12 　　　　　 图 24-13

《周礼·天官·冢宰》："凡疗疡，以五毒攻之"。郑注："五毒，五药之有毒者，今医人有五毒之药作之合黄堥，置胆矾、丹砂、雄黄、礜石、慈石其中，烧之三日三夜，其烟上着以鸡羽扫取之，以注创（疮），恶肉破骨则尽出。"《说文》："礜，毒石也，出汉中。"《山海经》："西山郁涂之山有白石名礜，可毒鼠。"《左传·昭公四年》："桃弓棘矢，以除其灾。"《礼记·檀弓》："君临臣丧，以巫祝桃茢执戈。"《睡虎地秦简·日书·甲种》："野兽若六畜逢人而言，是飘风之气，击以桃支，释屦而投之，则已矣。"另同书中以桃弓、桃柄、桃枱、桃梗等击打鬼魅之条多见，古代桃木被用于除灾避邪。礜石和桃支的功能一样。秦封泥礜桃支印（《考与》2005.5，图24-14）、"左礜桃支"（《新出》155，图24-15）、"右礜桃支"（《新出》155，图24-16），初为一官，后分为左右两官。"左礜桃丞"（《新出》156、《泥集》227，图24-17）、"右礜桃丞"（《泥风》127，图24-18）。天津艺术博物馆藏有"左礜桃支"秦印（《津》41，图24-19），支通枝。左右礜桃支当为宫中掌管药物和击鬼禳灾之官署；"礜桃丞"则为其属官，其丞为巫祝或医官之类。巫原本和医结合在一起。巫师既能降神，又能治病，故而有"巫医"之说。巫医治病主要是借助于神的魔力，同时也辅以药物。而药物许多都是有毒的，吃了能使人进入迷幻状态，毒药的这种迷幻作用，在西周时代人们就认识到了。故而有"若药弗瞑眩，厥（气闭晕倒）疾不瘳（病愈）"的说法（《尚书·说命》）。所谓"瞑眩"，就是幻觉。而巫觋降神，多半是靠着吃某些药物而产生的虚幻（赵辉《楚辞文化背景研究》80）。

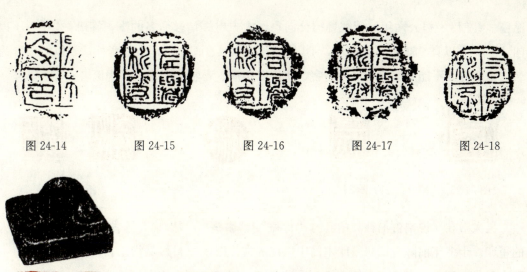

图 24-14　　　　图 24-15　　　　图 24-16　　　　图 24-17　　　　图 24-18

图 24-19　　　　　　图 24-20　　　　图 24-21　　　　图 24-22

秦封泥弄陰御印（《新出》79，图 24-20）、弄陽御印（《新出》80，图 24-21；《考报》2001.4，图 24-22），古谓生男曰"弄璋"，生女曰"弄瓦"，印文的"弄"，应即生儿育女之意。印文的阳、阴系指男女生殖器官。"弄阴"、"弄阳"应即房事。"御"指宫中女官侍御帝王。"弄阴御"、"弄阳御"系宫廷中掌管生育事务的官署，负责王族生殖繁衍，传宗接代的大事。"弄阴御"专事女性生殖系统疾病，同时"掌王之阴事、阴令。"（《周礼·天官·内小臣》）即"群妃御见之事。""弄阳御"则负责王族男性疾病事务，犹如今日医院中的男性科［注］。

医人——分工细密

古玺及秦印中有去疾、去疢等印，是古人祈望去除病痛，远离疾病的祈求语。如去疾（《珍秦·秦》130，图 24-23），擇（择，通释、舍弃）疢（《湘》90，图 24-24），繹（绎，通敟。终止；穷尽）疢（《珍秦·秦》72，图 24-25）等等。"疟（瘥）敬事"（4199）意即病已痊愈，勤劳王事。说明此时保健意识的加强和追求健康长寿愿望的强烈。所以取名多有宋去疾玺（1433）、狃求去痀（4048）、事罨痀（1858）、张去疢（《珍秦·秦》34）、江去疾秦两面印（《珍秦·秦》28，图 24-26）、鲁亡瘕（1591）、邮病巳（2039）等等都有希望远离疾病的愿望。《左传·桓公六年》记载鲁桓公向鲁国大夫申繻请教命名的事，答曰："……不以国［名］，不以官［职］，不以山川，不以隐疾（隐痛疾患的字眼），不以畜牲，不以器币"为名。是知古人不能专取疾病以为名字，所以以疾病、畜牲为名者，必为医者。

图 24-23　　　　　图 24-24　　　　　图 24-25　　　　　图 24-26

吴大澂在《说文古籀补》中已对"行瘔"、"事瘍"、"事疟"等古玺断为战国时医人的玺印。十多年前陈直撰《玺印木简中发现的古代医学史料》又指出："战国时期，每一医人只治一病，是发挥个人的专长，也是分工的细密。""古人所谓技之精者，不能两工，这是战国人医学的特色。"先秦的医人一般是以"行"或"事"加上自己的行医专长，如：行瘔，"行"字盖"从事于医"的解释。至今俗语称医生为人治病曰行医，或曰行道。"事"又作"治"字解释。如事偃、事丁、事痈、事疠等等。也有兼治两疾以上者，如兼瘍，玺文当作兼治头疮病的解释。瘍丁之玺，玺文当作兼治头疮及疔毒两种病的解释。先秦医人用印更多的则是"上标明医人的姓，下标明医人所专治的病。"即在自己姓氏之后加上行医专长，也就是以专长作为自己的名字。现以常见印谱的私玺为例，从中可找出作为名字的病字头的或与疾病有关的字头，按医人的专业分类如下：

一、外科：

疥，疥疮，疥必痒，痒必搔，故称疥搔，即今称之为疥疮者。又通"痎"。肖（赵）疥（1027、1028）、秦印樂疥（《篆集·卷一》510 页，图 24-27）等四例。

图 24-27

瘙，疥瘙，即疥疮。番瘙（1656）一例。

痟，疥病。栗（何琳仪释）痟（3101）一例。

瘝（癏），《字形表》释为"瘝"，应是"癏"的简体。《玉篇》："癏，同瘝，疥瘙。"瘙音枭。《博雅》："瘙，创也。"应是皮肤病。长（张）瘝（0796，图 24-28）等四例。

疣（癣），《广韵》、《正字通》："疣，同癣。"疣为俗体。《说文》："癣为干疡也。"桀疣（癣）（1388，图 24-29）、邡（方）疣（2073）二例。

疿（痱），《玉篇》："热生小疮。"《正字通》："今俗以触热肤疹如沸者，曰痱子。"处疿（左读，《字形表》300 页误作痱处）一例。

疕，同痱。《玉篇》："痱，风病。疕，同痱。"瘳疕（2645）一例。

瘣，内伤致病或结块、肿瘤一类疾病。王瘣（0470，图 24-30；《珍秦·秦》163，图 24-31）二例。

瘿，《说文》："颈瘤也。"段玉裁注："颈瘤则如囊者也。"颈瘤，俗称大脖子。属甲状腺肿大的一类疾病。肖瘿（1025）、霍瘿（2269）、平瘿陶器阴文印迹（《陶汇》9.10，图 24-32）等五例。

图 24-28　　　　　图 24-29　　　　　图 24-30　　　　　图 24-31　　　　　图 24-32

留，《说文》："瘤，肿也。"即今所说之肿瘤。留（瘤，5360），一例。

痁（癌），陈直疑为"癌"字省文，可从。《说文》："癌，寄肉也。"寄肉见于外叫瘤，隐于内叫癌。徒痁（2614，图 24-33）、丁痁（癌）秦印，（《篆集·卷一》442 页，图 24-34）二例。

瘖，音骨，《广韵》、《集韵》、《玉篇》皆言："瘖，膝病，与㬹同。"与关节、风湿有关，应即今天所说的关节炎。事瘖（1791）、瘖（尹）瘖（2770）二例。

脊，牛脊（《篆集·卷一》197 页）、史脊，秦印（5569，图 24-35）等三例。

足，事足（1717）、周踦（《篆集·卷一》472 页，秦印）等四例。

瘘《玉篇》："瘘，跛病也。"亭瘘（1694）一例。

傷（伤），《说文》："伤，创也。"《字汇》："戕也，害也。"创伤、伤害、受伤即今日所说的跌打损伤。胡傷（《珍秦·秦》59）、赵傷（秦封泥，《篆集·卷一》533 页）二例。

瘀，《说文》："瘀，积血也。"为血液凝积之病。瘟不见字书，疑为瘀之同音通假字。郇瘀（2058）一例。瘟（瘀），周瘟（2998）、空侗瘟（3977）等四例。

疵，黑斑；痣。矦疵（5654），事疵（《珍秦·战》67）两例。

瘡，同蚀。《说文》、《字汇》皆说"败疮也。"乔瘡（1242）、余瘡（1291，图 24-36）、公孙瘡（3873）等五例。

丁，盖"疔"字本字。《广韵》、《集韵》："疔，病疮。"盖初起时突起，其坚硬根深如丁，故名。任丁（《珍秦·秦》236）、笏丁（3167，图 24-37）、疡丁之玺（《梦坡室金玉印痕》卷一）等八例。

图 24-33　　　　　图 24-34　　　　　图 24-35　　　　　图 24-36　　　　　图 24-37

疕，《说文》："疕，头疡也。"《周礼·天官·医师》："凡邦之有疾病者、疕疡者造焉；则使医分而治之。"郑玄注："疕，头疮，亦谓秃也。身伤曰疡。"可见头疮称疕，身疮称疡。贾疕（《珍秦·秦》67，图24-38）、成公疕（反文4056）、医疕五例。

疡（瘍），《左传·襄公十九年》："荀偃瘅疽（恶疮）生疡于头。"［疏］曰："疡，头创也。"周时已设有疡医。《周礼·天官·疡医》："疡医掌肿疡、溃疡、金疡，折疡之祝药劀杀之齐（剂）。"［注］："疡，创痈也。""创"即后来"疮"的本字。后世指治疮伤的外科医生为疡医。事疡（1784）、郘疡（《珍秦·古》27）、肖（赵）疡（《珍秦·战》50）、鲜于疡（4019，图24-39）兼疡（《古玺文字征》七·四）等十五例。

癕（痈），《广韵》："痈，疖。"《释名》："痈，壅也。气壅否结，裹而溃也。"《庄子·列御寇》："秦王有病召医，破痈溃痤者得车一乘。"痈即恶性脓疮。秦白文圆印癕（《中文·续》240，图24-40），旖于癕（《鸭雄》114，图24-41）、司马癕（3801，图24-42）、冯癕（秦印，《篆集·卷一》495，图24-43）等九例。此时已能用砭石作割疮排脓和割血管放血的外科手术。痈（《陶汇》3.1008、3.1009，图24-44）、左宫癕（《陶汇》4.53，图24-45）陶器阴文印迹，表明该陶器系宫内专科医官所用。

图 24-38　　　　图 24-39　　　　图 24-40　　　　图 24-41　　　　图 24-42

图 24-43　　　　　　图 24-44　　　　　　图 24-45

痤，有两说：疖子。《说文》："小肿也"；《广雅》："痈也"。《说文古籀补》（七·八）郭痤、臣痤二例。

瘨，生于乳房及大腿根部的痈疖。又名瘨疡疬。子瘨（2653左读，图24-46）一例。

瘰（癧），瘰癧，颈腋间淋巴结核，反复攻脓，难以愈合。芥瘰（《珍秦·古》89，图24-47）、上官瘰（《篆集·卷一》518）二例。

瘖，疹子，又特指麻疹，浙人呼为瘖子。肖瘖（1033，图24-48，1034）二例。

疰（刘钊、高智释），疰疬，有两说《玉篇》作"病甚也"；《集韵》作"伤口不愈合"。"伤口不愈合"，应即淋巴结核，中医称瘰癧。事疰（1781）、夜疰（2948）等六例。

痔，《说文》："痔，后病也。"《增韵》："隐疮也。"《字形表》298 页有古玺印文"痔"字。瘇，事瘇（1782）一例。瘇字书所无。事、寺同音通假，疑即"痔"字的异体字。即今之痔疮。

積，同癪，疝气病。積（《考报》1976.2.119，图24-49；《珍秦·古》163，图24-50）。宫積阳文印迹（《陶汇》5.200～201，图24-51）等五例。

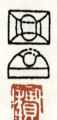

图 24-46　　　　图 24-47　　　　图 24-48　　　　图 24-49　　　　图 24-50

疻，《说文》："疻，殴伤也。"疻阴文印迹（《陶汇》3.957，图24-52）一例。

如果以现代医学观点来细分，还可再分为皮肤、肿瘤、骨伤、痔瘘等科别。

二、内科：

痰，音悭，《说文》："痰，病息也。"徐锴说"病小息也"。王筠说"小息即少气之谓也"。

病人气息微弱则属重病急诊范围。郭痰（1707）、郾（燕）痰（1972）等三例。

厥，指气闭晕倒，或四肢僵直，见《素问·厥论》。王厥，秦印，《篆集·卷一》450 页一例。

图 24-51

欬，咳之本字。风寒初起之咳嗽，或百日咳，气管炎之类。进欬（《珍秦·古》91，图24-53）秦印、橋欬（《篆集·卷一》510 页，图24-54）秦印等三例。

疢，《字形表》298、《类编》54、《汉语大字典》1111 均作"疢"。《说文》："疢，颤也。"又者，手也。是为手颤。又《集韵》、《玉篇》、《类篇》俱言"摇头貌，同烦。"手颤头摇当为心脏病的症状。如王疢（0471、0599，图24-55）、辂疢（2491）、王疢阴文印迹（《陶汇》3.809，图24-56）等七例。

图 24-52

图 24-53

图 24-54

图 24-55

图 24-56

疛（疛），字书所无，徐畅疑为"疛"字的繁文异体。疛，音肘，《说文》："小腹病。"《玉篇》："心腹疾也。"余岩《古代疾病名候疏义·卷四》：疛，盖即今之腹水。阎（吴振武释）疛（疛）（2981）一例。

痒（痒），《说文》："痒，寒疾也。"《正字通》："今感寒体战曰痒。"此应为专治感冒发烧的医人。命（令）孤痒（痒）（《珍秦·战》33）、吴痒（痒）（1170）等四例。

图 24-57

疧，《玉篇》："疧，疧痛也。"《集韵》："与疝同。"《说文》："疝，腹中急也。"徐锴系传："今人多言腹中绞结痛也。"俗称绞肠痧，即今所称之急腹症，如急性肠胃炎之类。事疧（《珍秦·战》64）、郵疧（1996）二例。

痵，《集韵》："痵同脪。脪，腹肿胀。"《字形表》299 页有"陈痵"印文（图 24-57）。

癥，《玉篇》："腹结病也。"《广韵》："腹病。"即腹中结块之病。邘（任）癥（2056，图 24-58）、公孙癥（3876）二例。

瘠，音"齐"。《集韵》、引《方言》说"江湘间凡物生而不长大曰瘠"。此应为生长发育不良的侏儒病。粤（平，何淋仪释）瘠（瘠，吴振武释）（故 144）一例。

癝，瘆癝同瘆瘀。《集韵》：瘀，瘆（瘆），寒病，或作癝，音色。癝为瘀之繁体，东卿（复姓）癝玺（《篆集·卷一》430，图 24-59）一例。

心，疾心，心脏疾病。公孙疾心信玺（3726，图 24-60）、心（5288，图 24-61）单字玺。

图 24-58

图 24-59

图 24-60

图 24-61

三、脑科：

痣（疟），痣字书所无，疑即疟字的繁体，增饰心字。痣《集韵》："音怯，病也，病劣与怯通。"应是恐惧症的精神心理疾病。矦痣（疟）（1087）一例。

痹，《说文》："痹，湿病也。"中医指因风、寒、湿侵蚀肢体引发的疼痛或麻木的症状。痹阴文印迹（《陶汇》3.901～3.906，图24-62）六例。痏，从陈直及《字形表》300页释。《玉篇》："手冷也，或作痹。"陽城痏（4043）一例。

癡（痴），吴振武释。就疾病而言有二义：一曰呆傻迟钝；一曰癲狂病。申癡（痴）（1297）、鄲（郸）癡（2137）等三例。

图24-62

痟，施谢捷释为憂（忧）。肖（赵）痟（1056，图24-63）、司馬痟（3807）等十一例。

四、妇科：

疧（痎），《广韵》、《集韵》并言"病也"。《正字通》："痎之讹。"恐非。笔者认为从女，应是妇产科疾病。疧（5273，图24-64）、痎（5499）二例。

五、流行病科：

疢（痧），"中暑、霍乱等急性病"。郭痧（香港中文大学藏，图24-65）。

疷（瘥），疷盖瘥之省文。《诗·小雅·节南山》："天方荐瘥，丧乱弘多。"瘥即小疫，即轻微的流行传染病。《说文》、《玉篇》又作病愈说。成语玺有疷敬事（4199，图24-66），其义为病愈了要更加勤劳王事。郄（素）疷（2130）、馬是（氏）疷（4078）二例。

癘（疠），疠有二义：（一）《说文》曰："恶疾也。"即麻风病。（二）《周礼·天官·疾医》："四时皆有疠疾。"注："疠疾，气不和之疾。"《玉篇》："疠，疫气也，与癘同。"《左传·昭四年》："疠疫不降。"注："疠恶气也。"《辞源》谓："疠疫即瘟疫。"事癘（1866，图24-67）、东方癘（3958）二例。

图24-63　　　　　图24-64　　　　　图24-65　　　　　图24-66　　　　　图24-67

痟（疔），《正字通》："痟，俗疔字。"可见肉符在病字头字中增减无碍。同例，痟减肉为疔，痟为繁体。疔同疚，《玉篇》："疔，俗疚字。"王痟（疔）（0473）一例。

图24-68

痏（疢），《说文》曰："热病也。"段玉裁注："其字从火，故知热病。"又久病不愈称疢。痏字书所无，疑为"疢"之繁体。俗称心火重，故从火从心。隶书中痛又作痏（见《秦汉字形表》523），俗称心痛也。故知从心为繁体。高痏（疢）（1119），痏同疢。《字形表》299页有古玺文"择疢"，不从心。张疢（《珍秦·秦》178)、郭克疢父（《珍秦·秦》111，图24-68）、遂疢（《篆集·卷一》449）等六例。

痁（痁），字书无痁，疑即痁之繁体。痁音苦。《说文》："热疟也。"《左传·昭二十年》："齐侯疥，遂痁。"［疏］："疥是小疟（二日一发疟），痁是大疟（多日之疟）。"乔痁（痁）（1227）、孝痁（2804）二例。

痎（痎），音亥，二日一发的疟疾，也、泛指疟疾，颜之推云"今北方犹呼痎疟"。朱痎（1576，图24-69）、蚳痎（3489，图24-70）等四例。

痣（疢），疢痟，麻风病的俗名，说见《汉语大字典》（缩印本1112）。□痣（疢）（3209）一例。

六、小儿科：

兒（儿），《玉篇》："婴，《苍颉篇》云：'男曰儿，女曰婴'。"兒单字玺（5276，图24-71）。

婴，初生女孩曰婴，男孩曰儿。婴玺（《导报》2006.9.13，图24-72）、侯婴（秦印《珍秦·古》144，图24-73）、步婴（秦封泥，《篆集·卷一》487页，图24-74）等九例。婴玺应是小儿科医官。

图 24-69　　　图 24-70　　　图 24-71　　　图 24-73　　　图 24-74

疳，《玉篇》："疳，疾也。"《集韵》："音甘，病也。"《正字通》："小儿食甘物多生疳病。"即今中医所谓疳积。孙疳（1544）一例。

痸（癡），《玉篇》：小儿惊风病。癡阴文印迹（《陶汇》3.1032，图24-75）一例。

七、五官科：

眼科：《说文》："目，人眼。"王目（《篆集·卷一》130两例）、张目（同前156页）、郱目（同前267页）、鞏（巩）目（同前509页，图24-76）、般目（《书集·先秦》92·1237，图24-77）等七例。疾目陶器阴文印迹（《陶汇》3.701，图24-78）此陶器器主为眼科医人。

长（张）盲（0751）、左盲（1647）。眚，《说文》："眚，目病生翳也。"即今所云白内障也。□眚（3536）、优眚（2553），眚为徐宝贵释。

耳科：文是耳（2917，图24-79）、孝耳（2797，图24-80）、王耳（0441，图24-81）等八例。

图 24-72　　　　　图 24-75　　　　　图 24-76　　　　　图 24-77　　　　　图 24-78

图 24-79　　　　　　　　图 24-80　　　　　　　　　　图 24-81

喉科：瘖，《说文》："瘖，不能言也。"此为失音病。行瘖（《说文古籀补补》十·七）、肖（赵）瘖（1032）、郵（童）瘖（2014、2017）、邰（白）瘖（2150）等八例。

疧（瘖），"疒"为"胥"之省。《集韵》："瘖音胥，上声痛病。"应为喉疾。蔕（蒂）疧（瘖）（3114）、司馬疧二例。

鼻科：邯（胡）鼻（3624）、薛鼻（秦封泥，《篆集·卷一》524 页）等三例。

八、口腔科：

口鉌（《鸭雄》022，图 24-82），楚玺。口字像口唇形，"口"字《鸭雄》原书疑释为"卩（节）"字，非是。

癌，音紧，同"胗"。《广韵》、《集韵》皆作"唇疡"。当为口疮病。肖癌（1030，图 24-83）、事癌（1787）、文是（氏）癌（2904）等四例。

牙，古分大牙、臼齿。王牙（0412）、栾牙（2503）二例。齿，或牙齿合称。王牙齿阴文印迹（《陶汇》6.102/103 两例，图 24-84）；陈齿（《篆集·卷一》219 页，图 24-85）、亡羊齿（3583）、齿（5411，图 24-86）、西方齿（3964）、中齿/臣齿（秦两面印，《篆集·卷一》459 页，图 24-87）、公孙齿（《珍秦·古》72，图 24-88）等九例。

䶎，虎牙（5528）一例。齰（秦印《篆集·卷一》471，图 24-89）、齰（秦封泥，《泥风》166 页，图 24-90），齰，同齫，牙齿整齐，上下密合（《集韵》）犹今之口腔矫正科。

禹（龋）（5125，图 24-91；5438，图 24-92；《中文·续》223、245，图 24-93、图 24-94）等八例。《说文》："禹，虫也"。徐锴系传："牙齿虫病谓之龋齿。"

左禹阴文印迹（《陶汇》5.276，图 24-95）咸阳出土。此为官署印迹，犹今之牙病防治所。

图 24-82　　　　　图 24-83　　　　　图 24-84　　　　　图 24-85

图 24-86　　　　　图 24-87　　　　　图 24-88　　　　　图 24-89

图 24-90　　　　图 24-91　　　　图 24-92　　　　图 24-93　　　　图 24-94

九、康复科:

疲,《字形表》299、《汉语大字典》1115 俱释作"疲","瘦"字增符,应为"疲"字之繁体。《说文》:"疲,劳也。"《玉篇》:"疲,乏也。"此为专治疲劳,恢复健康即今之保健医生。事瘦(疲)(1783)、王瘦(0476、0477)、郾(燕)疲(1974)、椁(郭)疲(2446)、吾丘瘦(3433,图 24-96)、未(叔)陰疲(4072)等十四例。

痑,一曰肥貌,出《字林》,音答;一曰寒病,见《玉篇》、《集韵》,音喝。《字形表》300 页有古玺文"容痑"(图 24-97)。

图 24-95

瘏,音徒,《诗·周南·我马》:"瘏矣。"《传》:"瘏,病也。"《尔雅·释诂下》:"病也。"因疲劳而致病。文是(氏)瘏(《篆集·卷一》430 页,图 24-98)一例。

疲(吴振武释),音急。《说文》:"病劣也。"即病弱无力。《正字通》或曰:"病且至,故从及。"又《广韵》："肥疲"又有肥胖病之义。卜疲（1262）、酥疲（2484）二例。

十、疾病之总称或难以归属之疾病名：

病，古称轻者为疾，重者为病。《说文》："病，疾加也。"《玉篇》："病，疾甚也。"韩病（2348）一例。

疾，西方疾（《篆集·卷一》412 页，图 24-99）、王疾（《篆集·卷一》449 页，秦印）、弁疾（秦封泥，《篆集·卷一》532 页，图 24-100）等十一例。

瘒（瘒），《汉语大辞典》1123 页有四说：引《说文》："目病"，桂馥义证以为是目病生眵，俗谓之瘒鼇；引《说文》曰恶气着身；牲畜病，引《广韵》说牛马病；败创，引《说文》说蚀创，段玉裁注曰："蚀者，败创也。"王瘒（《鸭雄》027，图 24-101），应为兼治上述各病的医人。

图 24-96

图 24-97

图 24-98

图 24-99

图 24-100

图 24-101

疒，《字汇补》："疒，籀文疒字。见《集韵》。"则疒同病字。长（张）疒（0790）、佚疒（1088）、司马疒（3805）等七例。

瘵，《博雅》云："瘵，病也，音曹。"《汉语大字典》1114 页言饥饿病。又作"疒"之讹字。王瘵（0469）一例。

疒，《玉篇》、《博雅》并言："疒，病也，音吁。"长（张）疒（0791）一例。

图 24-102

瘳，《集韵》："瘳，音聊，疾也。"长（张）瘳（0797）、秦瘳（1633）、事瘳玉玺（《篆集·卷一》245，图 24-102）、者余瘳（3311）四例。

瘳，音抽，《说文》："病愈。"《集韵》："病也。王瘳·中壹双合印（《菁华》164，图 24-103）"、王瘳（《篆集·卷一》450 页，秦印）、瘳印（同前 509 页，图 24-104）三例。

痴，《集韵》："音如，病也。"郘痴（2091）、藿（霍）痴（2269）、旨卢痴（3418）、事痴（痴）（1786）、肖痴（1037）等七例。痴（施谢捷释），从疒从奴，同痴。

瘇（瘇），《广韵》："瘇，疾病。"《集韵》："瘇，音涅，痛也。"松瘇（瘇）（2402）一例。

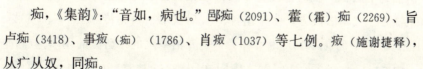

图 24-103

瘂《字汇补》："瘂，音形。义未详。"鮇瘂（2483）一例。

还有一些疾病名，字书未载，或为某病之异体字，如：瘝，邯郸瘝（《鸭雄》048，图24-105）；瘤（1788）一例；疥（0468）等五例；疗（2999）一例；疕，样疕（《珍秦·战》76）等四例；疳，（3800）一例；瘕同秽，乔瘕（《珍秦·战》99）、长瘕（0798，图24-106）等二例；痛（1029）一例；疛，（1626）等二例；瘦，郾瘦（1971）等二例；瘫，（2447）一例；痒，（3808）一例；瘘，（3806）一例；疢，（2347）一例；痣，（3175）一例；猜，（3245）一例；癥，（1877）一例；瀆，（2788）一例；瘟，（2303）等二例。以及阳文印迹瘌（《陶汇》3.1132）、瘥阴文印迹（《陶汇》3.1227）等等。

图 24-104

图 24-105

—— 图 24-106

图 24-107

十一、中草药

单字玺中有一些与药草有关系的玺印。"草，百卉也"。草是草本植物的总称。草朱文印（5211，图24-107）；草阳文印迹（《陶汇》3.1130，图24-108）。萑（5448，图24-109）汤余惠识。药草名，即益母草。苞（5493，图24-110），同蘼，草名。莫（5498，图24-111；《珍秦·古》164，图24-112），即酸模，全草入药，省言之曰莫。萱（5513），宜男，即萱草。这些单字玺推测是从事采药、加工或制药的药工、药师的用印。

图 24-108

图 24-109

图 24-110

图 24-111

图 24-112

十二、兽医：

牛医，《周礼·天官》有兽医，当时已注重牛马的医治。盖古代兽医中，注重马医与牛医。《史记·货殖传》云："马医贱方，张里击钟。"《后汉书·黄宪传》云："世贫贱，父为牛医。"皆其明证。故"牛瘌"（1213）也可释为"是专治牛瘌的牛兽医的用印"（陈直说）。牛阴文印迹（《陶汇》3.1155，图24-113），瘌阳文印迹（《陶汇》9.104反文，图24-114）。《周官·内饔》："牛夜鸣则瘌。"

瘌，《说文》有三说：目病、恶气着身、败疮。《广韵》说"牛马病"，应是人畜兼治的医人。王瘄（《鸭雄》027）一例。

狏，《说文》所无，《集韵》："狏，音陶，疾也。"《玉篇》："狏，狏疾也。"从犬，即犬疾，笔者疑其为狗兽医。如长（张）狏（0794）、肖狏（1026，图24-115）、牛犬（秦印，《篆集·卷一》453页）。熊狗（《篆集·卷一》507页，或为兽医，或为饲养员）四例。《字形表》302有"遽狏"印文一例。獥（5524）犬医。口猗（《吉》58，图24-116）、（《中文·续》97，图24-117），三例。口，姓。《说文》："猗，犗犬也。"割去狗的部分生殖器官。

图24-113　　　图24-114　　　图24-115　　　图24-116　　　图24-117

上述包括疾病之总称、外科、内科、精神、妇科、流行性病科、小儿科、五官科、口腔科、康复科等十个科别，从人体的头至足，无所不包，范围极为广泛。药工及牛、马、犬医也有发现。本文除官府医疗机构外，所罗列的玺印、封泥及陶器印迹共有三百四十七例（方），不同的病名（间有同病异字者）有113种。另有残缺未能隶定的病字头22个，印23方未收入本文。漏检或未见者还不在少数，故远不止此数。从战国至秦时期的古玺及陶器印迹中可找出病字头的字头已86个，如加上残缺未能隶定的病字头22个，共计108个，如果加上《侯马盟书》中的痟、疷、疫，古陶文中的瘖、癰、疮，金文中的疒、瘝、瘟、疢等十字（《字形表》297～302页），则先秦时病字头的字已达118个，比《说文》102个还多出16个。两者虽互有增补，但说明战国时期私人医业的发达，疾病名目的繁多，医人分工的细致，医学研究的深入和充分的发展，以及某些病字头字的失载和异体字的繁多，为研究先秦医学史提供了宝贵的资料。

结　语

古人"不以隐疾（隐痛疾患的字眼），不以畜牲"为名，所以，以疾病和畜牲之名为名者必为医人[2]。战国时期，私人医业的执业者的姓名玺印"上标姓氏，下标治病的名称，沿至汉代，此风不改。"（《战国史》292）。先秦医人所用玺印的分科内容与本文所引用的医药理论大都可以相互印证，中医药理论体系已经形成，奠定了中医学发展的理论基础。表现了我国先秦时期医药业已达到了很高的水平，专科之多，分科之细，可补史籍及医典之不足。

战国时期，秦设"泰医左府"、"泰医右府"官署，由泰（太）医及佐官泰医丞主其事，担任宫廷、百官及巫祭事务。民间则有大量的医人行医，为百姓治病疗伤，而且有兼治数病，或专长一病者，尤其是心、疢、兒、口鉨、齿、瘳印等单字玺以医科专名为印文的现象值得注意，参照宫廷气功师长内（纳）、内（纳）例，这些单字玺大多为官署中的专业医官或医师。

古私玺用于佩带及钤记，其要义则是表明身份和信用。秦以前，用玺印来表明自己的职业，别无他法。因为匾额、招牌是后来的事。西汉初，萧何"为前殿，覃思三月，以题其额，观者如流水。"（羊欣《笔阵图》）萧何以"覃思三月"认真谨严的创作态度，题书前殿匾额，产生了"观者如流水"的艺术效果，受到了观众的承认与赞赏，说明了欣赏价值的存在，这是匾额最早出现的记录。"至（东汉）灵帝好书，时多能者，而师宜官为最，大则一字径丈，小则方寸千言，甚矜其能。或时不持钱诣酒家饮，因书其壁，顾观者以酬酒直，计钱足而灭之。"（卫恒《四体书势》）在汉画像上也偶见有用笔墨写在门板上的题书，如本书《市亭篇》图 16-2 中的"市东门"、"市楼"等题书，说明在墙壁和门板上题书是在东汉时期开始的，这也是汉私印中以病为名的现象渐少的主要原因之一。

注：

[1] 详见《古代的医官和医人——先秦医官医人玺印揭秘》（初稿），刊《孤山证印——西泠印社国际印学峰会论文集》，本文有校大的增改；《寓石斋玺印考·弄阴御印、弄阳御印》，刊《考古与文物·古文字论集（三）》。

[2]《珍秦斋藏金·秦铜器篇·三十二年相邦冉戈》铭文："……雝（雍）工帀（师）齿，工兒（内正面）。"以齿、兒为名。故本文所论"以疾病和畜牲之名为名者必为医人"不一定准确，也有例外。齿、兒等单字玺是医生专用，还是人名，待考。不过此时已有牙科、儿科之设，已是史实。

参考：

陈星灿《考古随笔·四千年前中国人已成功实施开颅手术》，原载《中国社会科学院通讯》1999 年 8 月 24 日；韩康信《在山东广饶发现 5000 余年前开颅术证据》，《中国文物报》2001 年 8 月 26 日第 5 版；孟世凯：《殷墟甲骨文简述》温少峰等著《殷墟卜辞研究——科学技术篇》；陈绍棣《中国风俗通史》（两周卷）；杜石然等《中国科学技术史稿》（上册）；齐文心、王贵民：《商西周文化志》；田静《秦人的医学实践与理论》、《读〈史记·扁鹊列传〉札记》，《秦文化论丛》第八辑；赵璞珊《中国古代医学》；刘敦愿《汉画像石上的针灸图》，《文物》1972 年第 6 期第 47～51 页；陈直《玺印木简中发现的古代医学史料》，《文史考古论丛》天津古籍 1988 年 10 月版。

宣导郁阏，通利关节

——行气、导引漫话

动静相宜的保健养生

　　保健养生活动，是中国古代体育中的一大门类。从最初的人们由生活实践中体验到的一些原始的保健养生方法，到后来随着社会生产力的发展，人们开始明确建构和认同有关养生和健康的模式与标准，春秋战国时期逐渐形成了传统保健养生活动的完整体系，这就是以呼吸锻炼为主的行气术，以引申肢体为主的导引术和以舒筋活络为主的按摩术。"按摩"是一种外治法，就是用手在人体一定部位上进行各种运动，以防治疾病。按摩主要产生在中原地区，它和导引是治疗潮湿和缺少运动所致"痿厥寒热"（肢体活动不灵、发烧怕冷之类疾病）的常用方法（《素问·异法方宜论》）。此外，按摩还能治疗经络痛、心绞痛（《素问·举痛论》）。战国时期，按摩术是重要的治疗手段之一。据《史记·扁鹊仓公列传》的记载，扁鹊抢救因患尸蹶病而濒死的虢国太子时，就使用了按摩术。

　　行气，又叫吐纳、服气、炼气、胎息等，是在意念指导下的一种呼吸锻炼方法。

　　导引，一作"道引"，今称"气功"。它是我国富有民族特色的一种传统性医疗体育，也是我们祖先在生活、劳动及与疾病、衰老作斗争中积累、创造的一种医疗保健体操。追溯其源，大约源于舞蹈。《吕氏春秋·古乐篇》载：在唐尧时代，由于水道壅塞，人们志气郁闷，筋骨阏塞，尧教大家跳舞来宣导血气筋骨，即所谓"宣导郁阏，通利关节"。因此，所谓"导引"，就是疏导血气，引申肢体的意思。所以后世也把"导引法"称为"宣导法"。后来宋代罗泌的《路史》也有一段内容与此大致相同的记载。可见导引法的历史可谓悠久。

　　在华夏民族的传统体育形式中，行气、导引以及按摩术式，作为保健养生活动的完整体系，其流行和发展充分体现了中华传统文化的民族特色。后世以及当代的许多保健养生形式，都与上述传统的养生术式有着一定的渊源关系。

战国时代的气功疗法

　　我国战国时代已经开创了气功疗法——行气术。这是当时道家讲究养生之道的重大成就。《庄子·刻意篇》说："吹呴呼吸，吐故纳新，熊经鸟伸，为寿而已矣。此道引之士，养形之人、彭祖寿考者之所好也。"所谓"道引"，就是现在所说的气功。"吹呴呼吸"是说深长的呼吸。"吐故纳新"是说通过深长呼吸，吐出浊气，吸进清气，促进血液循环，达到加强新陈代谢的作用。《吕氏春秋》一书还总结出"顺生"、"节欲"、"去害"、"运动"等养生之道。《黄帝内经》、《老子》等书也有类似论述。导引包括肢体运动、呼吸方法及按摩等内容。

天津历史博物馆所藏战国时期的《行气铭玉杖首》(《图集》线图，图 25-1)，高 5.3 厘米，径 3.5 厘米。器形作十二面体的小柱状，上刻篆书"行气"铭文，每面刻三字，有九字重文，共四十五字(《图集》拓本，图 25-2)。文辞精炼，字形规整，为战国初年之物。"行气铭"以极简要的三字诀的形式概述了行气养生的要领与功能。这是目前发现的我国最早的行气理论的保健养生文献。

铭文内容参考郭沫若说释为：

"行气，突(笔者按：内，亦即纳；郭释为深，不妥)则 适(蓄)，蓄则神(伸)，伸则下，下则定，定则固，固则 明(萌)，萌则派(長、长)，派则退，退则天。

天其(几、机)春在上，地其(几、机)春在下。

巡(顺)则生，逆则死"。

(按："死"字之上有一小圆孔。)

图 25-1

图 25-2

这是讲深呼吸的一个回合，也就是现在行气疗法中所讲的循环—小周天或循环—大周天。"行气"时要尽量地多吸气（纳），吸气多就会使气积蓄起来，气积蓄就会使得气伸长，气伸长就会使得气往下沉，气往下沉就使得气定在丹田里，气定下来就会使得气在丹田里稳固下来，气在丹田稳固一段时间就会萌生新气，萌生了新气就会成长，这时气的行径就与深入吸气时相反而倒退，一直倒退到头顶。"天"原来就有头顶的意思。这样"行气"一个周天，天机便向上动，地机便向下动，顺着这样"行气"便可以长生，逆着这样"行气"就要短命。这篇铭文扼要地讲述了行气的要领、过程和作用，是研究我国古代"行气"的最早、最具体的实物资料。

1973 年，湖南长沙马王堆 3 号西汉墓中出土的一部写在缯帛上的养生专著——《却谷食气》篇，对行气的某些方面的记述，较之《行气铭玉杖首》所载更为详尽、具体。表明古代体育中保健养生活动的行气术，在这时已经十分普及了。

战国时代的气功师

《古玺汇编》著录了几方先秦古玺与《行气玉铭》中"突（纳）"相同字的单字玺（5339、5340，图 25-3、图 25-4），从宀从天，隶定为突，或从宝盖从大（5337、5338，图 25-5、图 25-6），隶定为宊，同"内"，即"纳"。白文秦官印（5476，图 25-7），原误为族，吴振武释为内，古内通纳。商周甲骨文、金文中的"天"字字形就是一个人的正面形象，甲骨文的人头形作方形或椭圆形，用以表示高大和顶颠的意思，下面像一个人张开双臂，叉开两脚，实际就是现在的"大"字。在甲骨文里"天"字和"大"字意思差不多，有时通用。金文的"天"字写得更形象，本意是人的头顶，引申为高大（图 25-8）。"大"字像人两手两腿张开的直立着的成年人的正面形象，夸张地表示"人的伟大"，引申为"大小"的"大"（图 25-9）。由此可知，从宀从天的字（突）和从宀从大的字（宊）应是同一个意思的异体字。内（纳），表示人（气功师）在房屋（宝盖是房屋的侧形）内做气功。这正合庄子所说的吐故纳新的道理。先秦玺印还有"长宊"（0697～0699，图 25-10～图 25-12）的官玺，其中两方反文左读。吉林大学也收藏了一方（《吉大》29，图 25-13），长即掌，应该是气功师之长，即管理气功师的官员。由此可知，我们的祖先在先秦时期已经非常注重健身运动。战国初年就已经有了气功的理论著述和专业的为贵族王室服务的气功师，而且还有管理和领导气功师的官员。《行气玉铭》文字与韩国文字相似，我们所见的"宊"和"长宊"玺印又大多为阳文宽边细文，据形制及"长"字特点看，图 25-3 至图 25-6 为三晋玺，图 25-10 至图 25-13 是燕国印，图 25-7 是秦印。

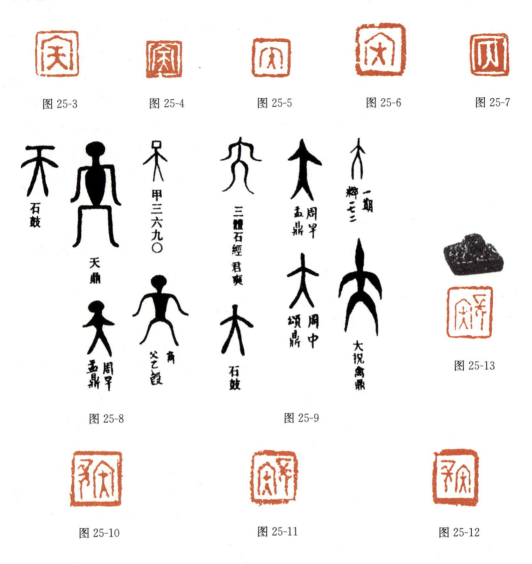

图 25-3　　　图 25-4　　　图 25-5　　　图 25-6　　　图 25-7

图 25-8　　　　　　　　图 25-9

图 25-13

图 25-10　　　　　　图 25-11　　　　　　图 25-12

汉代的《导引图》

　　导引术是一种以肢体活动为主，配合呼吸吐纳的运动方式。上面提到的湖南长沙马王堆 3 号西汉墓中，与《却谷食气》篇同绘在缯帛上的还有一件《导引图帛画》，（纵约 50 厘米、横约 100 厘米，《图集》局部，图 25-14）为我们提供了很形象的例证。用红、蓝、棕、黑诸色，描绘了不同年龄的男女作"导引"的四十四个动作与姿态，是气功中的动功运动。《导引图》自上而下共四层，每层各十一个不同姿态的单人运动形象。其中三十一个图（人）有题记痕迹，记有动作名称和所"引"的病名，可以辨认出来有"熊经"、"引温病"、"引膝痛"等二十余种。按，此处"熊经"与《庄子·刻意》的"熊经鸟伸"记载相符合，但又与该书注释所载的"熊经"动作有异，它既不是司马彪注解释的"若熊之攀树……"也不是如李贤注所称"若熊之攀枝自悬也。"而是像熊模仿人走路的样子,"熊经鸟伸"是形容做气功的姿态,"鸟伸"是说像鸟那样把头颈频频上伸,"熊经"是说像熊那样不断动摇腰身(《淮南子·精神篇》高注)。长沙马王堆汉墓出土帛画导引图,有称为"信"的。古文字的"信"即"身(伸)",弯腰而两手俯地,像鸟那样把头颈上伸,该即描写"鸟伸"的导引法,还有称为"熊经"的,就是描写"熊经"的导引法。《素问·导法方宜论》以为导引的适应症有痿、厥,寒、热和息积。江陵张家山汉墓出土竹简《引书》(见《文物》1985.1),则用文字详细讲述了导引的各个动作及疗病之法,与《导引图》可相辅相成,参稽对照。

图 25-14

《导引图》里的人物性别、年龄、衣着和动作各不相同，有的赤膊跣足，有的穿各色长服；少数持械，多数徒手；值得注意的是图中近半数为女性形象。其动作大体分为三类：呼吸运动、上下肢和躯干的全身运动和持械操。图中人物高9～12厘米不等。根据墓葬年代（公元前168年）推断，《导引图》的绘制年代最迟不会晚于西汉初，是迄今我国考古发现中时代最早的健身图谱，反映出行气与导引这类养生保健体育活动，至迟在西汉时代就成为人们常见的健身形式了。湖北江陵张家山汉墓中，又出土了《引书》，可以说是马王堆《导引图》的说明。汉代以后，以行气和导引为主要形式的健身养生体育活动一直长盛不衰。1900年发现于敦煌藏经洞，现存于法国巴黎国家图书馆，编号为P.3810的唐代写本《呼吸静功妙诀》、现存于湖南省博物馆的宋代龟咽鹤息和观星望月气功纹铜镜以及传世的南宋八段锦图谱等，都是当时保健养生活动广为盛行的佐证。

结　语

战国时期的气功疗法——导引，既有文献资料，又有《行气玉铭》和气功师（或官员）宊、长宊玺印为证，还有西汉初年的《导引图》帛画提供了珍贵的形象依据，为我们提供了一个古代宫廷气功疗法及其官制大体清晰的轮廓。

（原载《篆刻》丛刊2003年第3期）

参考：

杨宽《战国史》；邵文良编著《中国古代体育文物图集》，本文简称《图集》。

獬豸神羊，能辨曲直

——由獬豸封泥、玺印说到姓名图像玺

獬豸形象的确定

　　1989 年湖北省荆门市十里铺镇王场村包山岗二号（战国中期）墓出土了一块罐口部封泥，上面连钤三枚图像玺，报告称"三牛纹"（《包山楚墓》上册摹本，图 26-1）。兽纹凸起，头向下，一角前倾，前腿提起，后腿挺立，尾下垂，体呈抵触状，瘦如羊形。无独有偶，故宫博物院收藏的玉质"羊纹印"（《故肖》189，图 26-2），覆斗钮，面径 1.75 厘米，通高 1.7 厘米。误断为"羊纹印·汉"。又著录于《故宫博物院藏古玺印选》第 495 号，置于秦汉魏晋私印类，亦释为"羊纹印"。"三牛纹"与"羊纹印"几乎完全一样，只是玺印更为精致而已。究竟是羊纹，还是牛纹，或是其它什么神兽？时代是"战"还是"汉"？确实有必要作一深入地研究。

图 26-1

在深入研究中，包山岗二号墓墓主的身份为我们解决了长久未决的学术谜团。

包山二号楚墓的墓主邵㐌，官居左尹，是令尹（相当宰相）的重要助手，主管楚国的司法工作，相当现在的司法部长。由墓主的身份使我们想到"能别曲直"，"令触不直"的"獬豸神羊"，它是古代司法公正的象征。我们就会恍然大悟："三牛纹"封泥就是獬豸图像印迹。獬豸图像玺是左尹邵㐌生前的佩印，以示自己廉明公正，是后世法官穿戴獬豸冠、服的滥觞。其实獬豸冠在春秋战国时已为法官服有文献佐证，《左传·成九年》：

图 26-2

"南冠而絷者，谁也？"《正义》曰："南冠，楚冠，即今獬豸冠也。獬豸触不直，故法冠象其形。"獬豸封泥（即"三牛纹"）是邵㐌死后家臣封物时所钤记。故宫收藏的"羊纹印"也应该是獬豸图像印，时代也应在战国时期。獬豸图像印头左向，压印成封泥即头右向。

獬豸的时代特征

獬豸，神兽名，相传能辨曲直。《史记集解》引《汉书音义》："解豸似鹿而一角。人君刑罚得中则生于朝廷，主触不直者。"《汉书》五七上《司马相如传·上林赋》作"解廌"。廌为法字的初文"灋"的主要构件，法意公正。《后汉书·舆服志》："獬豸神羊，能辨曲直。"《晋书·舆服志》："獬豸，神羊，能触邪佞。"汉代杨孚《异物志》："……一角，性别曲直。见人斗，触不直者。闻人争，咋不正者。楚王尝获此兽，因象其形，以制衣冠。"《后汉书》："獬豸神羊，能别曲直，楚王常获之，故以为冠。秦灭楚，以其君服，赐执法近臣、御史服之。"沿至汉唐不改。《隋书》卷十二引《礼图》曰："獬豸冠，高五寸，秦制也，法官服之獬豸。"以獬豸象征司法官员的廉明正直的作法一直延续到明清时代，清代御史及按察史的补服前心后背皆绣獬豸图案。《文选》作"獬廌"。汉代王充《论衡·是应》："觟𧣾者，一角之羊也，性知有罪。皋陶治狱，其罪疑者，令羊触之，有罪则触，无罪则不触。"《说文》云："廌，解廌，兽也。似山牛，一角，古者决讼，令触不直者。"解、獬、觟三字同音通用；豸、廌、𧣾三字同音通用。文献中虽称名不一，实则为一物。廌，安阳小屯所出牛胛骨中，有一枚刻有"御廌"，即驯治解廌之意。"据其形，一角，两耳，四足。"（《考古》1972.2郭沫若文）但《汉书音义》说"似鹿而一角"；《后汉书》、《晋书·舆服志》、《论衡·是应》则称"神羊"或"羊"；《说文》则称"似牛"。究竟孰是？獬豸兽的形象在先秦青铜器纹饰中已有反映，但一直未被学者所认识。现举两例：

山西长治分水岭出土的战国刻纹铜匜（《造型纹饰》314，图 26-3）第三栏铭一长角、长颈、长腿、长尾、似鹿的动物，低头作抵触状，这应该就是《汉书音义》及张揖《汉书注》所说的"解豸似鹿而一角"。山西浑源李峪村出土的战国铜器残片（图 26-4）的中上部铭一羊形动物，短尾羊蹄，两角，面对扑来的狼（邪佞的代表）低头作抵触状，以保护正在逃避的小羊（弱者的象征）。这是现实生活中比较写实的羊（獬豸）。解豸本是神兽，故描绘者可以发挥丰富的想象，各行其是，或似鹿，或似羊，但以其角"触不直者"则是其共同点，表现了古代先民们对廉明公正的崇拜和向往。

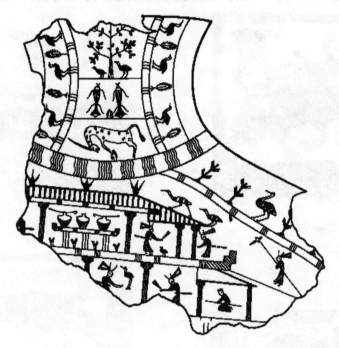

图 26-3

战国时期未见到像牛形的獬豸，而在东汉画像石中却发现了。《绥德汉代画像石》一书中，在墓门、门楣、过梁、竖石的下部及墓室显著位置分别刻铭十六对 32 只独角兽（獬豸），作左右对称，头长一尖角，或直或弯，长短不一，体形多式，但皆牛身，四肢用力后蹬，低头怒目，作抵角状（图 26-5 至图 26-8）。《韩伟

图 26-4

考古文集》(95 页) 说陕西神木大保当发现的獬豸，多刻在门下（图 26-9），也是牛身。大保当的獬豸与《绥德》图 5、11、18、19、28、38、45、48、56 等形象比较一致。1978年，山西省一西汉墓出土一件陶制独角兽（《中国文物报》2001.12.12，图 26-10），长 45 厘米，高 19 厘米，即像牛形之獬豸。内蒙古凤凰山一号汉墓壁画中有两幅"独角兽"，"一幅在墓室东壁，间于兵器陈列图与庭院及宴饮百戏出行图之间，占据画面主体正中显要位置，状如牛而一角似锥，勾头翘尾，后肢蹬直似有千钧之力"（图 26-11），但误为"犀

牛的一种，名兕。"画像石多表现文官武将生前生活的情景、身份以及逝后的愿望。由是，我们可以这样认定：铭以獬豸皆为墓主表白自己文官的身份，和为官廉明公正；东汉时的獬豸为牛身，与许慎《说文》所记正合。可能牛为"大牲"（《说文》），抵触的力度比羊更大，故广为流传，这是时代的风尚。

图 26-5

图 26-6

图 26-7

图 26-8

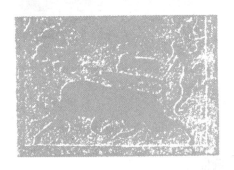

图 26-9

图 26-10

图 26-11

獬豸封泥的启示

因楚国左尹邵𩾃系司法官员而确定其墓中出土的封泥三牛纹是三枚神羊獬豸的图像，我们由此而得到几点非常重要的启示：

过去对图像玺多重视于艺术方面的评析。和其它艺术品一样，它也来源于生活，反映生活。这些玲珑精美的小品，在方寸之内"匠师们以惊人的艺术手段，从容不迫地刻划出它们所处的社会上之形形色色生活的缩影。"它们所取的题材相当广泛，反映了社会各阶层人民的生活，以及各种珍禽异兽（康殷辑《古图形玺印汇·前言》），还有神话传说中的各种神人……大量的杰作令人叹为观止。但是，有一个很重要的问题被学者们忽视了，那就是：图像玺的用途不仅仅是作为观赏把玩的艺术品！从包山二号墓獬豸纹封泥来看，图像玺不但有佩戴把玩以及封存私物的作用以外，更为重要的是表明自己身份的作用。

图 26-12

因为对獬豸神兽有了全面的认识，我们可以举一反三，对一些图像玺或姓名图像玺有了新的认识，并得以正确地解释。原被释为"羊纹印"的，其中有的应是獬豸玺。如《故肖》（190、194，图 26-12、图 26-13）均被误断为汉印。前者应是战国时期玺印，后者有日字界格，应是战国至秦王朝时印。日字格中铭"遗"字及獬豸纹（作奔跑状），因是拓本，故为反文。此为司法官员"遗"的用印。

一些未被释读的玺印，现在可以确认为獬豸玺。如《印举·30》著录的一方朱文獬豸玺（图 26-14）、《大全》0764 号白文獬豸玺（图 26-15）与故宫所藏的獬豸玺（图 26-2）形态相似，《古图形玺印汇》（149 页）一白文圆形玺，神羊更为曲屈（图 26-16）。《古图形玺印汇》(续集 69 页) 的 "王·獬豸" 玺（图 26-17）獬豸作站立状，角甚长，颇似拟人化的手法，可能是王室（族）司法官员的佩印。《大全》0802 号 "羊纹印"（图 26-18），羊的头部，即角、嘴、鼻等部位描绘得非常逼真，羊嘴大张作 "咋咋然" 状，是为獬豸。但是身体蜷曲与常形不同，可能因为是神羊，故不作常态处置。此作有真实，有假设，有模拟，有想象，是一方艺术水平很高的佳作。

一些被误释的玺印，现在可以得到纠正。《湘》529 号（图 26-19）獬豸的头在印面的右下角，屈身作抵触状，却被误为 "马形印·汉代"。《故肖》四六号楚国 "陈笞·獬豸" 玺（图 26-20）印面刻一兽低头，角前倾，前腿跪地，后腿蹲踞，作抵触状，此为獬豸无疑，却误为 "兽纹玺"。印主陈笞名下铭獬豸，援引邵䶪獬豸纹封泥例，此应是司法官员陈笞的佩印。

图 26-13　　　　图 26-14　　　　图 26-15　　　　图 26-16

图 26-17　　　图 26-18　　　　图 26-19　　　　图 26-20　　　图 26-21

姓名图像玺比邵䶪獬豸纹封泥更为进步，标上姓名直接表明自己的职业或身份。《古玺汇编》5651 号楚国 "苟训·虎纹" 玺（图 26-21），印面上部横列姓名，劲挺秀丽；下部饰一虎形，回首凸臀，虎尾高翘，张牙舞爪，生动精丽。秦宫廷有养虎以供玩赏之风习。文献有关于 "秦故虎圈" 的记载。秦封泥有 "尚御弄虎"（图 26-22），尚通掌，主持，掌管。《尔雅·广言》："御，侍也。" "弄虎" 犹 "弄狗"，指秦王珍爱之虎。"尚御弄虎"乃掌管侍养秦王珍爱之虎的官署。秦封泥又有"虎口之口",补全或当作"虎圈之印",犹封泥之有"麇圈"。据"苛训·虎纹"玺判断,苛训应是楚王虎圈的官员,楚王应有虎圈之设,但典籍失载。

图 26-22   图 26-23   图 26-26   图 26-27

图 26-24

图 26-25

《故肖》45 号、《玺汇》2562 号著录"备(备)鉌·双兽纹"(图 26-23)。首字施谢捷据《子弹库楚帛书·甲篇》:"九州岛不坪(平),山陵备岻(脈、脉)。"(图 26-24)《乙篇》:"民敬隹(唯)备(备),天像是惻(恻)"(图 26-25)的"备"字,应释为"备"。玺文之"备(反文)"当为帛书之异体省文。印文"备玺"两字系反文。两兽形态不一:一兽长颈似鹿，伸颈回顾；一兽头长一角，尾巴高翘，顾首回眸，造型极为精彩。备有"预备"之意，此印可能为管理园囿中动物的官员名"备"的佩印。《古玺汇编》5683号齐国两面印（图26-26），一面铭"卑口吉鉨"阴文姓名四字，线条细劲秀润，布白清朗；一面铭阳文鸟形及枝叶图像，鸟似栖息于树上，栩栩如生。据上述各例推测，此姓名图像两面印应该是为齐王管理苑囿的官员卑某的私印。珍秦斋藏"公孙昌"玺（《珍秦·战》29，图26-27）。"公孙"两字作合文，私名下有一兽低头，角前倾，前腿跪地，后腿蹲踞，作抵触状，此为獬豸无疑，过去学者多误为"羊纹玺"、"兽纹玺"，拙文《獬豸封泥和獬豸鉨印——由獬豸鉨印说到姓名图像鉨》（《中国书法》2003.10）已予以驳正。"公孙昌·獬豸"玺是司法官员公孙昌的佩印，又为拙文提供了一个例证。

结　语

相传獬豸能辨曲直，故被司法官员们所崇拜，常制獬豸图像玺印佩戴，借以表示自己廉明公正。由楚左尹邵㐌墓中的獬豸图像封泥，确定了先秦獬豸的形象。由古代文献典籍、封泥、玺印、画像石等资料可知，獬豸在秦前是似羊形或似鹿形的独角神兽，在东汉时则是似牛形的"独角兽"。

楚左尹邵㐌生前佩戴獬豸图像玺印，死后又用獬豸图像玺印压抑封泥表明自己司法官员的身份，从而使一批图像玺和姓名图像玺得到了科学的解释，为图像玺印的用途探索出新的一途。由古代文献、出土封泥、青铜器纹饰、传世玺印等资料相参证的综合研究方法是考释图像玺印的科学的研究方法。

（原载《中国书法》2003年第10期，略有增改。）

参考：

《包山楚墓》，文物出版社1991年版；王伯敏《古肖形印臆释》第36页。李贵龙等主编《绥德汉代画像石》，陕西人民美术出版社2001年1月版；朱启新《说"獬豸"》，《中国文物报》2001年12月12日第6版；马利清《内蒙古凤凰山汉墓壁画二题》，《考古与文物》2003年第2期。

国之大事，在祀与戎

——东周时期的贞卜和祭祀

祭祀是宗教迷信的一种主要形式。在远古时代，由于生产力十分低下，科学技术十分匮乏，人们对于自己本身及其周围的外部自然处于软弱无力和无知的状态，一种渴求生存的欲望，促使人们乞求天地鬼神为之消灾赐福，于是产生了宗教迷信，同时也产生了祭祀。世界各民族概莫例外。

祭祀始于原始先民的宗教迷信

在中国，能够反映原始先民信仰活动的实物线索，最早可追溯至距今约 18000 年前的山顶洞人。考古发现，在山顶洞人的尸体周围撒了许多赤铁矿的粉粒，并有装饰品殉葬。这显示当时已有鬼魂迷信和葬礼。而从理论上推断，自然崇拜的发生应该比鬼魂崇拜更早。因此，在山顶洞人时候，自然崇拜很可能已经盛行（《中国礼仪制度研究》）。从原始社会开始，事神致福的祭祀就受到格外的重视。根据考古发现，我国早在磁山文化时期可能已经出现祭祀活动。实例发现于河北武安磁山人的祭地祈年遗址。稍晚，仰韶文化、大汶口文化、龙山文化遗址中，经常发现人畜分层共埋于同一灰坑中或同一灰层中，其中有相当一部分也应该是祭祀遗迹。辽宁喀左东山嘴红山文化祭坛（《良渚古国》27，图 27-1）及其附近的牛河梁"女神庙"，太湖地区良渚文化、中原龙山文化和甘青地区的齐家文化遗址中都发现过祭坛。这些祭坛的碳素断代并校正，年代全部属于公元前 3400 年至前 2000 年之间。祭坛大多选择在地势较高的台地上，或自然山丘，或堆土墩，或垒石筑坛。祭坛周围留有供人们集体活动的空间。祭坛大多筑成圆形或方形，并经过精心设计，刻意修整。在祭坛附近大多有与宗教祭祀有关的遗迹或遗物，大何庄祭坛附近有五处用河卵石围筑起来的"石圆圈"（《良渚古国》27，图 27-2），圈外有许多墓葬，圆圈里外有卜骨灰烬和牛羊骨架。祭坛的性质及祭献对象可能有所不同，但基本上是祭祀天神地祇和祖宗神明。祭祀的仪式很可能是"血祭"，就是把献祭的东西埋在地下，牲血、人血、水酒等液体，直接灌注在地上（《考古纪原——万物的来历》）。新石器时代葫芦形袋状祭坛（《考古》1986.6，图 27-3），孕妇的大肚子形似瓜，《诗·大雅·緜》"緜緜瓜瓞（瓜葫芦），民之初生。"是说原始先民是从瓜葫芦里钻出来的。陆思贤引闻一多"伏羲、女娲为'葫芦说'"，刘尧汉引申为"远古的'葫芦文化'"。葫芦像孕妇的大肚子，伏羲和女娲是从一个葫芦里生出来的，等等。笔者以为此图像妇女的子宫，圆点寓意孩子，小圆点表示羊水，羊水破而孩子从母体中生出来。与神和祭祀有关的实物，最早可能是良渚文化出土的神徽，神徽由神面人身兽肚鸟爪四部分组成，故又称为神人兽面神徽（《文物》1988.1，图27-4）。在宽体玉琮王（余杭反山）上浮雕神徽八个，玉钺王（反山）上一个，动物化石（瓶窑）上一个……辽宁省西部凌源、建平两县的交界处的牛河梁"坛、庙、冢"遗址是距今5500年前出现在我国东北地区的一处高规格的祭祀礼仪活动中心，神庙中出土了一尊女性头像（《仰韶文化》彩版，图27-5）。现存头像高22.5厘米、面宽23.5厘米，系用黏性较大的黄土掺草禾塑成，未经火烧。女神头像现藏于辽宁省博物馆。田广林说"'她'是红山人的女祖"。笔者按：是氏族或部落供奉的神像；因为积石冢有置放具有神主性质的小形人物造像的习俗，所以，这一女神头像很可能是先祖的神像，供奉以祭祀。女神头像与红山文化裸体孕妇像等三处女神像，都是脱离了器物装饰的范畴而成为具有独立意义的雕塑艺术品。向世人证明了在距今五千多年前的新石器时代，中国雕塑艺术已经进入了相当发展的时期，从而将中国雕塑艺术史提前了三千年。特别是牛河梁女神头像所表现出来的高超的雕塑水平就世界范围来讲也是非常杰出的（《改写美术史》）。

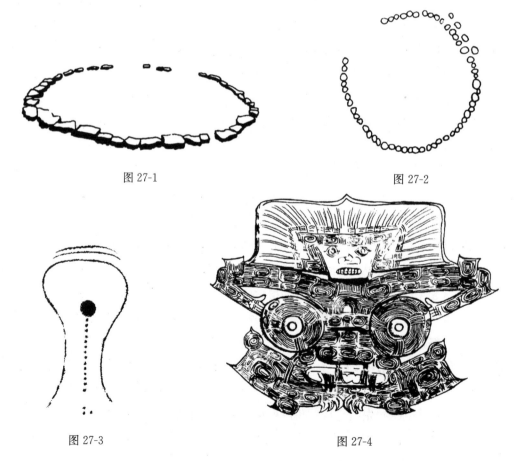

图 27-1

图 27-2

图 27-3

图 27-4

至殷、周，祭祀更被奉作国家头等重要的大事。《礼记·祭统》说："凡治人之道，莫急于礼；礼有五经，莫急于祭。"《左传·成公十三年》说："国之大事，在祀与戎。"把祭祀和战争并列为国家的头等大事，可见祭祀活动在古人生活中占据了何等重要的位置。早期祭祀可能没有固定的仪式和固定的献祭物，随后出现祭品供奉，按照神灵人格化的设想，要为神灵提供食粮，杀戮大小牲畜祭奠，在隆重的场合，还要杀人献祭，以表示对神灵的最大敬意。这种把人作祭品，以供神灵"食用"的作法，就是习称的"人牲"或"人祭"。祭祀的场所，早期可能在野外扫地而祭，随后演变为封土（筑坛）而祭；再后，又不仅限于封土，还要在坛上盖点房子，以增加宗教神秘的气氛。进入阶级社会以后，情况更为复

图 27-5

杂，分门别类而祭，于是陆续派生出"社稷"、"太庙"、"明堂"、"辟雍"，等等。

1998 年以来偃师商城发掘的商代早期祭祀遗址，地处宫城北部，系商早期商王室贵族举行祭祀活动的场所，其规模之大、分类之细、用牲之多、延用时间之长、等级之高，皆属罕见（《中国文物报》2001.8.5.1）。

殷墟发现的甲骨文是殷商后期（公元前 1300～前 1028 年）王室占卜凶吉时，契刻在龟甲兽骨上的占卜和记事的古汉字，因此又称为"卜辞"。"殷人尊神，率民以事神，先鬼而后礼。"（《礼记·表记》）由于殷人尊神信鬼，几乎天天祭祀，事事占卜。凡祭祀、征发、田猎、出入、年成、生育、疾病、风雨、天象等等一切事情都要借助占卜祈求上帝、神灵和祖先的护佑，都要问吉凶，其结果均铭刻在卜甲、卜骨上，从而保存了商代王朝种种活动的第一手史料。商周宗教祭祀的种类、祭祀的对象、卜问次序和祭祀程序等等，《商代宗教祭祀及其规律的认识》一文阐述甚详，可参阅。春秋以前，以活人为牺牲的祭祀很常见。殷人的甲骨文留下许多人祭的资料。有时一次祭祀使用人牲竟达千人之多。人祭的形式有火烧、水溺、活埋、刺喉沥血和砍头等，甚至将人剁成肉酱、蒸为肉羹。

上海博物馆收藏的一件东周时期青铜杯上刻画（《文物》1961.10.29，图 27-6）有祭祀场面：高台上有祭堂，巫觋正在举行祭祀活动，台下奏乐歌舞，台左侧有神树和鸟类，树下有人射猎。为了取悦于鬼神，献祭时需伴以音乐歌舞。祭祀奏乐，还有招神的功用。所谓祭祀，简约地说，就是娱神、通神，人神之间的交流；用礼物向神灵祈祷、致敬，以取得它们的护佑，消灾获福。就此而言，祭祀是将人与人之间奉答酬报的关系推展到了人与神之间。

图 27-6

楚人尚鬼、崇巫、喜卜、好祀

楚人尚鬼、崇巫、喜卜、好祀，遇事惯于通过巫觋求教于鬼神，希冀而且相信可以得到祖宗和神灵的庇护。遇难题游移不决时，须行卜以作判断；遇灾祸惶惑不安时，须行卜以测前途；遇战事料敌不明时，须行卜以择良策；至于社稷大事，更须行卜以保国泰民安。史载这类事例很多，楚君选择官员或统帅，有时采用枚卜的办法。就连决定王位继承人，偶尔也求助于枚卜这种离奇的方法。"神所立也，谁敢违之？"（《左传·昭公十三年》）楚共王不依惯例立长子为嗣，而是虔诚地求教于鬼神，可见信卜之深。河南信阳长台关一号楚墓出土的一件锦瑟上绘有一幅"灵巫弄蛇舞图"（或称"瑟首神人戏蛇图"，见《神人操蛇篇》图 39）。湖北省随县擂鼓墩战国早期曾侯乙墓出土了一件鸳鸯形漆盒，其中腹左右两侧描绘的是当时的巫舞场面，器腹右侧就是一幅击鼓舞蹈图。图中一虎形鼓座上挂一面建鼓，建鼓右侧一鸟首人身的乐师侧向而立，手执短桴，上下作击鼓状。鼓右侧是一戴冠佩剑的男巫，正举臂投足，高歌起舞。巫师的衣袖飘逸柔软，曲线婀娜多姿。舞师的形体大于鼓手，鼓手挥桴时注视着舞师。舞蹈场面相互呼应，主次分明（见《音乐篇》图 17）。器腹左侧是一幅撞钟击磬图，画面中央悬挂钟磬，一鸟首人身的巫师正手执长棒撞钟奏乐。这两幅漆画，尤其是器腹右侧的"击鼓舞蹈"（《曾侯乙墓》上 365，图 27-7），也可反映楚地巫舞的风貌。上古时的巫是一种管理宗教事务的职官，是神与人之间沟通的媒介。巫有男觋女巫之分，以乐舞娱神，又扮作神以受享。在巫术仪式中，歌舞是最主要的内容。

图 27-7

战国时期，贞卜之事渐少。从二十世纪五十年代至九十年代中期，在 21 座战国时期的墓葬中出土了大量的有字竹简，其中遣策、法律文书及典籍居多，有卜筮祭祷内容者仅见战国中期的湖北江陵天星观一号墓、江陵望山一号墓、荆门包山二号墓、江陵砖瓦厂 370 号墓等四座墓葬。但包山简中卜筮祭祷记录内容殊为丰富，主要是为墓主卜病况；卜官运。完整的卜辞有一定的格式。包山简中贞人有十一人之多[2]。楚人巫风之盛，则远胜于两周之时的其他各国。楚巫的水平和地位之高，也为诸夏之巫所不及。《吕氏春秋》的作者认为巫风之盛，甚至使楚人误国。足见楚巫在当时的作用与影响。

卜正（5128，图27-8）圆形阳文玺印，原释为"政"，并误入"单字玺"类。此印经笔者考证即"卜正"二字，很有可能是春秋晚期的楚国官玺。正，即官之长，在先秦典籍中多见。如陶正、马正、乐正、里正、贾正等等。"卜正"一职见于《左传·隐公十一年》，滕侯与薛侯朝见鲁隐公，朝见时欲争前位。滕侯说："我，周之卜正也。"注曰："卜正，官名，是［周］天子的卜官之长。"[3]

图27-8

卜大夫（《珍秦·战》18，图27-9）阳文三晋玺，职掌贞卜之事务。《春秋经籍引得》有卜、卜人、卜尹、卜正名称，卜尹及卜正皆为卜人（官）之长。未见有卜大夫之称，或可补史籍之缺遗。楚称卜正，三晋称卜大夫。

祭祀分天地神三大类

中国古代信奉多神崇拜，祭祀的种类、名目极为繁多。各家分类也不尽同：或归并为天神（上帝等）、地祇（社、山川等）、人鬼（祖先、旧臣等）三大系列（杨志刚《中国礼仪制度研究》）；或又分为祭天、祭祖、祭社、五祀与蜡（陈绍棣《中国民俗通史》）。

天（5271，图27-10）朱文印。祀天是中国古代封建王的祭天典礼。"冬至祀天于南郊；夏至祀地于和郊。《封禅书》曰：'冬至日祀天于南郊，迎长日之至。'《史记》卷28"子产曰："天道远，人道迩，非所及也，何以知之。"（《昭十八年》）此种重人轻天思想，周初已有萌芽。传说远古时代，人神本是相通的；

图27-10

他们彼此的关系都很好，人神可以自由交往，天国也能任意往来。《山海经·大西荒经》就有"能上下于天"的记载。只是到了重黎时代，人与神才开始疏远，变得生疏；随之，通往上天的路也被阻隔了。后来的人与神交往，便须借助于巫；巫的重要作用便是降神；他同时兼有人与神两种身份。因为他经常与神交往，于是，也具有了神性；所以，他能上下于天向神传达人的想法，也能向人转达神的旨意（赵辉《楚辞文化背景研究》79～80）。"天"、"神"等玺印疑其为祀天官员或"知天道"者，亦即卜筮等史官的用印。

云子思土（4876、4877，图27-11）秦成语印，意即云游之子思念故土。旧误为云子思士。土者地也；土亦指社神。《公羊传·僖卅一年》："诸侯祭土。"注"土谓社也。"《礼祭》："社祭土而主阴气也。"祭地古则称"社"。"社"本是地神之称，后来人们把对大地的祭祀亦称社。所以，土字玺印与陶器印迹应与社祭有关。土（《陶汇》4.141，图27-12），河北易县出土，燕国陶器印迹。有方边框，中为土字。

土（5121、5123，图27-13），圆形或方形阳文小玺。原释为士，裘锡圭改释为土。

土（《陶汇》3.1122，图27-14）邹县出土，高明《类编》418页释为土。

土（《考古》1984.9.790，图27-15），楚白文小玺，长沙树木岭一号战国墓出土，湖南省博物馆收藏。报告释为士，《书集·先秦》151误从，今更正。

土鉨（《珍秦·战》21，图27-16），下横明显长于上横，应释为土。

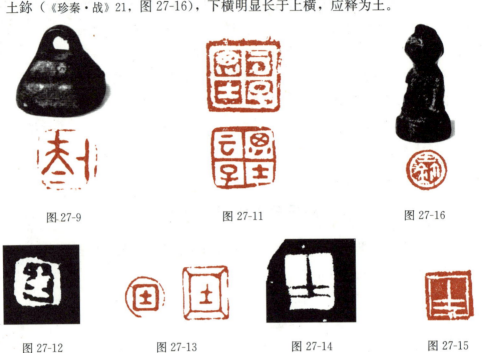

图27-9　　　　　　　　图27-11　　　　　　　　图27-16

图27-12　　　　　图27-13　　　　　图27-14　　　　　图27-15

甲骨文"祭"字（《字形表》8/甲3319、《鉴真》203/合27128，图27-17），像手持带着血滴的腥肉。《说文解字》释"祭"为"从示，以手持肉"。这透露出"祭"的本义是以牲肉献神。古代表示祭祀的其它一些字，如：享（献酒食以供神灵）、荐（兽畜吃的草，后引申为进献酒食）、燕（甲骨文及金文都写作双手持豆，豆中盛米状）、尝（辨别滋味）、祠（何休注："犹食也"）等，意思也都与饮食有关[4]。由此反映出饮食在祭祀中占据着极重要的地位。

合27083　　合27128

图27-17

战国时期祭祀的种类

祭（《陶汇》3.835、841、842、844、845，图27-18），以手持肉，置于示（祭台）上。

劦/祭（《陶汇》3.837，图27-19）两阴文印迹。说文劦，同力也，从三力。按：甲骨文像三耒，表示合力并耕的意思。协，繁体作協，为后起字；劦为協（协）的本字、初文。劦非祭名而是人名。

口/祭（《陶汇》3.843，图27-20）两阴文印迹。肺（市）/祭（《陶汇》3.846，图27-21）两阴文印迹。

图 27-18

图 27-19

图 27-20

图 27-21

　　桶/祭（《季木》0834）两印迹，一阴一阳。囗/祭（《陶汇》3. 839，图 27-22）两阴文印迹。寻（得）祭（《陶汇》3. 840，图 27-23）阴文印迹，得字倒文。以上六件的"祭"字都表示祭祀官署。《佩文韵府》收一百多种先秦祭名，其中未见有劢、市、桶、得等祭名，这些可能都是陶工名。

图 27-22

图 27-23

繚（缭）（《陶汇》3.1272，图 27-24；《珍秦·秦》24，图 27-25），䀹（命）鈢（0351，图 27-26）楚白文印、命（《珍秦·战》228，图 27-27），椭圆形阴文秦印。缭祭，古代九祭之一。《周礼·春官·大祝》："辨九祭，一曰命祭，二曰衍祭，三曰炮祭，四曰周祭，五曰振祭，六曰擩祭，七曰绝祭，八曰缭祭，九曰共祭。九祭皆谓造食者。"孙诒让《周礼正义·大祝》说："祭者以左手直持肺根，右手取肺尖，潦绕绝断，取以为祭，故称。"命玺的命原无释，由何琳仪释出。命玺、命两印应是楚、秦两国主管命祭的官署用印。

| 图 27-24 | 图 27-25 | 图 27-26 | 图 27-27 |

吉（《珍秦·战》226，图 27-28；5053～5057，图 27-29）祭名。《礼记》："卒哭曰成事，以吉祭易丧祭。"《逸周书·武顺》说："礼义（仪）顺祥曰吉。"又为礼仪用语。

竈（灶）（5496，图 27-30）秦白文官印。《秦公簋》、《邠钟》、《石鼓文·吴人》、《秦公大墓石磬文字》都有竈字（图 27-31），或假为牲（造）或肇。

右竈（《季木》0974，图 27-32），竈与秦公簋的竈字接近，李零释为竈可从。窊（竈）（5479，图 27-33）有边栏白文秦印。竈（《珍秦·秦》92，图 27-34），误置于私印中。

| 图 27-28 | 图 27-29 | 图 27-30 | 图 27-33 | 图 27-34 |

竈，炊物之处，即今之灶字，先秦时又作神名、祭祀名。竈神为五祀之一，是保护家庭之神。《说文解字》云："炊竈也，从穴，黾省声，则到切，竈或不省"。这是说灶字的写法有二：或作竈，杨堃说"乃是一个蟾蜍居于炉灶之中"。或作竈。灶神的起源较早。在史前时代，灶神是有动物的形象的。《论语·八佾》："媚于灶。"可知春秋时即有主灶

之神。此后又被中国人想象为女性之神，在《礼记》之中先民们想象它是一位老妇。在《庄子》之中先民们又想象它是一位穿红衣的美丽的女郎。这些不同大概是因为各地方对于灶神之观念不同而来的。后来灶神又被中国的人们想象为是一位男性的神（杨堃《灶神考》）。《战国策·赵策》："梦见灶君。"《淮南子·氾论训》载："炎帝于火而死为灶。"汉高诱《注》："炎帝神农，以火德王天下，死讬祀于竈神。"据《太平御览》卷186引《淮南子》（今本无）载："黄帝作灶，死为灶神。"《荆楚岁时记》引许慎《五经异义》又载："火正祝融为灶神，姓苏，名吉利。"可知灶神有炎帝、黄帝、祝融多种说法（秦永洲《中国社会风俗史·灶神》）。

右鬮（阄）（《陶汇》5.240～241，图27-35）《说文》："鬮，鬮取。"即拈阄。抓取物具以决胜负或书纸为团拈取以卜可否。

祈（《陶汇》3.849～852，图27-36）邹县出士。《陶汇》原释为萫，改释为祈。祈，对天或神明告求。《书·召诰》："王其德之用，祈天永命。"《礼·礼器》："君子曰，祭祀不祈。"又有祈羊：杀羊而祭；祈年：祈祷丰年；祈珥：古时杀牲取血以祭之礼；祈报：祭名；祈蚕：祭祀蚕神，祈求蚕事丰收。……皆与祭祀有关。

秦公簋
石鼓
邵钟
小篆

图 27-31

图 27-32

图 27-35

图 27-36

奉□丞印，这枚封泥第二字残，可能为奉常丞印。《汉书·百官公卿表》："奉常，秦官，掌宗庙礼仪，有丞。奉印（《新出》120，图27-37）为奉常省文。

恒山侯丞（《新出》94，图27-38）。《史记·封禅书》记："北岳，恒山也。"秦祠名山"于是自殽以东，名山五……恒山……"周晓陆说"恒山侯丞殆祠祀恒山时军候也。"

祭祀之前的仪式和祭坛祠堂

泰宰（《新出》5）秦封泥。泰宰即太宰。为宗庙礼仪之官。《汉书·百官公卿表》："奉常，秦官，掌宗庙礼仪。景帝中六年更名太常。属官有太乐，太祝、太宰、太史、太卜、太医六令丞。"《史记·封禅书》："[汉高祖]二年……乃立黑帝時，有司进祠，上不亲往。

悉招故秦祝官，复置太祝、太宰，如其故仪。可见秦有太宰。

珍秦斋藏秦子戈铭曰："用逸（肆）宜"。肆、宜皆有祭祀义，故可连用作"用逸（肆）宜"或省称"宜"。凡铭"用逸宜"或"宜"的器物多用于祭祀场合。兵器铭"用逸（肆）宜"，大概如《肆师》所说，乃"祭兵于山川"所用。宜也可以读为仪。"肆，习也。故书肆为肆，仪为义。"孔颖达疏："言王有会同，军旅、甸役之事，皆有祷祀之法，云'肆仪为位'者，数者祷祀，皆须豫（预）习威仪乃为之，故云'肆仪'也。"依此说，则"用逸（肆）宜（仪）"即祭祀前预习威仪，器为祭祀仪仗器。"宜"为"用逸宜"之省略，所以虽仅一字，仍包含"祭祀前预习威仪"之意[5]。

宜（《陶汇》3.1318，图 27-39）秦阳文无边陶器印迹。宜（《陶汇》6.194，图 27-43），三晋刻文。肆（5120，图 27-40）学习之意。祭祀前教授仪式的机构。義（《篆集·卷一》661，图 27-41）误置于成语玺类中；義（义）（《陶汇》3.919，图 27-42、）齐系印迹。义为仪之本字。

图 27-37　　　　　图 27-38　　　　　图 27-39　　　　　图 27-40

坛"筑土而高曰坛"，坛就是土筑的高台。是用来祭神之所（神坛），古人朝会、巫祝、盟誓多设坛行之。考古发掘及文献多有记载。砠（5406，图 27-44）同"墠"，祭祀的场地。《字汇补·石部》："砠，墠字。"《隶释·从事武梁碑》："前设碻（砠），后建祠堂。"洪适注："砠即墠字。"古文字中往往石、土旁通用，故碻、壇，通作坛。清朱骏声《说文通训定声·干部》："墠，埽（扫）除草薉（秽）曰墠，筑之坚实者曰场。"《礼记·祭法》："是故王立七庙，一坛一墠。"郑玄注："封土曰坛，除地曰墠。"

图 27-41　　　　　图 27-42　　　　　图 27-43　　　　　图 27-44

祠，春祭曰祠。《周礼·春官·丧祝》："以祭祝祷祠焉"。古有神祠、宗祠、某某祠者，为祭祀神、祖宗或往哲之庙堂。祠堂图（《不为观赏的画作》62，图 27-45）山东沂南北寨村画像石墓出土。画面分左右两部分：右刻迎谒、车骑、双阙、庖厨、宴饮、戏具图。左刻一"日"字形祠堂。祠堂两厢及前、中、后三排房屋，形成两重院落。第一重院落内置有井。第二重院落内放置盛食品的几案、壶、尊等食器。据信立祥考证，此为一幅祠堂图。此祠堂前院有井、屋后有厕，两侧有廊，最后一排堂屋，中立楹柱，这种作法，联系图右的车马出行图，王建中说此图应为一幅墓主灵魂赴祠堂的出迎图[6]。沛县栖山出土的神庙图（《汉代画像石通论》398，图 27-46）中在二楼内坐着西王母，楼外有仙人捣药，击鼓舞乐，斗鸡等活动，并有人首蛇身、马首人身、鸟首人身之神灵前来拜谒。

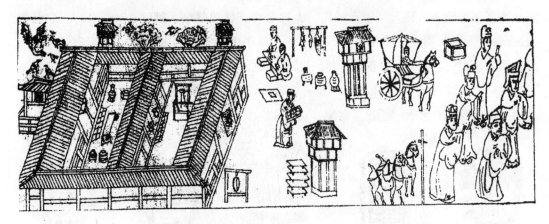

图 27-45

图 27-46

职司祭祀的职官

祠祀（《泥风》164，图 27-47），秦封泥。祠厨（《征存》455，图 27-48），秦印。祠通祀，祠厨是专为举行祭祀活动的厨官之印。秦时有众多举行祭祀活动的祠。睡虎地秦墓竹简《日书》771："可取（娶）妇家（嫁）女葬狸（埋），以祠祀哥（歌）乐吉。"可知祠祀的职责是在娶妇嫁女或下葬等礼仪中主管歌舞乐曲的工作。秦有厨这一机构：陶器刻文［丽］山厨（《秦代陶文》

1476)，六厨（《秦代陶文》1481）；前者应为丽山邑祭祀之厨。"祠厨"是管理祠祀厨官之印。

雍祠丞印（《新出》5，图27-49），《汉书·地理志》右扶风雍县条下班氏自注："有五時。太昊、黄帝以下祠三百三所。"王先谦《补注》："《郊祀志》：'雍有百有余庙。'又云：'旧祠二百三所'。此'三百'疑'二百'之误。"《水经·渭水注》："雍有五時，以上祠祀五帝。""雍祠"为管理雍地诸祠之官署。

祝印（《新出》2，图27-50，图27-51），"祝"为官名．负责宗庙祭祀祈祷之赞词。所诵读之辞，称"祝辞"或"祝文"。殷代始置，甲骨文中有关于"祝"的记载，西周初期．金文也见"大祝"（大祝禽方鼎《文存》2.41.5），《周礼·春官》有"大祝"、"小祝"。春秋晚期《石鼓文·吴人》中有献用、大祝之称；献即献祭、献俘。《汉书·百官公卿表》云："奉常，秦官，掌宗庙礼仪，有丞。景帝中六年更名太常。""属官有太乐、太祝、太宰、太史、太卜、太医六令丞。《史记·封禅书》："汉兴，高祖悉召故秦祝官，复置太祝，如其故礼仪。"秦太祝有"祝官"若干，"祝印"当为"祝官"之印。相家巷遗址出土秦封泥还有半通"□祝"封泥，疑印文应为"大祝"。

图 27-47　　　　图 27-48　　　　图 27-49　　　　图 27-50　　　　图 27-51

战国时期的贡纳制度

我国自古就有贡纳制度，贡物的献纳，对王国不仅具有经济上的意义，对于诸侯，方国更具有政治上的臣属意义，所以商初建国，成汤就命伊尹作《四方［献］令》，规定服属国应献纳的土特产于王国。不自觉、主动献纳，就是违令，违令者要遭到挞伐。甲骨文中属于贡纳的用语有氐（致）、共（供）、入、见（献）、登、取、勾、来、至等十个，大致上可分为两类：一类是从纳贡者角度的用语，致、供、见（献）、入、登属这类用语；二类是从王室角度收取或征集贡物的用语，取、勾、来、至等属这类用语[7]。

登（5327，图27-52），燕玺。陶文印迹有左登（《陶汇》5.286，图27-53）、登（《季木》0679，图27-54），登、左登似为贡纳机构。登本字作鐙，从肉从又（手）从豆（食器），为祭器名。也是祭祀时盛肉食的礼器。《尔雅·释器》："瓦豆谓之登。"《诗·大雅·生民》："卬盛于豆，于豆于登。"毛传："木曰豆，瓦

图 27-52

曰登。"但此说也不尽然，陶文有祭豆（《陶汇》3.838，图27-55）合文，则瓦可称登，也可称豆。这种祭祀用的豆与标准量器的王豆、公豆有别。

祭壶（《陶汇》3.836，图27-56）祭祀用器。

匃（《陶汇》5.412，图27-57）匃有乞求、给予意，为收取或征集贡物的用语。

图27-53　　　　图27-54　　　　图27-55　　　　　图27-56　　　　图27-57

楚器：楚王酓肯镳鼎、鈍鼎、簠、盘四器及楚王酓忎鼎（见《铸造篇》图9）、盘两件都铭有"……以共（供）岁尝。"《铭文选》660释为"以供岁之秋祭"。《尔雅·释天》："秋祭曰尝。"

信宫罍肩上铭"西共左，今左般，信宫左般"等语。"西"指该器置用于西县；"共"，读为"供给"之"供"，"供"是供给祭器及食物的官署；"左"，此官署分左右。西县是秦早期宗庙重地，祭祀不辍，所以这件罍最早是属于秦西县宗庙祭祀官署。

图27-58

西共（《考报》2001.4，图27-58）《汉书·地理志》："陇西郡，秦置。"辖西县（秦人早期都邑西犬丘）。秦之西县在甘肃礼县大堡子和赵坪附近。旧说"共"即"共厨"省称[8]。笔者按：容庚编《秦汉金文录》之《汉金文录》辑录相关铭文有"长安共厨金鼎"、"美阳共厨金鼎"、"口汧共厨铜一斗鼎"、"好畤共厨金鼎"、"雍械共厨铜鼎"等，在地名后注明共厨。但同书所辑录的"平阳共"、"蓝田共"、"频共"、"杜共"、"黄山共"、"长楊共"、"鳌屋共"、"成山共"、"華共"等在地名后只注明共，而无厨字；秦律严厉，似不能随意省略。故共非共厨之省而是共府之省，共厨应是共府之属下。西汉

图27-59

铜量有上林共府铜升（《中国古代度量衡图集》115，图27-59），共府应是贡物献纳的储藏出纳之府。西共是西县共府之省。

西共丞印（《泥风》135，图27-60；《集成》1598，图27-61），前者为新出秦封泥，后者为传世秦封泥。"西共丞印"为西县共府丞印之省称。

都共丞印（《考与》2005.5，图27-62），都共（同前，图27-63）秦封泥，《左传·庄廿八》："凡邑有宗庙先君之主（神主、牌位）曰都，无曰邑。"都共即设在有宗庙大城的共府。

图27-60　　　　　图27-61　　　　　图27-62　　　　　图27-63

共（供）（5129～5133，图27-64）、共（供）（5144～5152，图27-65）。共（5134～5143，图27-66）楚系玺印。共是祭名，是"九祭"之一；共通供，又有贡纳之谊；共与共厨、共府或又同义。待详考。

图27-64　　　　　　　图27-65　　　　　　　图27-66

共（《湘》75，图27-67）先秦玺印，原误释为齐，《战国铭文选》92以为共通恭，敬也。笔者按：《篆集·卷一》592～594页收录共单字印32方，皆释为恭，恐误。固然共通恭，但共亦通供。如此多的共单字玺印似应与供纳和祭祀有关，很可能是各国各地钤记在贡献物品或祭祀用品上的印记，作为封检之用。近读《鉴印山房藏古玺印菁华》（8号）发现一桶状"共"单字玺（图27-68），可能用作烙印，说明这种印并非全是佩带腰间的箴言玺，或可能两种兼有。

享（5296，图27-69）供献；祭祀。《说文》："㐬，献也。从高省。曰：象进执物形。《孝经》曰：'祭则鬼㐬之。'享，篆文㐬。"吴大澂古籀补："古㐬字象宗庙之形。"按：宗庙为㐬献鬼神之处，故后世㐬、飨多混用。古㐬字后分化为亨、享、烹三字，古籍多通用。《尔雅·释诂下》："享，献也。"《礼记·曲礼下》："五官致贡曰享。"郑玄注："享，献也，致其岁终之功于王，谓之献也。"《广雅·释言》："宦，祀也。"《字汇·宀部》："享，祭也。"

獻（献）（《印举选》53，图 27-70；《珍秦·古》159，图 27-71）秦印。献，进献，进奉。《广雅·释诂二》："献，进也。"《玉篇·犬部》："献，奉也，进也，上也。"《字汇·犬部》："献，凡以物相馈，下于上曰献。"《周礼·天官·内府》："凡四方之币献之金玉、齿革、兵器，凡良货贿入焉。"郑玄注："诸侯朝觐所献国珍。"

"五官致贡曰享。"五官应是管理贡纳进献的官员。《战国策·齐一·靖郭君谓齐王》曰："五官之计，不可不日听而数览〔也〕。"五官又是审计要员。是知五官是主持审计和贡纳的财政大臣。旧说五官即"五行之官"或"五种官职"（见《辞源》五官条）。笔者也因此误为"主管社会风化的民政官员"，应予以修正。伍官之玺（0135，图 27-72），战国楚官玺，伍通五，应如上说。

图 27-72

图 27-69

图 27-67

图 27-70

图 27-68

图 27-71

方相氏驱鬼逐疫

上古时，人们认为自然界里有各种各样的鬼神．其中有一种专使人害瘟疫的疫鬼，瘟疫是古人对各种急性传染病的称呼，没有什么卫生条件可言的先民们一旦染上瘟疫几乎便是患了绝症，而且还要祸及部族中的其他成员。因此，他们对瘟疫谈虎色变，躲避之唯恐不及。驱除疫鬼的仪式——"驱傩"便应运而生（《万事万物史典·面具小史》）。傩在中国是一种原始文化现象，滥觞于史前，盛行于商周，在周以前，图腾崇拜、巫觋祀神之风就已盛行。傩舞（傩祭）就是人们头戴面具以舞蹈的形式驱鬼逐疫。傩祭见于殷墟卜辞，至周代记载较为详细。周代宫廷的傩祭有国傩、天子傩、大傩等，一年举行三次。周代把驱鬼除疫的活动称为"难"，又写作"傩"（音挪 nuó）。专任领导傩祭的官（巫士），叫方相氏，他是傩祭的中心人物。在傩祭之时，他"掌蒙熊皮，黄金四目，玄衣朱裳，执戈扬盾，帅百隶（司隶所掌的五隶之民）而时难（时难，同时傩），以索（㾕，同搜）室驱（驱、驱）疫。大丧，先柩。及墓，入圹，以戈击四隅，驱方良（网两，即魍魉，土怪也）。"（《周礼·夏官·方相氏》）大意是：方相氏身上披着熊皮，戴上有四只眼睛的黄金色的面具，上穿黑衣，下着红裙，一手执戈，一手扬盾，率领与方相氏一样化装为兽形怪物的群隶按季节进行驱鬼仪式，以搜索宫室驱除疫疬。举行君王丧礼时，方相氏走在灵柩前驱逐沿途恶鬼。到了墓地，他又走下墓穴，用戈敲击四方角落，驱赶潜藏在墓穴里的魍魉。

在湖北随州市曾侯乙墓内棺左右两侧的漆绘图案上，有 16 个傩舞怪人，有两目与四目者，但均为大头、方面、戴角，双手执戈，张口呼噪，以戈柄击地顿足而舞（《荆楚歌乐舞》231，图 27-73）。据《后汉书·礼仪志》可知，汉代的傩舞与先秦傩舞仪式过程大同小异：方相氏与神兽一边唱着吓唬鬼怪的歌，一边跳起驱鬼逐疫的舞。最后，手持火炬，把鬼疫送出门外，作为傩仪的结尾[9]。

图 27-73

流传在民间的傩祭舞蹈叫"乡人傩"。据《论语·乡党》所载，本乡人的大傩队伍来到孔子家的时候，孔子总是穿着朝服，站在家庙东面的台阶上恭迎，据说是害怕驱傩时惊吓了先祖的亡灵。可见他对傩祭是信仰的，对大傩的威力是重视的[10]。

方相氏身披熊皮，头戴面具，黄金四目，实际上乃是旨在祛邪的面具，为的是装扮成凶神猛兽，形状极可畏怖，俾使土怪恶鬼惧怕。方相是仿效可怕的相貌的意思。郑玄注《周礼》云："冒熊皮者，以惊驱疫疬之鬼，如今之魌头也。"魌与颗、俱通。《说文》："颗（魌）头'是在逐疫时使用的法器'。""颗，丑也，今逐疫有颗头。"高诱注淮南子时进一步指出方相氏的"黄金四目"乃是模仿人脸的一种丑陋的脸谱。杨倞注《荀子·非相篇》时指出当时称为"皮俅",就是汉代所称的魌头,亦即是用以驱邪的面具。韩昌黎注《子虚赋》云:"四目方相,两目为俅。"

　　面具又叫"假面","代面"或"大面"。面具的历史非常悠久,早在七千年前我国就有了陶面具。全世界各地都有面具出土,埃及比我国略早。殷商饕餮纹面具(台湾《故宫文物月刊》1987 年第 12 期 48,图 27-74)、四川广汉三星堆大型祭祀坑出土的商代纵目大耳面具(《中国国宝精华》135,图 27-75)、金沙遗址黄金面具(《金沙遗址》19,图 27-76)是三千多年前古蜀国的遗物。江西新干商代晚期大墓出土神人头象(《中国考古大发现》110,图 27-77),双目外凸,两耳尖尖,龇牙咧嘴,显得恐怖和神秘。西周中期也出土多件铜人面具,1997 年江陵秦家沱楚墓出土战国玉面罩,荆州博物馆收藏(谭维四主编《湖北出土文物精华》180 页),这些面具应该是方相氏在傩祭时戴的面具。方相氏图像玺(《故肖》60,图 27-78),鼻纽,《故肖》说为操戈盾像人纹印,汉代,不妥。图像饰一人正面像执剑(戈)扬盾,作蹲踞状,正在逐疫驱疠。面部宽扁,仅饰两目,上有齿状,应是面具的边缘,与房山琉璃河燕国墓地出土的兽面饰(《中国考古学·两周卷》82,图 27-79)形状相同,兽面饰眼部呈空洞,应是方相氏所用面具。此玺与作侧面进攻状的武士形象(见《军将篇》图 37)不类。笔者失察,延旧说把方相氏图像玺误置于《中国篆刻全集·卷一》武士玺中,今更正。

图 27-74

图 27-75

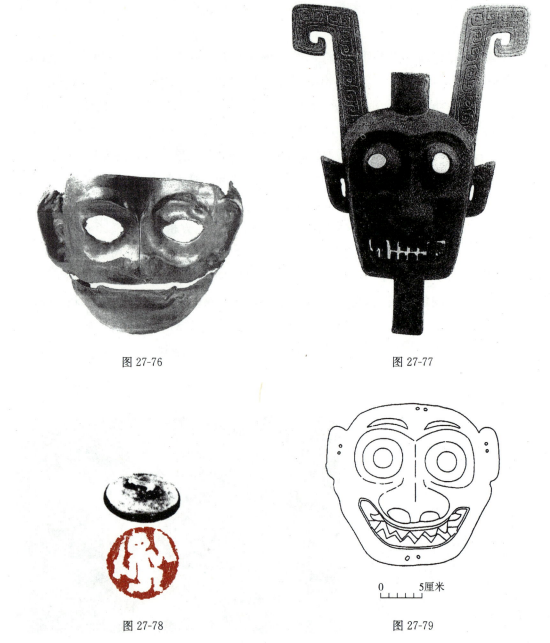

图 27-76

图 27-77

图 27-78

图 27-79

0　　　5厘米

结　语

　　远古时代因人们的认知能力及抗拒大自然灾害的能力都很低下，于是乎转向祈求上天给予保护和赐福，从而产生了宗教崇拜和祭祀仪式，以及职能机构和官员。统治阶级则利用宗教文化"以文化民"，巩固其统治，达成其大一统的目的，历代君王概莫能外。

注：

[1] 该文系王宇信、杨升南主编的《甲骨学一百年》中的第十三章。

[2] 参见拙编《中国书法全集（4）·春秋战国刻石简牍帛书卷·包山楚简》条。

[3] 详见拙文《古玺考释五题》，刊《考古与文物》丛刊第四号《古文字论集》第二辑。

[4] 引自刘雨著：《西周金文中的祭祖礼》，《考古学报》1989 年第 4 期。

[5] 详见王辉、萧春源《珍秦斋藏秦子戈考跋》，《珍秦斋藏金·秦铜器篇》页 153～157。

[6] 详见信立祥《论汉代的墓上祠堂及其画像》，《汉代画像石研究》，文物出版社 1987 年版；王建中《汉代画像石通论》，紫禁城出版社 2001 版第 398 页。

[7] 杨升南：《商代经济史》第 625 页，贵州人民出版社 1992 年；《卜辞所见诸侯对商王室的臣属关系》，载《甲骨文与殷商史》第一辑第 516 页，上海古籍出版社 1983 年。

[8] 徐正考《汉代铜器铭文研究》，吉林教育出版社 1999 年版。

[9] 杨匡民、李幼平著《荆楚歌乐舞·第七章荆楚舞风》第 231 页。

[10] 详孙景琛《中国舞蹈史·先秦部分》第 102 页。

参考：

杨志刚著《中国礼仪制度研究》，华东师范大学出版社 2001 年版；宋公文，张君著《楚国风俗志·占卜篇》，湖北教育出版社 1995 年版；黄留珠著《秦汉历史文化论稿·秦汉祭祀综义》；田广林著《中国东北西辽河地区的文明起源》，中华书局 2004 年版；黄展岳著《考古纪原——万物的来历》；陈绍棣著《中国风俗通史》（两周卷）；庹修明著《中国傩文化述论》，《中国民俗学经典》（信仰民俗卷）；陆思贤著《神话考古》，文物出版社 1995.12 版。

搏扶摇而上九万里

——神话传说中的凤鸟、蛇和操蛇诸神

凤是远古的人们以现实生活中的鸟类为雏形,以自己的审美观和想象力所熔铸成的神物。凤即火鸟,在拜日、崇火的同时,楚人特别看重日中之火鸟——凤。他们视凤为先祖祝融的化身,将凤也作为民族的象征而尊崇和钟爱。凤也是中国人最喜欢的装饰题材之一。每一个时代的人们对凤鸟的认识和赋予它的内涵并不完全一致。根据文献记载,商周时期,凤鸟被看做神鸟。春秋战国以后,儒家学派把龙凤之类的动物作为象征社会祸福的符瑞。

楚人尊凤崇龙

楚人尊凤崇龙尤盛,表现在楚文化的诸方面。

一、在物质文化方面的表现:我们在兵器、祭器、衣冠服履、饮食器皿、楚离宫囿园、居室宫殿建筑遗址、舟车等随处可见龙凤的造型、纹饰或冠名。充分地表现了楚人在衣食住行日常生活中尊凤崇龙的习尚。出土的贡献物(贡品)、工艺品、随葬器物以及棺壁上都饰有龙凤纹图案。这些都集中说明了一点,楚人在日常生活的方方面面确实是尊凤崇龙的。

二、在精神文化方面的表现:楚人创造了光辉灿烂的精神文化。在老、庄哲学中,龙凤的灵光亦常闪耀,以龙为喻的例子是很多。楚国的法典——《鸡次之典》以凤为名;楚国府藏的原始法典有不准捕杀凤鸟的规定。以屈原的诗歌和庄子的散文为代表的楚国文学,有很多地方是借助龙凤的形象而展现出她丰富多彩的奇特想象和层出不穷的绝妙意境,使之富于神话色彩。在《楚辞》一书中,凤先后出现了 24 次,龙也出现了 24 次。《离骚》也有多处描写龙凤的妙笔。庄子的散文《逍遥游》写鹏(《说文》:"朋及鹏,皆古文凤字也。"):"鹏之徙于南冥也,水击三千里,搏扶摇而上九万里……"气势磅礴,为读者所熟知。楚国的艺术,于美术、音乐、舞蹈诸方面,亦多与龙凤有关。美术作品"人物龙凤帛画"、"人物御龙帛画"仅见的楚国两幅帛画,都以龙凤为题材,并都以龙凤"引魂升天"为主题,这绝非偶然。可以肯定地说:楚人在绘画美术中,在对龙凤伟大而神圣的形象描写之中,寄寓了他们对龙凤的敬意与崇拜,好尚和企冀。楚人还好以龙凤的形象饰于各种乐器,且与文献记载是相符合的。在楚人所写的《庄子》、《山海经》等书中,音乐之神的形象均为龙蛇之形的"夔"。舞蹈,楚国有万舞(万舞就是大舞之乐舞的别名,亦

称干戚之舞），不但万舞与龙凤有关，而且楚人亦好以龙凤为舞名或形容舞姿。

三、看楚国的语言与文字：楚人好以龙凤为名或以龙凤为喻，这是楚国语言称谓习惯的一个特点。《史记·楚世家》记楚庄王以凤鸟自喻的典故。当年楚庄王继位三载，不理朝政，伍举冒死进谏，庄王回答说"三年不蜚（飞），蜚将冲天；三年不鸣；鸣将惊人。"（成语"一鸣惊人"的出典）楚庄王以气度不凡的凤鸟自喻，并在以后的执政中施展其雄才大略，终于使楚国的国势大振，成为中原的霸主。这鸟飞能冲天，自然使人们联想起庄子所景仰的那大得"不知其几千里"，"怒而飞，其翼若垂天之云"的大鹏（《庄子·逍遥游》）。然这大鹏也就是凤。《论语·微子》所载《接舆歌》为楚人接舆以凤指代孔子。《九章·怀沙》、《抽思》、《离骚》都有屈原以凤自喻的诗句。楚国的文字中有一体特殊风格的美术字，以鸟纹装饰文字，称"鸟书"，或名"鸟虫书"、"鸟篆"，使用于非常庄严的场合，以示一种标志或信记。楚国文字中的"鸟书"是书写的凤凰，即是说，楚人的文字中有"凤书"或"凤篆文字"，多见于楚国王公贵族的用器之上。如楚王酓璋戈、楚王孙渔戈（《铭文选》645，图28-1）等。其它如楚公室出土的钟、鼎、剑上；亦有铸刻鸟篆铭文的，如王子午鼎铭文等。楚国青铜器铭文中出现的被"凤"装饰的"凤饰篆字"，正是楚人尊凤爱凤的民族习俗在其文字上的一种强烈反映。据上所述，我们可以清楚地看到：楚人在精神文化的各个方面，有如在其物质文化各个方面一样，处处表现了他们尊凤崇龙的风习和好尚（宋公文、张君《楚国风俗志·凤龙篇》）。

须要指出的是，诸夏亦有龙凤崇拜，但没有楚人突出。此外，"楚人尊凤崇龙是以尊凤为主，诸夏崇龙尊凤是以崇龙为主。"楚人崇拜龙凤，似乎并不是因为他们将凤作为图腾，而是具有其它特殊的神秘意义。

1949年2月在湖南长沙市东南郊陈家大山战国楚墓出土的一件《龙凤人物帛画》（杨宽《战国史》506，图28-2），图高31厘米，宽22.5厘米。画面主体位置有一雍容华贵的女性，腰肢纤细，侧身面左而立，头后挽着椎（垂）髻，发上有冠，身着深衣（将上衣下裳连在一起的服装），其下摆曳地，像倒垂的牵牛花，向前后分张，极为褒博，更显得雍容华贵。宽袖束口，宽腰带，衣裳为黑白两色，下裳白色部分有简单旋纹。妇人两手向前伸出，弯曲向上，合掌做祈祷状敬礼。妇人头左前方有一只展翅的凤鸟，凤鸟面向左，头向上，尾上的两只长翎向前弯曲，几乎和头部接触，展翅腾空，两支足一只向前弯曲，一只向后有力地撑开。凤的前面是一条升腾而起的龙样动物，头向上，和凤鸟正对着，头部左右有两只角，身躯略蜿蜒而竖垂，身上有环纹六节。整个画面布局构思精巧，人与凤、龙的动态与静态被刻画得栩栩如生，堪称帛画精品。这幅画的主题，学术界异辞纷呈。在楚人心目中，欲求精魂升天，非凤导引不可。《楚辞·惜诵》云，"昔余梦登天兮，魂中道而无杭。""杭"通"航"，本意是两船相并共济。但这里的"杭"应是比喻，借指凤和龙。龙只是用以驾车或驾舟，真正起导引作用的是凤。在屈赋中，凤作为升天的导引共出现了七次，其中《战国秦汉考古》说：

"……画由黑墨绘就，内容是凤与夔在搏斗，大约是善与恶的斗争，凤代表吉祥，善美，夔代表丑恶。女子应是墓主画像。"熊传新认为，这幅画是铭旌。画左上方为龙，妖矫升腾，仿佛直上"仙境"；右上方为凤，苍颈奋起，似欲飞向"天国"，女性正是墓主人，正合掌祈求龙凤引导她的幽灵早日登临仙界。

释文：楚王孙（孙）
夔（渔）之用

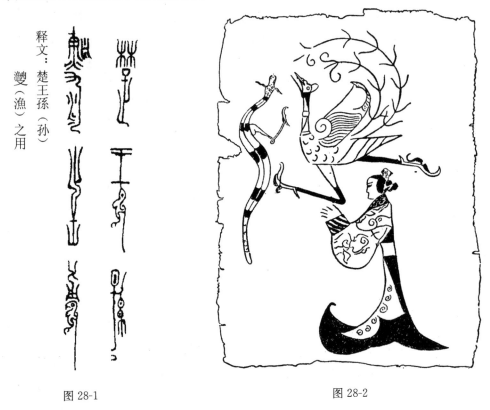

图 28-1   图 28-2

玄鸟图像玺（《上》24，图 28-3），方形，亭钮，上博收藏。作于战国晚期至秦。冠羽飞扬，口含一卵，展翅欲飞。玄鸟，也是天上神鸟，下凡产卵，成为商代的先祖。《诗经·商颂·玄鸟》："天命玄鸟，降而生商（商的始祖名契，居于商，即今河南商丘南，契十四世孙汤，灭夏桀建立商朝）。"《史记·殷本纪》："殷契母曰简狄，有娀氏之女，为帝喾次妃。三人行浴，见玄鸟堕其卵，简狄取吞之，因孕生契。"陕西咸阳第一号宫殿遗址出土秦代空心砖凤纹（《龙凤图集》69 页摹本，图 28-4），构形与玺印相同，凤凰也口含一卵，但背上骑一神人（商之祖先），龙爪、洱蛇，头戴椎形三联冠，学者称与仰韶半坡神农氏冠饰同，颇令人深思。

凤鸟啄蛇图像玺（《上》24，图 28-5），圆形，上博收藏；（《图汇》152，图 28-6），方形；（《故肖》272，图 28-7）铜质鼻钮，菱形，故宫收藏。《西山经》载："有鸟焉，其状如雀而五彩文，名曰鸾鸟，见则天下安宁。"郭璞注："旧说鸾似鸡，瑞鸟也。"前一玺印之鸟如鸡，有冠羽，啄起一蛇，蛇头向下。后一玺印凤鸟脚践蛇身，嘴衔蛇尾，蛇头见于

左下角。"见则天下安宁",意在表示吉祥。江陵马山一号楚墓出土凤鸟践蛇纹绣纹样是
一只凤鸟脚践一蛇,并啄食一蛇(《江陵马山一号楚墓》69,图 28-8)。与玺印大体意会。这
种纹样流行于战国时期,在南方和北方都有发现,既见于青铜器,也见于漆木器。战国
早期琉璃阁 M59 狩猎壶(卷首图版叁)第一层即鸟啄蛇纹,第七层为长颈鹤啄蛇纹,可与
玺印相印证。战国早期的数十种狩猎壶上都布有这样的纹饰(《湖南考古辑刊》一·76,图
28-9)。江章华引《山海经·中山经》"见(蛇)则天下大旱"说蛇之被啄、践,是古代人
们利用神话进行祈雨的表现(《成都白果林小区狩猎纹铜壶试析》)。曾侯乙墓墓主内棺花纹图
案有一瑞凤啄蛇践龙图(郭德维《楚系墓葬研究》259,图 28-10),且饰鹿纹、鱼纹于两角,
显然有辟邪呈祥之意。这种画像出现在棺木上,"很可能古人迷信,恐蛇蜥钻入尸体,故
以此类神怪之像作为防护的作用。这种肖形印,或许与当时的墓葬习俗有关系(王伯敏
《肖形印臆说》45)。"

图 28-3   图 28-5   图 28-6   图 28-7

图 28-4   图 28-8

图 28-9

图 28-10

图 28-12

蛇（龙）缠凤图像玺（《故肖》44，图 28-11），作于战国时期，故宫收藏。玉质，圆台鼻钮。面径 2.6 厘米，通高 1.85 厘米。阴刻。印钮、印面影像与朱迹。原释为"蛇蛙纹玺"，实误。此为蛇缠凤图像，正上方为凤头，凤冠羽向左飞扬，整个凤体被一蛇缠绕，右下方有凤爪一只露出，左侧见凤之尾翎，右下角可见蛇头。蛇凤形象真切，搏击迅猛，富于强烈的动感。江陵马山一号楚墓出土大量丝织品，其中蟠龙飞凤相蟠绣纹样实为蛇凤相蟠，凤鸟正衔住一条龙（蛇）的尾部；一凤二龙（蛇）相蟠纹（《江陵马山一号楚墓》60，图 28-12）和一凤三龙（蛇）相蟠纹都是一只凤鸟背载二龙（蛇）和三龙（蛇）；包山二号墓出土的一凤三龙（蛇）相蟠纹（《包山楚墓》，图 28-13）蛇头作三角形，即毒蛇之形，最为明显。龙（蛇）凤相搏纹实际上也是凤鸟追食龙（蛇）的图像。战国时期艺术品中的鸟蛇相斗题材，既数量丰富，流传地域亦广。刘敦愿说可能反映人们祈求健康、长寿、平安、顺利的愿望。或蛇被制于凤鸟，以象征祛除地下的祸患灾害，用以作镇墓之物等思想。彭浩则认为，这类纹样反映的是死者企求"合鬼神"，灵魂升天的思想。

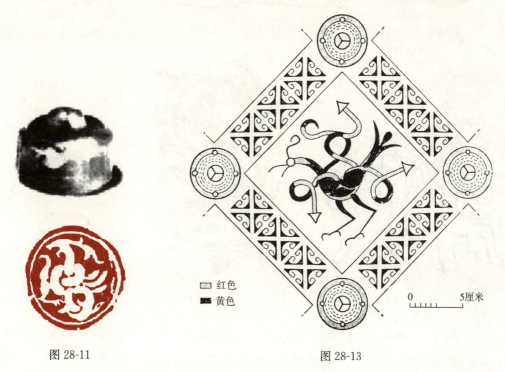

图 28-11

图 28-13

鸟首龙图像玺（《故肖》273，图 28-14），铜质，印体中空，印背面是一铸空盘蛇，故宫收藏。原释为鸟纹印，汉，均误。此印上部系一鸟头，眼、喙及颈羽栩栩如生，中部的龙首双目圆睁，下部有一只脚，鸟龙共身甚为明晰。战国早期曾侯乙墓墓主内棺花纹图案中，鸟龙共身的鸟首龙有 36 件，有上鸟（头）下龙（头）的鸟首龙（《楚系墓葬研究》261，图 28-15），有鸟首龙身的鸟首龙（《楚系墓葬研究》259，图 28-16），有鸟龙共身的鸟首龙（《楚系墓葬研究》265，图 28-17）等类型。玺印的鸟首龙与内棺上的鸟首龙同义，但表现手法不同，玺印因方寸所限，更为洗练简捷。周原所出的玉器龙头在上，鸟头在下，龙身盘曲蜿蜒而下成为鸟身，龙尾则成了鸟嘴；凤鸟的尾羽上扬作为龙的脚，构形非常巧妙灵动。报告说"玉器花纹"（《周原寻宝记》拓片211，图 28-18），可定名为"周原龙鸟纹"。

图 28-14   图 28-15   图 28-16

图 28-17   图 28-18   图 28-19

两首鸟纹玺（《故肖》121，图 28-19；《图续》116，图 28-20）。前者圆形、铜质、鼻钮。故宫收藏。后者方形，印面犹如连体婴儿，两头两脚相背粘连。双头鸟见《山海经·海外西经》："奇肱之国，有鸟焉，两头赤青色。"又《西山经》其鸟多鸓，其状如鹊，赤墨而两首四足，可以御火。

三首鸟纹玺（《故肖》122，图 28-21；《铁》102，图 28-22）。前印故宫收藏，铜质鼻钮。阴文图像作三头，在正中头形的肩部左右又各生一头，另有尾翎展开。后者原著无释。三头鸟见于《山海经·西山经》：翼望之山，"有鸟焉，其状如乌，三首六尾而善笑，名曰鹠鸺，服之使人不厌，又可以御凶。"又《南山经》：基山"有鸟焉，其状如鸡而三首六目、六足、三翼，其名曰鹳鹃"马山一号墓中有一件三头凤鸟花卉纹绣，"凤首如枭，凤腹近圆，正面而屈腿，双翼齐举，两个翼端都内勾如凤首。"（说见张正明：《楚文化史》；图见《江陵马山一号楚墓》68，图 28-23）神态极为怪异，被人们称作"三头凤"。这样的丝

织图案并不仅见于马山出土的丝织品中。彭浩认为它与商周以来的一些青铜器上的动物
纹样的构图方法相同，采用的是平面展开的方法。这种方法是把动物的各面图像勾画之
后，按一定的位置摆放、拼合成一幅完整的图像。按照这种方法去观察一只鸟，正面的
头像上有两只眼睛，侧面看去也各有一只眼睛，图像拼合后，便产生了一鸟三头的怪异
现象。青铜器上有些饕餮纹的正中是正视的头部图像，左右分列饕餮身躯的侧面图像，
便是采用的这种表现方法。这种平面展开法在东周时期仍然流行。马山一号墓的"三头
鸟"和长沙子弹库帛书中的"三头神"，其实，它们都是"一头鸟"。并推断，长沙子弹
库帛书中夏五月神像与马山一号楚墓绣品纹样中的"三头鸟"都应是鹯或鹰的图像（《楚
人的纺织与服饰》118）。

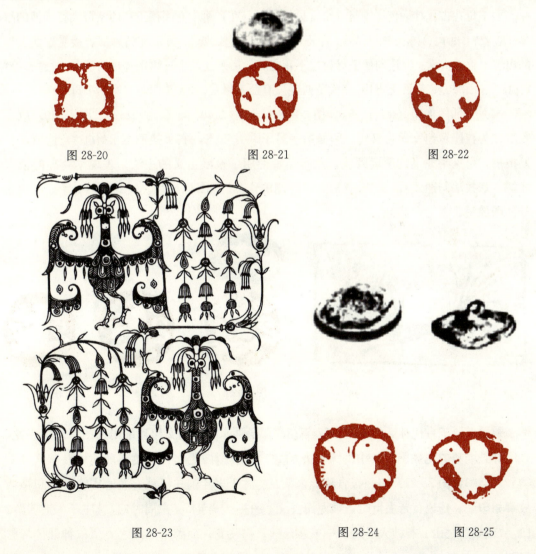

图 28-20   图 28-21   图 28-22

图 28-23   图 28-24   图 28-25

青鸟纹玺（《故肖》120、274，图 28-24、图 28-25；《图汇》185，图 28-26）。前两印故宫收藏。铜质，鼻钮，印背凸纹与印面纹相同。前两印分别近似椭圆形和扇形，后一印呈菱形，形制特异。此鸟形背负一篓状物，扇形印似为三足，当是传说中的为西王母取（寻）食的神鸟青鸟。《山海经·海内北经》："龟山……其南有三青鸟为西王母取食。"《大荒西经》："西有王母之山……"还具体提及三青鸟各自的名字："有三青鸟，赤首黑目，一名曰大鵹，一名少鵹，一名曰青鸟。"《故肖》定为汉代，误。汉画像石、砖上西王母的题材很多，其中青鸟皆不背篓，或作三足（《郑州汉画像砖》，图 28-27），与玺印形象大异；玺印青鸟鸟爪作"C"字形，此为战国的特征。印背凸纹与印面纹相同也足可断为战国。

图 28-26

西王母在古代神话传说中是一个常见的题材，在古籍中有周穆王和西王母大宴瑶池的故事（见《竹书纪年》、《穆天子传》等）。西王母居于"昆仑之墟"。黄帝和尧舜都曾接受过西王母的白瑰玉管的贡献。羿还向西王母讨过不死之药，后来还发生过嫦娥奔月的事（《淮南子·览冥训》）。《山海经》有西王母山。《大荒西经》有西王母穴。《大荒西经》有西王母神……

御龙升仙图像玺（《故肖》108，图 28-28；《大全》0270、0271，图 28-29、图 28-30）故宫收藏，为权座鼻钮。误为汉代。印面饰一男子乘龙欲飞，右手执酒器（似葫芦）饮酒，长发披拂，可见乘龙飞的速度颇快。此印作者使用了浪漫主义的手法，表现了高超的创作才能。从技法与钮式看，此玺应是战国时期的作品。《图汇》37、《图续》14 计五枚御龙升仙图像玺，误为"跨兽"。

图 28-27 　　　　　图 28-28 　　　图 28-29 　　　图 28-30

乘龙来源于古代神话传说。1987 年在濮阳县西水坡仰韶文化遗址出土的华夏第一龙，系用蚌壳堆塑的龙虎图，其中的人骑龙的龙，是模拟四足爬行动物作屈曲疾驶状（《文物》1988.3，图 28-31）……报告称此为夔龙。六千多年前先民就有龙的实物形象和神话故事相印证。传说黄帝去世时，乘龙而去（《史记·封禅书》）。东周时期，《庄子·逍遥游》曰："藐姑射之山，有神人居焉。……乘云气，御飞龙，而游乎四海之外。"《神仙传·彭祖传》云："仙人者，或竦身入云，无翅而飞；或驾龙乘云，上造天阶……"《易·干》

有"飞龙在天","时乘六龙以御天"的话。《山海经·海外南经》说："南方祝融，兽身人面，乘两龙。"（何星亮《中国图腾文化》43，图 28-32）《大荒西经》、《海外东经》分别记夏后开乘龙，鸟身人面的东方句芒乘两龙（《中国图腾文化》42，图 28-33）。"御飞龙"，"驾龙乘云"，这是"仙人的表现形式，同时也为世人崇拜与企望。"这种升仙信仰在战国时期盛行的图像印中表现得尤为繁盛。

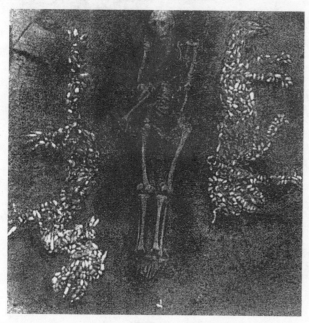

图 28-31

图 28-32

1973 年长沙城东子弹库的战国楚墓出土的一件《人物御龙帛画》（《战国史》图版 14，图 28-34），绢地，长 37.5 厘米，宽 28 厘米。画面正中是一位高冠佩剑、身着深衣（将上衣下裳连在一起的服装）的成年男子，头上有一华盖。男子侧身向左直立，手执缰绳而驾驭一条龙舟。龙舟的头部高昂，尾部翘起，龙身平伏，构成一舟形。龙舟尾上有一只单足而立的水鸟，圆目长喙，昂首仰天而望。画的上方有一华盖，系三条飘带随风拂动。画的左下角有一条颇大的游鱼。男子与游鱼皆面左，表示龙舟的前进方向。整个画面布局得当，线条流畅，以白描为主，人物略施色彩，画上有的部分使用了金白粉彩，标志着当时的绘画艺术已达到相当高的水平，画幅充满着高度的浪漫主义精神，堪称帛画精品。画面的内容为"墓主亡灵御龙升天"，凭借着龙的腾飞，是灵魂升天观念的一种表达形式。

操蛇神和其它神灵

操蛇神图像玺（《上》23，图 28-35；《故肖》112，图 28-36；《文物》1986.4，图 28-37）

首例上博收藏，正面人形，操两蛇。第二例故宫收藏，铜质权座鼻钮，与前例相同，应是战国时的作品。第三例历博收藏，作侧形，挽发髻，如秦兵马俑造型，时代可能稍晚，当在战国晚期至秦。《故肖》释为郁儡纹印。

图 28-33   图 28-34

图 28-35   图 28-36   图 28-37   图 28-38

　　操蛇之神在《山海经》中可能不下二十多位，除本文提到的外，还有"雨师妾在其北，两手各操一蛇，左耳有青蛇，右耳有赤蛇。"（《山海经·海外东经》、《中国图腾文化》337，图 28-38）"奢比之尸，兽身，人面，大耳，珥两青蛇。"（《山海经·海外东经》）"又有神衔蛇、操蛇，其状虎首人身。"（《山海经·大荒北经》）"洞庭之山，是多怪兽，状如人而戴蛇，左右手操蛇。"（《山海经·中山经》）此外，山海经记载的蛇神还有"右手操青蛇，左手操赤蛇"的巫咸国和博父国，"珥两青蛇"的夏后启（开），"珥两黄蛇，把两黄蛇"的夸父（举父），"衔蛇操蛇"的强良，"两手持蛇"的黑人，以及珥蛇践蛇的雨师屏翳等等。除了《山海经》的记载，考古资料显示的蛇与人结合体主要有珥蛇、操蛇、践蛇、腰缠蛇及衔蛇等形象。曾侯乙墓墓主内外棺头挡有三组所绘两手操蛇之神，众多狩猎纹铜壶纹饰中也有操蛇神怪……操蛇就是捕蛇，在战国时操蛇神怪题材的普遍性，正说明蛇害泛滥成灾，人们无能为力而寻求神怪的帮助。瑟首神人戏蛇图（《信阳楚墓》图版 16，图 28-39），神人（或曰巫师）头戴前有鸟首后为鹊尾形的帽子，双手似鸟爪，呈"C"字状，各持一蛇，张口扁眼，作咆哮状，是描绘神人操蛇的图像。人们对迷信神话的想象不同，因此表现手法、描述的形象也不同。

　　以上这些操蛇唻蛇的神怪，有学者认为就是战胜蛇害的英雄，"他们战胜了蛇害，取得了人们对他们的崇拜和信仰；于是人们把他们加以神化，在长期的传说中，塑造了他们的英雄形象。这形象，手操蛇、足践蛇，甚至耳佩蛇、口唻蛇，像魔术师一样，把毒蛇当道具，玩弄嬉戏，无所不用其极……从这夸张的艺术中，我们可以看出，我国古代劳动人民丰富的想象力，是多么的新颖"（郑慧生《中国古代文化专题》）。也有学者认为，这种图案表明，当时的葬仪中有注重护尸防蛇的习俗（参见祝建华、汤池：《曾侯墓漆画初探》）。

　　飞廉图像玺（《故肖》186，图 28-40；《图汇》4，图 28-41）故宫藏。作于战国时期。《故肖》着录，铜质，鼻钮。边长 1.8 厘米×1.5 厘米、通高 0.7 厘米。玺印图像作两角，兽身，四肢，两翼。《故肖》定为飞廉纹，正确，但时代不妥。

　　湖北江陵不少楚墓都出土有木雕"虎座立凤"，鸟背上长出一对鹿角，展翅昂首，立于虎背之上。湖北江陵雨台山楚墓出土的飞廉像（报告称虎座飞鸟，见《楚史》彩页，又见《江陵雨台山楚墓》图版 66 及 112 页，图 28-42）。孙作云对马王堆一号汉墓漆棺画进行考释时说，鹭（水鸟，似鹤而大，好吃蛇）衔蛇，土伯（地下的主神，"护卫门尸"）吃蛇，就是对于蛇的防御，以防蛇对尸体的钻扰、侵害。因为棺盖画以吃蛇为中心，……仙人操蛇，以着重表现捕蛇的主题（见《考古》1973.4.24）。这种鸟（应是水鸟鹭）、鹿合体的形象，据郭维德等学者考证，这就是古代神话中的"飞廉"，即风神。蜚（飞）廉，《墨子·耕柱篇》说是夏后启的臣子；《史记·秦本纪》说是纣的臣子。《龙鱼图》："风者天之使也。"《广雅》："风伯谓之飞廉。"《太平御览》卷九引《河图帝通纪》："风者天地之使。"《楚辞·

离骚》；"前望舒使先驱兮，后飞廉使奔属。"《楚辞·远游》："历太皓以右转兮，前飞廉以启路……风伯为余先驱兮，氛埃群而清凉。"可见飞廉是可以作为前导或后扈带着死者灵魂遨游九天的"神"。《淮南子·俶真训》说："若夫真人，则动溶于至虚，而游于灭亡之野，骑蜚廉而从敦圄，驰于方外，休乎宇内，烛十日而使风雨，……"注："蜚廉，兽名；长毛有翼。"如此说来，蜚廉原本又是神话里一只有翼的野兽了。因为它有翼，所以叫它奔腾启路；因为它能奔腾启路，所以《史记·秦本纪》说："蜚廉善走。"

图 28-39　　　　　　　　　　图 28-40　　　　　图 28-41

　　曾侯乙墓里的飞廉就是置于主棺旁，那它无疑是为墓主的灵魂上天用的。正如屈原遨游太空，由飞廉来启路作先驱一样。因为"风者"本是"天地之使。"

　　炎帝图像玺（《故肖》59，图 28-43）故宫收藏，铜质，扁薄鼻钮。原释牛首象人纹印，汉，皆误。并称"汉代百戏中有戴着假面具表演者，被称为象人。"非也。图像作人身、牛首、牛蹄。古籍把始祖形象描绘成半人半兽，或半人半禽形象。《史记·补三皇本纪》："炎帝神龙氏，姜姓母曰少登，为少典妃，感神龙而生炎帝。人身牛首，长于姜水（即岐水，在今陕西岐山西），因以为姓。"炎帝"人身牛首"，与玺印图像正合。

　　炎帝被尊为火神。故周代也把炎帝奉为灶神。《淮南子·氾论训》谓"炎帝于火死而为灶"。高诱注云："炎帝神农以火德王天下，死托祀于灶神。"炎帝是一位十分重要而伟大的君王，我们自称"炎黄子孙"，也把炎放在第一位。从《史记》看，《五帝本纪》虽开篇于黄帝，但文中有言，"时神农世衰，诸侯相侵伐，暴虐百姓，神农氏弗能征。"这说明黄帝是晚于炎帝而成为盟主的。

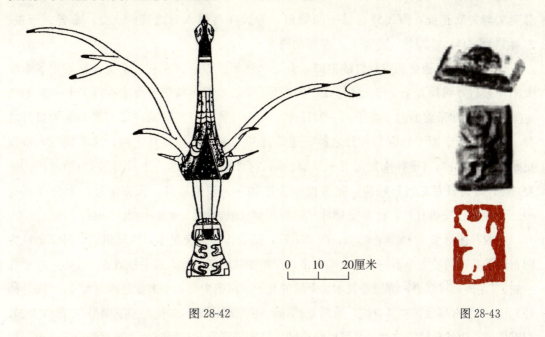

图 28-42   图 28-43

炎帝是位很有作为的君王。《淮南子》："古者民茹草饮水，采树木之实，食蠃蚌之肉。时多疾病毒伤之害，于是神农乃始教民播种五谷. 相土地，宜燥湿。尝百草之滋味，水泉之甘苦，令民知所避就。当此之时，一日而遇七十毒。"

炎帝为人文之祖，"制耒耜，教民农作"，"斫木为耜，揉木为耒"（《易·系》）。为创始农业，被尊为神农氏。牛与农业关系密切，我国养牛业在新石器时期已普遍兴起，牛拉犁耕战国始兴（《卫斯考古论文集》），但时人在描绘他的形象时仍以牛首牛蹄寄寓崇敬之情。

帝俊图像玺（《上》25，图 28-44）铜质，上博藏。王伯敏《臆说》考为帝俊甚确。图像作人形，两鸟头，熊身，腰部饰有一蛇，神人按住蛇的首尾。传说帝俊"鸟首熊身"，与此印合。卜辞"夋"字（吴其昌《卜辞所见殷先公先王三续考》，图 28-45）也是鸟首人身状，其鸟喙形尤为显著。琉璃阁 M59 狩猎壶纹饰第六层有鸟首人身神怪，可能就是帝俊的形象（卷首图版叁）。山东诸城地区出土的东汉光和画像砖帝俊像（《臆释》8，图 28-46），作鸟首，似熊身，但两足践蛇；图像之不同，可见时代之差别。郭璞认为帝喾与帝俊二者为一；毕沅在《山海经新校注》中，总结了三点证据，以证郭说；王国维《殷卜辞中所见先公先王考·夋条》（见《观堂集林》卷九）进一步增加三条证据，考高祖夋、帝俊、帝喾实是同一人物。帝俊是古代东方殷民族所奉祀的上帝，即夋（帝喾、帝俊）商之始祖："商者，契所封之地。"（《商颂·毛传》）商即契，故帝喾生契，即夋生商也。商既为夋所生，而《诗·商颂·玄鸟篇》云："天命玄鸟，降而生商。"是《诗》又以商为玄鸟所生，故郑《笺》云："天使鳦下而生商。"故玄鸟即夋也。夋为玄鸟，宜夋状为鸟喙人身矣。甲骨契文与文献互证：商民族心目中的始祖，为天降鸟喙人身之神——夋、帝喾、帝俊，三者并为一身；亦即神，亦即人，亦即动物。

《山海经》说他住北方荒野的卫邱，有三个妻子：媓皇、义和、常义。义和生了十个太阳，被后羿射掉九个（《大荒南经》）。常义生了十二个月，被陈沧海浪吞没了十一个（《大荒西经》）。是知帝俊的两个妻子，一为日神，一为月神。但郭璞的注却谓羲和兼为日月之神。无论是两个妻子分别为日月之神，还是其某一妻子兼任日月之神，这都表明，帝俊更是司天的大神。《子弹库楚帛书·甲篇》第五行曰："夋（俊）生日月"，与第六行"帝夋（俊）乃为日月之行"呼应，把帝俊奉为造物主，俊生日月，天方运转，划分九州岛……帝俊数日安排日月，计岁安排日月运行规律（参见拙编《书集·先秦》306）。

蓐收神图像玺（《续衡斋藏印》，图28-47），图像作神人交足坐，两耳珥蛇，马承源认为因布白关系，两蛇大小不一，加之印面小，作蜿曲状线条。神人双手执钺置于左肩，左手操一蛇。《左传》、《国语》都说蓐收本是少昊的儿子。白帝少昊，本来就是西方大帝。《海外西经》说："西方蓐收，左耳有蛇，乘两龙。"而《山海经图赞》对他的描绘则是："蓐收金神，白毛虎爪，珥蛇执钺"这两者是可以结合的。玺印虽不乘龙，因时地不同而传说不一也。据说，他还是天之刑神（刑戮之神，见《国语·晋语二》"舟之侨其族"章）。《楚辞·大招》云："西方流沙，漭洋洋只（只，语气词，相当于现代的"啊"）；豕首纵目，被发鬤只；长爪踞牙，俟笑狂只。"王逸注："此盖蓐收神之状也。"因其为天之刑神，故执钺。《山海经·西山经》中他又成为司日入之神。《三星堆文化探秘及〈山海经〉断想》说西方主金，所以，蓐收又是金神。玺印图像"珥蛇执钺"，正是山海经图赞的描绘形象。

图 28-44　　　　图 28-45　　　　图 28-46　　　　图 28-47

汉代画像石的蓐收则是秋神西方之神的形象，如刻绘在大保当11号墓的右侧门柱上（《磨砚书稿——韩伟考古文集》93，图28-48），"蓐收"整体形象亦为人面，人身，鸟腿足。面向左前方，头梳双髻，下颏宽大。右耳上似悬挂一头朝下的小蛇，卷尾。"蓐收"上着宽袖衣，内穿右衽白色衬衣。下身着羽裙。鸟足，三趾。亦有一条似蛇的"长尾"自腰背部经右腿缠绕到右足外侧直托于地。左臂上举，手持一物，上残……胸前以墨彩绘月轮，中以白彩绘蟾蜍，但图案已漫漶不清。右刻绘一执戟（应为钺）白虎，虎形体修长似蛇，比例严重失调……汉画像石与战国玺印的图像内容有相似之处，但差异较大，时代不同使然。

图 28-48

共工水神图像玺（《图汇》124，图28-49）此印长发披垂，人面（?）蛇身，应是共工的图像玺。共工，《山海经·海内经》说他是炎帝（亦即神农）的五世孙，即祝融的儿子，《路史》引《归藏·启筮》说他"人面、蛇身、赤发"。《左传》说他"发水为纪，故为水师而水名"。他最重要的故事不载于《山海经》，而载于《淮南子·天文训》："昔者，共工与颛顼争为帝，怒而触不周之山，天柱折，地维绝。天倾西北，故日月星辰移焉；地不满东南，故水潦尘埃归焉。"被描写是胜利的英雄，也可以看出他和颛顼之间的这场战争的重要性和残酷性。先秦文献大多会提到他。《子弹库楚帛书》中有伏羲、女娲、炎帝、祝融、帝俊、共工的内容。《国语·周语》、《左传·二十七年》、《管子·揆度》、《淮南子·本经训》都记载了共工的神话，但诸说或有不同。《淮南子·兵修训》云："共工为水害，故颛顼诛之。"由于共工身为水神，所以他的状貌也就近乎蛇形了。或曰"共工氏曾经作过许多王者的水官，在治水方面，确有很大的功劳"（蒙文通说，见《三星堆文化探秘及〈山海经〉断想》）。杨宽在《鲧、共工与玄冥、冯夷、鲧与共工》一文中，提出九条论据证明共工就是鲧（夏禹即大禹的父亲）。他还说："鲧"与"共工"声音相同，因言之急缓而有别：急言之为"鲧"，长言之为"共工"也。鲧即共工之说顾颉刚、陈梦家并从此说（《杨宽古史论文选集》）。综合各家之说，共工可能是以鲧为原型舖衍创作的神话。

图 28-49

海神图像玺（《上》23、《篆刻》2000. 2封底，图28-50），上博收藏。此印人面，正立，两手，鸟身生有两翼，头上两耳珥蛇，两足践蛇。《山海经·大荒北经》曰："有神衔蛇操蛇，其状虎首人身，四蹂长肘，名曰强。"《海外北经》曰："北方禺疆，人面鸟身，珥两蛇，践两青蛇。"（《中国图腾文化》85，图28-51）《大荒西经》曰："西海陼中，有神人面鸟身，珥两青蛇、践两青蛇，名弇兹。"（《中国图腾文化》83，图28-52）《大荒西经》曰："东海之渚中，有神，人面鸟身，珥两黄蛇，践两黄蛇，名曰禺貌。黄帝生禺貌，禺貌生禺京，禺京处北海，禺貌处东海，是为海神。"郭璞注："禺京即禺强。"《大荒南经》曰："南海渚中，有神，人面珥两青蛇、践两青蛇，名不廷胡余。"从文字表述上看可知禺强即禺京为北海之神；弇兹为西海之神；禺貌为东海之神；不廷胡余为南海之神。南海神只说人面，未署鸟身，恐系疏漏；其它三海神都是"人面鸟身"。所以，此图像玺应是海神的形象。又《淮南子·地形篇》云："隅强（禺强），不周风之所生。"故禺强不仅为海神，而且还兼风神之职。新郑出土春秋中期铜器即有海神的造型。状作兽首人身，两耳各出一蛇，作长条蛇曲形。身有鳞片纹，缠绕于柱上。蛇出耳中，就是以蛇贯耳，乃是珥蛇的一种形式。两足各践一蛇，也是海神的造型（郑坰《古器物图考》11.10摹本，图28-53），与海神图像玺有异曲同工之妙。

图28-50　　　　　　　　图28-51　　　　　　　　图28-52

计蒙风雨神玺（《图续》22，图28-54），无释。《山海经·中次八经》、《中山经》记计蒙神"其状人身而龙首，恒游于漳渊，出入必有飘风暴雨。"此图像玺作龙首人身，应是计蒙神。甲骨文的龙字龙首有作三角形（《甲骨文编》458，图28-55），先秦夔龙纹图像玺（《篆集·卷一》667、668，图28-56），玺印龙纹龙首呈三角形，造型应该是来源于甲骨文龙字的龙首，突出龙吻（嘴）和双耳，可以说是渊源有自吧！至于《山海经》附图计蒙神（何星亮《中国图腾文化》82，图28-57）已是明清时代画家的想象和手笔了。

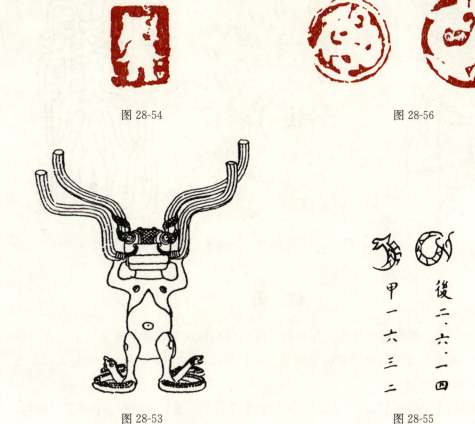

图 28-54

图 28-56

图 28-53

图 28-55

于儿神图像玺（《图续》3，图 28-58），无释。图像作一人单腿蹲跪，两手举起操蛇。《山海经·中次十二经》说"于儿神，其状人身而身操两蛇，常游于江渊，出入有光。（《中国图腾文化》88，图 28-59）"玺印表现的可能即此神。《列子·汤问》记愚公决心世代移（挖）山不止，"操蛇之神闻之，惧其不已也，告之于帝。"愚公移山惊动了山神，非常惧怕，故告之于帝。张湛的注："《大荒经》云：'山海神皆执蛇。'"学术界认为这种解释基本正确。前已述及北海神禺强即禺京；西海神弇兹；东海神禺虢；南海神不廷胡余。此于儿神必山神无疑。曾侯乙墓主棺头档神人图案（《楚系墓葬研究》262，图 28-60），也是神人操蛇为主题，与玺印内容相似。

图 28-58

蒙文通认为《山海经》的部分内容成书于西周中期、晚期，另一部分为春秋中期至战国中期成书。据战国早期曾侯乙墓棺上漆画中有很多《山海经》所描述的各种神怪，可知蒙文通所论有一定道理。玺印中有关《山海经》所描述的神怪故事应是先秦玺印，作于战国时期。但也有少量秦或汉代的作品。

图 28-57　　　　　　　图 28-59　　　　　　　图 28-60

结　语

　　在古代神话里，神和鸟兽都是人格化的，所以那些神和鸟兽就很容易地变成古史传说里的人物。可是也有些鸟兽没有完全变成人，它的形状一半是鸟兽，一半是人，形成了人兽（鸟）同体的形象。

　　古代神话由文字记载形成了《山海经》等散文作品，由美术绘画施于青铜器、织物、玺印、棺木、砖瓦等，因其时地、器质、用途的不同，其寓意内涵遂呈现多元性。大部分与古代神话传说和图腾信仰关系密切。墓葬出土的《龙凤人物帛画》、《人物御龙帛画》有凤引御龙升天之意，反映的是死者企求"合鬼神"，灵魂升天的思想。棺木上的操蛇珥蛇践蛇画，"很可能古人迷信，恐蛇蜥钻入尸体，故以此类神怪之像作为防护的作用。"或象征祛除地下的祸患灾害，用以作镇墓之物等思想。青铜器、丝织品、玺印上的神话图案可能反映人们祈求健康、长寿、平安、顺利的愿望。《山海经》中记载的蛇，大多有见则大旱或其它不祥之兆，如《北山经》载幽都之山："是有大蛇，赤首白身，其音如牛，见则其邑大旱。"另外如《西山经》述太华山的蛇"肥遗"、《东山经》述独山中状如黄蛇的"条蠵"、《重山经》述阳山中的"化蛇"等等，均是"见则天下大旱"或"见则其邑大旱"，因而，蛇之被啄、践就是可以理解的了，它是古代人们利用神话传说进行祈雨求丰的图像表现，寓有祈求祥和与安宁的思想，反映了纷乱中的人们对安定生活的向往和追求。

参考：

芮传明等《中西纹饰比较》；张岩《〈山海经〉与古代社会》；尚秉和《历代社会风俗事物考》；陈绍棣《中国风俗通史》（两周卷）；何星亮《中国图腾文化》；袁珂《山海经校注》；张郁明《肖形印》；彭浩《楚人的纺织与服饰》；杨宽《战国史》；黄中业《战国盛世》；张正明《楚文化志》；刘敦愿《试论战国艺术品中的鸟蛇相斗题材》，《湖南考古辑刊》（一）；吴荣增《战国、汉代的"操蛇神怪"及有关神话迷信的变异》，《文物》，1989 年第 10 期；江章华等《成都白果林小区狩猎纹铜壶试析》，《文物考古研究》；《韩伟考古文集·三星堆文化探秘及〈山海经〉断想》；马承源《再论"大武舞戚"的图像》，《考古》，1965 年第 8 期。

礼乐相须为用
——楚、秦的乐官和官署

先秦音乐小史

我国最早的乐器出土于距今8000多年前的河南舞阳贾湖遗址，共发现25支骨笛箎，五孔至八孔，均用丹顶鹤的腿骨所制，音域不少于五个音阶。古笛最早产生应源于狩猎时模仿动物鸣叫的哨子，时代稍晚的河姆渡遗址中也发现有45只用禽类肢骨中段制成的骨笛，6～10厘米长（《河姆渡文化初探》彩版，图29-1）。稍晚，角、埙、鼍鼓、石磬、铃、摇响器等在新石器时代中、晚期墓葬都有出土。在距今四千多年前的山西襄汾陶寺墓葬中出土了石磬（通长80厘米）、中国最早的鼓——"鼍鼓"（木鼓）、土鼓。鼍鼓用天然树干挖制而成，残高一米，外表施彩色几何形图案，树木已腐朽，从散落于鼓腔内的鳄鱼骨判断，原来应是以鳄鱼皮蒙鼓作面，此即古文献所载之"鼍鼓"（《中国史前遗宝》56，图29-2）。还有"以瓦为匡"，拍打顶部蒙皮，就会发出声音的土鼓，通高83.6厘米（《中国史前遗宝》54，图29-3）。同出的一件铜铃，也是我国最早的铜乐器。之后，马家窑文化出土有彩陶鼓（《中国史前遗宝》72，图29-4）。鼓的功用具有多样性，其强烈的节奏很容易激荡感情，适合于战斗和欢庆的场面。

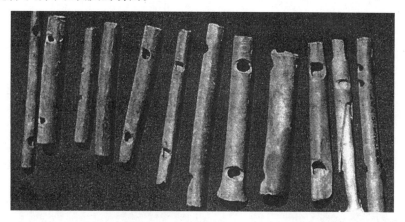

图 29-1

商代出现的铜铙至西周时已演化为铜钟。战国早期曾侯乙墓出土各类文物达15404

件，其中 125 件乐器备受世人瞩目，计有编钟 65 件、编磬 32 件，另外还有建鼓、瑟、琴、笙、排箫、篪等 8 种和一件不知名的五弦乐器，组成了一个有相当规模的乐队。其中排箫和建鼓在我国尚属前所未见。这样大批成套乐器，品种之齐全和保存之完好都远远超出以往历代乐器的发现，史家称这是音乐史上的旷世奇观。

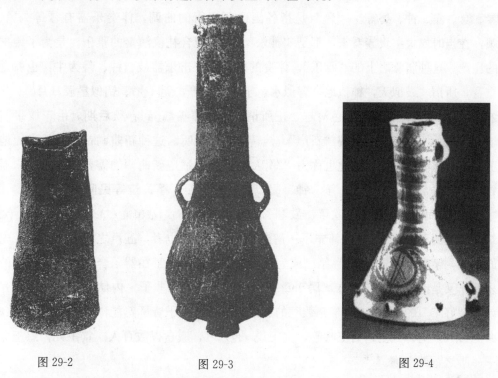

图 29-2　　　　　　　　图 29-3　　　　　　　　图 29-4

《中国上古出土乐器综论》一书中已记录先秦乐器三类十八项二十八种：一，击乐器：如鼓、磬、摇响器、铃、庸、镛、镈、甬钟、钮钟、鎛钟、簨虡、铎、钲、铙、钩鑃、錞于；二，管乐器：哨、笛、箫、律、埙、角、笙、竽；三，弦乐器：瑟、琴、筑及其它。古之八音：金、石、丝、竹、匏、土、革、木，就是对这些乐器制作材质的总结，《书经·舜典》中即有"八音克谐"之语。我们从先秦时期乐器之发达，即可见其时礼乐之盛。

古代汉语中的"乐"，有几层含义：一，泛指诗、乐、舞；二，指音乐；三，特指"雅乐"；四，指作为"六经"之一的《乐》经，或作为"六艺"之一的"乐"这一课目、才干。"乐"有时包括在"礼"中，这时"乐"是"礼"的一部分，"礼"是大概念，"乐"是小概念。有时，"礼"、"乐"并称，两者各有所指：礼是行为、仪式、制度；乐是乐音、节律、情感。"礼乐相须为用，礼非乐不行，乐非礼不举。"（《通志·乐略》"乐府总序"）先秦时代礼乐偕配，礼仪活动必伴之以乐。"礼"和"乐"被视为维持统治秩序的两大支柱。

《诗经》原是可以用音乐伴奏歌唱的诗歌总集，大体上可以分为颂、雅、风三种曲调。"颂"是有舞蹈的祭神歌曲，伴奏乐器有琴、磬、钟、镈等。"雅"原是一种竹筒状的节奏乐器，因为这种曲调用"雅"节奏，"雅"就成为曲调名称。"雅"的伴奏乐器有琴、瑟、笙、钟、磬等。"风"是指各国民间流行的曲调，伴奏乐器有琴等。风、雅、颂，在当时奴隶主贵族看来，都是"雅乐"。这种配合礼仪演奏的雅乐，是为了维护贵族的庄严。这种庙堂之上的"雅乐"，伴奏的乐器以打击乐器鼓、钟、磬为主，也就是金石之音，所谓"鼓似天，钟似地，磬似水，竽、笙、箫，莞（管）、钥似星辰日月"（《荀子·乐论》）。钟音量雄浑，磬声色清越，正所谓"金声玉振"。到春秋后期，由于奴隶制的瓦解，礼崩乐坏，就开始出现"新声"，婉转曲折而动听。这种新曲调首先是从中原地区郑卫两国的民间产生的，因此也称为"郑卫之音"。为适应新曲调的需要，伴奏的乐器以丝竹之音为主，除了琴、瑟、笙、钟、磬以外，还有竽、筝、筑等民间流行的乐器。据说"临淄甚富而实，其民无不吹竽、鼓瑟、击筑、弹琴"（《战国策·齐策一》）。所列竽、瑟、筑、琴皆属于管弦乐器。《韩非子·解老篇》说："竽也者，五声之长者也。故竽先则钟鼓皆随，竽唱则诸乐皆和。"竽已成为带头吹奏的乐器。竽在器乐合奏中既是主要的旋律乐器，又是诸乐的定音标准，居于重要的地位。据《韩非子·内储说上》记载，齐宣王就有"好竽"的故事。"滥竽充数"的成语故事三尺童子皆耳熟能详："齐宣王使人吹竽，必三百人。南郭处士请为王吹竽，宣王说（悦）之，廪食以数百人。宣王死，愍王立，好一一听之，处士逃。"

笙是一种气鸣自由簧编管乐器。竽是"笙之大者"，形似笙而略大。竽起源很早，《礼记·明堂位》："女娲之笙簧。"竽久已广泛地流行于中原各地，这在文献中都有反映。如：

我有嘉宾，鼓瑟吹笙（《诗经·小雅·鹿鸣》）。

大夫倦于听治，息于竽瑟之乐（《墨子·三辩》）。

在战国时期的器物上就有笙竽的演奏形象，如故宫博物院收藏的桑猎宴乐壶上的图案，就有描写吹竽、打击编钟和编磬、打鼓、弹琴、瑟和舞蹈的场面。还有长岛王沟战国残铜鉴（《中国上古出土乐器综论》248，图 29-5）、绍兴坡塘战国墓伎乐铜屋（《中国风俗通史·两周卷》58、《综论》248，图 29-6）、湖南省

图 29-5

博物馆藏铜匜（54长黄墓5）祭祀图、沂南北寨东汉墓画像石（《综论》248，图29-7）等都有吹竽的图像，四川新都出土的汉代骑吹画像砖说明已有仪仗乐队之设（《综论》377，图29-8）。由是可知，从战国到秦汉，上至王公贵族，下至市民百姓，无不喜欢听用竽为主要乐器（丝竹伴奏）的新兴乐曲。

图 29-6

竽的制作材料易腐，所以早期的竽不可得见。迄今已有一些实物出土，最早的是湖北当阳曹家岗春秋晚期楚墓出土的十六管笙斗，两件，残存笙斗。随县战国早期曾侯乙墓出土六件，分十二、十四、十八管三种。斗用瓠制作，有的另加木嘴。可能为明器的两件用木雕成瓠形作斗，尚属罕见。……还在浏城桥十号墓、江陵天星观一号墓、包山二号墓（《包山楚墓》二号墓图16，图29-9）、江陵枣林铺墓（《江汉考古》1995.1，图29-10）等地出土约二十余件木竽。1972年湖南长沙马王堆1号西汉早期汉墓出土一件明器竽。竽嘴为圆管形，用独木制成；竽斗为椭圆形，由两块木头拼制而成，内无气槽。前后两排斗眼，每排十一个，内插竽管，最长管居中，其余诸管依次分列于左右两侧。虽为明器，但保存完好，与实用竽可相比对，有研究价值（《综论》231，图29-11）。伴出的附属品有"竽律"一套，律为管乐，竹制，此套共12管，管上有墨书的十二律名称，竽律是专门用以校正竽音的。律管装在律衣的 12 个筒形袋中。竽和笙是管乐器中最进步的类型。它们皆布管于匏内，而在各管端装簧，利用簧片与管中气柱的共振作用发音，与直接用口唇吹奏发音的笛类不同。装簧的管乐器在西周时已出现，簧的发明是我国古代在管乐器结构方面的重大贡献。

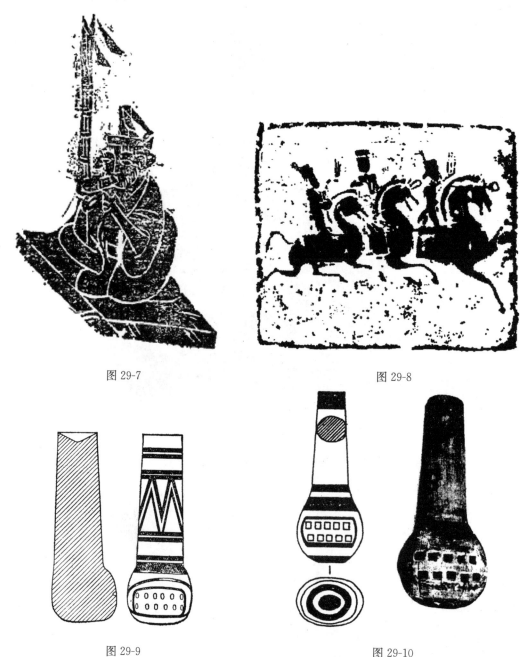

图 29-7

图 29-8

图 29-9

图 29-10

玺印中的乐官

从上述史料中可以看出，春秋战国时期各国均有制造和管理竽的机构和官员，但是可能官小位轻，在文献中难以寻觅。所以传世的两方有关竽的楚官印更弥足珍贵。

竽鉥（《篆集·卷一》11，图29-12），铜质，楚玺。此为宫廷中管理乐队的官员用印。

塙（高）夌（陵）竽鉥（《篆集·卷一》11，图29-13），铜质，楚玺。首二字缺释。郑超释为蒿陵。何琳仪说蒿（高）夌（陵）即高陆，湖北钟祥。此玺为高陵邑职掌制造竽或管理竽乐队的机构用印。

图 29-12

图 29-13

图 29-11

令人奇怪的是，"滥竽充数"的故事发生在齐地，齐国"临淄甚富而实，其民无不吹竽、鼓瑟……"可是至今却未见有一例竽的实物和竽的官玺在齐地出土，我们将拭目以待。

编钟与编磬是乐器之王与乐器之后，非上等贵族不能有。战国时代第一等大墓中陪葬乐器以编钟、编磬为主，因为这是"礼"的需要，当时很讲究用礼乐制度来维护封建统治。一九七八年湖北随县曾国君主的墓中，出土了一大批精美乐器，铜编钟有六十四件（钮钟19件，甬钟45件），悬挂在分上中下三层的钟架上（《曾侯乙墓》，图29-14）。钮钟铭文为律名和阶名（如宫、商、角、征、羽等），甬钟正面隧、鼓部位（即钟口沿上部正中和两角部位）的铭文为阶名，是该钟的标音，准确敲击标音位置就能发出合乎一定音阶的乐音……经过对整套编钟每钟两音的测定，从低音到最高音，总音域跨五个八度之多。在中心音域三个八度的范围内，十二个半音齐全，而基本骨干是七声音阶结构。说明当时已懂得八度位置和增减各种音程的乐理。根据试奏结果，它已能演奏采用和声、复调和转调手法的乐曲。桑猎宴乐壶（故宫博物院藏）上的图案，描写有吹竽、打击编钟和编磬、打鼓、弹琴瑟和舞蹈的情况。宴乐椭杯（上海博物馆藏）上的图案，也描写有一人坐着打击编钟，编钟一列挂在饰有龙头的架座上，下面有一人打鼓，鼓座作双鸟背立形，左方有一人坐着弹琴，右下方有两人细腰长袖，相对而翩翩起舞。由此可以看到战国时代乐队伴奏和舞蹈的情景。据文献记载，楚国还建有宏敞轩轾的地下乐厅。楚共王十二年，晋使郤至至楚，共王将接见他，子反把郤至引至一处地下宫殿，人还没进去，就听见地下发出悦耳的奏乐声，吓得郤至"惊而走出"。其实这种地下乐厅，在楚王离宫内也不少见，而且规模很大。古希腊只有三种乐器——两种弦数不同的竖琴和一种双管芦笛，可以为唱诗者伴奏，然而不能合奏。明乎此，就不难了解楚国在音乐领域内是何等超轶绝尘了。先秦奏乐歌舞的习俗到汉代仍然流行，并且发展为一边奏乐、一边舞蹈并表演杂技（时称百戏）（《汉代图案选》图371，图29-15）。

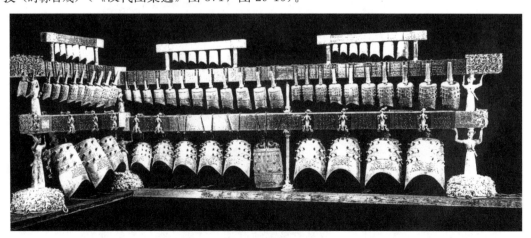

图 29-14

图 29-15

先秦玺印中也有反映奏乐歌舞内容的图像玺。湖北省宜城县楚皇城遗址内东南角出土一方"王"字鼓乐图像玺（《江汉考古》1990.1，图 29-16），征集品。铜质，台座人钮。阴刻。画面正中竖一单柱式建鼓，与曾侯乙墓所出彩漆鸳鸯形木盒上的建鼓实物（《曾侯乙墓》365，图 29-17）以及战国铸纹铜豆上的建鼓图像（《汉代图案选》141，图 29-18）极为相似；右下角一人弓步半跪击鼓，姿态生动而欢快；左边一人翩翩起舞，神拂带飘，轻快而优美；左上角刻一物，侧看似卧羊，可能表示吉祥，印面布白疏密有致。其钮饰为在四层台上踞跪一人，圆脸束发，双臂前伸，手置膝上，上身裸露，肋骨根根凸起，两臂相通，其孔可以系绳。制作小巧精妙，刻工娴熟而细腻。其文字章法，画风情趣，以及人钮饰着，都流露出春秋战国时期的特征。它出土于楚皇城内，且右上角铭一"王"字，似为楚王室的私人玺印。

图 26-16

图 26-17

图 26-18

击鼓行乐玺（《陈》65，图 29-19），印面正中悬挂一只悬鼓，鼓的左右各有一人举棰，一边击鼓一边随着节拍舞蹈。鼓的下侧有一人盘坐于地，正在奏乐。曾侯乙墓出土建鼓、有柄鼓、扁鼓、悬鼓各一只。信阳长台关一号墓也曾出土过悬鼓。《太平御览》五八二卷引《通礼义纂》曰："周人悬而击之，谓之悬鼓。"史料及实物都可以证明悬鼓先秦时已有之。

图 29-19

击鼓图像玺（《铁云藏印》102，图 29-20）。印面一人站立击鼓，鼓形与曾侯乙墓、山彪镇所出的建鼓相似，即由一根长木柱直贯鼓腔插树于青铜鼓座上。击鼓者由泥封墨拓本可见头上有发髻，应是秦人发式。建鼓舞在东汉时非常流行，画像砖中屡屡得见（刘恩伯等《中国汉代画像舞姿》页 76，图 29-21），一则是汉承秦制，再则其舞姿幅度大，动作更为优美（《河南汉代画像砖》71、图 29-22）。汉人甩长袖，着喇叭裤，舞姿翩翩，是其特征。

图 29-20

图 29-21

图 29-22

外司聖（声、声）鍴（瑞）（0365，图 29-23），燕玺。此玺可能与秦封泥"外乐"职司相似，应是乐府官署印。

"樂（乐）"单字印（5314，图 29-24），楚庄王时有乐人优孟。《史记·滑稽列传》记：楚庄王的爱马死后，欲以大夫之礼葬之，"乐人优孟曰：'请为大王六畜葬之，以垅灶为椁，铜鎯为棺，赍以姜枣，荐以木兰，祭以粮稻，衣以火光，葬之于人腹肠。'王乃以马属太官。"乐人即乐官，可能不仅为王奏乐，还为王说笑逗乐。

走翟丞印（《风》140、《考与》1997.1，图 29-25），新出秦封泥，见不同品相者三枚。"翟"有二解：其一"翟"与"狄"通，《国语·周语》载："我先王不窋，用失其官，而自窜于戎翟之间，不敢怠业。"其二"翟"为乐吏名，《礼记.祭统》："翟者，乐吏之贱者也。"注："翟谓教羽舞者也。""走翟"可能为掌管乐舞之吏的官署或掌北狄事务的属官。

图 29-23

《左传·昭二十八》："乐正后夔取之。"《韩非子·八说第四十七》："上下清浊，不可耳断而决于乐正，则瞽工轻君而重于乐正矣。"可见春秋之前我国已有乐正之官。

曾侯乙墓钟和镈的总重量有 2567 公斤。最轻的小钟重 24 公斤，最大的钟 图 29-24 重 2036 公斤，其中超过 100 公斤的有十件。若再加上编钟架的附件，包括梁套、挂钩、铜人、木质横梁，总重量接近 5 吨。尚钟是楚人酷爱音乐的集中表现。既然音乐在楚国享有崇高的地位，当有掌管音乐之官。《庄子》、《山海经》中所载的夔，本是神话中一足龙蛇形的音乐之神，但在《尚书》与《韩非子》中却变成了人，变成了历史传说中辅佐帝舜、掌管音乐教化而地位极崇的乐官，说明先秦时期对乐官的尊崇。西周陶埙印迹"令司乐乍太室埙"，司乐即乐官。《左传·成公九年》记楚国有"泠人"世家

图 29-25

出身的钟仪，泠人即伶人，是司乐之官。同书《定公五年》记楚国有乐尹钟建，乐尹也是司乐之官。于某官名后续一"尹"字，为楚之惯例。

秦封泥中的乐官

秦国本以击瓮叩缶、歌呼呜呜为代表音乐，但逐渐吸收东方六国的乐器与歌舞，既包括雅乐，也包括郑卫之声。正像李斯在《谏逐客书》中所说的那样，"今弃击瓮叩缶而就郑、卫，退弹筝而取昭、虞，若是者何也？快意当前，适足观而已矣。"（《秦汉官制史稿》）所以太乐官虽以演奏雅乐为主，但也抵不住郑、卫等"淫声"的侵袭。秦二世时，尤以郑音为娱，虽有李斯进谏，仍"极意声色"，"以接喜欢，合殷勤"（《汉旧仪》）。1977年陕西临潼秦始皇陵园食官遗址采集了一件乐府铜编钟，通体错金银花纹，富丽精美，造型小巧玲珑。钮上镌刻秦篆"樂府"二字（《中国上古出土乐器综论》231，图 29-26），证实秦代始皇时代已设置了乐府。1991 年陕西华县出土的始皇两诏铜权在鼻钮旁錾刻一"樂（乐）"字，肩部铭"左樂"（《文博》1992.1，图 29-27）。秦封泥左樂（《考与》2005.5），可与两诏铜权相证。

秦封泥樂府（《泥风》165，图 29-28）、樂府丞印（《泥风》128，图 29-29）。乐府钟、封泥可以互证。"乐府"秦已有之，时隶少府，汉承秦制。据《汉书·百官公卿表》秦少府属下有乐府，乐府有令、丞之设，掌宫廷声色之娱。"乐府丞"为乐府属官。"左乐"、"右乐"、"外乐"以及"乐府"都是秦国掌乐事的官署，职能可能有所分工，但都隶属于少府。

图 29-27

图 29-26

图 29-28

樂（乐）府鐘（钟）官，传世秦封泥（《集成》110，图 29-30）新出秦封泥左樂（乐）（《考与》2005. 5，图 29-31），半通。左樂丞印（《新出》7、《泥集》139，图 29-32）。左乐丞当是左乐府之佐官。还应另有右乐、右乐丞印。左樂雍鐘（《考与》1997.1，图 29-33），周晓陆说为雎左乐钟，雍地左乐之署下辖的钟官。孙慰祖说为秦专在雍都五畤祭祀天地的左乐钟官。"雍左乐"当是秦雍都寝陵或诸祠主乐之官，钟官主鼓铸。雍为秦立畤祭天之地，迁都咸阳后，宗庙重器仍留雍都，故专置乐府（或太乐）之官（《中国古代封泥》50）。笔者以为是左乐设在雍地的主管铸钟之官。

图 29-29

图 29-30

图 29-31

左樂寺瑟（《新出》8，图 29-34），《诗经》已有瑟的记载，瑟为早期的古代弹拨乐器。在湖南长沙浏阳桥春秋墓中出土过瑟，已经专家鉴定认为是所见最早的瑟，瑟体是用整木斫成的长方形板式共鸣箱。信阳长台关 2 号战国中期前段墓就出土二件（《信阳楚墓》92，

图 29-35），……至今已在楚国境内出土春秋战国时代的古瑟二十件左右。1972 年在长沙马王堆一号墓出土西汉早期木瑟，保存完好。瑟是按五声音阶进行调弦，并早在春秋战国时期音乐的音律史上使用了民族五声调式，即宫、商、角、徵、羽。战国秦有瑟。《吕氏春秋·仲夏纪》："是月也，命乐师修鼗、鞞、鼓，均琴、瑟、管、箫……"《史记·廉颇蔺相如列传》记秦昭王与赵王会于渑池，秦王饮酒酣，曰："寡人窃闻赵王好音，请奏瑟……"《楚辞·九歌》曰："……缅瑟兮交鼓，萧钟兮瑶簴，鸣篪兮吹竽，思灵保兮贤姱。翾飞兮翠曾，展诗兮会舞，应律兮合节。灵之来兮蔽日"充分表现出当时管弦齐鸣翩翩起舞的场面，反映出我国古代音乐演奏及歌舞的水平。证实了"瑟"为其中重要乐器，故设专职掌管。"寺"似当读为侍或持。

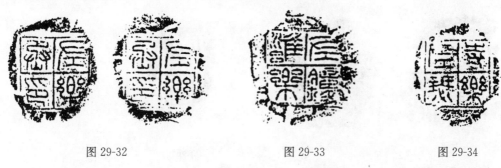

图 29-32　　　　　　　　　　图 29-33　　　　　　　　图 29-34

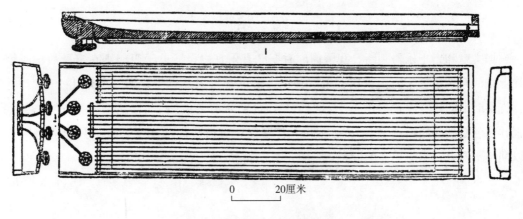

0　　20厘米

图 29-35　信阳长台 M2Ⅳ5a 式瑟

外樂（《新出》8、《泥集》140，图 29-36）有日字格，新出秦封泥。见不同品相者多枚，应为半通印所抑，官署印。秦之音乐有宫廷、宴飨、韶武、宗庙祠祀之乐。外乐可能隶属奉常，掌管郊庙乐章，或司对外接待任务。

樂官（《考与》2005.5，图 29-37），半通。《汉书·百官公卿表》"少府，秦官……属官有……乐府三丞"。《张家·二年·秩律》："乐府……秩各六百石，有丞、尉者半之。"疑其为乐府之属官。《汉书·律历志》："汉兴，北平侯张苍首律历事，孝武帝时乐官考正。""汉兴，制氏以雅乐声律，世在乐官，颇能纪其铿锵鼓舞，而不能言其义。"

樂师丞印，北京某藏家收藏。《周礼·春官·乐师》："乐师，掌国学之政。以教国子小舞。"在秦时，乐师应是乐府的演奏技术职官。乐师丞印应是乐府管理乐师机构的副职。

趡（趡）（罗福颐《古玺印概论》，图 29-38），西汉印。《说文》："善缘木走之才。"有缘木登高的本领，古称百戏，今之杂技。

综上所述，秦先置外乐、乐府，它们当分属太常和少府。后改为左乐和右乐，互有分工。

图 29-36 　　　　　　　　　　　　　　　図 29-37 　　　　　図 29-38

结　语

据文献和出土乐器判断，我国商周时期已有乐官之设。见于玺印则在春秋战国时期，如上举的两例楚官玺。铜权铭、乐府钟铭、传世秦封泥及近年在西安北郊出土的秦封泥为先秦时期的乐官设置提供了丰富的资料，证明乐府之设始于战国晚期。比秦国更为重视礼乐的楚国必定有一套更加完善的乐官制度，可惜我们却知之甚少，只能等待时日，以期地不爱宝，出土更多的资料。

（本文原载《篆刻》2004 年第 2 期，有较多增改）

参考：

杨宽《战国史》；李纯一《中国上古出土乐器综论》；张正明《楚文化志》；黄中业《战国盛世》；王学理《秦始皇陵研究》；周天游《秦乐府新议》；杨志刚《中国礼仪制度研究》；张正明《楚史》334 页；于海广主编《图说考古——追溯文明的星河》，《江汉考古》1990.1.90，王少泉文。

非有边款不足以资久远
——玺印边款撷珍

"边款"又称"印款",就是刻于印侧的题记。著名书法家金石学家蔡守《印林闲话》[1]云:"刻印之边款无异画家之署款。治印如何精湛,非有边款不足以赀(资)久远……"他把边款的意义及历史作用阐述得再明白不过了。

边款起始年代旧说

《中国篆刻大辞典》称:"边款也称印款、旁款、边跋、印跋,刻在印章边侧或顶部的文字。内容主要是镌刻作者姓名、创作年月等,也有将诗词、短文、图案等镌刻其上者。边款始自隋唐官印,主要记录印章制作年代或印文说明……"[2]《印章边款艺术》指出:"早期印章没有款字,款字起源有两种说法:一种认为款字出现在隋朝,实物是隋'广纳府印',其款镌于印背,曰:开皇十六(公元596)年十月一日造。一种认为"隋广纳府印背款是后人伪凿的,最早的可信实物款字应为北宋新浦县新铸印,款曰:太平兴国五(980)年十月铸。"[3]

隋唐以来,官印的背面(印背)多刻有制作年月、编号、释文、颁发机关等内容,可以准确无误地对官印断代,并反映出铸印机构的变化。肖高洪《印款概论》[4]是所见专论边款的一篇佳文。他指出:从实物资料来看,印章的边款产生于隋朝,或更早一些时候,因为此前确实没有看到有关这方面的实例。已知的隋官印"廣(广)纳(纳)府印"年款为"开皇十六年十月一日造"(《隋唐以来官印集成》,图30-1)。他还例举了"觀(观)阳县印"为"开皇十六年(596年)十月五日造"。"崇信府印"为大业十一年(615)七月七日"等等。他进一步说:"隋朝年款的出现,被视为是印款之权舆,这一认识已较普遍地为印学界所接受与传布。"的确如肖氏所言,近些年所见的关于印章边款的专书[5],仍然循依旧说,以"广纳府印"年款为开山鼻祖。所以笔者认为有必要把自己发现的最新资料及研究成果公之于众。

历来制印对边款多有关注。明代中期以后,石质印章开始成为篆刻的主要用材,文人摆脱了依靠工匠铸刻的羁绊,走上了自书自刻的艺术创作之路。篆刻家在印侧或印的上端刻治印年月、名款(治印人和受印人)、地点,甚至刻上诗文、图像(《赵之谦印谱》68,图30-2)、图案等内容,借以发表自己治印的动机、形制、心得、感想,亦即艺术见解;

对"印外求印"、"印从书出"等印学观点的实践和张扬；对印学史论的阐述与评价；对石料优劣的评介；对书体及罕见字的运用等等[6]；长题短跋，真、草、隶、篆、行，各臻精妙，无由备举。刀法则有以刀就石和以石就刀两种，风格各具，自可意会。阴文为款，阳文为识（Zhi），皆由刀法出之，冲、切并举，心往神驰。《历代印学论文选·第三编印章款识》收明清印家款识五百余条，为治印者必修课本，不可不读。蔡守在七十多年前对边款即有专论："宋元派之边款，是用刻碑法先书丹，然后奏刀，大书深刻，既病石，复欠精雅，识者多所不取。何雪渔（震）虽有任刀作字者，然不常为。自丁敬身始不书而刻，虽未能极工，但大辂椎轮，颇有足多者……"[7]他对何震以下直至民国各家刻款的刀法、风格、阴阳文或书体进行评论，见多识广，立论精到，多可参考。

图 30-1   图 30-2

边款起始年代新说

实际上，刘江已举出汉印边款的印例，即"萬（万）石"二字长方印，其侧有"正元三年（公元 256 年）"四字，系见于他的大作《篆刻技法》。《印林闲话》，早在 20 世纪 30 年代，蔡守已指出汉代已有印款之作。他说："……前人云印有边款不古，此语殊谬误。所见六朝至宋元古铜印，固莫不有边款，但凿款俨若汉器凿铭，如陈寿卿（介祺）藏印，汉铜印中如'万石'二字长方印，印侧阴刻'延[8]元三年'四字凿款（《印举》29·31，图 30-3），又有嵌金吉祥语于印侧者。又曩岁在袁寒云处见其藏汉'马相'子母印，印侧有隶书'刘開（开）'二字者[9]，则汉人亦有署边款之例也。"笔者按：蔡氏所说嵌金吉祥语于印侧者，应即'司马則（?）私印利'，边款曰：'同心'、'一意'、'長生'、'大富'（《印举》25·55，图 30-4）。除上述三例外，汉印徐尊（《故宫》524，图 30-5）、紀（纪）憲（宪）（《图汇》250，图 30-6），四边皆饰鸟纹。王歆私印（《图续》142，图 30-7）、湝盉涌印（图 30-8）鸟虫篆印皆一面饰鸟凤纹。富里略唯印（《印举选》47，图 30-9）、郭嗌私印（《印举》20·28，图 30-10），一边刻精美绝伦的凤鸟纹图像。汉印印侧边款刻吉语或凤鸟纹应该说已形成了时尚。我们还可以从陈介祺藏辑的《十钟山房印举》中看到一些泉币边款，旧称泉纽，亦称钱钮。以汉代的"五铢"、"货泉"等钱币为钮式，也即边款。传世较少，仅见于私印。如"郭勳（勋）"一印，印体作泉币状，顶有环形钮。币形两面阳文识："葆父母，利弟兄，宜子孙，去不详（祥）。""囗弌得白囗，益富昌，宜牛羊。"（《印举》11·15，图 30-11）铭文均作左旋读。"蘇（苏）□"及"王僕（仆）"两姓名私印与"郭勋"印一样，也作泉钮阳文款识，文句也相同（《印举》11·15，图 30-12、图 30-13）。郭佳私印（台湾《故宫历代铜印特展图录》）也作两面泉钮阳文款识。另有两面作方孔钱者，或一面作图像，一面作币文者，或两面作文字者多枚。还有一些，兹不备举。但由此可知，汉印的刻款已丰富多彩，有刻制作年代者，有刻吉语者，有署制作者姓名者，有刻凤鸟纹图像表示吉祥者……铸款泉币款式两面作阳文吉语者最为别致，古拙朴茂，意趣昂然，且见多例。

图 30-3

图 30-4

图 30-5

图 30-6

图 30-7 图 30-8 图 30-9 图 30-10

图 30-11 图 30-12

图 30-13

图 30-14

笔者在研究先秦玺印时，发现先秦玺印中已有边款的应用，只是印例较少而已。楚系白文私玺，"区（读欧）相夫玺"（《湘》9，图30-14）印边横卧铸一"敬"字，从"敬"字及玺字的金旁写法均可定为楚系文字。在古玺中，"敬"字单字玺习见，或作敬事、敬上、敬身（信）、敬中、敬守、敬行、敬命、敬之、敬玺，敬文、敬其上等等；还有悊（敬、慎）、悊上（敬上）、悊命等内容，皆属箴言类玺印。《左传·宣公十二年》记："箴之曰：民生在勤，勤则不匮，不可谓骄。"杜注："箴，诫也。"此边款的内容显然系印主规谏劝诫自己的格言，制于印侧作为座右铭。《易·坤》"君子敬以直内，义以方外。"《论语·子路》："居处恭，执事敬，与人忠。"《诗·周颂·闵予小子》："夙夜敬上。"郑玄笺："敬；慎也。"印主区相夫以"敬"字提醒自己：恭敬，端肃，敬上，勤于王事，其身份应该是贵族官吏。时代当在战国中、晚期。

《珍秦斋古印展》第35号藏品"郝氏"日字格秦私印，四侧错银"毋思忿，深冥欲"六字边款（右下起逆时读，图30-15），又著录于《珍秦·精》65页。款字及印文皆小篆，书法秀整灵动，率真自然，与秦诏版、权量文字方圆并用，有异曲同工之妙。董珊读此边款为"毋思忿，罙（深）冥欲"与《易·损》像传中所见的"君子以惩忿窒欲"一语意同[10]。忿，即恨也。《左传·成公十四年》有"惩恶而劝善"句，"惩"就有停止某种（不善的）思维活动的意思，与印款中的"毋思"同义，"惩忿"就是"毋思忿"的意思。古文中，冥可训为深，藏也；窒亦可训为深，欲即欲望。所以，窒欲与深冥欲都是"深藏自己的欲望"的意思。"君子以惩忿窒欲"一语，就是"君子因此（效法损灭的道理）不要去想愤怒的事，又要深藏自己的欲望"，也就是"制怒寡欲"的意思。古人常以此为修身准则。郝氏正以"毋思忿，深冥欲"为座右，与当时的思想规范相合。"郝氏"印时在战国晚期至秦亡，当比"区相夫玺"略晚。

《珍秦·古》154号著录了一方秦二合阴文图像印（图30-16）。印面作一虎形，实事求是地说，此虎形绝没有其它虎图像印的威武雄壮，使人很难看出这是虎形，可能正因为这个原因，制印者在印侧面横刻一"虎"字作为诠释。此印应是战国晚期至秦亡之物；另一侧有合契的两个凹契，知此为二合印的一半。据此推测，另一半应是印主的姓名，是表明自己虎圈官员身份的玺印。

近读许雄志编《鉴印山房藏古玺印菁华》165祈语秦印去疢（图30-17），有边款：张雲（云）、臣雲、宜官、高遷（迁）。印面"去疢"系摹印篆，有日字格，显然是秦印。姓名"张云"、"臣云"刻在边上，应是后刻，据字体风格可定为汉人补刻。为四面对称，又加刻吉语"宜官"、"高迁"，成四面边款，有吉祥祈福、仕途顺达之意。

　　《十钟山房印举》中重复著录二方秦私印"李鞮"（3·49，图 30-18），有一款字"中"，钮式未详，但从边款形式看：可能是在印的顶端的刻款，意义待考。

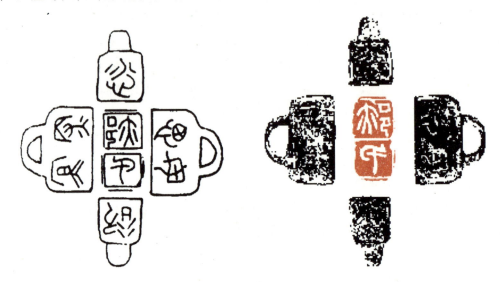

图 30-15

图 30-16　　　　　　　　　　图 30-17　　　　　　　图 30-18

结　语

　　正如《中国篆刻大辞典》所言："边款也称印款、旁款、边跋、印跋，刻在印章边侧或顶部的文字。"初创之时，比较简率。综上所述，先秦时期玺印已有边款，字数不多，或刻或铸，制作精美秀丽，内容为箴言。边款之制，起于战国，已是定论。秦汉时代所铭内容更为宽泛，除箴言外，还有年款、吉祥祈福之语，这时边款饰吉语或凤鸟纹已形成了时尚，一些泉币边款，内容也是吉祥平安的祈望，把吉语或箴言刻于印侧有一物两用之便。

注:

[1] [7] [8] 蔡守 (1879—1941) 原名珦,字哲夫,号寒琼,字号甚多。金石书画,考古鉴定无所不通,被誉为"艺坛奇才"。拙文《蔡守生平》刊《书法研究》1999 年第 4 期,可参阅。《印林闲话》系 1934 年著,并在香港《华字日报》连载。抗战后,南社后期社长姚石子在地摊上购得传抄本拟出版,请谈师月色审校,谈师又抄录一本留存。笔者珍藏谈师月色手抄本。延字可能是正字之笔误。

[2] 引自韩天衡主编《中国篆刻大辞典》,上海书店出版社 2003.11.55 页。

[3] [5] 引自赵海明编著《印章边款艺术》,文物出版社 1993 年版第 2 页。

[4] 肖高洪《印款概论》,刊《印学论谈》西泠印社出版社 1993 年版第 191～215 页。

[6] 罕见字,指楷书有而《说文》(篆书) 所无的字。《历代印学论文选·第三编印章款识》有许多用字来源的注释,如丁敬用柬 (篆书) 为揀 (楷书拣),即柬为拣之古字 (楝圃,845 页)。赵之谦说"英"字古多以"央"字借之,汉碑可证 (英叔);汉"镜"字多借"竟"字,取其简也。既就简,并仿佛像之 (镜山) (897)。少温《谦卦》,段借兼字,兹用其法 (谦,898)。黄士陵说战国楚金文以"员"通假方圆的"圆" (914),又先秦"浿"、"庚"通假 (919),西像鸟巢形,日落而鸟栖,为栖之本字,借为西 (929)。《说文》无软 (輭);人部,偄,弱也,即软 (輭),古通用耎 (933),等等,表现了印人用字的严谨和古代汉语、古文字学的修养。

[9] 袁克文,字寒云 (1891～1931) 系袁世凯次子,《民国人物大辞典》有小传。"马相"子母印系私家收藏,未见著录。

[10] 参见董珊《秦郝氏印箴言款考释》,《考古与文物》1999 年第 3 期。又董珊《郝氏印边款》,《中国篆刻》13 期页 49。

主要引用参考书目、图录、杂志与简称

（春秋）左丘明传《春秋左氏传》（晋）杜预集解，上海人民出版社 1977 年 8 月版

（春秋）左丘明著《国语》，上海古籍出版社 1978 年版

（汉）司马迁《史记》，中华书局 1959 年 10 月版

洪业等编纂《春秋经传引得》，上海古籍出版社 1983 年版

杨宽著《战国史》，上海人民出版社 1980 年第二版

张清常、王延栋《战国策笺注》，南开大学出版社 1993 年 3 月版

中国社会科学院考古所编著《中国考古学·两周卷》，中国社会科学院出版社 2004 年 12 月版

自然科学史研究所主编《中国古代科技成就》，中国青年出版社 1978 年 3 月版

杨泓著《中国古兵器论丛》（增订本），1985 年 10 月第二版

李纯一著《中国上古出土乐器综论》，文物出版社 1996 年 8 月版

陈振裕主编《中国古代青铜器造型纹饰》，湖北美术出版社 2001 年 7 月版，简称《造型纹饰》

马振亚、张振兴著《中国古代文化概说》，吉林大学出版社 1988 年 11 月版

刘广生主编《中国古代邮驿史》，人民邮电出版社 1986 年 6 月版

陈望衡《中国古代青铜器艺术鉴赏》，上海人民出版社 2002 年 1 月版

杜金鹏、杨菊华编著《中国史前遗宝》，上海文化出版社 2000 年 7 月版

李松、贺西林《中国古代青铜器艺术》，陕西人民出版社 2002 年 1 月版，简称《青铜器艺术》

尚秉和著《历代社会风俗事物考》，江苏古籍出版社 2002 年 7 月版

杨志刚著《中国礼仪制度研究》，华东师范大学出版社 2001 年 5 月版

于海广主编《图说考古——追溯文明的星河》，齐鲁书社 2004 年 10 月版

黄展岳著《考古纪原——万物的来历》，四川教育出版社 1998 年 7 月版

陈绍棣著《中国风俗通史》（两周卷），上海文艺出版社 2003 年 6 月版

林华东著《河姆渡文化初探》，浙江人民出版社 1992 年 4 月版

周膺、吴晶著《中国 5000 年文明第一证——良渚文化与良渚古国》，简称《良渚古国》

张正明著《楚文化志》，湖北人民出版社 1988 年 7 月版

刘玉堂著《楚国经济史》，湖北教育出版社 1996 年 8 月版

《秦文化论丛》（第 9 辑），西北大学出版社 2002 年 7 月版

（汉）许慎《说文解字》，中华书局 1963 年版，简称《说文》

（清）段玉裁《说文解字注》，上海古籍出版社 1981 年版

（清）朱骏声编著《说文通训定声》（影印本），中华书局 1984 年 6 月版

高亨著《文字形义学概论》，山东人民出版社 1963 年版

高明著《中国古文字学通论》，文物出版社 1987 年版

裘锡圭著《文字学概要》，商务印书馆 1988 年版

裘锡圭著《古文字论集》，中华书局 1992 年版

高明编《古文字类编》，中华书局 1980 年 11 月版，简称《类编》

徐中舒主编《汉语古文字字形表》，四川辞书出版社 1981 年版，简称《字形表》

孙海波编纂《甲骨文编》，中华书局 1965 年 9 月版

徐中舒主编《甲骨文字典》，四川辞书出版社 1988 年 11 月版

杨红卫、杜志强编《甲骨文书法鉴真》，黄山书社 2006 年 3 月版，简称《鉴真》

高明《古陶文汇编》，中华书局 1990 年 3 月版，简称《陶汇》

袁仲一著《秦代陶文》，三秦出版社 1987 年 5 月版，简称《秦陶》

《新编全本季木藏陶》（周进集藏、周绍良整理、李零分类考释），中华书局 1998 年 10 月版，简称《季木》

马承源主编《商周青铜器铭文选》，文物出版社 1990 年版，简称《铭文选》

罗振玉辑《三代吉金文存》，上虞罗氏集古遗文本，1937 年，简称《文存》

《汉语大字典》（缩印本），湖北辞书出版社、四川辞书出版社 1992 年 12 月版

韩天衡主编《中国篆刻大辞典》，上海书店出版社 2003 年 11 月版

［港］王人聪编《第二届国际中国古文字学研讨会论文集》，香港中文大学中国语言及文学系 1993 年 10 月版

［港］王人聪编《第三届国际中国古文字学研讨会论文集》，香港中文大学中国文化研究所、中国语言及文学系 1997 年 10 月出版

［港］王人聪著《古玺印与古文字论集》，香港中文大学文物馆 2000 年版

［港］王人聪、游学华编《中国古玺印学国际研讨会论文集》，香港中文大学文物馆 2000 年版

叶其峰《战国官玺的国别及有关问题》，《故宫博物院院刊》1981 年第 3 期

叶其峰《战国官署玺—兼谈古玺印的定义》，《中国古玺印学国际研讨会论文集》

吴振武著《〈古玺汇编〉释文补订及分类修订》，《古文字学论集初编》，香港中文大学 1983 年版，简称《订补》

吴振武《阳文秦印辑录》，《中国古玺印学国际研讨会论文集》，香港中文大学文物馆2000年

徐畅《商玺考证》1986年全国第二届书学研讨会论文，台湾《印林》双月刊1993年第1至第3期摘要发表

郑超《楚国官玺考述》，《文物研究》第2辑，1986年12月

汤余惠《略论战国文字形体研究中的几个问题》，《古文字研究》第十五辑中华书局1986年6月版

汤余惠著《战国铭文选》，吉林大学出版社1993年9月版。

何琳仪著《战国文字通论》，中华书局1989年4月版，简称《战论》

何琳仪《古陶杂识》，《考古与文物》1992年第4期

何琳仪《战国官玺杂识》，台湾《印林》双月刊1995年第2期

王辉《秦印探述》，《文博》1990年第5期

王辉著《一粟集·王辉学术文存》，台北艺文印书馆2002年元月版，简称《一粟集》

刘钊《玺印文字释丛》，《考古与文物》1990年第2期

刘钊《楚玺考释》，《江汉考古》1991年第1期

罗运环《论楚玺及其它》，《江汉考古》1994年第4期

曹锦炎著《古玺通论》，上海书画出版社1995年3月版，简称《通论》

《于省吾教授百年诞辰纪念文集》，吉林大学出版社1996年9月版

施谢捷《古玺印考释五篇》，台湾《印林》双月刊1995年第2期

罗福颐《古玺汇编》，文句中简称《玺汇》，图例中直接注明著录的四位编号

罗福颐主编《故宫博物院藏古玺印选》，文物出版社1982年12月版，简称《故》

罗福颐主编《秦汉南北朝官印征存》，文物出版社1987年10月版，简称《征存》

叶其峰主编《故宫博物院藏肖形印选》，人民美术出版社1984年9月版，简称《故肖》

陈介祺辑《十钟山房印举》，中国书店1985年3月版，简称《印举》

《十钟山房印举选》，上海书画出版社1985年11月版，简称《印举选》

《上海博物馆藏印选》，上海书画出版社1979年8月版，简称《上》

李东琬主编《天津市艺术博物馆藏古玺印选》，文物出版社1997年8月版，简称《津》

《吉林大学藏古玺印选》，文物出版社1987年9月版，简称《吉大》

《湖南省博物馆藏古玺印集》，上海书店1991年6月版，简称《湘》

徐畅主编《中国书法全集（4）·春秋战国刻石简牍帛书》卷，荣宝斋出版社1996年11月版

徐畅主编《中国历代印风系列·先秦印风》卷，重庆出版社 1999 年 12 月版

徐畅主编《中国篆刻全集·卷一》，黑龙江美术出版社 2000 年 7 月版，简称《篆集·卷一》

徐畅主编《中国书法全集（92）·先秦玺印》卷，荣宝斋出版社 2003 年 2 月版，简称《书集·先秦》

［澳］澳门市政厅《珍秦斋古印展》，简称《珍秦·古》

［澳］萧春源监制《珍秦斋藏印·战国篇》，澳门基金会 2001 年 6 月版，简称《珍秦·战》

［澳］马锦强监制《珍秦斋藏印·秦印篇》，澳门市政局/文化暨康体部 2000 年 4 月制作，简称《珍秦·秦》

［澳］萧春源监制《珍秦斋藏金·秦铜器篇》，澳门基金会 2006 年 3 月版，简称《珍秦·秦铜》

［日本］菅原石庐鸭雄绿斋藏《中国古玺印精选》，简称《鸭雄》

许雄志主编《中国历代印风系列·秦代印风》卷，重庆出版社 1999 年 12 月版

康殷辑《古图形玺印汇》初集、续集河北美术出版社 1983、1991 年出版，简称《图汇》、《图续》

王伯敏《古肖形印臆释》，上海书画出版社 1983 年 9 月版，简称《臆释》

［港］王人聪《香港中文大学文物馆藏印集》，1980 年版，简称《中文》

［港］《香港中文大学文物馆藏印续集》，1996 年版，简称《中文·续》

赖非主编《山东新出土古玺印》，齐鲁书社 1998 年 2 月版，简称《山》

伏海翔编《陕西新出士古代玺印》，上海书店出版社 2005 年 1 月版，简称《陕》

温庭宽《肖形印大全》，山西人民出版社，简称《大全》

《陈簠斋手拓古印集》，神州国光社印本，简称《陈》

浙江省博物馆、香港中文大学文物馆编《中国历代玺印艺术》，2000 年初版，简称《历代》

郭宝钧《商周铜器群综合研究》，文物出版社 1981 年 12 月版，简称《器群》

容庚、张维持《殷周青铜器通论》，文物出版社 1984 年 10 月新一版

荆州地区博物馆编著《江陵马山一号楚墓》，文物出版社 1985 年 2 月版

河南省文物研究所《信阳楚墓》，文物出版社 1986 年版

湖北省博物馆编著《曾侯乙墓》，文物出版社 1989 年版

湖北省荆沙铁路考古队《包山楚墓》，文物出版社 1991 年 10 月版

《云梦睡虎地秦墓》文物出版社 1981 年 9 月版

孙慰祖《古封泥集成》，上海书画出版社 1994 年 11 月版，简称《集成》。

孙慰祖著《中国古代封泥》，上海人民出版社 2002 年 12 月版，简称《中泥》

孙慰祖著《孙慰祖论印文稿》，上海书店出版社 1999 年 1 月版，简称《文稿》

周晓陆等《秦代封泥的重大发现》，《考古与文物》1997 年第 1 期，简称《考与》1997．1．

苏金海《封泥简说》，台湾《印林》双月刊第十三卷第六期，总七八期

周晓陆、路东之编著《秦封泥集》，三秦出版社 2000 年 5 月版，简称《泥集》

傅嘉仪主编《中国历代印风系列·历代印匋封泥印风》，重庆出版社 1999 年 12 月版，简称《泥风》

傅嘉仪《新出土秦封泥印集》，西泠印社 2002 年 10 月版，简称《新出》

［日本］艺文书院《新出相家巷秦封泥》，2004 年 12 月版，简称《艺文》

中国社会科学院考古研究所汉长安城工作队：《西安相家巷遗址秦封泥的发掘》，《考古学报》2001 年第 4 期，简称《考报》2001．4．

刘庆柱、李毓芳《西安相家巷遗址秦封泥考略》，《考古学报》2001 年第 4 期，简称《西安》

周晓陆、路东之《新蔡故城战国封泥的初步考察》，《文物》2005 年第 1 期，简称《文物》2005.1.

周晓陆等《在京新见秦封泥中的中央职官内容——纪念相家巷秦封泥发现十周年》，《考古与文物》2005 年第 5 期，简称《考与》2005．5．

《考古学报》简称《考报》

《古文字研究》

《文物》

《故宫博物院院刊》简称《院刊》

《中国历史博物馆馆刊》简称《中历》

［台］《故宫文物月刊》

《考古》

《考古与文物》简称《考与》

《江汉考古》

《中国书法》

《中国篆刻》

《篆刻》

［台］《印林》双月刊

后 记

为行文简捷便利，无论是仙逝前辈，或当今学术权威、专家，抑或是后生晚辈、学术精英，姓名后一概不缀以先生之称；实则引用各位的学术研究成果、观点，就是对各位最崇高的敬重。近现代古文字学家、历史学家、印学家不仅已经对玺印的印文进行考释，而且以历史学的角度，综合职官制、典章制、地理学、文字学等多方知识贯注于玺印研究之中，尤其是近些年来秦封泥、战国封泥的大量出土，使古玺印的研究如虎添翼。笔者借助各位专家的研究成果提出一些新的见解，或不同看法，纯系学术探讨，涉及之处，各位当有学者风度与雅量，予以包容。本书参阅的图文资料繁多，为体现各位专家的研究成果，除图、文出处用夹注、后注外，引用参考较多者在书末以主要参考书目体现，以示对各位专家研究成果的尊重。

本书是一本学术性兼及普及性著作，在学术性、资料性和可读性上作了许多努力。一是贯彻作者倡导的多学科研究原则，既有纵向的历史源流的探索，寻求玺印的渊源和历史背景，又有横向资料的比较，注入思想性、知识性、相关性，即从历史和文化内涵的角度去认识、诠释玺印，使立论有较为坚实的基础。二是图文并茂，使读者既有理性的理解，又有感性的认识，易于接受。三是一切叙述从具体实际出发，力拒笼统的概念、陈词。四是文字表述努力做到明白、准确、凝练；对艰涩难懂的古文尽量做一些注释，或白话文的叙述，以便更多的青少年读者易懂。五是古文字用繁体字隶定，古今字、简化字用括号注明，行文用简化字，便于读者识认，也可以从中获取一些文字学的知识。这几条原则未必都做得很好，但是笔者尽力在把它做好。

作者学习、研究先秦古玺有年，在主编《中国书法全集（4）·春秋战国刻石简牍帛书》卷、《中国历代印风系列丛书·先秦玺印》卷、《中国篆刻全集·先秦古玺》卷、《中国书法全集（92）·先秦玺印》卷过程中积累了很多古文字、古玺以及图像资料，从中发现了许多有趣的问题，遂有写出来的冲动，先后得到了《中国书法》杂志李刚田、朱培尔、洪亮、《篆刻》丛刊沈沉、《西泠印社》陈振濂诸先生的支持和鼓励；沈鹏、刘江、言恭达、孙慰祖、苏金海、林乾良、孙洵、朱寿友、谷松章、周祥林诸师友多有鞭策，他们给予诸多的建议和指导，竭力把本书打造得尽善尽美；这些都是我难以忘怀的。从第一篇文章《獬豸封泥和獬豸玺印》撰写到全部文章完稿成书共历时四年，查阅资料，搜集图片并加遴选，资料的排比研究……这艰辛的四年，甘苦只有自知。

　　本书在著述过程中承王信沛仁弟扫录图版，力求清晰，多服其劳；二稿甫成，又承王东明、陈来源诸仁弟秉烛夜校，多纠误笔；或质疑，或建议，相与探讨，学术相长；清样终校又承陈来源协助校审，特此志谢。还要感谢我的家人，给予我充分的时间，专心著述，心无旁骛，累日以成。笔者学识浅薄，挂一漏万，或错误之处，在所难免，祈请博雅君子多多赐教。

戊子年仲秋徐畅识于古金陵龙江造船厂侧畔之寓石斋